尋找尊嚴

IN SEARCH OF RESPECT

Selling Crack in El Barrio

菲利普・布古瓦 Philippe Bourgois 著

葉佳怡 譯

目錄
Contents

長遠看來，真正讓我難以打入快克站和賣藥街角的最大障礙，並不是因為我看起來像一名臥底的緝毒組探員，而是因為我像個白人毒蟲。在他們看來，一個白人男子沒有任何理由出現在這一區，除非他是個臥底，不然就是個上癮的毒蟲。

就算只是待在桌椅上安全地閱讀文獻，也能輕易看出波多黎各這段經濟上流離失所、政治上受到支配、文化上受到壓迫及大規模移民的歷史，造就了埃巴里歐殘酷地自我毀滅的街頭文化。不過，一旦到了街頭上，當你面對物質濫用的暴力個體，你很難透過政治經濟學的解釋明顯看出其中的因果關係。

身為一個一九七〇年代初期的幫派領袖，他在埃巴里歐長大，知道如何嚴格管教他的勞工，但又不至於打破此地文化中必須「互相尊重」的規則。他完全知道何時該靠暴力手段定出界線，何時又該把對方當成朋友，並在完全不暴露弱點的前提下適度退讓，理解對方的難處。

雷伊在試圖建立可行的合法生意時不停失敗——其中包括熟食店、合法的社交俱樂部，還有洗衣店——相對來說，他在經營複雜的快克零售事業時卻非常成功，凸顯出在合法經濟和地下經濟中，作為一個民營企業家所需的「文化資本」是如此不同。

我仍清楚記得普里莫初次告訴我的那天晚上，他說以前在社交俱樂部那個快克站位處的廢棄建築中，雷伊和路易斯會號召大家來集體輪姦。他在遊戲間快關門時無意間提起了這個話題，我完全沒有心理準備。

作者訪談筆記
那些年、那些人、那些事

陳嘉新（國立陽明交通大學科技與社會研究所副教授兼所長）

《尋找尊嚴》是菲利普．布古瓦在一九九六年出版的民族誌，於二〇〇三年再版。這本民族誌的田野在紐約市的東哈林區，波多黎各移民群居的地區，埃巴里歐。菲利普是我的老師，當我二〇〇四年就讀研究所的時候，他在加州大學舊金山分校已經任教多年。彼時他正在撰寫另一本民族誌，以舊金山灣區使用藥物的遊民為對象，述說他們在日常生活中被主流體制排擠與折磨下的友誼與求生之道。這本書日後以《自以為是的毒鬼》為名，由加州大學出版社出版，與《尋找尊嚴》一樣獲得廣大迴響。我還記得我第一次跟他會面，他充滿好奇地問我：「你為什麼對用藥者有興趣？台灣有很嚴重的藥物問題嗎？」

那時我的英語只容許我結結巴巴地描述我之前臨床工作中看到的用藥者百態。在我出國之前，台灣的用藥者問題還集中在兩種主要藥物：海洛因與安非他命。我和他會面之前已經讀過《尋找尊嚴》，所以我跟他解釋台灣與美國藥物使用形態的不同。

菲利普一邊聆聽，一邊不住地晃動著身體。忽然，他像是想到什麼，熱切地跟我說：「你知道現在舊金山正積極推動針頭交換、減害政策。台灣有這種東西嗎？」減害？我搖搖頭。就我當時所知，減害計畫在北美主要牽涉的是交換或發放乾淨針具，以減少藥物使用者感染血液傳染病的風險。在加拿大某些城市，減害政策還包括推廣安全注射室，讓有經驗的人員監督注射藥物的行為，避免藥物過量或者不預期的副作用。不過，台灣買針頭並不像美國管制這麼嚴格，所以我當時還真不知道台灣有什麼必要推行減害。「沒有，我們對針具沒有那麼嚴格的管制。」我回答。

他好像有點失望，不過還是跟我說：「總之你可以看看這邊怎麼做減害。Pete你認識吧？」我點點頭。Pete是我的系上學長，從事藥物研究多年，就在這段談話之前幾天，我才聽了他的話去第六街某間即將結束營業的書店，撿撿便宜買本書。當我從繁榮的市場街轉到第六街，步伐卻不禁遲疑了起來。儘管距離人潮往來的街角才不過幾百公尺，第六街的行人卻少了，多了的是跌坐街角、衣衫襤褸的遊民，地上散落著紙屑、酒瓶跟髒汙痕跡。這邊還是看得到市場街的霓虹燈，第六街的商店招牌卻有許多汙損破敗。我不禁提高警覺，雙手插到口袋裡，抓緊了錢包。

我後來才知道這正是美國城市常見的隔離現象：好區與壞區比鄰共存，卻不相往來。東哈林區距離菲利普父母居住的上東區並不遠，但是經濟條件與周遭環境卻是天南地北；舊金山的市場街鄰近觀光景點，也是交通要道，但附近的牛柳區跟市場街南入夜後卻常常是藥物使用的熱點所在。

* * *

我跟菲利普提到《尋找尊嚴》的中譯版要出版了，他很高興，因此我們安排了視訊聚會，聊聊這本書的內容以及書中人物後來的境遇。以下是對談的部分摘錄，夾雜了一些我的補充解釋。

這本書的田野大概完成在一九九〇年代初期，根據他的說法，進行田野研究的那段時間是紐約市「近五十年來最恐怖的時期」：毒品問題猖獗、人身安全沒有保障。這樣的紐約市為後來競選市長、並於一九九三年選上的朱利安尼鋪好了一個「向犯罪宣戰」的舞台，他以破窗理論為基礎，雷厲風行地剷除大小犯罪，並因此獲得美名。

然而，在菲利普開始田野的一九八〇年代末，東哈林的波多黎各區還是個有趣的地方，至少在白天是這樣。他目睹了毒品進入社區，鄰居開始一個個體重減輕、大聲吵架，甚至爭強鬥狠、槍聲四起。但是在白天，大家表面上還是友善相待，「雖然他可能會撬進你車子裡面，但是至少不會當著你的面這麼做。」菲利普靦腆地笑著說。三十年後回頭來看，他也訝異當年紐約市的混亂居然是這麼脫出常軌。

我提到在第二版的後記裡面，他補充了二〇〇〇年前後回田野追蹤調查的感想，其中一點是美國的經濟改善很大程度地影響了書中角色的發展。由此我跟菲利普討論到他原本的主張，也就是以政治經濟來理解社會邊緣化、貧窮與成癮的論述。我這麼問有其理論背景，在這本書的導論也有提到，一九六〇年代，奧斯卡．路易士的貧窮文化（culture of poverty）概念相當盛行，影響了當時美國社會對於貧窮的看法。儘管路易士在貧窮文化的討論中提到這是底層族群因應結構位置所產生的特殊價值與生活方式，但他的這套貧窮文化概念強調某些破壞性價值與行為會在世代間傳遞，使得貧窮者以及少數族裔（或更慘、更貧窮的少數族裔）在美國社會蒙受了許多道德譴責，而對於路易士較少討論到社會邊緣與貧窮背後的歷史成因、政經權力結構等問題，菲利普深不以為然。他在《尋找尊嚴》這本書裡面描述販賣快克的地下經濟，並對比於當時社會的經濟情況，不過我相信令更多讀者感覺印象深刻的，是他對於街頭社群的描寫，那些糾結著種族、階級、性別因素的艱難處境。

就長期的發展來說，整體經濟情況變好，的確改善了書中角色的生活。但是菲利普提到，另一個深遠影響他們近況的因素，是針對殘疾或年老者提供現金補助的補助性安全收入（supplementary security income，以下簡稱 SSI）計畫，這是社會安全網的一環。首先是書中主角普里莫，在整體經濟改善之後，他謀得了幾分有薪工作，有一陣子碰上了好老闆，還可以在老闆擁有的出租物產裡當個工友，負責修繕事務，工作範圍遍及東哈林跟南布朗克斯一帶；但是在困頓之際，他也曾經被診斷思覺失調症。雖然無法得知普里莫到底是使用快克導致的精神症狀，還是真的有病，但他終究以此身分取得ＳＳＩ的補助。不過因為他還需要支付不同女友所生小孩的扶養費，所以進得了自己口袋的收入其實非常微薄。普里莫的小孩現在長大了，其中一個曾試著開設波多黎各風味的餐館，他也過去幫忙，不過餐館生意不好，最後還是收了。多年來，普里莫在好幾個州之間搬遷，最終還是考量到紐約市的福利政策較為優渥而選擇回到這個城市，但卻又藥癮復發而重操舊業賣起藥來。跟八、九〇年代不同的是，現在已經不作興面對面的買賣，而多是到府專送的服務。復發、戒藥，這大抵還是普里莫最近的樣貌：掙扎著在邊緣生活。菲利普這麼總結這個小他八歲的多年好友：「一個貼心甜美的人——有禮貌、講話大聲，但你可以說他非常有尊嚴。」菲利普很欣慰的是，普里莫的孩子們沒有一個吸食毒品，儘管他們沒有飛黃騰達的事業，但都做著有尊嚴的勞動工作。有一位還從軍去了伊拉克。

書中的凱薩幾年前過世了，死因是藥物過量。這幾年菲利普如果回去紐約市，還是會到東哈林待上一、兩晚，跟一些老朋友碰面，現在較為相熟的反而是普里莫的一個表妹／姊，雖然在《尋找尊嚴》中她並不是個主要角色。

整體來說，東哈林區過去三十年的市容隨著不同族群進駐而產生巨大的轉變。在一九八〇年代以波多黎各裔為主的地區加入了不少墨西哥移民，這些移民勤勤懇懇地紮下一個又一個據點。原本社區內還有些韓國移民獨力開設的商店，後來也聘用這些墨西哥移民，等到店主年老，這些店家也就轉給墨西哥夥計經營。類似的變化也發生在菲利普目前居住的洛杉磯社區：第一代日本移民辛苦開店，養大了下一代，店主年老退休之際就把店家轉給墨西哥雇員繼續經營。整體來說，這是許多美國都市更新的一種方式。

我們聊了人物的生老病死、聊了地景的滄桑變化，我們還聊了人類學家與研究參與者的長年情誼。菲利普幾年前在臉書上放了一個公眾募資網站GoFundMe的連結。那個連結是幫普里莫募款，做一套假牙。因為長期用藥加上衛生習慣不好，普里莫當時牙齒都掉得差不多了，這使他在求職與社交上非常自卑，菲利普得知後就發動了這個活動。我問起這件事，他很高興地說那次募款提早達標而且金額超出想像，結果普里莫做了兩套假牙，一直好好地保存著。多年來，他不定時地聯絡菲利普，如果有一段時間持續沒有收到音訊，菲利普也會擔心：普里莫是不是狀況不好，所以沒面子跟他聯絡。儘管相識多年，如何保有對方眼中自己的尊嚴，仍然是這些出身街頭者的永恆顧慮。

＊＊＊

我們也聊了另一個書裡的主題：藥物。《尋找尊嚴》的主角藥物是快克，這是把古柯鹼加上小蘇打粉製備的化合物形式。在一九八〇年代後期，也就是這本民族誌的田野期間，這是紐約市最盛行的非法興奮藥物。菲利普第二本民族誌《自以為是的毒鬼》是以舊金山地區的白人遊民藥癮者為對象，主要的用藥則是海洛因。《自以為是的毒鬼》出版已經超過十年，菲利普也從紐約、舊金山、費城一路移動，落腳在洛杉磯，他現在又關切哪些藥物問題呢？

「合成藥物吧！」現在美國最大的非法藥物問題就是合成性藥物，包括這幾年過量致死人數快速增加、掀起軒然大波的吩坦尼（fentanyl）。這是一種合成的鴉片類止痛麻醉藥，產地不是罌粟田而是化學實驗室。吩坦尼雖有其醫療正當用途，但是目前經由非法途徑引入美國的吩坦尼卻造成嚴重的健康危機。不管是混用或者單獨使用，吩坦尼短效且強力的特質使得使用者更難戒除，不得不循環在戒斷、尋藥、用藥、沉醉的過程中。菲利普目前關注的另一種物質希拉淨（xylazine）讓這個藥物問題更棘手。希拉淨是其他動物（如馬）所使用的鎮定劑，由於半生期較長，因此被拿來與吩坦尼混用，套句街頭上的話，希拉淨這個藥物「給了腿」，讓藥性可以走更久。使用者因此得以保持比較長的時間不會陷入戒斷的痛苦，可以從事其他與找藥無關的活動。

然而，希拉淨混搭使用也加重了藥物過量致死的可能，而且與鴉片類的藥物不同，它沒有辦法以急診常備的鴉片類藥物過量解藥納洛酮（naloxone）來解救，因為希拉淨並不是鴉片類藥物。另外，這類製品若以靜脈注射攝入體內，也常在注射者身上引起難以治療的膿瘍與表皮感染。

我想到台灣的成癮藥物濫用流行，從我二〇〇五年開始藥物研究起到現在，也換了好幾波的流行藥物。當年我研究減害政策，針對的是台灣使用靜脈注射海洛因的族群，幾年後發現，這個海洛因族群人數逐年縮減與衰老，新的使用者偏好愷他命（K他命）這類的娛樂藥物。隨著查緝行動趨嚴，愷他命價格上漲，然後又開始流行咖啡包這類混搭多重合成藥物。十幾年間儘管趨勢上上下下，甲基安非他命的使用卻未曾大幅減少，如今更成為「藥愛」（chemsex）界的流行用品。成癮藥物的浪頭一個打過一個，既有在地分布差異，也有全球傳播移動。菲利普在《尋找尊嚴》開卷處說他本來要研究該地區的地下經濟活動，沒想到卻進入販藥的世界。我說實際上這個研究結果可能恰好達成了他的起心動念，因為成癮藥物正是一個頑強的地下經濟。成癮藥物發展與管制史的主調便是：野火燒不盡，春風吹又生。不管政府如何打壓，藥物的生產與使用從不見衰退。一個世代又一個世代的人依舊在街頭、在家裡，以身試藥，用自己的身體當成不知參雜何物的化學物質生體實驗。有些人得到愉悅，有些人得到傷害，但沒有人是贏家。

因為沒有人是贏家，菲利普跟許多人道開放派的藥物研究者一樣，開始思索如何在這個局面中減少傷害。減害（harm reduction）便成為他們推動社會改革的概念之一。減害本來是成癮藥物管理的三大原則之一。在減少傷害之外，另外兩個原則是減少供給與減少需求。這三個原則並沒有先後順序，而應該同時並進。但是減少傷害這個原則與做法，卻常常被當成是減少供給（例如藉由查緝藥品走私與管理藥品原料來減少非法藥物的供給）與減少需求（例如提供藥酒癮治療戒除癮頭與避免青少年開始藥物使用的教育嘗試）之餘的「不得已」措施。菲利普在訪談後寄給我一篇他與同事合寫並刊載於美國《時代》雜誌的文章，文中提到：「在利潤豐厚的美國非法藥物市場，只要有需求，就總是會生出供給的。吩坦尼留下的教訓，就是藉由加強警戒查緝來限制有害合成物質的嘗試代價龐大，且幾乎總是失敗。」他們提出的解方則有點挑戰既有想像：「一個非常有希望的做法是提供全面性的藥物檢測服務。」意思是「藥物使用者可以拿著他們的藥品去減害診所，做個快速檢測，十分鐘後就可以拿到完整的成分清單」*。

這個做法的激進之處在於翻轉了成癮藥物使用者的形象，由遮遮掩掩的地下使用「準罪犯」，轉而成為正大光明的、有「知的權利」的消費者。雖然我不覺得美國會大幅度地採用這種做法（台灣就更別提了），但是的確在美國已經有少數單位開始嘗試這種服務。儘管美國還是常被菲利普慣稱的清教徒意識形態綁架而無法更務實地處理成癮問題，但是少數進步分子的想像與努力還是使得某些成癮減害措施變得（局部性）可能。例如前述的安全注射室，儘管這在美國仍不是被正式允許的做法，但就目前地下化的安全注射室所累積的數據資料來看，這個做法的確提供用藥者更安全、預後更好的健康選擇。

* * *

訪談最後，我請菲利普為中文譯本的讀者說一些話。他很好奇台灣讀者看過中譯本之後，會發現哪些美國情境跟台灣很像、哪些則相去甚遠。他說：「我這個研究從一九八五做到一九九二年。儘管現在美國社會使用的藥物、牽涉的幫派問題等等已經大不相同，街角那個藥物場景的動態樣貌卻依然熟悉。」另外，他鄭重其事地聲明：他對於美國總被描繪成理想的狀態非常憂心，因為美國在許多地方都不是值得效法的對象，例如「預防照護做得真是不好」，或者是把藥物使用當成是某種道德之罪大加譴責，甚至大量監禁的風氣，都很有問題。

這一席話讓我回到十多年前的課堂，當時我們師生閱讀著關於貧窮與藥物的民族誌，討論這些作品描述的社會樣貌、理論意涵、實踐可能。我希望這本《尋找尊嚴》能夠召喚更多讀者進入我曾經體驗過的那個知性與感性都同樣澎湃衝擊的討論空間，讓更多人反思毒品文化、社會邊緣，乃至於社會不平等的議題，激發更多討論，創造更多改變未來的行動。

* 這篇文章的題目是「Xylazine, a Dangerous Veterinary Tranquilizer, Is Showing Us the Future of the Overdose Crisis」，連結參見：https://time.com/6164652/xylazine-overdose-crisis/.

導讀
受苦的性別們與性暴力循環
一個抵抗壓迫，同時自我毀滅的內城故事

趙恩潔（國立中山大學社會學系副教授）

在幾本經典的美國內城民族誌當中，《尋找尊嚴》一直是最令我難忘的作品。在台灣，《泰利的街角》、《全員在逃》、《我當黑幫老大的一天》都已經有繁體中文譯作，如今《尋找尊嚴》能問世，通往美國內城底層世界的通道也走得更深。不同於上述幾本重要的都市民族誌與公共人類學／社會學著作，《尋找尊嚴》更為深刻地呈現出內城的女性視角。從華盛頓特區、費城、芝加哥到紐約，上述每一本著作都論及貧民窟居民受苦的結構性成因，然而只有《尋找尊嚴》花了最多篇幅，針對個人受苦的性別化與性暴力的循環，做了毫無保留、走到瀕臨道德臨界點的呈現。這樣的露骨呈現超越了民族誌工作者自身的倫理煎熬，直指任何存有厭女文化的社會都必須面對、卻往往難以公開討論的議題：性暴力的養成、集體輪姦的少年儀式，以及倖存者矛盾的生命圖像。

儘管碰觸的是棘手的禁忌話題，本書作者，資深人類學家布古瓦，非常有意識地致力於寫出

一本為活在紐約底層的波多黎各裔社群辯護的書。他追溯波多黎各的被殖民經驗，從西班牙到美國的軍事策略與經濟殖民，一路來到二十世紀期間人們如何因貧窮而大規模移民至美國本土。然而美國內城的生活彷彿注定了新移民被迫面對種族化的不平等就業命運，而將一部分人的生計捲入販毒的地下經濟之中。這些殖民與後殖民的結構因素已是我們耳熟能詳的分析，布古瓦做得更多的是從這些歷史的軀幹與骨架的縫隙，鑽入人們的血肉與靈魂之中。見證了人們的受苦，他決定不避開性暴力的難題，不畏懼極具爭議性的描繪，在倫理上拒絕漠視女性的受苦與性暴力的常態化。要達到這樣的目標，同時不將人們扁平化與去人性化，他必須避免再度複製特定少數族裔身上已經加諸的各種暴力與色情的刻板印象。因此，他在書中提供了大量而仔細的對話逐字稿，以及那些對話產生的脈絡、報導人說話的神情與肢體動作，讓讀者充分地感覺到，每一位報導人都是活生生的真實存在。因此，讀者不會只停留在快克藥頭所面臨的政治經濟等結構性壓迫或是文化生產理論分析，而是能真實有感地碰觸到這個邊緣社群裡頭，人們的個體自主性及性別化主體的養成，是如何與自我毀滅相互扣連。

雖然布古瓦在這本書中並未特別深入地針對性與性別來進行理論創建，但全書的主軸一直緊密地貼合著波多黎各男子氣概、後殖民父權及厭女的深層心靈結構，就連女性自身的視角也高度內化了仇女的意識。因此，在本篇導讀中，我想嘗試從一種著重性與性別的角度切入，將全書的精神性別化。為了使讀者能身歷其境般進入販毒貧民窟的生命經驗與心境，我將儘量不破哏民族誌的細節菁華，但提點全書主要的論證結構，並依序按照本書的三個重要環節——東哈林區街頭文化的殖民系譜、正式經濟的陰性辦公室與服從文化、性暴力的習得與受暴者的尊嚴，並提示每一環節中，性與性別的重要性。

跨世代的吉巴羅性別化主體：東哈林區街頭文化的殖民系譜

在丟滿吸食及注射藥物器具的人行道及謀殺率超高的公宅區背後，是一長串顛沛流離、持續經歷剝奪的被殖民者經驗。

十六世紀到十九世紀，西班牙殖民者購買非洲奴隸來波多黎各種植農園，但最主要的目標仍是把這塊土地定義為軍事戰略地點，而非盈利場所。接著，美國殖民者在十九世紀最後兩年進駐並沿用西班牙的統治模式，但逐漸加重這塊土地的經濟投資角色。二十世紀初，波多黎各的土地有一大部分都落入大型國有農業出口公司的控制底下，導致成千上萬的小農戶不得不離鄉背井去到其他地區的大甘蔗園工作。政治上，所謂的波多黎各「自由邦」裡的人民並未擁有選舉權或任何的民主權力。尤其在一九五九年古巴革命後，美國政府以遏阻共產勢力擴散為名，將波多黎各打造為自由經濟展示舞台，以「投資換來免稅，免稅換來利潤」等政策，將波多黎各土地上所有的投資利潤都放入跨國公司的口袋。種種獨厚跨國公司利益的政策，終究造成二十世紀最大規模的人口流離失所。在二戰後的二十年內，一百五十萬人，相當於島內三分之一的人口，紛紛來到了紐約城中最破敗不堪的公寓，他們帶著苦幹實幹就能爭取到更好生活品質的願景，但真正迎接他們的，卻是一九五〇年代大型工廠紛紛轉戰海外廉價勞工之後，取而代之的種種毫無保障、只提供不穩定最低工資的服務部門。「後工業」經濟轉型所宣稱的進步僅僅優惠了中上階級，而將跨國的勞工階級置入不堪的勞力條件之中。對剛進城不久的「吉巴羅」而言，後工業轉型意味著一種美夢破碎的末日宣判。

「吉巴羅」（*jíbaro*）一詞，原先是指在這些殖民經濟系統底下生存的農民後代，尤其在二戰後作為譏諷這群「落後貧窮」社群的詞彙，可粗略譯為「鄉巴佬」。在西語中，*jíbaro*含有「野蠻」之意，而把人描繪成「野蠻」的，正是那些剝削非裔奴隸、美洲原住民與混血兒後裔的西班牙殖民主子。奇妙的是，布古瓦敏銳地捕捉到，波多黎各移民翻轉了「吉巴羅」一詞原有的負面意象，進而與這個標籤產生認同感，並將*jíbaro*視為「波多黎各人自尊心與文化完整性的象徵」。這其中的理由，當然與遭受壓迫及抵抗主流社會的邏輯有密切關聯。對於不願意被統治、決心放棄在作物莊園出賣勞力賺取微薄薪資的「逃跑者」而言，這個詞彙保留了抵死不屈的抵抗意涵。當這些「逃跑者」的後代穿越時空來到紐約街頭，他們將「野蠻」的貶義轉化為挑戰殖民者、使統治者恐懼、無法駕馭的正面意涵，而成為具有反抗者尊嚴的自我認同：「我就是吉巴羅。」

然而，「吉巴羅」認同是一道雙面刃。它提供內城勞工抵抗的骨氣，卻也是邊緣化自身的溫床。但「吉巴羅」之所以歷久彌新，正因為它涉及的是性別化的主體，也就是人們的自我構成中最深層、最頑固，同時也是最脆弱的那一塊。布古瓦說：

老派的家庭經濟是圍繞著一名獨裁男性的生產力而建立起來的，但長期以來，這種定義已在波多黎各的離散處境中遭到嚴重挑戰——尤其是在內城。無論男人或女人都會反覆想起過往的回憶，並美化那段吉巴羅的歲月，他們遙想著平原上的甘蔗種植園、高原的農作社群，又或者是都會裡的貧民窟，而眼前的現實卻是他們被孤立地困在公宅大樓中，身邊全是不認識或不信任的人。

人們憧憬著被浪漫化的過去，認為以前在家鄉甘蔗園勞作，雖然貧苦，但至少身邊的社群都是自己熟悉的人，男性家戶長或許勉強也能從家庭中的地位維持自己的男子氣概。現在，他們卻在美國都會裡被陌生的人群圍繞，被陌生人鄙夷。他們的尊嚴蕩然無存。這也是為什麼，第二代及第三代移民在日常生活中的所作所為，始終圍繞著尊嚴及自主性的議題，而他們所發明出來的生活模式，甚至比他們的祖先更具有反叛的意味，以至於有些波多黎各學者將此稱為波多黎各裔特有的「對立心態」，並認為這些「抵抗文化」背後的驅策力就是面對長期殖民支配力量的結果。

曼哈頓島上也存在著內部殖民的力量。東哈林區幾乎像是帶著一種「詛咒」的封印，不管誰去誰來，什麼種族或什麼社群，東哈林區彷彿「永遠都在製造兇暴的吸毒罪犯」。一開始是十九世紀中期以前還沒成為「白人」的愛爾蘭移工；接著是被黑手黨意象濃厚籠罩的義大利移民；還有猶太移民、東歐移民；最後才是波多黎各人，以及在他們之後的墨西哥移民。東哈林區是給新來的窮人住的地方。最新來的人，都是最窮的人。而窮人並未團結起來抵抗種族歧視，往往急著向上流動，最好自己可以成功融入主流社會，接著再轉過頭來，輕視最底層的人。

在波多黎各社群所經歷過的美國外部殖民與內部殖民中，語言與文化都是迫使人屈從的重點。由於美國殖民政府直到一九四九年都在波多黎各的學校推行全英語政策，因此對於波屬移民而言，他們的言談與舉止在美國社會是低人一等的。原本在家鄉，一個人的自尊心是圍繞著人際之間 *respeto*（尊敬）的鄉村網絡而建立，由各種不同的年齡、性別，及親族關係之人結合而成，然而就在一夜之間，他們成為了茫茫的陌生人海之中，種族上，包含語言上，較為低劣的「賤民」。布古瓦因而評論：「他們自從抵達美國開始就一直受到輕蔑及羞辱，這種惡毒正是北美歷史種族關係的兩極分化，及移民勞工市場的種族隔離，所造就的特定產物。」

可以說，在祖父母輩的殖民經驗之後，那種抵死不屈的、逃離被統治的、能夠從家庭獲得父親尊嚴的波多黎各父權體制，受到了前所未有的挑戰。一大部分移民能夠找到的工作，都是過勞低薪、極不穩定，且嚴重損害他們對尊嚴定義的職場關係。正是在這樣的背景下，人們選擇對抗正式經濟。

合法陰性辦公室文化：階級、種族與性別的交織

東哈林區的波多黎各第二代與三代移民所面臨的，是一個正在面臨經濟轉型的美國社會，而他們受到的壓迫是一種典型的階級、種族與性別交織的三重歧視。一九八〇年代與一九九〇年

代，原本以工廠為基礎的經濟體系正快速遭到服務業取代，帶來一種我稱之為「後工業末日」的年代。在這個年代裡，許多內城的人們被迫在地下經濟與合法工作之間不斷轉換，而唯一恆常不變的，卻是他們持續的貧窮處境。主要的理由，是因為在正式經濟裡，他們費盡心力努力找到的工作，都是美國社會中最沒人想做的低薪過勞工作：無證照的石棉清除工、家庭照護員、在街角發傳單的、炸物廚師、夜班病房守衛，或是麥當勞店員。布古瓦的報導人凱薩曾直截了當地說在麥當勞工作是一種奴隸的工作：

> 你知道我都說，在漢堡王和麥當勞工作等於什麼嗎？就是在當奴隸。我很清楚，因為我在那裡工作過。在麥當勞工作根本就是過勞又超低薪。你可以全職在那裡工作——一整個星期喔，五天都在工作——都已經全職囉，每週帶回家的薪水還是只有一百四十塊，或者一百三。你知道為什麼這份工作爛透了嗎？不只因為過勞又超低薪，還因為你要——我是指已經過勞又超級低薪囉！——你還要去他的炸漢堡肉、要刷地板。你得為了那點屎錢做一大堆這種工作。

貧窮如同凱薩的青年男女，如果不是在漢堡王工作，也必須要搭地鐵去市中心的辦公室做那些只有最低薪資的工作——甚至還得兼差做兩份最低薪資的工作，而那些微薄的薪資，只能勉強維持收支平衡，等於朝九晚五又加班，到頭來卻只能糊口飯吃。最慘的是，在正式經濟裡，他們永遠都是「最先開除，最後錄用」。

內城人們不只占據勞工階級中恆常被剝削的經濟底層，與白人勞工處境不同的是，他們還需要每日每夜在職場上面臨文化衝擊與種族歧視。書中最深刻的例子，來自布古瓦最親密的報導人普里莫。他曾經在一間貿易雜誌社擔任郵件收發員兼打雜小弟。期間，他的一位白人女性主管到處告訴其他同事「他是文盲」，而他必須要查字典才知道「文盲」的意思。這個事件帶來的羞辱感完全擊潰了他。專業服務部門下意識地將屬於盎格魯、中產階級的文化資本視為在此工作的必要條件，因此他的英語咬字發音不清楚就變成了一種專業的大忌。事實上，老闆禁止他接電話，因為客觀來說，波多黎各口音會讓潛在的客戶退避三舍，因而害她賠錢。諷刺的是，之所以會發生普里莫接電話的爭議，正是因為他看見主管在忙或離開辦公室，為了表達積極及善意，他才接了電話。

不只是言談，甚至是波多黎各人走路的方式，都可能驚嚇到白人世界的服務部門。「他們沿走廊走向飲水機時一定會下意識地搖擺肩膀，一副充滿攻擊性的態度，彷彿在巡視自家地盤」、「他們會因為用帶有性攻擊意味的行為冒犯同事而一再受到譴責」。他們往往被年輕的白人主管粗魯地頤指氣使，而這些低階主管的兩個月薪資可能比他們一年的薪資還高。他們幾乎只拿最低薪資，曼哈頓金融區的驚人財富更讓他們感到羞辱。

除了辦公室工作之外，普里莫曾經也想發展自己的合法事業，他把影印的傳單貼在公車站，宣傳自己修繕家用電器的「修理先生服務」。遺憾的是，每當有電器壞掉的潛在顧客透過電話找到他，也就是撥電話到他女友瑪麗亞的公宅公寓時，只要一聽見他提供的地址，他們就卻步了，就算他提議去他們家，對方通常也會拒絕。甚至，「他們常一聽見我的聲音就不說話了」，因為白人聽見了波多黎各口音，就判斷他們不想要跟這樣的人有任何來往。根據布古瓦的觀察，普里莫本來就已經特別沒自信又容易受傷，因此類似像這種「改邪歸正」的嘗試，「還得在一次次對話中面對種族歧視的羞辱」，總是慘敗收場。藥頭老大雷伊也是，因為不識字，總是無法順利走完任何行政官僚程序，以至於每次想合法創業，最後都被政府部門打槍。

無論是辦公室服務工作，乃至自己創業，都意味著街頭男性必須不斷面臨的制度性種族歧視，而這當頭棒喝了街頭文化的尊嚴定義。白人「雅痞」勢力和內城「語無倫次的垃圾話」以及過分擺動的身體之間的文化衝突，俯拾皆是。無論兼差當郵件收發員、影印人員，還是在金融區高聳的辦公大樓擔任派送各種公文檔案或郵件的最低薪資勞工，少數族裔內城年輕人在面對中上階級白人世界時，總是發現自己格格不入，而陷入極度痛苦的文化衝突。其中，白人世界最讓波多黎各年輕人最受不了的工作，就是服從白人女性主管。那可以說是他們的街頭文化中，嚴重損害自我尊嚴的終極反命題。大樓與公司都有各式各樣的規範，而服從規範卻跟街頭文化中所定義的個人尊嚴有所抵觸，因為這些年輕男性從他們的祖父輩以來早已學會，一個男人必須公開自己的不服從、自己的抵抗，才能顯示自己的尊嚴。街頭文化的源頭來自遭受統治階級殖民或主流社會排除而產生的對立心態。進入白人世界工作，基本上就是街頭文化無法相容的反命題。

然而，每個人卻也都曾經想要老老實實地做合法工作。這樣的複雜心境造成他們心理上的衝擊，更常使他們丟了工作。

被正式經濟排擠，與販賣非法藥物有極大的關聯。普里莫曾經連續數個月，每個月都被五、六個雇主拒絕，最後自信心跌到谷底，也加劇了物質濫用的情形。受創的自尊與階級、種族和文化緊密鑲嵌。許多人像普里莫一樣，打從自高中輟學以來，就不斷在合法經濟中感覺受辱而離職，而地下經濟所帶來的空白履歷，也注定使他們難以回到正式經濟。這種處於結構中的邊緣性，內化進他們心中，而抑鬱與空虛也融進了嗑藥經濟中。最後，反而是回到街頭販毒，從他們的角度看來才是「自由意志及反抗姿態的展現」。甚至，幫普里莫把風的班奇，是因為在合法工作中受到挫折才陷入藥癮，反而是成為藥頭才能真正擺脫快克、成為一個負責的企業人。換句話說，有時候反而是地下經濟幫助他們恢復自尊，脫離物質濫用。

總結而言，這種種內心與外在同步衝突的兩邊，一邊是後殖民街頭文化對尊嚴的定義，一邊是服務業工作中必須受人頤指氣使的規範。當辦公室初階工作的主管大多是女性時，高舉大男人主義的街頭文化更加深了街頭男人受辱的感覺。服從本身就是一種羞辱，服從女性更是羞辱中的羞辱。一切都與當初男人們夢想可以在工廠中表現出強悍、領固定薪水的願景完全相反。在工廠中，一個男人至少還可以對領班表現出一定程度的反抗姿態，呈現自己的陽剛氣概。然而當場景換到了服務部門，一個人就必須採取謙卑、服從，又低聲下氣的社交互動模式，甚至服從女性、接受她們的鄙夷。當舊有文化價值無法在新的白人都會情境與種族壓迫下維持，而舊有文化價值本身其實也來自前幾個世代的殖民壓迫歷史時，雙重的文化壓迫與經濟剝削便不斷地使男人從合法工作陣營中退敗收場。舊有的男子氣概，如今透過各種自我毀滅的方式來達成。除了販賣毒品賺取糊口的本錢，性暴力也病態地成為了維持男子氣概的通過儀式。

性暴力的習得與受暴者的尊嚴

比起藥物濫用，性暴力是更令人卻步的禁忌問題：內城的男女是如何學會當一名強暴犯，甚至學會被強暴？這個燙手山芋，對任何人來說都一樣棘手。或許，一些人類學的研究，足以給我們一些啟發，至少讓我們有力氣討論。

集體輪姦作為沙文主義與男性情誼的培養，常在許多戰爭犯罪、殖民暴力與經濟剝削體制的脈絡中出現，甚至，在遠離戰爭的大學校園同樣存在。集體輪姦並非只是個人的一時興起，相反地，它是一種組織與傳承，使得「一個女人的身體成為男人們彼此溝通的符碼」，比如在印巴分治的動盪時局中，輪姦成為「執行印度國族主義任務的一種想像」。* 南斯拉夫內戰期間，集體輪姦乃至「強暴集中營」成為塞爾維亞男性支配的性別意識形態戰場，對波士尼亞女性身體的占

* Das, V. (1995). *Critical Events-An Anthropological Perspective on Contemporary India*. New Delhi: Oxford University Press.

領成為塞爾維亞男子氣概與父系後嗣的勝利。* 這樣的性暴力並不只發生在戰場，也發生在非戰期間，甚至在這兩者之間，如人類學者瑪麗亞・歐盧吉奇所言，存在著一種相互關聯的性意識形態（sexual ideology）。在美國大學校園中，兄弟會集體輪姦女學生的案例屢見不鮮，而受害女性甚至可能在過程中早已完全失去意識，因為重點並非女性，而是男性之間的聯誼與男子氣概的彼此宣示。** 這些跨文化的集體輪姦顯示出，輪姦是一種特定社會情境下被組織的產物，絕非某種男性生物性驅使下帶有任何「必然」意味的結果。事實上，正如許多人類學家所揭示的，一個人如何性交以及如何感到性興奮，儘管有潛在的生物機制，但往往是透過後天的習得與培養，才獲得最終的體現。***

布古瓦是在多年田野後期，也就是已經與他的報導人成為了無話不談的好友之後，才意外地發現輪姦的存在對於這些青年來說，完全是成長的必經。從普里莫的故事中，我們可以發現一個少年是如何經由學習，包含對什麼狀況能夠感到性興奮的訓練，才足以變成一位強暴犯。當他第一次接觸到他的兄弟們準備與一位女性集體性交時，他年紀還太小，內心其實不想參與，也無法感到性興奮。然而隨著年紀漸大，為了鞏固男性之間的同儕情感，普里莫開始主動參與這個暴力的男性儀式。一直要等到參與了好一陣子之後，普里莫才學會如何在輪姦的情境下，感生性興奮的感覺。得知報導人參與性暴力後，人類學者感覺到受到欺騙，甚至懷疑自己該如何繼續做田野。從此，布古瓦常在田野對話中不時與這些男性報導人對罵，痛罵他們是變態。而與他最親近的普里莫則在許多對話中透露出自己的懊悔，對於參與這些性暴力的回憶，感到痛苦而無力。

布古瓦非常謹慎地要求讀者不要將性暴力與波多黎各文化牽連在一起，希望他的書寫不要加深波多黎各人的汙名，因為他一方面揭露結構性壓迫所導致的男性尊嚴低落，另一方面則是將重點放在人的受苦，尤其是女性的受苦與尊嚴。他深知，如果沒有這些性暴力的揭露，內城的心靈故事將會是多麼地不完整。因此，他把重點轉向性暴力倖存者的生命經驗，將第六章與第七章完全奉獻給這個討論。

「若專注於快克藥頭對於集體輪姦的單一個案描述，讀者可能會被憤怒及絕望的情緒淹沒。然而街頭上的女性沒有因恐懼而綁手綁腳。……就像歷史上敵對群體之間所有主要權力的轉移一樣，女人在為自己開創全新公共空間的複雜過程中，也充滿了各種矛盾的結果及人性必須承擔的痛苦。」第六章的開頭，就是糖糖說明自己如何槍擊丈夫的自白。接著，布古瓦鉅細靡遺地脈絡化糖糖的故事，一個刻骨銘心的故事。

糖糖是逃離暴力虐待父親的少女，後來卻變成受虐兒妻子，甚至在那之前，還先被自己未來配偶菲立克斯的一群朋友輪姦過。然後，在她自己當了母親之後，她的女兒婕琦也再度經歷被

* Olujic, M. (1998). "Embodiment of terror: gendered violence in peacetime and wartime in Croatia and Bosnia- Herzegovina." *Medical Anthropology Quarterly*, 12, 31-50.

** Sanday, P.R. (1990). *Fraternity Gang Rape: Sex, Brotherhood and Privilege on Campus*. New York:New York University Press.

*** Sanday, P. R. (2020). "The Socio-Cultural Context of Rape: A Cross-Cultural Study." In *Gender Violence*, 3rd Edition (pp. 70-87). New York University Press.

父親家暴、逃家，然後被男性友人輪姦，而社群也同樣地不認同那是脅迫下的性暴力，認為只是相互合意的行為。糖糖要求大家共同認定自己的女兒是遭到強暴，普里莫和凱薩卻拒絕這麼想。接下來幾週，他們針對這次的事件進行的大多數對話都在為強暴犯脫罪，並對婕琦的行為大加撻伐。他們完全說服了自己：婕琦沒有被強暴。他們將這個十二歲孩子經歷的所有磨難明確怪罪到她自己身上。糖糖一方面悲傷憤怒不已，但另一方面也內化了社群中男人對女人的暴力。在家中，她甚至認為「被打就是被愛」。她說：

我老公就像我的父親：我之前是受虐兒女兒，後來又變成受虐兒妻子。我逃離我媽家，因為我是受虐女兒，但之後又成為受虐妻子。我以為這樣就是愛。我不騙你。我很愛被打，因為我從很小被打到十三歲早就習慣了，然後我老公再從我十三歲打到我三十二歲。所以我覺得人生就是這樣：不停被毒打。我以前還會找理由讓他打我。

這種虐待與被虐的暴力循環，來自吉巴羅大家庭傳統的一種過時理想的失落，以及這個過時理想的勉強執行。就在菲立克斯的上一代，若是為了應付小家庭農場的急迫農務，一個男性家長作為一名需要協調家務勞動分工的「正當」父親，某種盛氣凌人的暴力行徑與對家人拳腳相向很可能可以「獲得理解」，甚至讓男人在波多黎各的吉巴羅山丘上得以獲得 *respeto*（尊敬）。只是，當時空轉換到糖糖與菲立克斯所處的後工業破敗公宅中，不只是時空錯置而已，更在當下成為虐待雙方互相毀滅的加速器。

最後，糖糖用槍射了她的丈夫。

然而這樣的槍擊抵抗並非女權甦醒，而是父權再現。事實上，糖糖和她的親友都服膺一種波多黎各的傳統民間見解，也就是把女性的「發神經」（*ataque de nervios*）醫療化，定義為「特定文化相關的波多黎各人症候群」（culture-bound Puerto Rican syndrome）。根據波多黎各精神科的說法，這種症候群最常在童年開始遭受男性虐待的女性身上出現。在盎格魯文化中最接近的現象或許是恐慌發作。在鄉村及勞工階級的波多黎各文化中，當男性的施虐行為超出了可接受的範圍，女性若要對抗支配自己的男性，發作（*ataques*）就成為一種宣洩怒氣的合理互動。不過，傳統上來說，這類文化腳本編寫出的女性突發暴力行為，觸發點是配偶不忠的忌妒情緒。換句話說，糖糖槍擊菲立克斯的整個過程，具體而微地遵照著傳統受虐倖存者的傳統腳本在進行。雖然一顆子彈射進丈夫的肚子裡確實帶有淨化作用地代替了女性的怒吼，但那個跨世代與跨時空的父權虐待鎖鏈並未被掙斷，反而受到了肯認：忠誠地相信著幸福家庭的想法，並因這類父權理想被挑戰而忌妒，最後以暴制暴。她對丈夫的譴責並沒有超出母親及祖母這兩代的文化規則界線。到頭來，槍擊丈夫不但並未使糖糖脫離暴力鎖鏈，反而加深她自身的暴力傾向，讓她在快克販賣站擁有一席之地。

糖糖透過藥物經濟獲得了經濟獨立，並與普里莫開始交往，表面上她終於擺脫施虐丈夫菲立克斯的掌控。然而，糖糖的憤怒持續盤旋在她的身體裡，她對他人展現出極端暴力且偶爾帶有自殺傾向。糖糖始終沒有逃離施虐丈夫的掌控。她仍然步上著他的後塵：賣藥、忽視孩子、到處炫耀性的戰利品。糖糖養了普里莫這個情夫，於是在挑戰波多黎各街頭文化中的性別禁忌時，普里莫成為她用來進行衝撞的載體。當時，普里莫假裝自己是在實現內城男性的街頭幻想：靠著女人來白吃白喝（*cacheteando*）。不過事實上，在私下回顧這段過往的對話中，普里莫坦承自己似乎創造出了一個「科學怪人」：這名有五個孩子的前受虐婦女，變得比她人生中的所有男人還要更大男人。

在糖糖為雷伊賣古柯鹼，並把普里莫當情夫養的那幾個月，布古瓦明顯看出了街頭文化針對父職與母職的雙重標準。遊戲站藥頭網絡中的男人幾乎沒有例外地總是嚴厲批評糖糖，認為她不是個成功的單親母親和一家之主。明明她被關進牢裡的丈夫菲立克斯同樣擁有養家的義務，他們卻對此視而不見，而且沒有人提議幫糖糖的孩子提供食物、住處和關愛。他們反覆提出的批評與建議，不外乎就是糖糖需要一個強而有力的男性角色來好好教訓她。街頭文化仍理所當然地認為，父親在地下經濟中追求狂歡及意義時擁有拋棄孩子的權利。當男人因為男子氣概被挑戰而發展出一系列的性暴力循環與拋棄家庭之際，女人也內化了那樣的不負責任的陽剛氣質。單親母親家庭的安排中，沒有任何「母權」(matriarchal) 或「母主」(matrifocal) 的勝利意味。這樣的女性只會被剝削得更厲害，她們被預設為有義務無條件為孩子奉獻，而她們的男人則拒絕共同負起責任，且被視為常態。

糖糖的生命經驗有兩個層面可以分析，一個是父權體制下的男性暴力，另一個則是女性內化上述的暴力。父權體制的危機確切展現於家庭暴力及性虐待的極端化。街頭上的男人失去了原本在家的絕對權力，所以將怒氣發洩在自己無法再掌控的女人及孩童身上。男性不接受女性逐漸獲得的新權利和角色，相反地，他們迫切嘗試重新主張，在祖父那代能夠掌控家庭及公共空間的獨裁權力。男性家戶長一旦遭遇了最不理想的情況，就會成為經濟失敗的無能者，而他所經歷的這種歷史性結構轉變會對他的男性自尊造成極大打擊。更糟的是，原本可能緩解這類創傷且具有穩定功能的各種社群體制並不存在於美國內城。於是這些男人暴虐地在充滿敵意的文化掏空環境中奮鬥，希望能回頭掌握祖父那代擁有的權力。

女性內化上述的暴力，展現在自己極端地對配偶出軌的忌妒之心，以及自己要以暴力陽剛的方式來重申自身地位的行為之中。「糖糖知道怎麼獲得大家的尊敬，你看不出來嗎？你難道沒聽說她對她老公幹了什麼好事嗎？」雷伊對糖糖的敬重及信心再次提醒了布古瓦，在街頭建立自己的名聲時，公開展示的暴行扮演了多麼關鍵的角色。

然而，藥頭網絡中的女人，並未因此害怕成家，反而許多都懷有想要生一打孩子的願望，即便自己的經濟能力根本不允許。

究竟是何種社會情境與文化價值造就了這樣的心理結構？原鄉的那種父權結構，恐怕不會讚揚妻子對丈夫槍擊的這種反抗。原鄉既有的性別歧視，來到新的情境中，是如何被加深為更慘烈的性暴力循環？移民、快速的資本主義發展，以及製造業變成服務業的結構重整，是所有人都有的壓力來源，也是反抗的原因。但究竟這些新的結構性因素對性別壓迫造成什麼影響？移民普遍必須經歷的外界敵意，以及地下經濟導致暴力極端化的現象，是如何加深了性暴力的循環？當人們實踐反抗文化、丟掉合法工作、試圖尋回自己最後的尊嚴之際，我們可以說這樣就是他們的主體性嗎？這已經是布古瓦無法回答，只能拋給讀者的問題：在反抗文化中，系統性的自我毀滅、父權思想的內化、結構性因素與個人責任，該如何被理解？

受苦的性別們與性暴力循環

「這些快克藥頭清楚向我傳遞了一個訊息，那就是他們的選擇不只是基於經濟上的窘迫。就跟地球上的大多數人一樣，除了需要足以生存下去的物質基礎，他們也在尋求尊嚴及成就感。在波多黎各的脈絡中，這點還納入了他們對*respeto*的文化定義。」

無論是對抗主流社會的宰制，還是因為街頭文化認同而產生的傲氣，東哈林區的藥頭們都不斷地跟吉巴羅的叛逆精神遙遙呼應。這樣的精神拒絕屈服於西班牙及美國殖民主義之下菁英社會對他們族人的詆毀，同時也幫助他們反叛紐約陰性辦公室文化與白人中產階級所定義的世界。然而其中的悲劇在於，在這執著追尋文化所定義的尊重的過程中，他們所能擁有的物質基礎仍侷限於街頭經濟；甚至，在這個經濟當中，受苦的性別化進而轉變成受苦的性化，緊緊扣著性暴力與其循環。

閱讀此書，我們終於能夠用一種跨越種族的、白話的、同情乃至同理的，卻又感覺受騙的心情；有機會深入了解性暴力的養成，以及那不忍卒睹的集體輪姦少年儀式，哪怕它已經被化為文字。而所謂倖存者堅韌的生命圖像，是否其實是內化施暴者的「剛烈」並複製那種「陽剛」，而這才是街頭始終如一的生存之道？為了反叛與報復主流社會、不時渴望合法世界卻又常被拒於門外，東哈林的女人與男人們，一個個性格鮮明地被布古瓦描繪出來的波多黎各裔美國人們，究竟是如何在尊嚴與合法之間，選擇了尊嚴？

獻給埃米里亞諾

在每個凌晨重生

街頭是很有看頭的，噢天，
就像折扣大拍賣。
事實上，當涼風襲來，街頭上啊
就像任何地方一樣有愛。

哇嗚！

街頭的光會打亮黑暗
像新的一樣
那裡賣了一堆你不需要的東西
也永遠不讓你忘記
自己浪費多少錢在那裡

那裡有超強的
推銷員會塞給你粉多廢物

還有一堆騙子可以
把你生吞活剝

啊哈，來瞧瞧吧

那裡有許多美好的小孩
他們活在各種地獄當中
希望存活然後成功
在迷霧的黑暗裡一起大步出發
分享他們所有的愛
微笑得像耶穌寬大
只有貧民窟的十字架可以扛起來
啊，沒錯，哇嗚，來瞧瞧吧！

嘿，街頭充滿生命，噢天，
像一個青春柔軟的太陽
柔柔亮亮

像一場等待很久的夢終於到訪。
聽啊，哇嗚，來瞧瞧吧。

孩子們是玫瑰，
一根刺也沒有
卻被迫感受種族歧視的嘲弄

哈、哈，哇嗚，來瞧瞧吧！

我們的孩子多麼美麗
他們擁有出生的權利
在每個凌晨重生
像一個孩子生在晨光飛向陽光
在每個凌晨重生

結束！

——皮里・湯瑪斯

致謝詞

Acknowledgments

如果沒有埃巴里歐的朋友及鄰居當初如此坦然又慷慨地接納我，這本書是不可能完成的。為了保護個人隱私，我改寫了所有人的名字，也隱藏了街道住址。最重要的是，我感謝在本書中被我稱為普里莫的摯友。他打從一開始就關注著這部作品，也為其中大部分內容提供指導。他閱讀或聆聽了大約六個版本的手稿後提出的各種評論、修正，以及與我的討論，實在有相當大的幫助。另一個主要角色被我稱為凱薩，他也針對此書幾份初稿提供了許多具有分析性的洞見及批判。同樣地，在我的田野過程及寫作初期，糖糖提供了極大幫助和支援。在努力完成此書的最後階段，瑪麗亞提供了許多看法及精神上的支持。到了近期，出現在第二版後記中的艾斯貝蘭查和潔思敏提供我很大的協助，第一版出版之後，我在她們家以及她們那個大家庭中感受到的熱烈歡迎，加速了我回訪埃巴里歐的進度。

我也想感謝以下機構大方給予的經濟支持：哈瑞．法蘭克．古根漢基金會、羅素．塞奇基金會、社會科學研究會、福特基金會、國家藥物濫用研究所（獎助金案號R01 DA10164及R03 DA06413）、文納－格倫人類學研究基金會、美國普查局，還有舊金山州立大學的瑪莉琳・巴克瑟、布萊恩・莫菲，和喬伊・朱利安。我很感謝許多與我進行院校聯合研究的單位，包括人類學問研究機構、亨特學院的波多黎各研究中心、哥倫比亞大學的建築及都市計畫學院，還有舊金山州立大學的城市研究暨人類學系。當然，我最感謝的是我在舊金山加州大學人類學、歷史及社會醫學系擁有的教職，這份工作提供我經濟及後勤上長期而穩定的保障，確保我得以在美國書寫有關社會苦難及不正義的作品。

我很感謝馬爾克・艾多門、羅伯特・莫爾頓和已過世的艾立克・沃爾夫，慷慨花費時間針對手稿的許多部分給予各種精細建議。然而提到編輯內文及針對知識論述給予的評判，沒有人做得比華康德更傑出、精準，他對細節的執著也充滿啟發性。本書的前半部可說是直接由他在四十八小時內不間斷的瘋狂編輯下重寫而來，只有他能擁有在短時間內完成這種工作的精力、清晰頭腦，和靈敏思緒。另外有數十位朋友、學生、同事和老師都讀過此書的不同版本草稿——或至少聽我談起其中主要論述的部分內容。許多人在研討會、課堂、學術會議，或甚至派對結束後的非正式對話中，提供了各種有用的看法及資訊。有些回饋非常重要，我不一定都有寫進內文，但還是很感謝這些具有建設性的交流。基於同樣的邏輯，我也感謝已過世的皮耶・布赫迪厄，是他讓這本書的法譯本有機會出現在他所主導的書系之中，更重要的是，他針對複製階級的象徵性權力做出的種種批判，為我提供了清晰的思路及靈感；我同樣還要為此感謝凱倫・科瓦爾德、約翰・迪凡伊、艾米・唐納文、埃洛伊絲・唐列普、安傑羅・法爾康、傑瑞・弗洛爾什、查爾斯・黑爾、凱博文、安東尼歐・羅立雅-佩卓切利、葛羅莉亞・列維塔斯、羅伯托・路易斯-費南德茲、傑夫・

隆霍佛、彼得・路卡斯、蘇珊・梅西拉斯、吉姆・奎沙達、克拉拉・羅德奎斯、已過世的尤里西斯・桑塔瑪利亞、沙士奇亞・薩森、南希・謝普-休斯、卡羅・史密斯、卡爾・泰勒、法蘭克・瓦爾迪、喬伊爾・華爾曼、艾瑞克・華納爾、泰瑞・威廉姆斯、威廉・朱利斯・威爾森，還有我已過世的祖母佩姬・瑞格勒。

我對劍橋出版社的叢書編輯馬克・葛蘭諾維特虧欠甚多，在我最後絕望著不知能否完稿的關鍵時刻，他特別為我提供了各種意見及支持。我在劍橋出版社的社內編輯給了我非常大的幫助，他們是艾蜜莉・魯斯、羅素・漢恩，另外我也特別感謝伊莉莎白・尼爾及接手的瑪莉・柴爾德和艾莉雅・溫特斯。負責編審的南希・藍道和菲莉絲・L・柏克對於提升最後的內文品質有很大的功勞，她們抓到了幾十處讓我難為情的錯誤，還處理了不知多少極為不順的句構。

如果沒有哈洛德・奧圖和安・梅古德的打字、精神支持，以及在團隊中作為中堅力量的後援，我不可能生產出最原始的手稿，儘管我們在焦慮中並肩工作了幾個月，他們後來仍成為我極為敬重的朋友。羅素・塞奇基金會中有幾位人士提供了極為關鍵的研究及後勤幫助，他們是艾琳・法洛爾、詹姆斯・葛雷、克雷・古斯塔夫、寶琳・羅斯史坦、梅吉・史皮塔萊利、卡蜜爾・葉茲伊，還有愛德里安娜・席克林。舊金山州立大學的梭羅・勒沃爾親切地讓我在下課後的時間使用電腦，還常提供我許多技術上的建議。在人類學問研究機構，佛羅倫斯・李維拉・泰伊給予我很大的幫助及友情支持。

我在高中時讀到了皮里・湯瑪斯的《走在險惡街頭》，心中就埋下了寫作此書的種子。真的是托他的福，我才能在自己成長的城市中接觸到貧窮、種族主義，以及藥物的議題。因此，他在讀完此書手稿後傳真來了感想，又准許我將其印在此書正文之前，對我來說實在備感驕傲與榮幸。

最後，我想感謝我的家人。我永遠感恩查洛．查康－曼德茲從哥斯大黎加直接移居到埃巴里歐，研究開始時我們才剛結婚。她對我們住在埃巴里歐期間提供的幫助極為寶貴。那些年間，我時常得在街頭及快克站待上整晚，而這為她帶來巨大的焦慮，對此我深感抱歉。我希望這不是我們最終分開的原因之一。若真是如此，我深感後悔。我們的兒子埃米里亞諾（小諾）熱愛埃巴里歐，他從沒有被街頭嚇到。在我們還沒有健康保險時，我們公寓幾個街區外的一個免費診所的一位冒失又毛躁的實習醫生診斷出他有腦性麻痺。我懷疑小諾之所以擁有無比的自信和極佳的社交技能，部分是因為他即便身處於我們街區最難應付的街頭詐騙犯之間，都有辦法獲得他們的尊敬。他自豪地在滿地快克瓶的破爛人行道上學習使用助行架，這樣的努力融化了所有人的心。更棒的是，儘管過程中常遭遇挫折，不是擦傷就是跌倒，小諾仍散發出只有兩歲多的孩子才能懂的那種、奇妙的生活樂趣。他幫助我去欣賞街頭生活的樂趣。他眼睛中的光芒始終帶領著我，十數年後，他進入了青春期，變得精力充沛且懂得欣賞、同理周遭幾乎所有人，而我仍在跟隨著他眼中的光芒。

在我為此書研究及寫作的期間，我的母親和父親也一直支持著我。從一九八〇年代到一九九〇年代，我母親幾乎每週的週間都會去南布朗克斯區參與讀寫教學計畫，並藉此打破種族隔離，我確信這樣的行為深深影響了我。同樣地，我父親為我提供了在雙元文化家庭中成長為一個紐約人的美好體驗。他對美國文化的中肯批評是「典型法式風格」的，而且他特別厭惡紐約市種族主義及階級不平等的誇張情況，他的批判態度對於在冷戰高峰期長大、不停被僵化的意識形態觀點轟炸的人來說是絕佳的解藥。他在一九四四年六月七日逃離位於奧斯威辛當地「法本公司社區」多里營地的那段經歷，讓我致力於記錄此生遭遇的制度性種族主義，尤其是在我成長的家鄉。當我還是青少年時，他曾在我們共享一根香菸時告訴我，「以前在營地時，我們有些人很蠢，會用麵包去換菸草。」或許正是這個描述讓我初次敏銳意識到「上癮」的存在。更重要的是，在大屠殺達到高峰之際，許多直接住在奧斯威辛毒氣室下風處的人們——他也是其中一分子——在面對燃燒人類肉體的氣味時，不是想盡辦法忽略，就是拿這件事來開玩笑，而我父親總是對此展現出素樸的怒氣。我想正是他的怒氣成了我的動力，讓我去書寫在二十一世紀之交，美國因為種族隔離而產生的日常暴力圖像。

——舊金山加州州立大學
二〇〇二年八月

二〇〇三年版序言

Preface to the 2003 Second Edition

本書的第一版於一九九五年秋天出版，在那之後的七年，東哈林區街頭的日常生活基調出現改變，書中描寫的快克藥頭及其家人的生活也深受影響。有四股關鍵的驅動力造成了這項改變：一、美國經濟進入了有史以來維持最久的持續成長期；二、紐約市（尤其是東哈林區）的墨西哥移民人數急遽增加；三、政府將對毒品宣戰升級為準官方公共政策，目的是要將窮人及社會邊緣族群入罪且監禁；四、內城（inner city）*年輕人中出現的用藥風氣讓大麻在拉丁裔及非裔美國人中變得更受歡迎，快克和海洛因則變得更不受歡迎。

二〇〇二年，我居住的街區仍有人在兜售快克、古柯鹼和海洛因，但人數沒有之前多，也比較低調。要在東哈林區的某個角落買到毒品仍然很容易，但大多數交易都已移入室內，不在警方的視線範圍內。你比較不會看見那些潦倒的商販為了兜售藥物當街大吼著品牌藥名來搶客人。最重要的是，拉丁裔和非裔年輕人

* 譯註：內城（Inner city）指的大多是城市中的貧民區，因為與主流社會隔絕而出現「城中城」的現象。

持續抗拒使用海洛因和快克，因為他們小時候親眼見過這些藥是怎樣殘害著他們社群中的上一代。紐約市那些擺脫快克毒癮的人甚至發展出一種新的自傳性文類（Stringer, 1998; S. and Bolnick, 2000）。然而在美國內城仍有一群年老的重度藥物上癮者。我們很難信任政府經由電訪所做的藥物使用調查的研究精準度，但從一九九四年開始每年都在美國執行的「全國家戶藥物濫用調查」（National Household Survey on Drug Abuse）指出，一九九〇年代期間，「頻繁使用快克」的比例並沒有下降（Substance Abuse and Mental Health Service Administration, 2000）。不過，一九九〇年代晚期到二〇〇〇年間，醫院急診室及逮捕嫌疑犯的數據顯示，男性血液驗出古柯鹼陽性的比例急遽下降（CESAR FAX, 2001）。

在多數大城市中，快克市場顯然在絕大多數最貧窮街區的非裔美籍社區內穩定坐大。快克販賣點持續現身在大型公宅區、空地及廢棄建築，或在它們附近。紐約市內的波多黎各家庭也一直位於快克消費旋風的中心——儘管跟之前相比，現在已經變成比較低調的圈內行為。

相對於快克，一九九〇年代後半及二〇〇〇年代初期，海洛因的使用在許多城市都有增加。全美各地出現的海洛因純度變得更高，價格也更便宜，若有任何人宣稱美國對毒品發起的戰爭有勝算，擺在眼前的事實都為這種說法蒙上了陰影。不過，海洛因後來主要吸引的是貧民區以外的年輕白人，對這些人來說，他們用藥時不會考慮快克這個選項。海洛因（尤其是靜脈注射的形式）在內城的拉丁裔及非裔美籍年輕人之間仍然不受歡迎。二〇〇一年，在東哈林區由快克及海洛因掌控的角落裡，能看到的藥頭幾乎全是老年人，而在他們身邊徘徊不去的客戶，年齡則是從三十歲後半到四十歲後半，又或者五十歲出頭。

總結來說，在二〇〇二年飽受蹂躪的內城家庭中，海洛因及快克仍成就了帶有特殊致命威力的數十億產業。不過，居住在東哈林區的年輕世代更常以賣家而非顧客的身分進入這個市場。至於那些真的有在使用快克或海洛因的拉丁裔或非裔美國年輕人，他們普遍會避免讓親友知道這件事。有關用藥趨勢如此大幅改變的原因，我們所知甚少，但在二十一世紀之初，我們算是很幸運，因為在美國十多年來參與街頭文化的非裔美國人及拉丁裔年輕人選擇使用或濫用的物質換成了大麻和麥芽酒（Golub and Johnson, 1999）。

相較於用藥趨勢的改變，或者政治家對毒品宣戰的姿態，更重要的是美國經濟長期改善所帶來的戲劇化影響，這使得失業率在一九九〇年代後期達到了歷史新低。令我驚訝的是，本書中的一些快克藥頭及其家人都有在這波穩定而長期的經濟成長中獲益，至少在二〇〇一到〇二年的俯衝式衰退之前是如此。在經濟狀況於二〇〇一到〇二年間變差之前，本書中將近一半的人想辦法進入了合法勞動市場底層。我會在第二版的後記中透過更多這些人的私人生活細節強調出這點，但在此還是先針對二〇〇一到〇二年間的經濟衰退狀況提供簡短的概況描述：藥頭中有一位成為有工會會員資格的大樓門房管理員，另一位成為居家健康照護員，還有一位成為水電工助手；另外有三位在為沒有證照的小型承包商擔任建築相關產業的工人；有一位則成了旅客紀念品折扣店的收銀員。本書寫到的那些快克藥頭的姊妹們中，有兩位分別成為護理師助手和祕書。快克藥頭們的女性親密友人中有一位成為銀行出納員，一位成為警衛，第三位在賣雅芳（Avon）的保養美妝商品。藥頭們的兒子中有一個在快餐店擔任收銀員，但有一個還在賣藥，還有兩個分別因為之前販賣藥品的罪行及輕度竊盜罪在監獄服刑。有三、四個藥頭還在賣藥，但大多在賣大麻而非快克或海洛因。另外有三名藥頭在監獄中服刑，刑期很長。諷刺的是，在蓬勃發展的監獄製造業中，他們大概都以遠低於基本工資的薪資獲得了工作。

簡而言之，由於美國經濟在一九九〇年代晚期的急遽成長，雇主及工會被迫將愈來愈多原本遭到邊緣化的波多黎各裔及非裔美國人吸納入勞動市場。本書的研究執行於一九八〇年代晚期及一九九〇年代初期，當時的勞動市場結構全然不同，經濟狀況也比較差。然而，即使在美國經濟衝到高點的二〇〇〇年夏天，街頭上仍有許多年輕人發現自己被排除在外。這些邊緣人幾乎全然成為合法經濟體系外的多餘人力；他們深陷在油水依然豐厚的藥物經濟、蓬勃發展中的監獄系統，以及慢性物質濫用的泥淖，另外還必須處理日常的人際暴力問題。從長期的政治及經濟觀點來看，就算國家與地區經濟會有短期的起伏動盪，紐約內城這些窮人的未來也並不值得看好。二〇〇一年九月十一日世界貿易中心大樓災難過後，美國的經濟衰退更證實了這點。二〇〇〇年，美國是全球工業化國家中貧富差距最大的一個——而且差距正在擴大，而非縮小（*New York Times*, Septermber 26, 2001: A12; see also U. S. Census Bureau, 2001）。就更在地的層級來看，二十世紀的最後三十年間，紐約州在全國的五十州裡有最嚴重的收入不均問題（*New York Times*, January 19, 2000: B5）。

紐約強大但薪資極低的底層就業市場所帶來的副現象，就是許多墨西哥無證移民為了逃避鄉村的貧窮而遷移到這個城市，他們已經準備好，要為只能維持貧窮生活的薪資努力工作。我在一九九一年離開東哈林區住處的街區時，自然已經可以常看見墨西哥移民，我也討論過波多黎各年輕人和墨西哥移民之間逐漸升高且緊繃的暴力情勢。一九九四年末為此書英文版寫的後記中，我提供了當地墨西哥人口快速增加的數據，這個增加的速度到了一九九〇年代後半變得更快，在我所住的那條街上也顯而易見。一九九一年，緊鄰著我住處的眾多街區中，至少有三棟建築住的全是墨西哥來的新移民（更別提有兩棟建築住滿了從塞內加爾鄉村來的新移民）。最近為了寫此書第二版的序言再度造訪，我發現有整個街區（就在我之前住的地方隔壁）都「成了墨西哥區」。在東哈林區的各個角落可以看見數十間墨西哥餐廳和販賣墨西哥特產的雜貨店。相反地，之前還住在這裡時，我只知道一間墨西哥餐廳，而且那間餐廳還沒裝招牌，應該是因為沒有獲得販賣食物的許可。簡而言之，又有新一波的種族輪替正在重塑東哈林區的面貌，他們在二十一世紀初美國經濟體邊緣，努力地想要實現所謂的美國夢。

二〇〇二年，在東哈林區的各個角落，原本被板子圍起來的廢棄街區內開始出現許多小商家。舉例來說，我住的街區，我之前描述它在一九九四年才正要開始活化，現在活化的進度已顯著加速。我住的公寓一邊有一片滿是垃圾且十多年來無人使用的空地，現在已有了一整排新蓋好的四層公寓樓。我住的公寓樓另一邊是一棟廢棄的巨大建築，在我搬進去十年前就已燒毀，現在已重新翻修成中途之家，以提供藥物濫用的母親一個復原的空間。現在街區內有五間新的合法商家，分別是兩間美髮店、一間影片出租店、一間外帶中菜餐館，還有一間披薩屋。

街區上原本的兩間雜貨店現在只剩一間在賣藥，而且只賣大麻。海洛因還是能在街角買到，純度比之前都高，但不再來自之前彼此競爭的品牌藥商。到了晚上，公共空間見不到占居民多數的勞工階級，取而代之的是藥頭和上癮者，就跟我一九八〇年代晚期和一九九〇年代初期住在這裡的情況一樣。不過整體來說，由於經濟顯著變好，再加上用藥潮流的改變，以及大規模低薪勞工移民潮的催化，街頭勞工階級文化再次活躍起來，而且對那些追求向上流動的人而言，這次減少了藥物、犯罪及暴力所擁有的毀滅性吸引力。

相較於私人部門成長及無證勞工階級移民活化社區的效應，美國的公部門仍然持續執行那些惡意忽視內城的政策，尤其忽視那些拉丁裔及非裔美國居民生活的社區。美國的社會福利安全網原本就資金匱缺且搖搖欲墜，一九九〇年代更是被重新整治成開銷昂貴又嚴密的罪犯拖網。原本就已經非常龐大的美國刑罰系統，此時更是以令人暈眩的規模成長為貨真價實的犯罪工業複合體，到了二〇〇〇年，美國的相對人均監禁率已高於世上的大多數國家，只排在俄羅斯和盧安達後面。在一九九〇年代，美國的監禁率是之前的兩倍，也是歐盟所有國家的六至十二倍（Wacquant, 1999: 72）。若是檢視其中種族比例的差距，光是細數這群被關起來的人就能嗅到種族隔離的氣息（Wacquant, 2000）。根據客觀數據概率，三名非裔美國男性中就有一名可能在一生中有過入獄經驗，相對來說，白人男性的比例是二十五分之一，拉丁裔是六分之一。監禁率之所以會出現這樣的種族差距，背後的驅動力就是一九九〇年代和二〇〇〇年代的「對毒品宣戰」。非裔美國人因為藥物相關犯行入獄的機率是白人的二十倍。在紐約州，百分之八十九的囚犯是非裔美國人或拉丁裔，入獄率的種族隔離狀況可說更為誇張（Macallair and Taqi-Eddin, 1999）。

一九九三到二〇〇一年的紐約市市長魯道夫・朱利安尼因為針對輕罪推行零容忍政策而舉世

聞名，他還執行了惡名昭彰的「修補破窗」*政策（Kelling and Coles, 1996）。他的目標是打擊「破壞生活品質罪」（quality-of-life crimes），也就是大動作逮捕乞丐、洗車窗賺錢的人、地鐵上的逃票者，還有在街上遊蕩、穿著嘻哈風的黑人或拉丁裔年輕人。這項政策付出了侵犯人權的高昂代價，因為不停傳出警方殘暴針對特定族群的公開醜聞，像是一名海地移民在分局辦公室受警方偵訊時，遭人用斷掉的掃把棍反覆肛交作為折磨，還有一名未佩帶武器的幾內亞移民在自家公寓的門廳被射了四十一槍身亡。紐約的「嚴厲執法」（get-tough-on-crime）政策也相當花錢。一九九〇年代，紐約市急遽增加了超過七千名警力，來到史上最多的四萬名，在此同時，健康、教育、收養孩童照護、公共教育之類的預算卻都遭到精簡。一九九〇年代，紐約州花了超過四十五億美金建造監獄。這還不包括運作監獄所需的資金，而在一九九八年的紐約上州監獄，每名囚犯每年就需要花上三萬兩千美金，里克斯島上的紐約市立監獄每人每年更需要花上六萬六千美金（Camp and Camp, 1998）。

支持打擊毒品政策的人指出，紐約市的犯罪率在一九九〇年代晚期有了顯著下降。然而他們沒有說的是，其他城市沒有將街頭的人當成罪犯，也沒有提升警察的逮捕率，而這些城市的犯罪率並沒有比紐約高多少。事實上，有統計學家計算後指出，相對於那些監禁率低於平均值的州，

* 譯註：此政策延伸自一九八〇年代初出現的犯罪心理學理論「破窗效應」（Broken windows theory），以大樓的破窗狀態來隱喻一個社區逐漸失序、治安變差，終至犯罪行為橫生的階段，後來在九〇年代中又出現了相關的「修補破窗理論」（Fixing Broken Windows）。

一九九〇年代監獄人口成長最高那幾個州的犯罪率其實並沒有降低很多（*New York Times*, September 28, 2000）。最重要的是，紐約的犯罪率就跟全國其他地方一樣，在紐約市長於一九九四年「嚴厲執法」之前就已經開始下降。許多政策分析家仔細消化了所有的數據，認為真正造成犯罪率下降的主因是整體經濟的改善，以及十八到二十歲人口數量減少因而造成了人口組成的改變，並非由於犯罪管控策略的不同所致（Blumstein and Wallman, 2000）。紐約市警方執勤的做法成為透過新自由主義手法處理都會苦難的獲勝象徵，但仍迎來了學術圈及統計學界對於政策的種種批評，像是「只是把這些無關緊要的不良少年關起來，尤其是毒癮者」還有「將悲慘犯罪化」（Wacquant, 1999: 74, 151）。窮人陷入危機的生活過於不堪入目，於是從白人中產階級的城市公共空間中遭到抹除。社會苦難的傷口明明已經因為急遽惡化而化膿，卻獲得了安全的消毒，於是房地產價值飆升，旅遊業也蓬勃發展到史無前例的程度。

但幾乎可說令人驚訝的是，除了比較年輕、經驗不足又比較暴力的那幾個，跟我成為朋友的藥頭都成功逃過了入獄的命運。一九九〇年代晚期對毒品宣戰的情勢升高，之於書中這些人立即產生的確切影響，就是紐約市政府官員針對聯邦政府公宅嚴格執行「一人重罪，全家驅逐」（one-strike-you're out）的規定。一九九〇年代中期，只要有一名重罪犯出現在公宅住戶的家中，政府就能合法將這一家人全數驅逐，無論他們的年紀或社會脆弱程度。許多城市選擇不那麼嚴格地執行這項聯邦法令，但紐約市就是這麼幹。大部分藥頭因此被政府從自己家裡趕出去，他們的大家庭成員也通常無法倖免；大多數人——包括本書中的兩位主角——都因此被迫搬出曼哈頓，或甚至直接離開紐約州。在紐約市的各個角落，很多祖父母之所以流落街頭，都是因為收留了睡在客廳沙發上的孫子孫女。就算那位祖母已經老糊塗了，根本沒發現孫輩的犯罪行為，又或者純粹是遭到孫輩恫嚇，都無法避免遭到驅逐的命運（cf. *New York Times*, March 27, 2002）。更誇張的是，因為紐約無條件執行「一人重罪，全家驅逐」的命令，在本書的三個不同案例中，都有新生兒因為母親答應讓藥頭（本書主角）一起住，只好去街友庇護所或親戚家的客廳暫住。

最令人困擾的一項趨勢就是，厄運總會反覆降臨在書中那些快克藥頭的大多數孩子身上。自從本書的第一版出版之後，我每年至少會回訪紐約一、兩次。我會去找那些書中寫到的人物，看看他們的狀況，也會和他們聊聊過去那些日子。在後續追蹤的過程中，我也有機會見到這些快克藥頭之前生下的那些孩子，他們從剛萌芽的青少年剛剛成為成年人，其中許多人只在本書中稍微出現。由於跟他們的相處，讓我有機會一窺慢性社會苦難持續在東哈林區世代傳承的狀況，就算經濟有正向的波動也一樣，就算年輕人對硬性藥物*的使用率開始下降也一樣。這些孩子的孩子是內城最脆弱的居民。他們是被美國夢嚼爛後吐出來的殘渣，十多年或更多年之後，他們才發現自己在耗費了驚人的財政及人力資源之後，終究還是被回收進了監獄工業複合體。

二〇〇二年四月寫於舊金山

* 譯註：硬性藥物（hard drug）具有較高的危險度，包括古柯鹼和海洛因，大麻則屬於危險度較低的軟性藥物（soft drug）。

導論
Introduction

老天，事情變成現在這樣，我不怪任何人，只怪我自己。

——普里莫

我是在違背自我意志的情況下被迫接觸了快克（crack）。一九八五年四月，我和新婚妻子搬到東哈林區——或說埃巴里歐[1]——當時的我只想找間便宜的紐約公寓，在裡面寫一本書，主題是關於在世界上物價最高的其中一座城市中心體驗到的貧窮跟種族隔離現象。就理論層面而言，我對內城街頭文化的政經情勢很感興趣。我想從個人和政治的觀點切入，試圖藉此探究這個全世界最富裕工業化國家的致命弱點，至於確切做法，則是記錄下這個國家是如何對大量拉丁裔及非裔美國國民實施了種族隔離及經濟邊緣化的手段。

我以為藥物世界只會是我即將探索的其中一個主題。我原本的目標是整個地下（未納稅）經濟，我打算從路邊修車工及保姆談起，一路談到無照的場外投注及藥物交易。剛抵達此區時，我連聽都沒聽過快克——當時還沒人熟悉這種特定物質，這種易碎、可吸的顆粒化合物是由古柯鹼和小蘇打處理而成，但還不是能進入大眾市場的產品。[2]不過到了年底，我的朋友、鄰居和熟人都已被捲入這個價值數百億美金的快克氣旋中：他們不是在賣快克、吸快克，就是為了快克在發愁。

我不只追蹤這些人的案例，同時也眼睜睜見證我那棟頹圮公寓樓對面的公宅區謀殺率飆升為曼哈頓最高的區域之一。[3]無論是附近那棟遭燒毀的廢棄建築前方的人行道，還是我公寓樓兩側總是丟滿垃圾的空地，都開始出現空海洛因瓶被踩碎的吱嘎吱嘎響。將近十年過去，就在這本書付梓出版之際，儘管那些「毒品專家」還在針對美國是否有「毒品問題」爭辯不休，這條人行道上仍持續被丟滿吸食及注射藥物的器具。一九九〇年代中期的唯一差別，只是水溝中的快克空瓶旁出現了用過的皮下注射針頭。海洛因也重新加入了快克和古柯鹼的隊伍。海洛因的國際供應商透過壓低價格及提高商品品質，重新取回了丟失的市場並成為內城的主要用藥選項之一。[4]

地下經濟

這本書不是關於快克，也不是關於用藥本身。內城的物質濫用只是一種病徵——而且是非常明顯又鮮活的病徵——存在於其下更深處的則是將人推向社會邊緣化及疏離化的各種動力。當然，就最表層可見的個人層次而言，藥癮及物質濫用是形塑街頭日常生活形態最直接、也最殘酷的元素。最重要的是，和我交上朋友的那二十幾位藥頭及其家人也沒興致一天到晚跟我談有關藥物的事。相反地，他們想讓我知道他們在貧窮線邊緣，為了生存與贏得尊嚴，而每日掙扎的一切過程。

官方數據指出，我在街頭上那些鄰居應該無家可歸、一天到晚餓肚子，而且穿得破破爛爛。根據曼哈頓的物價水準，他們大多數人就算負擔得起房租或基本生活用品開銷，也不可能有辦法同時繳清電費及瓦斯費。根據一九九〇年的官方調查統計，東哈林區百分之三十九點八的居民生活狀態低於聯邦政府定出的貧窮門檻（全紐約低於這個門檻的人口比例為百分之十六點三），而總共有百分之六十二點一的居民薪資不到貧窮水準收入的兩倍。緊鄰我家周遭的街區明顯更窮，有一半居民的生活都低於貧窮線。[5]從紐約市的必需品要價及服務收費看來，這代表根據官方的經濟措施，埃巴里歐這地方有一大半的居民沒辦法滿足生存的基本需求。

然而事實上，人們並沒有大規模地在挨餓。儘管許多老人和年輕人在冬天缺乏足夠食物且為寒冷所苦，大部分當地居民仍都衣著妥善，健康狀況也在合理範圍之內。規模龐大、沒有納入官方統計也不用繳稅的地下經濟，讓成千上萬住在像東哈林區這種地區的紐約人，能夠以生活在美國的人認定為基本必需品的最低限度維持生活上的便利。我決心要研究這些獲取收入的另類策略，對於那些坐在我家公寓樓門前階梯上及路邊停放車輛中的年輕男女而言，這類策略大量耗費了他們的時間與精力。

一九八〇及一九九〇年代，在埃巴里歐有略超過三分之一的家戶正在接受公共援助計畫的幫助。[6]這些貧困家戶的家長必須在微薄的薪資支票之外再獲得其他補助，才有辦法確保孩子能活得下去。其中許多母親為了多賺一些錢去幫鄰居帶孩子，又或者去幫某些願意付錢的住宿生打掃房間。其他人可能會在散落本區的六家社交俱樂部及舞廳中的某一家擔任酒保。有些「帳面下」的工作則是在自家客廳為禮服承包商縫製衣服。許多人到了最後也會發現，自己不得不跟願意為家庭開銷提供現金的男人建立愛情與性方面的關係。

男性在地下經濟獲取收入的策略則更容易為公眾所見。有些男人在人行道邊幫人修車，另外有些人就在門前階梯上等，希望那些無照的建築轉包商會找他們去接些沒有保障的拆除工作或翻修窗戶的案子。很多人會去賣「明牌」(numbers)——也就是場外賭博的街頭版本。其中最顯眼的一群人則是在用「破盤超低價」兜售各種非法藥物。它們屬於蓬勃發展的地下經濟中價值數十億且最強大的部門。一九九〇年代中期是海洛因，在此之前，尤其是在一九八〇年代中期到一九九〇年代初期，古柯鹼和快克就是哈林區平等給予每個人工作機會的雇主，就算不是唯一的雇主，也是擴張速度最快的那個。這類藥物零售的工作輕而易舉打敗了其他獲取收入的機會，無論這些機會究竟是合法或非法。[7]

我家公寓樓前方的街頭風景並不算少見。在方圓兩個街區的範圍內，我可以買到——直到我進行最後這份定稿時都還能買到——海洛因、快克、粉末古柯鹼、皮下注射針頭、美沙酮、煩寧、天使塵[8]、大麻、麥司卡林、私釀酒及菸草。距離我家公寓門前階梯的一百碼內就有三家彼此競爭的快克站，他們以兩美金、三美金或五美金的價格販賣小瓶裝的快克。再往下走幾個街區，在當地的某間「藥丸店」(pill mill)，有個醫生光一年就透過美國聯邦醫療補助開出價值三百九十萬美金的處方藥，並因為他提供的這項服務獲得一百萬美金的報償。他所開出的「藥品」中有百分之九十四都名列社服部的常見濫用處方藥清單。這些藥大多會被帶到街角零售，或者重新以折扣價大批賣給藥房。就在我住的街區，我晚上常打發時間的快克站樓上的二樓，還有另一間診所在供應鎮靜劑和鴉片劑，許多憔悴不堪的上癮者會可憐兮兮地蜷縮在診所前，等待護士拉起那道毫無辨識標誌的鐵門，再看著護士把那張手寫著「現在有醫生」的紙板貼在用油地氈遮住視線的窗戶上。我始終沒搞清楚這間診所經手的藥物總量有多大，因為這間診所從未遭到政府單位破獲清查。不過就在這間非法藥物診所對面的公宅，隸屬紐約市住房管理局的警察逮捕了一位五十五歲的母親和她二十二歲及十六歲的女兒，當時她們正在「分裝」二十一磅的古柯鹼，裝成每四分之一克要價十美金的「巨無霸」瓶，這些成分不純的商品在街頭可賣到超過一百萬美金。同樣在這間公寓內，警方發現了兩萬五千美金的小面額鈔票。

換句話說，對於這些在東哈林區公寓樓及公宅內成長的年輕人而言，數百萬美金的交易就發生在距離他們不用幾步路的距離。所以為什麼這些青年男女要搭地鐵去市中心的辦公室做那些只有最低薪資的工作——甚至還得兼差做兩份最低薪資的工作？畢竟他們通常有辦法靠在自家公寓前的街角或學校操場賣藥賺到更多，至少就短期而言是如此。事實上，我總是很驚訝居然有這麼多內城的男女還在從事合法經濟的工作，他們不但朝九晚五還加班，卻也只能勉強維持收支平衡。一九九〇年東哈林人口普查指出，此地十六歲以上的人口中，百分之四十八的男性及百分之三十五的女性從事官方登記在案的工作，相對之下，整個紐約市的比例則是百分之六十四的男性及百分之四十九的女性。[9] 在圍繞我家公寓樓的人口普查區中，十六歲以上的男性有百分之五十三（三千六百四十七位中的一千九百二十三位）、女性有百分之二十八（四千六百二十六位中的一千三百零七位）合法地從事官方統計數據中的工作。此外，在平民勞動力中，還有百分之十七的無業人口在積極尋找工作，這類人占埃巴里歐整體人口的百分之十六，占整個紐約市的比例則是百分之九。[10]

想要透過美國普查局的數據來為內城各區做出具有普遍性的結論，怎麼說都太難了。由普查局委託進行的研究估計，青少年階段晚期到二十歲出頭的非裔美籍和拉丁裔男性當中，有百分之二十到四十都被人口普查所遺漏。這些人當中有許多是刻意隱藏自己的行蹤，害怕因為參與了地下經濟而受到報復。[11]紐約市住房管理局在一九九八年發布了一份報告，其中有個很好的例子能說明藏匿在內城的人口規模有多大，根據這份報告的計算，此區房屋中的實際住戶比官方名冊上登載的人數多了百分之二十。住房管理局之所以獲得這個「預估過度擁擠」的結論，是將福利部和教育局的數據製表後交叉對照，再由兩者維修部門增加的開銷得出結論。[12]緊鄰我家公寓樓的幾個街區究竟有多少男人遭到普查局遺漏，其實能隱約從十六歲以上的男女人口數據不均看出：男性為三千六百四十七人，女性為四千六百二十六人。換句話說，如果我們假定男女比例各半，總共有九百七十九個男人不見了，或者說有被計算到的人數中，百分之二十一的人不見了。就紐約市整體而言，十六歲以上的男人還需要增加百分之十六才能讓成年男女的比例變得均衡。若是使用同樣的男女比例標準，在整個埃巴里歐，有百分之二十四的男人「被遺漏」了。

推估地下經濟規模（藥物交易就別提了）的困難度就更棘手了。[13]就定義而言，普查局中不

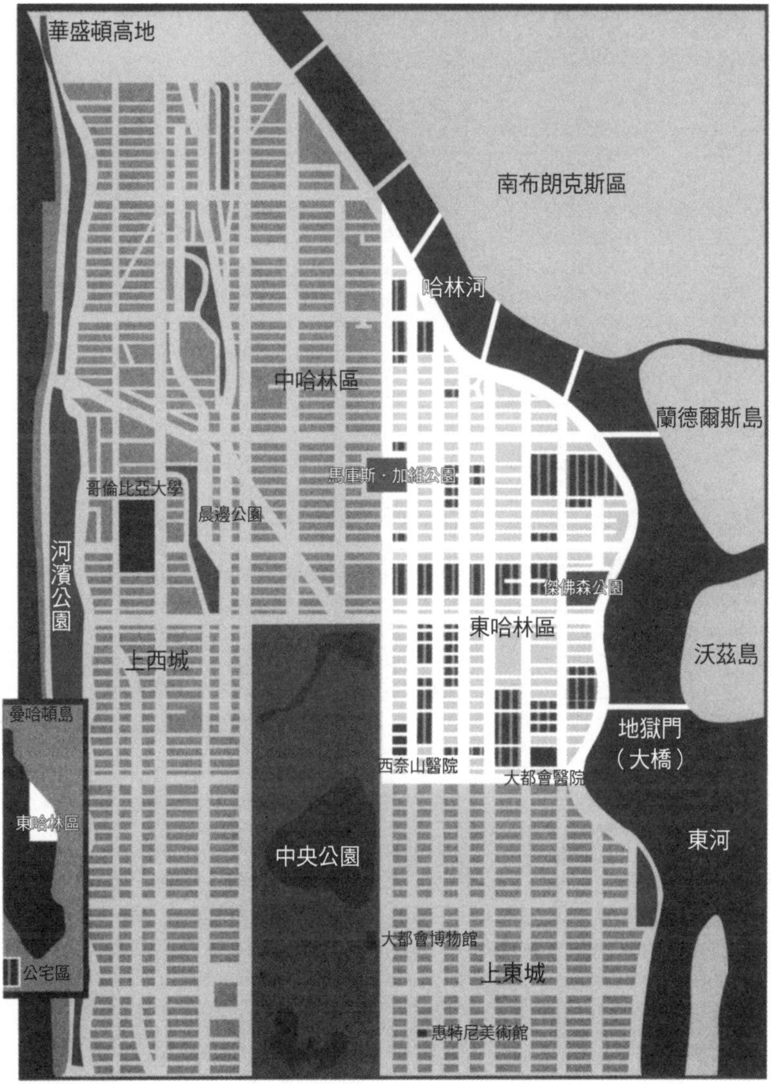

東哈林區地圖。圖片來源：Housing Environments Research Group, City University of New York; Kevin Kearney, New York City Housing Authority; New York City Department of City Planning.

存在相關資料。相對於個人，在都會環境中，家戶比較不會遭到人口普查遺漏，因此測量地下經濟規模有一種可能的方法，就是找出宣稱沒有「薪資或月薪收入」的家戶數據。但這只能大略比較出不同地區地下經濟的相對規模，因為有些家戶就只靠退休金或是完全合法的自營收益過日子。此外，用這種替代性數據來計算藥品交易規模更是勉強，因為這類家戶中有許多人，甚至可能是大多數人，都是仰賴未納稅經濟來作為補充收入，而這些人不但做的是合法工作，也沒有在碰藥品。相對來說，許多參與地下經濟的人也會做一些有合法報稅的工作。儘管如此，我們勢必會假定這些沒有薪資或月薪收入的家戶為了存活下去，有很高的比例是同時在仰賴不徵稅及未報稅的收入，而藥品交易就是這類補充收入的重要來源之一。再者，根據普查局的數據，埃巴里歐的所有家戶當中，領取未合法報稅薪資或月薪的比例有百分之四十，相較之下，紐約市整體的比例是百分之二十六。緊鄰我家公寓的這些街區參與地下經濟的程度應該更深，三千九百九十五個家戶中只有百分之四十六有申報薪資或月薪收入的紀錄。有在接受公共援助的家戶比例是另一個評估地下經濟相對規模的有用數據，因為沒有家戶可以光靠福利津貼活下去，而任何接受公共援助的家戶只要有合法申報的收入，每兩週領取的福利支票及每個月的食物券配額就會扣除這些合法收入的金額。圍繞著我家公寓樓的這些街區中，百分之四十二的家戶有接受公共援助，相較之下，這類家戶占東哈林區整體的比例是百分之三十四，占紐約市整體則是百分之十三。[14]

1990人口普查各街區社會指標對照一覽表

	總人口	%波多黎各裔	%非裔美籍	%居民低於貧窮門檻	%有接受公共援助的家戶	%沒有薪資或月薪收入的家戶	%大於16歲的無業女性	%大於16歲的無業男性	%大於16歲但根據男女均衡比例消失的男性
以快克站為中心形成的微社區	11,599	56	33	49	42	46	28	53	21
東哈林區	110,599	52	39	40	34	40	35	48	24
紐約市	7,322,564	12	25	19	13	26	49	64	16

資料來源：New York City Department of City Planning, Population Diviosn 1992 [August 26]; New York City Department of City Planning 1993[March]; New York City Department of City Planning 1993[December]; 1990 *Census of Population and Housing Block Statistics*.

街頭文化：反抗及自我毀滅

除了在全世界最富裕的城市中經歷貧窮的成長階段，埃巴里歐的年輕人還必須面對另一種痛苦，他們常在試圖探索成長區域以外的地方時遭受到文化襲擊（cultrual assault）。這也就孕育出我所謂的「內城街頭文化」：那是透過複雜而彼此衝突的各種信念、符號、互動模式、價值觀及意識形態所結合而成的一種網絡，其源頭來自遭受主流社會排除而產生的對立心態。街頭文化為自主的個人尊嚴的追尋提供了另類的展演平台。在美國這個特定的案例中，遭到社會邊緣化的人口大量集中，此地成了政治及生態層面被孤絕於外的內城飛地（enclave），而為了對抗種族主義及遭到經濟邊緣化的處境，這類地區被激發出特別具爆炸性的文化創造力。這種「反抗的街頭文化」並不是基於政治對立所形成的條理分明又具有意識的世界觀，反而是一系列自發性的反叛作為，並在長期累積後成為一種與外界對立的風格。諷刺的是，主流社會透過時尚、音樂、電影和電視等媒介，將許多這類具有對立性的街頭文化收編主流並加以商業化，也就是回收再利用於流行文化之中。[15] 事實上，有一些美國中產階級用來表達自尊相關的基本詞彙，像是表現得很「酷」（cool）、「老摳摳」（square）或「時髦」（hip），其實都是源自內城的街頭。

大量的物質使用及濫用為當代的街頭文化提供了物質基礎，也讓街頭文化比前幾個世代擁有更強大的吸引力。不過非法事業牽連進來的參與者大多過著暴力、濫用藥物的生活，而且習慣將憤怒內化為日常的一部分。因此矛盾的是，反抗的街頭文化的基本假設就是要毀滅那些參與其中

重新占據埃巴里歐：這些填充玩具是這棟建築的前任門房擺設的，由於這個街區已成為藥物交易的樂園，他想藉此對本街區的衰敗提出抗議。（攝影：Henry Chalfant）

的人，還有容納他們的社區。換句話說，儘管街頭文化的根源是個人想要尋求尊嚴，並對抗種族主義及屈從的命運，最後卻導致積極行動者個人的衰敗與社群的毀滅。

正如之前所提，我們不可能精準計算出參與未納稅地下經濟的人口比例，要猜測有多少人在使用或販賣藥物就更困難了。埃巴里歐的大多數居民都沒跟藥物扯上關係。16 然而問題在於這些守法的大多數人已不再有辦法掌控此地的公共空間。無論他們的絕對數量或相對比例是多少，努力工作也不用藥的哈林人已被迫採取防禦姿態。他們之中的大多數人生活在恐懼中，甚至瞧不起自己住的區域。憂心忡忡的父母將孩子鎖在自家公寓裡，決心要將那種街頭文化擋在門外。他們一心盼望有天可以搬離這一區。

因此，本書中的藥頭只代表東哈林區居

這些圖文是紀念一名在遊戲間附近不遠處遭謀殺的年輕人。他生前的志向是成為一名職業拳擊手。（攝影：Oscar Vargas）

民中的極少部分人，但這些人卻為此地的公共生活定調。當地居民因此必須害怕隨時可能遭到攻擊或搶劫，尤其是女人和老人。憔悴的上癮者顯眼地聚集在街角的場面讓大部分不用藥的東哈林人心生憐憫、哀傷及憤怒。最重要的是，這些在街上晃蕩的藥頭儘管過的是這般暴力又自我毀滅的生活，卻仍每天為身邊正在成長的年輕人提供了很有說服力的另類生活方式。

無論這些人的絕對數量有多麼微不足道，我們都無法忽視這批逐漸在內城街頭建立起霸權的人。我們需要去理解他們。基於這個原因，住在埃巴里歐的那些年間，我選擇跟上癮者、竊賊和藥頭成為密友，或儘量跟他們混熟一點。美國內城的苦難在街頭交易的世界中最能被清楚展現。姑且借用一下俗語，「我們可以在不平凡中看見平凡。」書中那些藥頭及上癮者對貧窮及遭到隔離所產生的極端——或荒唐——的反應，能讓人一窺在政治及意識形態壓迫的脈絡之中，大多數的脆弱人口在經歷快速的結構性改變時，可能會以各種形式體會到的改變過程。紐約的波多黎各族群經驗並不是特例，唯一的不同只是在於他們更加一覽無遺地凸顯出美國殖民帶來的移民與貧窮，這代價程度之深、速度之快，肢解了波多黎各的經濟和及國體。相反地，若要說波多黎各族群的經驗有何驚人之處，就是在第二代及第三代移民的生活中，波多黎各的各種文化形式始終圍繞著尊嚴及自主性的議題持續擴張，並且一次次展現出不同樣貌。事實上，一些波多黎各學者直接將此現象稱為波多黎各裔的「對立心態」，而其背後的驅策力就是他們長期面對的殖民支配力量。[17]

民族誌方法及負面刻板印象

任何詳細檢視社會邊緣化現象的嘗試都會碰上和「再現政治」(politics of representation)有關的各種嚴肅問題，尤其在美國，有關貧窮的討論常會圍繞著種族及個體的自我價值而變得兩極化。因此，我擔心這本書呈現的生命故事和事件會被誤讀為對波多黎各裔的負面刻板印象，又或者會以為我是在充滿敵意地刻劃窮人的樣貌。為了這些問題我掙扎了好幾年，因為我同意社會科學家的批評，也就是許多針對美國貧窮議題而寫的學術與大眾作品，絕大多數都帶有貶意的敘事。[18] 然而與此同時，即使是為了對抗傳統的道德偏見以及中產階級對窮人的敵意，也不應該因此就去美化內城街頭上的苦難與衰敗。因此，出於一種正當的或說「政治正確」的恐懼，我不願意把窮人寫得太負面，但同時我也選擇拒絕忽視或淡化我親眼所見的社會苦難，因為如果我這麼做了，我就是壓迫者的共犯。[19]

因此，本書書寫了美國社會邊緣化的現象，方法是將我所經歷的種種殘酷事件毫無自我審查地呈現，又或者是將犯行者的話原本照搬上來，並藉此直接與再現政治中的矛盾正面交鋒。過程中，我試圖針對美國的內城建立一種另類的批判性理解方式，為了這項目標，我在組織中心論述及呈現這些快克藥頭的生活和對話時，在在強調結構性壓迫及個體行動之間的互動。我的研究奠基於文化生產理論的分析架構，也取用女性主義的概念，針對美國都會的長期貧窮與被社會邊緣化的經驗，我希望能得到一種政治經濟學式的理解，而在這樣的理解中，我希望能恢復文化的能動性、個體自主性，還有性別與家庭在這些經驗裡的核心位置。

正如我之前所提，光是仰賴普查局數據及地區隨機抽樣調查的傳統社會科學研究技術，其實無法就任何程度精準分析這些仰賴地下經濟存活的人——更別說那些販賣或使用非法藥物的人。就定義而言，那些所謂在社會、經濟和文化上遭到邊緣化的個體，跟主流社會之間維持的關係長期以來都是負面的。大部分用藥者和藥頭並不信任這些代表主流社會的人，無論來訪問他們的人多細心或多友善，他們都不會對掌握調查工具的陌生人透露自己藥物濫用或經營犯罪事業的私密經驗。因此，大部分針對犯罪及物質濫用進行流行病學調查的犯罪學家和社會學家，煞費苦心收集到的往往是捏造出來的謊言。事實上，也不一定只有藥頭或藥癮者才會掩飾自己不法行動的細節。舉例來說，就算是沒用藥的「老實」公民，也會在定期參與「地下經濟」的業務相關行動時，策略性地調整自己所得稅申報表上的扣除額。簡單來說，當一個人專門從事的工作就是搶劫老人，我們要怎麼期待對方能針對自己獲取收入的策略提供精確的數據資料？

一九二〇年代以來，主要由文化人類學家發展出的「參與觀察」民族誌技藝，比僅僅使用量化研究更適合用來記錄住在社會邊緣且對研究者抱持敵意的人群。唯有基於信任建立起長期關係，才有辦法問出敏感的個人問題，也才有可能獲得深思熟慮之後的認真回覆。這些民族誌工作者通常住在他們研究的社區，並跟書寫對象建立長期且有機的關係。換句話說，為了收集「精準的資料」，民族誌工作者違反了實證主義研究的各項準則；我們會跟我們研究的對象緊密相關。

懷抱著這個目標，我花了好幾百個晚上在街頭及快克站晃蕩，並在那裡觀察藥頭和上癮者。

我會錄下他們的對話和人生故事。或許更重要的是，我也會拜訪他們的家人，參加他們的派對或私密的老友聚會——從感恩節晚餐到除夕的慶祝活動都有。我訪談了本書中快克藥頭的配偶、愛人、手足、母親、祖母，情況允許的話還有他們的父親，很多時候我跟這些人成為了朋友。我還花時間訪談了更廣泛社群內的當地政治家，也參加了許多體制內的會議。

一九八〇及一九九〇年代，人類學的後現代理論開始有了爆炸性的發展，這些理論批判了民族誌作者權威的迷思，並譴責人類學式的研究努力中固有的、關於誰有權力再現的階層化政治。就我的案例而言，這種後現代主義者呼籲要意識到的反身性特別必要，而且有用：我來自更大的社會，是一個無論就階級、種族和性別分類而言都更占優勢的局外人，而我打算研究的是內城波多黎各族群的貧窮經驗。同樣地，我對這些複雜問題的擔憂也顯露在編輯快克站對話的音檔，並將其放進研究脈絡的過程之中。事實上，本書的結構正是反映出了這項擔憂。

在編輯數百頁的聽打檔案時，我開始能夠深入地理解解構主義的那句陳腔濫調，「文化即文本」(culture as text)；也開始強烈地意識到，我在研究策略上採取的合作手法本質上就充滿矛盾。雖然本書的文學質地和情感力量完全仰賴這些主要角色說出來的話，擁有最終決定權的卻是我。我能決定這些話在最終的成果中以什麼樣的形式呈現，甚至決定究竟是否要放進書裡。[20]

既然召喚出後結構理論批評的幽魂，我現在必須要表示我對許多後現代主義研究手法中的菁英傾向感到沮喪。解構主義「政治」通常將自己侷限在密不透風的學院論述中，這些論述談的是社會互動的「詩學」，又或是致力於探索自我和他者關係的陳腔濫調。雖然後現代民族誌工作者常宣稱自己具有顛覆性，他們針對權威的爭論卻是透過讓人浮想聯翩的語彙、嬉戲的語法，以及複調的發言，聚焦的是形式上的超文學批判，而不是真正去碰觸人們每天實際遭遇的苦難。後現代的種種辯論把那些住在高檔郊區的疏離知識分子逗得很樂，明明內城中的失業人口正面臨著迫切的社會危機，知識分子卻與這個世界全然脫節。這種學術性的自我反思通常只淪為稱頌特權的自戀行徑。然而最重要的是，激進的解構主義不可能為不義和壓迫的經驗進行分類，或定出輕重緩急。這等於微妙地否定了人因為感受到痛苦及折磨而產生的真實私密經驗，這些經驗透過社會及結構施加於所有人，不論其種族、階級、性別、性向，或其他充滿權力關係意涵的分類範疇。

總之，姑且不論學術知識分子之間微不足道的理論路線內訌，在方法論層次上，文化人類學的參與觀察技藝雖然可提供各種獨特見地，但卻更進一步被分析與政治之間的緊張關係給削弱。就歷史上來看，民族誌工作者會迴避處理一些禁忌主題，例如人身暴力、性虐待、上癮、疏離，和自我毀滅。這個問題部分根源於人類學的功能論典範，這種典範要求研究者將秩序與社群強加在被研究者身上。此外，參與觀察在方法論上的研究準備是要求研究者必須實際在場並親身參與。這會使他們傾向忽視互動中可能令人不快的部分，因為他們必須同理他們的研究對象，而且必須讓研究對象允許與其一起生活。這導致了下意識的自我審查，也影響了人類學家選擇研究的研究設定及主題。若要得到書寫對象的「知情同意」，以相對無害或「古怪」的話題接近他們會比較容易。最後，就更為私人的層面而言，若研究環境中充滿人間慘劇，像是東哈林區的街頭那樣，會讓人在心理上難以承受，也可能在身體上遭遇危險。

人類學對「異國情調的他者」(exotic other)的迷戀往往會讓他們不想研究自身所處的社會，就算研究跟自己生活很接近的對象也會有將他們「特異化」的危險；因此，我在這部作品中有意識地防範自己，不要用窺淫癖的視角去稱頌這些街頭藥頭及內城的街頭文化。民族誌研究中對於毀滅性都會貧窮的部分相當缺乏，尤其是一九七〇及一九八〇年代，原因如同之前所提，就是害怕淪為一種色情式的暴力書寫，甚至進一步強化普遍流行的種族刻板印象。大多數民族誌工作者在解讀自己研究的文化或族群時都採取同情態度。確實，這種態度被尊奉為文化相對論中的基本人類學信條：文化沒有好壞之分，只是各自有其內在邏輯罷了。然而事實上，苦難總是醜惡難看；那是一種足以摧毀人性尊嚴的溶劑，而民族誌工作者從來不想讓他們的研究對象難堪。這種想為容易受傷的弱勢消毒美化的迫切情緒在美國特別強烈，因為在美國這地方，普羅大眾的「常識」早已認定，獨立個體需要依循「適者生存」和「指責受害者」的相關理論來行動，而結果正如我之前所說，民族誌呈現出的社會邊緣化現象幾乎確定會遭到大眾透過保守、無情的視角所誤讀。這嚴重限制了知識分子針對貧窮、少數族裔遭受歧視以及移民等議題辯論時的能力，因為普羅大眾對個人價值及種族決定論的偏執已在他們心中留下了創傷。

在美國，大眾在理解社會結構限制及個體失敗關係時的看法幾乎沒什麼個人差異。結果就是，知識分子決定遠離爭端，缺乏反身性地正向再現那些一直很窮或生活在貧窮中的受壓迫者，儘管他們知道這樣完全無法反映實情。沒錯，只要我在學術場合提出本書的主要論點，我都會注意到這點。我那些進步民族主義的同僚，尤其是進步文化民族主義的同僚——這些人幾乎都是中產階級——似乎常常聽不下去我的論點。相反地，有些人還會因為某些根本不看脈絡的表面意象而勃然大怒。就彷彿他們被「負面意涵」存在的可能性嚇壞了，就算還沒真的聽完，他們也覺得非要封鎖這些複雜且令人不悅的訊息不可。諷刺的是，他們在這些公開學術場合中的許多批評，正精準體現了我試圖在本書中談及社會結構壓迫下的個體經驗時，所要傳遞之意涵的各種主要面向。

批判貧窮文化

美國已經有數量多到不成比例的相關文獻在討論埃巴里歐以及波多黎各的族群經驗。波多黎各族群一直被稱為「在美國獲得最徹底研究卻也最不被了解」的一群人。[21]最近一本討論埃巴里歐且獲得全美關注的民族誌作品是奧斯卡·路易士於一九六〇年代中期出版的《生活》，此書完美反映了民族誌研究方法與生俱來的問題，更精確地說，是生命史案例研究方法的問題。事實上，無論是《生活》還是丹尼爾·派屈克·莫尼漢於一九六五年針對黑人家庭所進行且被頻繁引用的報告，都嚇得一整個世代的社會科學家不敢再進行內城研究。[22]路易士針對一個大部分女性都有在賣淫的波多黎各大家族收集了數千頁的口述生命史。他根據這份來自墨西哥的民族誌資料，再加上其他資料，發展出「貧窮文化」理論，該理論幾乎完全聚焦於家族中個體的破壞性價值觀及行為，是如何在世代間傳遞的病態現象。路易士的研究手法奠基於一九五〇年代主導人類學的佛洛伊德「文化及人格」典範，卻沒有注意到歷史、文化和政治經濟結構是如何限制了個體的生命發展。以三十年後的後見之明來批判路易士過度簡化的理論框架當然很容易。路易士在處理極度貧困的波多黎各移民心理狀態時，他的簡化描述沒有討論到階級剝削、種族歧視，當然也漏掉了性別上的壓迫，此外，他也沒看見脈絡化的文化意涵中的各種幽微之處。然而，儘管在學術方面不夠嚴謹，路易士針對埃巴里歐的日常及波多黎各裔的貧民區寫了引人入勝的作品，還因此成為全美暢銷書，其內容和美國清教徒強調吃苦耐勞的個人主義及個人責任的工作倫理遙相呼應。只是，儘管作者抱持進步的政治意圖，本身也同情這些社會邊緣人，仍有批評者在詮釋這部作品時，認為他坐實了美國意識形態中認定窮人「沒有價值」這種無所不在的輕蔑心態。

人類學家創造了貧窮文化這個概念，而且在研究時聚焦於個人行為的資料收集，絕非偶然。這個學門的研究方法——參與觀察——簡單又實用，研究者因此得以記錄下個人行動的所有微小細節。權力結構和歷史不能只是表面碰觸或直接談及，更明確地說，在紐約市波多黎各族群生命經驗的脈絡中，街頭求生者自我毀滅的日常生活需要在特定的歷史情境中脈絡化，這些歷史情境包括他們所面對的種族關係以及結構性的經濟驅逐（structural economic dislocation）。我在進行這個民族誌研究的期間就像被捲入一個苦難漩渦，面對身邊各種混亂的人際互動，我很難看見造就出整體結構的各種更廣泛的相對關係。忙著參與埃巴里歐街頭的日常生活時，我常在面對受害者、加害者，以及這個富裕的工業化社會為人類帶來了各種苦難，並造就毫無必要的大量傷亡時，感到一種令自己也迷惘的憤怒。舉例來說，當我撞見一名懷孕的朋友正瘋狂吸食快克時——這很可能注定讓她未來的寶寶擁有情緒破碎且腦細胞損傷的人生——去想她的族群遭受到的殖民壓迫及羞辱，又或者脈絡化她在紐約變動經濟中的地位，對我來說其實沒有任何幫助。生活在美國稱為「底層階級」的這個煉獄，我就跟身邊的鄰居以及那些懷孕的上癮者本人一樣，通常都會選擇責怪受害者。

針對社會邊緣處境採取個體的、種族的，或道德判斷的詮釋並不夠，政治經濟分析也不是解決這個問題的萬靈丹。事實上，聚焦於結構通常會模糊一項事實：人是自身歷史積極的行動者，而不只是被動的受害者。民族誌的研究方法能解救出困在更巨大結構性力量中的「人質」，讓他們重新成為得以形塑自身未來的、一個個真實的「人」。儘管如此，我還是常常發現自己又回頭尋求嚴格的結構主義觀點，就為了迴避真實的人們在日常生活的困苦掙扎中，是如何傷害自己及親友的那些痛苦細節。再次強調，這個分析性及政治性的問題可以放在「是結構還是能動」的理論爭辯脈絡中來理解，也就是去探討個人責任與社會結構限制之間的關係。文化生產理論的見解——精準來說，是說用街頭文化來抵抗社會邊緣化的這個概念，說明了其中含有毀滅驅力的矛盾關鍵——在避免化約主義式的結構性詮釋時很有用。透過反抗的文化實踐，個體在面對更大力量施加於他們身上的壓迫時，便得以將其樣貌具現化。[23]

由於在個人行動及政治經濟間找出關聯性有其困難，再加上一九七〇到一九八〇年代間，美國民族誌工作者因為個人及政治上的原因變得膽怯，導致我們對相關壓迫機制及經驗的理解變得模糊而混亂。我無法解決「是結構還是能動」的爭論；也無法有信心地說服自己，不要那麼害怕我的民族誌研究會被有敵意的讀者誤解為是要「抹黑窮人的名聲」。然而，我覺得非常有必要從個人及倫理的角度，當然也需要從分析及理論的角度，去暴露出我在這些朋友身上目睹的恐怖現實，而且完全不要自我審查，就算是最殘酷的細節也一樣。[24]美國的貧窮及種族主義經驗有很深刻的層次，而且痛苦得令人幾乎難以承受又極為可怖，但儘管會讓人感到不適，這一切還是必須能被公開地談論及正視。在我的紀錄中，都會窮人為了逃出、規避困住他們且造成隔離及邊緣化的結構，各自發展出一系列不同的策略，只是有些策略反而導致了自身的苦難。我之所以將這一切寫下來，是希望「人類學的書寫可以是一種抵抗的現場」，同時抱持社會科學家應該也能「面對權力」[25]的信念。在此同時，正如之前所提，我仍擔心將這些窮人及無權勢者的微小生活細節暴露在普羅大眾面前時，可能帶來的各種政治意涵。在民族誌的顯微鏡下，所有人都有難看的肉疣，任何人也可能看起來像個惡劣的魔鬼。此外，正如人類學家勞拉．納德曾在一九七〇年代初簡潔明瞭地指出，「別研究窮人和無權勢者，因為你寫的一切都會被人用來找他們麻煩。」[26]我不知道自己將埃巴里歐的一位三歲半居民的故事寫出來的方法，是否能讓這孩子不致淪為暴力色情片的犧牲品，又或者是種族主義窺淫者的意淫對象——然而說到最後，這個問題以及這份責任也掌握在觀看者的手裡。

1

擾亂美國的種族隔離制度

Violating Apartheid in the United States

我們喜歡聽你說話。聽了就想笑。你說話就像電視上的廣告。

——咯咯笑的八歲孩子

我在西語哈林區（Spanish Harlem）的街頭研究才剛做到一半，就因為不慎對雷伊「不敬」而差點以災難收場。雷伊是一間快克站的老闆，我從一九八五年到一九九〇年間的大多數時間都耗在他的快克站。當時剛過午夜，雷伊造訪了他最賺錢的銷售點，為的是確保大夜班的經理有準時開張。最近生意愈來愈好，這位三十二歲的波多黎各裔快克企業家身材壯碩，周遭圍著手下的一小群員工、朋友，以及那些想跟他混熟的人——大家都迫切想獲得他的關注。我們的位置在通往萊辛頓大道地鐵站入口的一一〇街街角，同時也是在一棟廢棄的四層公寓樓的正前方，這棟樓住滿了雷伊手下的藥頭。他把一樓偽裝成下班時間營業的私酒社交俱樂部及撞球間。在這棟公寓樓的義大利房東為了保險賠償金把樓房燒掉前，雷伊和他的許多員工正是在這棟建築裡長大成人。他們這個街角長久以來被暱稱為「藥房」（*La Farmacia*），因為只有這裡可以買到種類繁多的「影響精神物質」（psychactive subrances），從海洛因、煩寧、粉末古柯鹼和快克這種傳統貨色，到麥司卡林和天使塵這類更罕見奇特的品項都有。[1]

學習在街頭生存的智慧

現在回想，這個關鍵人物不但能幫助我持續參與跟快克有關的各種場合，也攸關我的人身安全，但我竟然因為缺乏街頭智慧而意外羞辱了他，想來實在讓人直冒冷汗。也許是因為當時的我已經在快克站混了兩年半，除此之外，若要說還有什麼能夠合理化這種行徑的原因，大概就是被夜晚的友善氛圍一時迷惑而失算了吧。雷伊靠在他那台金色賓士車的保險桿上，正滿臉微笑地跟大家閒聊——他對自己的生活很滿意。他的追隨者和員工也很開心，因為雷伊剛請我們所有人喝了一輪啤酒，也答應要從下個街區一間便宜好吃，同時也是那區唯一倖存下來的中國餐館外帶一些龍蝦給大家。我們大家都喜歡看到雷伊心情好，這時的他可以很大方，大方的內容難以預測，不過跟他大多時候難搞的脾氣完全不同。這天才剛入夜，天氣溫暖舒適。一天二十四小時都有形容枯槁的毒蟲、吸快克的傢伙，還有靜脈注射古柯鹼*的狂熱者聚在「藥房」這個街角，每週七天從不停歇。不過此時他們已退到街道對面，偶爾忌妒地看一下我們這個關係緊密的團體。我們掌控了這個空間。

或許我想和這個「重要人物」愈來愈親近，也想更沉浸在這段享有特權的關係中，也是很正常的。那週稍早，雷伊才向我透露他曾當過搶劫犯，還說了一些很私密的細節。根據他的說法，他專門搶劫賣藥點，直到有一次終於中了某個跟梢的傢伙埋伏，只好帶著一萬四千美金從一個交易量很大的海洛因批發站逃走。這次的事件以屋頂槍戰收尾，最後還害他被判了四年半的有期徒刑。他的姊妹在他被逮後把他保釋出來，保釋用的錢，就是他在遭逮前成功塞進屋頂半空柏油罐中的一萬四千美金鈔票。

或許我之所以放下了警戒心，也是因為雷伊才剛在大家面前表示要買一瓶海尼根給我，而不是他請大家喝的那種十五分錢的便宜百威。他說得大聲又清楚，好讓大家都能聽見，「菲利佩**，喝海尼根吧？你這小子？」在我看到他也為自己買了海尼根後，我就覺得自己更有特權，彷彿靠著手上綠到不行的進口啤酒瓶，我們就能比街上那些庸庸碌碌的酒鬼更高尚。

在一切美好感受和安全感的環繞下，我以為這是個分享的好時機。那天稍早，我在媒體上有了一次小小的成功出擊：在《紐約郵報》的第四頁有張我的照片，就放在知名主持人菲爾・唐納修旁邊，緊接著的是一篇黃金時段節目有關東哈林區暴力問題的辯論內容。[2] 我希望這能讓雷伊及他周遭的人佩服我，也提高我「真的是教授」的可信度，畢竟在白人支配的主流世界中，我

* 譯註：古柯鹼在此書中主要稱為cocain，但口語上也會使用coke（古柯）來稱呼。
** 譯註：作者的名字Philippe為法文名，本書翻為菲利普，但東哈林區的朋友會用波多黎各西班牙文的發音稱他為Felipe，此時翻為菲利佩。

可是有辦法上這種日間的電視節目啊。我很想將自己的存在合理化，因為雷伊身邊還有些人懷疑我是冒牌貨——他們覺得我就是個很會耍嘴皮子的傢伙，私底下根本有藥癮，又或者就是個變態——只是假裝成一位「自命不凡的教授」。更糟的是，我的白皮膚以及東哈林區以外的階級背景，讓一些人直到我搬離那邊的住處時都還深信我其實是緝毒組探員，來這裡只是為了執行長期的臥底任務。

當我得意洋洋地把報紙塞進他手裡時，我注意到雷伊不太尋常地僵住了一下——但要反悔已經太遲了。我已經為了讓所有人聽見大喊起來，「Yo*！雷伊老大！看看我在報紙上的這張照片！」圍在他身邊的五、六個彪形大漢已經在催促他讀出照片的圖說。他尷尬地翻看那份報紙，身邊滿是著急等他開口的沉默，在吹來的微風中，他不知該如何好好拿住報紙才不會讓紙頁大聲翻飛。我想幫點忙，所以直接用手指向圖說的開頭。他有些慌張，但假裝不感興趣，還試圖把報紙扔進水溝，但崇拜他的人已經開始大聲對他嚷嚷，要他把我照片底下的簡介讀出來。「怎樣啊？雷伊！怎麼回事？上面寫啥？唸啊！你唸出來啊！」此時已經無法保全面子了，他絕望地調整報紙的角度，好讓頭頂的街燈能比較完整地照亮頁面，他的臉扭成一團，彷彿正在極度專心地閱讀。我突然意識到問題出在哪兒了：雷伊不識字。

不幸的是，他試了。他痛苦又結巴地把整段圖說讀了出來——標題諷刺地寫了「暴風雨後的寧靜」——他的表情扭曲，就像是一位被老師特別叫起來調侃但其實有閱讀障礙的小學二年級生。原本眾人著急等待的沉默被打破了，有人搗嘴發出尷尬的吃吃笑聲。雷伊在體制內失敗的童年創傷又敞開了傷口，他本來長期以來對此深埋不理，總在過度補償。他抬眼看，重新緊繃起一張臉，那是他平常在街頭掛著的陰沉怒容，然後他扔下報紙大吼，「去你的菲利佩！我才不在乎這什麼爛狗屎！給我滾！你們全部滾！」接著，他笨拙地把自己過度龐大的身體塞進了賓士車，發動引擎，輪胎發出尖銳的刮擦音，不管紅燈就直接加速駛離街角。他也不管「藥房」對面的人行道上那些彷彿奧斯威辛集中營倖存者的傢伙，他們避開他飛速駛來的車輪，繼續兜售著煩寧、成分不純的劣質海洛因、古柯鹼，還有動物用鎮靜劑。[3]

普里莫是我在街頭最好的朋友。他是本書的中心人物，也是雷伊另一間快克站的經理。那間名為「遊戲間」的快克站坐落於一間假的電子遊樂場中，我跟妻子以及還是嬰兒的孩子就住在距離「遊戲間」兩道門的公寓樓裡。此時他憂心忡忡地轉頭望向我，「Yo，菲利佩！你剛剛可是diss** 了那個肥黑鬼啊。」有人把皺巴巴的報紙從水溝裡撿起來，開始讀那篇極度冒犯他們的文章，還評論了一下照片的品質。其他閒晃在周遭的人已經失去興趣，只對藥頭老大那晚不再免費放送好康感到失望。他們開始三三兩兩地回到快克站內聽嘻哈樂、玩撞球，望著心焦如焚的藥癮者緊握著滿手鈔票湧進門來。

* 譯註：這種用Yo來打招呼的說法，在中文很難找到對應的詞彙，因此在中文讀者對這個用詞也熟悉的前提下，此書決定採取原文呈現，以儘量維持書中人物說話時生動的語氣。

** 譯註：diss的意思是disrepect，根據不同文意脈絡可以翻成不敬、羞辱、看不起、找麻煩等意思。時至今日，這個用法也可在中文對話中看見。因此為了維持書中對話的節奏及氛圍，翻譯時選擇將大部分的diss依照中文使用的語境留下。

暴力、權力及慷慨的參數

雷伊後來重拾尊嚴，他重新定義並合理化了自己當時的怒氣，表示自己是因為看到我在報紙上的曝光，擔心可能危及此地的安全。等到我下次遇見他時，他正將一批最新的快克小瓶送到我家附近的遊戲間，順道拿了中班銷售所得的現金，他板著一張臉把我拉到旁邊，用讓其他人聽得見的聲音扯開了嗓門說：

菲利佩，我告訴你，害其他人被逮的那種人呢——就算是不小心的也一樣——有時會在垃圾桶裡被人發現，而且連心臟都給挖出來，屍體也全被砍碎……不然就是手指被塞進插座裡。你知道我在說什麼嗎？

接著，他匆匆走向自己併排停在路邊那台貼黑了車窗的林肯大陸豪華汽車，還笨拙地絆到遊戲間門口捲起的破油氈布。讓我沮喪的是，他那位只有十來歲的女友正在有權有勢愛人的車裡不耐地嚼著口香糖，卻正好在此時選擇抬起那張陰沉的臉緊盯著我。這世上沒有比讓雷伊誤會我在跟他的新女友調情更恐怖的事了，所以我緊盯地面，無助地低著頭。

普里莫很擔心。他跟雷伊是認識了一輩子的交情。雷伊比他大十歲，小時候就曾是兩個組織鬆散的青年幫派頭頭，普里莫和雷伊的其他員工剛長成青少年時幾乎都跟那兩個幫派有點關係：

一個是大麻小隊（The Cheeba Crew, TCC）[4]，另一個是「扮豬吃老虎黑幫」（*la Mafia Boba*）[5]。之前就是他教會普里莫偷汽車音響和去市中心的店家行竊。我試著對雷伊的警告一笑置之，為了重拾自己陷入慌亂的尊嚴，還學了他們在表示不把老大的巨大情緒起伏放在心上時會開的一個厭女玩笑：「那頭母犛牛根本大姨媽來了啊。他之後就沒事了啦。放鬆點老兄。」但普里莫搖搖頭，態度有些抱歉，他把我拉出遊戲間來到人行道邊，壓低聲音告訴我，我接下來幾週應該要少出現在遊戲間附近。「你不明白，菲利佩，那黑鬼瘋了。他在街上受人尊敬。大家都知道他。他小時候就很狂了。他在街頭上可跩了*。」我打斷普里莫，大聲用有點質問的態度問他，「所以你怕雷伊嗎？」以我們當時的交情，普里莫的回答算是少見地展現出了脆弱的一面：

見鬼的怕啊！我從小就認識那黑鬼。他很怪啊老兄。我以前還覺得他會強姦我之類的。因為他塊頭很大，我當時很瘦小。我只有十五歲啊，天啊。他以前會說一些像是「總有一天我要幹那個屁股」之類瘋狂的屁話。我當時就一直想他到底是不是說真的。我以前從來不敢跟他單獨在一塊兒。

為了強調他的論點，普里莫暫時避開了自己童年時的恐怖回憶，反而漫不經心地提起雷伊和

* 譯註：這裡的「跩」原文是「juice」，意思是在街頭得以受到尊敬。

他最好的童年朋友路易斯曾強姦過一個男人，那是個曾短暫住在遊戲間隔壁空地的流浪漢。這時我已經把錄音機關了，下意識地遵守不在公共場合討論強姦的禁忌。凱薩是普里莫最好的朋友，在遊戲間負責把風的工作，現在竟然加入了在遊戲間外的我們，還堅持要我錄下這段故事。他以為我臉上的震驚表情是因為害怕，怕要是有人經過看見一個「白人小子」對著兩個波多黎各男人伸出錄音機，會開始懷疑我或對我生氣。

凱薩：拿出收音機，這裡不會有人對你怎樣的菲利佩。

普里莫：對啊！他們幹了某個噁爛老遊民的屁股。他們在那邊那片空地上跟蹤他（指向我們右邊滿是垃圾的碎石地）。

凱薩：對啊！對啊！

普里莫：雷伊跟路易斯輪流幹那男人的屁股，就在那裡（走到空地的一半，讓他知道位置在哪）。

凱薩：真的很瘋。對啊！雷伊是頭天殺的豬；雷伊就是幹他媽的狂。他在街頭上可跩了。你懂嗎？菲利佩？他就是跩！……在街頭上這代表大家都尊敬他。

普里莫沒管突然開始說個不停的凱薩，只是繼續解釋雷伊現在無法決定要不要幹掉路易斯。路易斯是雷伊的強姦同夥、兒時玩伴，也是他的員工，最近因為送了一捆包[6]快克到遊戲間被抓了。如果把他幹掉，雷伊就不用支付後續的法律相關費用。巧合的是，買兇殺人需要付出的金額就跟路易斯的律師要求的費用一樣：三千美金。雖然路易斯——他也是普里莫的表哥——是雷伊成長階段的最好朋友，但卻因為有使用快克的習慣而不再獲得信任。他無法克制地從身邊所有人身上用各種方式榨出錢來，更糟的是，他還以身為「*chota*」聞名，也就是告密者。有傳言指出，他多年前曾在警方的偵訊下崩潰，當時他是因為竊盜案被捕，崩潰後的他舉報自己教母的丈夫負責銷贓。

這些言之鑿鑿的傳言說的都是雷伊有多無情，甚至讓他顯得殘暴，而這正是他能夠順利運作快克站組織的必要手段之一。他必須每隔一段時間就展現出暴力的一面，這樣才能避免被同事、客戶或職業的打劫高手揩油或搶錢。確實，在街頭買賣世界的地下經濟中，想要向上流動，就需要有效且系統化地使用暴力對抗你的同事、你的鄰居，並在某種程度上對抗自己。表面看來不理性的暴力、「野蠻」，最終在外人眼裡是自我毀滅的行為，但根據地下經濟的邏輯，卻可以被詮釋為明智的公關手段，以及對「發展人力資本」[7]的長期投資。關於這點，普里莫和凱薩在我們剛認識的時候就已經用比較不學術的說法向我解釋過了。

> 普里莫：對人太和善有時並不好，老兄，因為他們會占你便宜。你在真實生活中可以是個和善的好人，但說話得毒一點，拿出街頭該有的樣子。像是「去他媽的滾出我視線」或者「我幹他媽的才不在乎」，這樣之後才不會有人惡搞你。

凱薩：對啊，就像我。大家都覺得我很狂。
普里莫：在這裡，你混街頭時一定要狂一點。
凱薩：在這區混一定得狂一點，菲利佩。（槍聲）我剛剛怎麼跟你說的？
你不能讓別人欺負你，不然他們就會覺得你是廢物或垃圾。這就是最重要的一點：你要讓別人覺得你很酷，才不會有人找你麻煩。
你不會真的想變成一個欺負人、或對人施暴的人，也不會想被當成空氣，但也不能讓人欺負你，因為一旦有人看到你被欺負，大家就會想跟著做。你的名聲就毀了，大家可能會說，「那黑鬼好欺負。」
當然也有儘量不跟人起爭執或低調過日子的方法啦，但搞出一個好名聲——像是「那傢伙很酷，別招惹他」——就不需要對任何人出手了。
當然啦，也有另外一種做法，就是完全走暴力那套。

由於完全清楚雷伊在快克站前的公開警告可能帶來什麼後果，我後來都會避開他。普里莫和幫他把風的凱薩全力合作保護我。我們討論出了一種模式，好讓我能繼續在上班時間去遊戲間對他們進行訪談，但又能避開撞見雷伊的風險。普里莫「僱用」了在街角閒混的一名上癮者，要他一看見雷伊的車靠近就吹口哨，這樣我就能立刻從快克站安全溜回兩扇門外的自家公寓樓。
我就這樣小心翼翼又低調地在遊戲間過了幾星期，還是沒辦法恢復正常生活。普里莫警告我，雷伊做了一些跟我有關的夢，而且是不祥的夢。

雷伊夢到你是某種密探——FBI或CIA探員之類的——不對，應該說你更像是來自火星之類的地方，總之是被派來監視我們的。

所有人都認真看待這個充滿象徵意義的警告，因為在波多黎各的文化中，夢具有舉足輕重的意義。波多黎各的文化和非裔加勒比海宗教「聖得利亞」(*Santeria*)彼此密切交纏，因此，在紐約內城出生的第二代和第三代波多黎各裔的混種「新波多黎各文化」(Nuyorican culture)*中，夢更是意義重大。

幾乎有三個月的時間，我都是像這樣偷偷摸摸地造訪快克站，直到有一天晚上，雷伊沒開車直接走路過來。當時我們正在大聲聊天，他的出現嚇了我們所有人一跳。當時普里莫和我正試圖讓負責把風的凱薩冷靜下來，他喝了太多蘭姆酒，正在發洩他對雷伊獨裁統治的不滿。大家都暱稱凱薩為「凱區老大」(C-Zone)，因為他很常用藥或飲酒過量，所以大家得仔細看好他，不能有一絲鬆懈，不然他很可能會無端動粗。我們努力想讓凱薩小聲一點，還警告他雷伊的規矩就是不能

* 譯註：新波多黎各人(Nuyorican)指的是在紐約出生的波多黎各人，原文是由紐約(New York)和波多黎各人(Puerto Rican)的英文結合而成，也有譯為「紐約波多黎各人」。

在他的快克站亂鬧，但沒用。

凱薩：雷伊在抱怨（riffin'）嗎？他會過來不准我之後來快克站嗎？

普里莫：別擔心。別吵就是了。別擔心。

凱薩：我跟你說說雷伊這個人吧。他是在天殺的（哈林）東區最胖、最懶的那個狗娘養的傢伙。因為他喝百威。他幹他媽的胖得要命。（停下來對著門口邊的垃圾桶嘔吐）他就是幹他媽的愛幹別人，而且每次幹人都很爽，你各位都得小心啊。

他根本不想讓任何人賺錢。嗯，我要給那黑鬼一個教訓……我要幹掉那個米其林死胖子。我還沒殺掉那個狗娘養的肥子只有一個原因，因為我要幹翻他。

（面對我）你在錄這些屁話嗎？菲利佩？去你的老兄！

（回頭面對普里莫）你也說了一堆屁話，普里莫，因為你怕那個幹他媽的胖子。但我會幹掉他。我會幹掉那個幹他媽的胖子。我幹掉他……他就是個又黑又醜的黑鬼，他是聖誕老黑人*，是肥胖的母犛牛。

（再次轉向我）我要是清醒就會怕了。清醒的我才不會說這些屁話……（指著錄音機）但既然我醉了，我就要幹掉那個狗娘養的胖子。

懂嗎？（直接對著麥克風大吼）我要幹掉那個幹他媽的廢物。

普里莫：（口氣變得有點嗆）你什麼鬼都做不到。

凱薩：（幾乎像是清醒了）我也會。我甚至還會殺人。那樣一定很狂。我就是個瘋子啊老天。

怎麼啦？你從沒想過這種事嗎老天？

普里莫：你要是做出那種事就一定是傻了。

凱薩：想想嘛！我竟然會成為一個超狂的殺人魔耶，老兄。

普里莫：你真的相信那種屁話嗎？菲利普？

菲利普：嗯，我相信。他殺人的時候，我可不想在附近。

我們幾乎已經快把凱薩哄笑了，並即將藉此消減他逐漸累積的怒氣，但就在此時，毫無預警地，雷伊走進了遊戲間。我的腎上腺素狂飆，但雷伊只是對我微笑，還對我開了個無關緊要的玩笑，他說我太瘦，長褲有夠不合身，於是我的腎上腺素立刻消退。所有人也全放鬆地笑了出來——就連凱薩也突然變得跟我一樣溫馴而困惑。

接下來幾個月，我和雷伊的關係逐漸改善，到了年底，我重新開始擁有他的信任，信任的程度就跟我無心暴露出他不識字的問題之前一樣。我還記得他再次開始用之前的方式跟我打招呼

* 譯註：聖誕老黑人（black-a-claus）有時也稱為「Black Santa Claus」，這個詞彙可以帶有正面意涵，有些黑人會以此來表示，如果真的想在聖誕節得到好的禮物，就該靠聖誕老黑人；但此處應該是延續主流白人看待黑人（主要是針對非裔美國人的刻板印象）時採取的負面視角，代表的是不會送你禮物，反而會把你的禮物搶光的那種聖誕老人。

時，我有多鬆了口氣，「你的書如何？菲利佩？寫完了嗎？」這等於是在對所有聽見這個問句的人表示，我正式獲准繼續窺探他的私人生活。

雷伊的追隨者會效忠於他不只是因為恐懼及暴力。在這個販賣藥品的網絡中，有些年紀較大的成員是真心喜歡他。他有能力跟別人進行友情的交流。糖糖就是個例子，她是他的童年好友，在我常去快克站的那段期間，她是那裡為他賣藥的兩名女性之一。她是如此語帶感情地描述他：

> 他小時候就像軟糖熊一樣可愛。他一直都是個很好的孩子。（停下來思考）他是很狂，但不是會讓你討厭他的那種狂。我們以前就像親兄妹。他總會幫我的忙。別誤會了，每次他給我錢，都純粹是真心出於善意才給的。

文化資本的障礙

無論雷伊是可愛的軟糖熊、暴力的變態，還是無所不能又「很跩」的街頭大亨，我和這個男人之間長期建立的關係，終究揭露出他一直藏在「街頭人格」之下的脆弱面。他曾在私下對話中跟我聊起對未來的盼望，不但態度顯得天真，甚至有點學習障礙的感覺。他用來分銷快克的零售網絡獲得了驚人的成功，但他卻完全無法理解法律社會中各種精密的規則及法規運作模式。借用法國社會學家皮耶・布赫迪厄的分析範疇（analytical category）概念，雷伊缺少了在中產階級世界——甚至是在勞工階級世界——中獲得成功所必要的「文化資本」。諷刺的是，在我一九九一年八月離開紐約時，我和雷伊的關係又出現了不少問題，但這次是因為他變得太信任我。他指望我成為他進入外面世界的文化掮客，最後還要求我幫忙洗錢。而一切的開始只是一通狀似無害的來電：

「菲利佩，你知道我要怎麼搞到一張有照片的證件嗎？」

儘管有那麼多車，口袋裡還有大把大把的鈔票，雷伊卻沒有一張駕照或任何其他種類的法律證件。一旦離開埃巴里歐街頭的這個安樂窩，他就沒有照顧自己的能力。他完全不懂如何應付官僚系統。他申請駕照時，紐約市機動車輛管理局拒收他的出生證明影本，堅持他需要交上一張有照片的證件。我向他解釋什麼叫作護照，也跟他說明該如何拿到護照。很快地，他開始要求我陪他去處理這些官僚系統的麻煩事，也就是之前一直害他無法成為一名合法生意人的官僚手續。他要我跟他去警方舉辦的拍賣會，紐約市每年都會贊助幾次這種拍賣會，他要我跟他一起檢視那些因欠稅且曾搜獲毒品的拍賣建築清單。他的夢想是買下一棟廢棄建築，重新翻修，然後做合法的生意。我小心避免所有冒犯他的可能性，總是編造一些藉口不去，以免無意間成為他洗錢計畫的協助者。果然，一旦遇上體制內的官僚系統，或必須處理任何種類的官方文件，他的各項計畫很快就悲慘地失敗了。

雷伊一開始想做的合法生意是自助洗衣店，但就是走不出申請許可證的官僚迷宮，最後只好在幾週後放棄。他接著買下一間雜貨酒鋪*的租約，那是一間位於街角的雜貨店，他以為這樣就代表他有了二手的烈酒牌照及衛生許可證，但一遇到官僚體系再次壯烈慘敗，只好又放棄了這個計畫。在這一系列涉足合法經濟的嘗試中，他最成功的一次是買下前身為成衣工廠的一個空間租約，位置在遊戲間往北的幾個街區外。他把這棟建築改裝為「合法的」社交俱樂部，然後出租給人辦派對，沒有烈酒執照就賣啤酒。他很為這個新事業感到驕傲，認為這項事業之所以合法，是因為他維持不碰藥物的「乾淨」紀錄。他明確禁止任何人在這個營業空間內賣藥。一九九二年，紐約市在施行《障礙人士法案》後關閉了這間俱樂部，因為這裡缺乏供輪椅進入的設施。

面對種族、階級及警察帶來的挑戰

在這個身邊到處有人在賣快克的地方生活，我需要在許多複雜的人際關係和族裔衝突中尋求平衡，而雷伊只代表了其中一個面向。在我還沒跟任何一位快克藥頭建立起穩定關係之前，我得先面對排山倒海而來的現實，就是美國的種族及階級隔絕問題。在我住的那棟暖氣時有時無的公寓樓對面有一大區受政府補助的高聳公宅大樓，裡面庇護了超過五千個家庭，[8]剛搬過去時，只要我開始嘗試參與任何跟街頭交易有關的活動，就會立刻痛苦地意識到自己是個局外人。我第一次從地鐵站走小路回家時，剛好經過一個海洛因的「賣藥街角」（copping corner）**，那裡有大約五、六個不同的「商家」在彼此競爭，他們賣的是一玻璃紙袋十美金的海洛因，袋子上還有用墨水印的正式商標。他們一看見我就吹起一疊連聲的口哨，還此起彼落地大喊「過來了」（*bajando*）——那是示警的暗號，把風的人會在交易街角用暗號表示出現了可能是臥底探員的人，而且正在接近進行「面對面」（hand-to-hand）交易的「投（藥）手」（pitcher）。所有在我面前的人瞬間一散，彷彿我是染上瘟疫的病人；整個街區一下子變得空蕩蕩的。我覺得自己像是長了寄生蟲，身上的白人膚色代表我已經進入某種傳染病末期。當下我覺得自己有點受傷；我本來就是因為寂寞才多繞了一個街區的遠路來到這個特別繁忙的角落，為的就是這區各種活躍繁忙的活動氣息。我本來天真地滿懷希望，以為這裡之所以總有許多行人來往交織，一定代表這裡有街頭市集，畢竟東哈林區的街頭常有這種彷彿春天帶來一抹迷人氣息的市集——這是以前身為小鎮所留下的遺跡。

長遠看來，真正讓我難以打入快克站和賣藥街角的最大障礙，並不是因為我看起來像一名臥底的緝毒組探員，而是因為我像個白人毒蟲。我幾乎沒有被街頭的賣藥者騷擾過，他們最糟也不過直接逃走或無視我的存在。另一方面，我卻總是不停被巡邏中的紐約市警官攔下、搜身、咒罵或羞辱。在他們看來，一個白人男子沒有任何理由出現在這一區，除非他是個臥底，不然就是個上癮的毒蟲，由於我長得很瘦，他們總會立刻假定我是後者。我只有在一次被某位憤怒的警官攔下時有成功偽裝成緝毒組警官。那是在我家街區的一間街角雜貨店，那間店也是來店投注站，

* 譯註：本書中的雜貨酒鋪原文為bodega。此字原為西班牙文，意指賣酒的雜貨店，後來也成為英文中的常見用詞。

** 譯註：copping指稱的行為是有中間人拿著買家的錢去買藥，而中間人的報償就是買到的藥的一部分。

當時我正和普里莫手下一位幫快克藥頭把風的兼職員工一起在買冰淇淋三明治和啤酒，突然有個身體粗壯的臥底白人警官把我壓倒在冰淇淋櫃檯上，要我張開雙腿，還不停戳我胯下附近。就在他幾乎快碰到我突出的長褲右側口袋時，我用氣音在他耳邊說，「那是錄音機。」他立刻往後彈開，放開本來抓住我脖子的左手，悄聲說了句幾乎聽不見的「抱歉」。顯然他以為自己不小心截查到其他單位的臥底警官，因為我連他的長相都還沒來得及看清，他就已經離開了。在此同時，駐點在雜貨酒鋪前賣大麻的人看見那個臥底對我很粗魯，還搜我的長褲，突然變得安心又放心，深信我就是個上癮的白人毒蟲而非臥底；這些人當中的一位——最高壯的那位，閃爍的眼神表示他最近才剛用過天使塵——立刻抓準時機衝進來，把所有在收銀機前排隊等待結帳的人搶了一輪。

我幾乎每兩個月就要跟警方交手一次，其中很多交手經驗其實沒那麼順利。第一次遇到警方的情況是最慘的。當時是凌晨兩點，我在一個惡名昭彰的快克販賣街角，那裡距離我住的地方三個街區，身邊正在跟我講話的那個藥頭是我某位鄰居的前男友。在警方來之前，他的輪班剛結束，要我陪他一起等夜班經理來把款項收走，之後就要「去派對狂歡」。我當時急著想討他歡心，畢竟這個特別活躍的快克交易網絡才剛興起，我很高興終於能找到領我入門的人。他已經把我介紹給他的同事和競爭同業，說我是他「前女友」失聯很久的一位朋友兼鄰居，也終於才讓他們不再疑心我是警官。突然之間，一台巡邏車閃燈又拉響了警笛，車子急停在我們身旁。令我驚訝的是，警官從車裡喊的是我，而不是我身旁的快克藥頭：「嘿，白人小子！過來這裡。」接下來的十五分鐘，我的身邊聚集了愈來愈多的快克藥頭及上癮者圍觀，而我就在他們面前不停被大吼、咒罵，並且徹底羞辱了一番。我那天晚上犯的錯誤，就是在警官問我「你天殺的在這裡做什麼」時，竟然試圖跟他們說實話。我用我認為禮貌的口吻解釋我是人類學家，目前正在研究貧窮和邊緣化的議題，但一聽見我的回答，車內兩位警官中塊頭較大的那位立刻暴怒起來：

> 你以為我是什麼天殺的智障嗎？你以為我不知道你在幹什麼好事嗎？你以為我很笨嗎？你在胡言亂語吧，你這天殺的毒蟲。你這下流的白人垃圾！去你的白人社區買你的毒品吧！如果你現在不滾出這裡，幹你媽的，你就得去分局裡再把那個爛故事說一次。你要我把你抓進去嗎？啊？……啊？回答我啊幹你媽的廢物。

我抗議了幾次都無效，甚至只讓他變得更火，後來我只好死盯著地面，口中喃喃說著「是的，長官」，然後拖著腳步聽話地往公車站走去，打算搭下一班車到市區。我聽到身後還有人在喊：「如果再看見你在這裡，白人小子，我就要把你抓進警局！」[9]

我後來終於還是學會了如何做出得體的反應。在街頭混的第二年，警察把我推到牆上要我張開雙腿站好，然後在我身上拍打尋找武器和藥物時，我的腎上腺素已經不會飆升到恐慌失控的程度了。事後證明，我的口音在遇上這些東哈林區的巡邏警官時成了個嚴重問題，因為他們幾乎都是勞工階級出身的白人男性，講話有很重的愛爾蘭或義大利口音。在我住的街區，那些波多黎各裔和非裔美籍的孩子聽到我的口音都很讚嘆，稱之為「電視廣告的聲音」，但這邊的警官卻覺得我是在故意嘲笑他們，當我用完整的句子禮貌地跟他們說話時，還會被認為是在裝腔作勢。我後來學到了，唯一可以讓巡邏警官儘快放過你的方法，就是死盯著地面，快速交出駕照，然後只用最精簡、最陳述事實的短語回覆，像是「是的長官」或「不是的長官」。只要我想讓自己聽起來誠懇又友善——甚至是彬彬有禮——都很可能會冒犯到他們。

相反地，若是遇到有警察試圖對我禮貌點，我只會更覺得觸犯了種族隔離的潛規則。有次，某台巡警車越過正在騎腳踏車的我，只為了確保我沒有迷路或發瘋：「你知道你要去哪裡吧？這裡是哈林區喔！」另外有一次，我在日落時分坐在自家公寓樓前的階梯上，欣賞著只有紐約夏日煙霧才能造就的絕美天色，一名正在執勤的巡警問我，「你在這裡做什麼？」我立刻拿出駕照，上面的地址可以證明我有在公共空間閒晃的權利。他不可置信地笑出來。「你是要告訴我，你住在這裡！你有什麼毛病啊？」我不太好意思地解釋因為這裡的房租便宜。為了想要幫忙，他建議我可以去皇后區找便宜的地方住，那裡距離紐約市的幾座機場很近，其中住了許多不同族裔，簡單來說就是個族裔混居的勞工階級區域。

種族主義和恐怖文化

不只是警察在美國內城採取種族隔離的執法措施，種族主義的「常識」也讓白人及其他膚色的中產階級相信，深入貧窮的非裔美籍或拉丁裔住宅區實在太過危險。舉例來說，我剛搬到東哈林區時真的是被所有朋友大罵了一頓，無論是白人、黑人，或拉丁裔美國人，總之都說我是不負責任的瘋子。還願意來拜訪的人通常也會事先打電話，確定我會在他們步下計程車時下樓迎接。確實，大多數人仍認為我是不負責任的瘋子，竟然「強迫」我妻子和還是嬰兒的兒子在東哈林區的私人公寓樓住了三年半。當我們在一九九〇年代中期搬離此區時，我的許多朋友都前來恭喜，所有人都大大鬆了一口氣。[10]

不知為何，大部分美國人都深信，只要一踏進哈林區，就會被憤怒殘暴的當地居民洗劫全身。確實，埃巴里歐地區的日常生活充滿危險，但根據一九九〇年的人口普查資料顯示，住在此地的十一萬零五百九十九人中的絕大多數——百分之五十一是拉丁裔／波多黎各裔，百分之三十九是非裔美籍，另外百分之十是「其他」——幾乎都沒有被搶過，就算有也只是偶發事件，絕非固定發生的日常。諷刺的是，少數住在此區的白人，他們的處境大概比非裔美籍和波多黎各裔的鄰居更安全，因為大多數打算搶劫的人會認定這些白人不是警察就是上癮者——亦或兩者皆是——因此會在出手前有所猶豫。凱薩是普里莫在「遊戲間」快克站把風的主要員工，他是第一個跟我解釋這個情況的人：

> 菲利佩，大家都覺得你是個 fed（聯邦探員的英文縮寫）之類的，但這樣很好；他們才不會來惹你。
>
> 你想想，如果你在街上賣貨，看見一個白人經過，你絕不會真的想跟他扯上關係。

但話說回來，有些人也會想，「他是個白人卻住在這區，那他一定是瘋了。」如果你沒瘋，他們就會直接揍爛你的臉，搶走你的皮夾。你運氣好。瞧瞧我，我是波多黎各人。如果我走進本森赫斯特區，[11] 那裡的人會想，「我們可以把這傢伙揍到站不起來啊。」他們可能會覺得我瘋了，但也會想來試探我或踢我屁股。

這些年來，我曾在晚上各種時間到埃巴里歐的街頭上晃蕩，但只被搶過一次——而且當時是凌晨兩點，跟我待在同一間店內的所有人也都被搶了。我的妻子是哥斯大黎加人，她總能在此區來去自如，而且從沒被搶過——不過她在入夜後確實比較謹慎。同樣在這些年間，我們至少有五、六個住在市區較安全地段的朋友被搶。我也沒打算誇大地說埃巴里歐有多安全，我的七十歲房東菲里皮諾就在大白天打算走出他住的公寓一樓時，在公寓樓內的走廊被搶了。正如我在導論中所說，所有人都很清楚可能會遭到攻擊，就算是雷伊藥頭網絡中最強悍的傢伙，入夜後只要身上帶著錢或藥在此區行動，也一定會找朋友同行。

暴力無法被簡化為單純的數據，如果光看數據，我們會發現在任何一個內城地區，大多數遭謀殺和毆打的仍只限於某一小群人，他們往往直接涉及物質濫用及地下經濟，又或者是病弱年老，在社會中明顯比較脆弱的那些人。街頭文化的暴力充斥在埃巴里歐的日常生活中，也塑造出主流社會對貧民區的觀感，而相對於客觀狀況，這種觀感所暗示的危險程度實在誇張得不成比例。其中一部分原因是，暴力事件就算沒在身體上威脅到旁觀者，卻高度可見，而且會帶來創傷。

舉例來說，我住進埃巴里歐的頭十三個月，就目睹了一系列暴力事件：

一場致命的槍擊事件發生在我家公寓窗外，死者是一名進行藥物交易的女性（剛好也是一位三歲孩童的母親）。

當地黑幫的敵對派別間發生了機槍火拼和丟炸彈的事件——而這同樣是從我家的公寓窗戶看見的。[12]

我跟妻子在一間披薩屋吃點心時，披薩屋前方正發生槍戰和警車飛車追捕的戲碼。

供應商因為沒拿到錢，用燃燒彈攻擊我住的那個街區轉彎過去的海洛因販賣站，而我目睹了遭攻擊後的場景。

五、六次尖叫、撕扯衣服的打鬥。

這些事件中，沒有任何一件發生時近到足以對我產生實際威脅，但這些事件帶來的創傷以及突出的公眾能見度，創造出一種威脅無所不在的感覺，這種感覺甚至遠超越數據上任何人可能成為被害者的可能性。[13] 為了分析南美洲和納粹德國的兩種截然不同脈絡，人類學家麥克·陶席格創造出「恐怖文化」（culture of terror）一詞，以表示廣泛存在的暴力對脆弱社會造成的主宰效應。[14] 在當代的西語哈林區，這種「恐怖文化」動力的其中一個後果，就是讓此區居民中那些大多數生性和平的人變得沉默。他們和此地社群劃清界線，也愈來愈憎恨參與街頭文化的人——有時還會在過程中內化了種族刻板印象。有種深刻的意識形態動力強力命令鄰居們彼此猜忌。[15] 相反地，主流社會則下意識地使用恐怖文化的各種意象，將受害者和行兇者去人性化，並以此合理化主流社會不願意去面對種族隔離、經濟邊緣化，以及公部門失靈的狀態。

於是我在專業及個人層面都出現了一種需求，我想否認住在埃巴里歐這些年感受到的恐怖文化，或是說我想將其「正常化」。這也是許多當地居民採取的策略。為了維持自身的理智和安全，他們調整自己的日常作息來適應每天這些殘暴場面帶來的震撼。為了成功處理我的街頭民族誌，我必須放鬆並享受在街頭上閒晃的日子。我必須自在地跟朋友廝混，也要能沉浸在聊天的放鬆氣氛當中。要在白天做到這點並不難，甚至是剛入夜時也沒問題，那時的埃巴里歐街頭通常會讓人感覺溫暖又迷人。孩子們到處奔跑玩著鬼抓人的遊戲，還會開心地尖聲大叫；你的鄰居不但會出門散步，還常停下腳步跟你親切地聊天；公宅十樓有人在窗口用喇叭放騷莎（Salsa）音樂，下面街上的每個人都能隨著音樂自由跳起舞來。簡而言之，儘管會有暴力事件發生，這區的每一個人仍有同屬一體的社群感。事實上，儘管有些鄰居充滿敵意或顯得可疑，大多數居民卻也都知道他們的小名。

我在曼哈頓的絲襪區長大，絲襪區是上東城的別稱，位於埃巴里歐的南邊，距離其南部邊界往下城方向七個街區，兩者以東九十六街為分界。因為在那裡長大，我一直相當欣賞西語哈林區的大家會在溫暖晴朗的日子共享公共空間的這種氛圍。我在下城長大時住的那棟建築非常安全，但鄰居從來不會有小名，就算一起搭電梯也不會出聲招呼，或點個頭表示意識到彼此存在。[16] 埃巴里歐大多數的勞工階級常有辦法在白天創造出公共空間很友善的幻覺，而我很享受這種幻覺。頻繁破壞我這種樂觀感受的就是那些藥頭，每到危急關頭，也正是他們逼我不得不尊敬那些控制街頭的少數暴力人士。有個例子正足以說明這點，在我快搬離那區時，我曾對遊戲間的凱薩表示我覺得這一區很安全，他勃然大怒的滑稽反應特別有趣。他描繪了本來該保護我們的那些人（警察）所使用的工具式暴力，藉此完整追溯了恐怖文化模稜兩可的運作過程。於是，無論罪犯或警察，其實都是按著「恐怖文化」的遊戲規則在玩。

> 凱薩：Yo，普老爹（揮手要普里莫過來），聽聽這個，（轉頭面向著我）菲利佩覺得在這個街區生活很悠哉呢。
>
> 好的讓我告訴你啊菲利佩，今天稍早發生了什麼事，因為這個街區今天整天都很失控。我今天甚至不用打開電視看HBO頻道，只需要從窗戶往外看，就可以體驗到整套的謀殺啊毆打啊之類的場面。甚至還有一場火災。我在這區看到了各式各樣的鳥事。
>
> 一開始是有兩個快克毒蟲——其中一個是老男人，另一個是較年輕的黑人——抓住一個年輕女孩的脖子，把她打了一頓後搶走她的珠寶。他們真的是直接揍她的眼睛，就是冷血地猛揍她喔。她一直慘叫，老傢伙後來又多踢了她幾下。這就發生在白天，大概兩點吧。
>
> 然後警察來了，他們抓住兩個搶匪打了一頓。因為他們拒捕，至少有二十個警察對那兩個黑鬼拳打腳踢。

他們應該永遠不會再幹這種蠢事了，因為他們差點被打死。為了揍爛那個黑人小鬼的臉，他們什麼攻擊花招都用上了。見鬼的沒錯！他們就是打算幹掉那小鬼。就是因為這樣才會需要兩台救護車。

那個好傢伙傷得很重啊！兩人都是一邊流血一邊被抬上擔架。現場那根本連屍體都不算，看起來只是血肉模糊的一大灘。警察打得可開心了。

那可不是「特別用力地把你推到車上」的那種正常動粗。我說的是「換你打囉，夥伴」（咧嘴笑）、把他那樣抓好（揮拳）然後**碰！碰！**然後這個傢伙就**碰**（假裝失去意識）。

就連坐在我身邊的外婆（'Buela）都透過窗戶看見了。她不停尖叫，還有另一個人也在尖叫，「虐待！虐待啊！這是警察暴力！」

如果我有台小型攝影機的話，我就會把影片寄給阿爾·夏普頓。[17]因為他們揍的可是個黑人小子。我大可搞出一場大型的政治醜聞，夏普頓也很可能頂著他那頭怪捲髮來這裡。

菲利普：看到警察這樣做，你有什麼感覺？

凱薩：我覺得自己很可憐，因為我在想像被打的感覺。我可以感覺他們有多痛，因為我知道被警察揍是怎麼回事。他們不會放過你，他們會試著幹掉你，老天！他們揍得可爽了（咧嘴笑）。

那就是在這裡管理街頭的手段。那就是在紓壓。那就是「我老婆惡搞我所以我要讓你付出代價」的一種發洩。那就是戴著警徽的恐怖主義。就是那樣。

警察都很期待這種機會啦。他們每天早上起床時，心裡都會想著，「好耶，我今天要來踢爆幾個少數族群的屁股。」（一邊搓手一邊舔嘴脣）

我看得出來，因為如果我是個警察我也會那樣。你會認為警徽代表你理所當然擁有權力。警徽會影響你的理智。你知道我在說什麼嗎？就是讓你覺得自己無所不能啦，好像你天殺的想怎樣就能怎樣。

換作我也會那樣。我也會覺得今天要來傷害個誰，我才不在乎那人是白人還是波多黎各人。而且我下手時會很爽。我會全心期待。然後我就會是個快樂的已婚男子，因為這樣我就不會跟老婆吵架囉。

我甚至搞不懂為何他們要派人類來當警官。他們其實可以派動物來巡邏就好啦。該死的就是這樣沒錯！因為他們比動物還糟，他們只是有著人腦的動物罷了。

體制暴力的內化

我們確實得擔心警察暴力帶來的危險，但那不是我們每天最需要擔心的事情。可能遭到逮捕的焦慮是一股確實存在的情緒暗流，但比起在快克站被抄時受到警察的暴力對待，待在臨時拘留所時可能落入其他囚犯手裡的風險其實更讓人擔心。曼哈頓的法官幾乎從來沒把因為初次買賣少量藥物而被抓的人送去坐牢。面對面將快克賣給臥底警察的下場通常是二到四年的重罪暫緩監禁，但我從沒聽過任何一個買藥的被送去審判——更別說是定罪了。被抓的問題是，你通常得先在市立監獄的臨時拘留所待上四十八到七十二小時，然後才會被毒品專責法庭（Narcotics Court）的法官提訊。[18]

待在這些擠爆了的「拘留區」（bullpen）的命運往往才會是大家焦慮討論的主題。我用錄音機錄下了一場這類的爭辯。凱薩有個沒在用藥的表哥艾迪，他提醒遊戲間裡的所有人，如果我們在那天晚上警察的掃蕩行動中被抓了，有可能會在監獄裡被雞姦。艾迪的爸爸是非裔美國人，所以凱薩每次回話都硬要扯上種族，對在紐約市臨時拘留所可能遭到性侵的技術知識也表現出一副自己很懂的樣子。

艾迪：Yo，凱薩，要是他們在下城搞上你的屁股，給你破了處，到時候可別來找我哭。（笑聲響起）

凱薩：（就事論事的樣子）Unnh-uhh！他們才不在拘留區強暴黑鬼，因為怕有愛滋。就算是在里克斯島（紐約市最大的市立監獄），也不會有人上你啦。

你要去紐約上州才會被上，那邊有各種老二，有高大的喬治亞州黑人搬磚工的、喬治亞理工學院的鬥牛犬足球員的，還有黑人穆斯林的，而且這些人可是在監獄裡待了二十年。

他們會搞死你的小屁屁。（跳到艾迪面前離他不到八分之一英寸的距離）因為他們比你高大。他們一直有在練舉重。他們這些大塊頭會逮住你。（轉身靠近我的臉）他們會這樣抓住你的手臂（扭轉我的手臂），把你壓在地上，死命不放。（轉身用尼爾遜固定技固定住艾迪）然後他們就來找你的屁屁麻煩啦。（用他的胯下一直頂艾迪的臀部）然後你就會像這樣：（對調角色後抓住他的頭、拉他的頭髮，同時尖聲慘叫）啊啊嗚嗚啊啊。

他們有那條大到lamabada-blada的阿拉巴馬大黑蛇，他們會掏出那條旁邊還掛著那兩顆的黑蛇插入你。阿拉巴馬黑蛇就這樣找到了它的寶藏男孩！

（停下來打量我們遲疑的笑聲）他們是黑人嘛。他們就是骯髒的人渣。他們有黑人臭。他們好大。他們聞起來像是詹姆斯・布朗。他們射在你們的屎裡。你們得像羊咩咩一樣乖，幫忙幹洗內褲之類的鳥事，還得洗襪子。你會被幹爆，因為你幫最大尾的黑鬼吹**老二**（*bolos*），那傢伙就會成為你的男人囉（粗暴地抱緊艾迪）。

如果你是新來的黑鬼（跳到我的面前），還是個死玻璃還喜歡被幹而且他又想上你，你天殺的就會遇上最高大的黑人惡鬼。他們會抓住你的屁股然後發瘋似地塞超硬的屌進去。你的大峽谷就被填滿了。我說真的！

然後如果碰上一堆像你一樣的死同性戀，你就麻煩囉。（轉一圈之後又面向我）他們會想辦法跟你求愛，「好吧你幹他媽的，你不想上我嗎？那我回去找那些比較放蕩的黑人囉。」

（再度晃到普里莫面前）他們會搞上你的屁股，他們會把你變成死玻璃。然後外面街頭上那些人之後都會知道**你**就是死玻璃！（又再次把臉晃到距離我鼻頭只有八分之一英寸的距離）

我特別在意凱薩那晚的長篇大論，因為紐約市警方才剛調派了一批新的戰術緝毒小隊（Tactical Narcotics Teams，縮寫非常合宜地就是TNT，跟黃色炸藥的名字一樣）進駐埃巴里歐。[19]一九八九年，當時全國高漲著一股「對毒品說不」的狂熱情緒，TNT就是為了平復民眾的怒氣而成立的。[20]TNT的具體指令是對付在街頭進行交易的小藥頭，而不是批發供應商。就在一個星期前，凌晨兩點，TNT搭著一輛輛U-Haul搬家公司的卡車抵達遊戲間南側幾條街外一個惡名昭彰的快克販賣點，將那個街區兩端整個堵起來。他們圍捕了所有在人行道上閒蕩的人，甚至把人從街區上還有住人的私人公寓內拖出來。

凱薩和艾迪為了監獄內的強暴情況鬥嘴的那晚，我忘了把駕照帶在身上。身上沒帶附照片的證件絕對會讓警察發火。這段錄音的最後是我在咒罵凱薩的聲音，背景還有其他人緊張的咯咯笑聲：

菲利普：從我臉前滾開！凱薩！你有什麼毛病！你是個天殺的變態還是怎樣？普里莫，我要走了。你們這些傢伙把我搞得**疑神疑鬼**（*petro*）。不過我很快就會回來，我只是要上樓去拿我的證件。

走進快克賣點「遊戲間」

住在這個街區的第一個月，我不只思考美國如何合理化內城的種族隔離現象，也思考受害者如何強化他們自身的社會邊緣化程度，但並沒有使用複雜的理論觀點來辯證。我最關心的是如何說服這個街區的快克站經理我不是臥底警官。我到現在還清楚記得自己第一次走進遊戲間的那晚。我的鄰居卡門——一位三十九歲的祖母，過去三個月我看著她對快克上癮，把自己變成無家可歸而且瘦到只剩四十五公斤的潑婦，還拋棄了兩歲的雙胞胎孫子。她帶我去找遊戲間的經理，然後用西班牙文告訴他，「普里莫，讓我跟你介紹我的鄰居菲利佩；他住在這個街區，他想跟你見個面。」我因為終於有可能進入快克站而興奮不已，但看到普里莫害羞地吃吃笑，轉身背對著我，彷彿要把自己的臉藏起來，我的心立刻一沉。他盯著外面的街道，用大到我可以清楚聽見的英文問卡門，「你是從哪個分局釣上這傢伙的？」我連忙嘟囔著尷尬抗議自己不是「臥底」，我只是想寫一本書，主題是「這條街和這個地區」。不過我懂得做出明智的判斷，知道不該太強迫對方，所以只是去買了一輪啤酒來請他們喝，然後退開，靠在附近某台車的引擎蓋邊站著。我當時是想大方送個見面禮，結果卻讓氣氛更尷尬，因為我買錯了啤酒——那不是街頭流行的牌子，普里莫喝不慣。他只喝一種十六盎司的瓶裝新品牌麥芽酒，名字是「私藏庫存」(Private Stock)，這種酒在哈林區的廣告看板上主打美麗的棕皮膚女子，身上披著有跟沒有差不多的豹皮，還笑著亮出一口白牙，為的就是吸引內城街頭那些年輕一輩的酒鬼。

儘管第一晚並不走運，普里莫卻只花不到兩週就習慣了我的存在。為了要去超市、公車站和地鐵，我每天都得經過遊戲間，一天常常還會經過個好幾次，而這確實幫了我一點忙。普里莫常會站在他那間假電玩場外面，身邊圍著一小群渴望受他青睞的十來歲少女。一開始我們只是禮貌地彼此點頭，但一週之後，他對我大喊，「嘿老兄，你喜歡喝啤酒，對吧？」我們就和他十五歲的女友瑪麗亞一起喝了一輪「私藏庫存」，在場的還有他當時負責把風的手下班尼托（Benito）——這個名字在英語化及商品拜物化之下變成了「班奇」（Benzie）——他是個身材矮小、聲音宏亮的二十歲年輕人，左腿股骨被達姆彈打成了跛腳，但他走在街頭那副誇張招搖的樣子完美地掩飾了這一點。

喝了幾小時啤酒後，普里莫邀請我進去遊戲間後方，我的心跳開始加速。在一片鋪了亞麻油地氈的假牆板後方就是隱藏的快克供貨區，他另外還拿出了十美金一袋的粉末古柯鹼。那袋古柯鹼的牌子叫作「我們就是世界」（We are the world），這條大街上都有在賣，牌子的名字取自一片橫跨半個街區的壁畫標題，畫的內容則是向一九八〇年代一場拯救衣索比亞飢荒的同名搖滾演唱會致敬。「你也喜歡吸一下嗎？」我本來擔心拒絕這項好意會破壞我們之間的友好關係——或更糟的是，會證實我真的是他們懷疑的警察——但我卻意外發現，普里莫和他的把風手下班奇其實很興奮能夠跟「這麼好的人」混在一起，好到甚至連「吸一口」都不會。那是我第一次遇到街頭倫理規範中的深遠道德矛盾——甚至可說是一種有關何謂「正直」的矛盾：儘管街上所有人都忙著在吸、在抽、在打針，或是在賣藥，人們還是認為只要是用藥就等於受到魔鬼控制。

普里莫、班奇、瑪麗亞，還有那天晚上在場的其他人，他們從來都沒有這麼親暱地和一位對自己友善的白人面對面聊過天，所以當他們發現我是真心對他們感興趣，而不是只想拿到些藥，或試圖進行某些可能會讓他們萬劫不復（*perdición*）的行為時，他們自己也鬆了一口氣。他們這麼近距離接觸過的白人只有校長、警察、假釋官，還有憤怒的雇主。就連他們的學校老師和社工也幾乎都是非裔美國人和波多黎各人。普里莫顯然還是有點怕，但又藏不住好奇心。正如他幾個月後向我坦承，他一直很想有機會跟真正來自主流的代表「對話」，而且是那種「不用藥」的美國白人。

接下來的幾星期，我常在「遊戲間」這個快克站一次待上幾小時，不是跟普里莫聊天就是跟當班的人聊天——可能是小班奇或凱薩。讓我驚訝的是，我的存在變成一個異國風情物件（exotic object），足以替此地增加聲望；快克站的熟客還真的很希望在公共場合被人看到他們和我在一起。我不經意地踏入了一個權力關係的場域，我的在場具有恫嚇他人的效果。因此我的下一個挑戰，就是突破在這種反向權力關係操作的過程中勢必隨之出現的形象管理遊戲。舉例來說，我在普里莫心中激起一波其實早已內化的種族主義心態，他因此興致勃勃地表現出自己比「我們身邊那堆不要臉的人渣（*the sinverguenza mamao'*）」還來得優越的姿態。他一直試圖將自己「跟所有不識字的波多黎各人」區隔開來，他跟那些「在工廠（*factorías*）工作」的波多黎各人不一樣。當他開始告訴我，他覺得跟我講話對他的思想發展有多大的好處時，我特別感到尷尬。不過在此同時，他還是覺得我可能是個臥底警官。在我認識他快一個月時，他說，「如果你明天就來抓我，我也不在意，

在普里莫母親住的公宅樓梯間替普里莫的談話錄音。（攝影：Susan Meiselas）

我想跟你聊天，你是個好人。」一直要到三年後，普里莫才會漫不經心地對其他人說我是「那個老跟我混在一起的『白人黑鬼*』」。事實上，我還記得我終於拿到「榮譽黑鬼」證書的那個晚上。那晚的普里莫喝的比平常多，我陪他走到他女友瑪麗亞的姊姊位於高聳公宅區的公寓，確保他不會在樓梯間被搶，畢竟那棟樓的電梯一如往常地壞了。[21]就在我們安全抵達目的地時，他在門口搖晃著身體，抓住我的肩膀向我道謝：「你是個好黑鬼，菲利佩。你是個好黑鬼。明天見。」

一直到兩年後的某天，凌晨兩點，我們在普里莫母親住的公宅大樓的樓梯間（新年那週，普里莫和班奇在這裡嗅吸了「速球」〔speedball，一種海洛因和古柯鹼的混合物〕），那時他們才告訴我第一次在遊戲間看到我時的印象。普里莫扯開一包玻璃紙包裝的十美金海洛因，用他家的鑰匙沾了一下白色粉末，再把那一小撮藥粉靠近左邊鼻孔。他深深吸了一下，然後熟練地在右邊鼻孔重複兩次同樣的動作，接著他嘆一口氣，伸手要我把我正在大口灌著的四十盎司瓶裝「老英國」（Olde English）麥芽酒遞給他。在此同時，班奇正把一瓶十五美金的古柯鹼放在一張對摺的一美金鈔票裡，用大拇指和食指壓一下，把結塊和結晶粉末壓碎，這樣比較好吸。然後，他用一張折起來的火柴盒硬紙板蓋插入一英寸長的白粉末裡，乾吸了兩次，再把它輕輕放回他正坐著的階梯

* 譯註：這裡的黑鬼原文為 negro，雖然本書的許多波多黎各人看不起非裔美國人，甚至在使用 black 這個詞彙時帶有貶意，但他們大多時候都是用正面的態度使用 negro 這個詞。為了還原這種親暱的感覺，所以 negro 用了比較非正式的「黑鬼」，但仍想強調這種用法在本書中基本上不帶有貶意。

角落：

普里莫：第一次見到你時，菲利佩，我在想這見鬼的傢伙到底是誰啊，但是，當然，我對你很好，因為你說話很有趣；所以，當然，我有對你很好。（伸手去拿古柯鹼）**我歡迎你做我的朋友，我尊敬你**（*Te recibi como amigo, con resp*）。

班奇：（邊插嘴邊拿了一瓶麥芽酒給我）菲利佩，我得老實跟你說——這事他也知道。（指向普里莫）第一次見到你時，我對你的想法可跟他不一樣……但還是別告訴你比較好。（從普里莫的鑰匙上吸了點海洛因）

菲利普：（喝酒）沒事的，別擔心，你可以告訴我。我不會生氣。

班奇：是啊……這樣……（為了避免和我眼神接觸而轉向普里莫，然後又吸了一次）對啊，你記得嗎？我以前告訴你，你知道的嘛，他以前說話的方式。他以前那個樣子。我覺得可能……你也知道……你把這叫作什麼？有些人就是那種，雙性戀。雖然你有老婆，但我覺得你就是……那種髒東西。

我真的這樣想啦因為你說話的方式嘛，還有你的舉動。你總是問一大堆問題，很多同性戀也那樣——你知道的嘛，就是想搞清楚你是哪個「路線」。

但過了一陣子，比較有機會認識你之後（拿走我手上的酒瓶），我看到你跟別人瞎混的樣子；我開始比較認識你了；但腦中偶爾會是會想，「老天哪，但是，但是這黑鬼就是個死同志啊。」

（喝酒）

普里莫：（打斷班奇的話）該死，閉嘴啊你這傢伙！你要讓菲利佩心裡**不舒服了**（*complejo*）。（把手臂搭上我的肩膀）只是因為你是白人而已。他只是在想，「**這個白人小子是誰？**」（*Quien es este blanquito?*）

菲利普：所以是我的口音嗎？我的聲音？我的肢體動作？

班奇：對啊，像是你的口音……

普里莫：（插嘴）我跟他說你是人雷學家（anfropologist），你說的就是那種聰明人會說的話。我的意思是，你說話就那樣。或許有些字我們聽不懂，但沒關係。可是你說西班牙文時，聽起來就真的不太一樣。真的不太一樣。就是，你說西班牙文時，聽起來就真的是個**西班牙人**（*Español*）。就連我媽都覺得你是同性戀，但那是因為她只跟你講過電話。（槍聲）有天她問我（用西班牙文），「那個一天到晚打電話來的白人小子是誰？他是**死同性戀**（*pato*）之類的嗎？」（*Quién es este blanquito que siempre llama aquí? Es pato o algo así?*）然後我說（又一次用西班牙文說），「不是！妳在說什麼啊？他是個教授。他會說西班牙文、英文和法文。」（*No! De qué tú hablas? El es profesor. Habla español, inglés, y francés.*）

聽到這些話時，對於自己的性向遭到誤解這一點，我仍無法克制地出現了某種無謂的憤怒，畢竟我當時還想像自己應該有那麼一丁點街頭氣息了。現在回頭去看，我很慶幸自己在田野的頭幾年徹底誤讀了一些街頭上的暗示，也沒有疑心自己竟然會散發出「骯髒的性變態」氛圍。在街頭文化的恐同氛圍中意識到自己散發出這類性傾向，很可能會阻礙我跟這些快克藥頭自在建立關係的能力。

非裔美國人及波多黎各人的街頭關係

埃巴里歐的種族緊張關係不只聚焦在白人身上。雷伊手下的賣藥網絡內部也有嚴重的種族隔離現象。這些人幾乎都是紐約出生的波多黎各第二代。[22] 儘管雷伊本人會被盎格魯社會分類為「黑人」——他的所有員工也幾乎都是黑人——但大多數人都對非裔美國人抱有顯而易見的敵意。為雷伊工作的藥頭我見過的大概有二十五個，只有兩個是非裔美國人。這兩人也都已經有了西班牙文化的暱稱，舉例來說，席爾威斯特（Sylvester）的暱稱就是嘉托（Gato），也就是西班牙文的「貓」。另一位自稱璜安（Juan）的非裔美籍藥頭私下則告訴我，他覺得在「藥房」那個街角，社交俱樂部裡面的那個快克站特別不友善：

黑人和波多黎各人在這裡真的處不來。有看到俱樂部門口掛的牌子嗎？上面寫「拉丁裔之家」的牌子？嗯，有些人會當真喔。真的很種族歧視。我走進去一定得有個目標或目的。如果我只是去坐在那兒翹個腳，他們就會突然聚在一起用西班牙文說一些像是「Yo，那傢伙是誰？」這類的話，他們甚至會用英文跟你說，「Yo，你最好規矩點唷。」

關於遊戲間中確切存在的種族張力，凱薩說得更直白——至少他喝醉時是這樣說的。

我是三K黨。我要殺光黑人、。你知道為什麼我恨黑人嗎？因為他們是黑人；他們臭死了；他們聞起來就是屎。他們就是幹他媽的懶蟲。我向上帝發誓我真的是打從心底恨他們。我甚至痛恨有阿芙羅爆炸頭的波多黎各人。就跟痛恨其他黑人一樣痛恨他們。（手摸過普里莫的頭髮）去他的普里莫，因為他也有阿芙羅爆炸頭，他也是黑人，我要殺了他。（轉向我）我也恨白人。我要殺光他們。但不會殺你，菲利佩。你還行，你是個好黑鬼。但如果你沒跟我們一起混，我也會殺你。

你知道我為什麼痛恨*moyos*嗎（帶有種族主義的波多黎各人對黑人的稱呼），因為殺掉我妹的就是個黑人——那傢伙在公宅裡刺了她十八刀。

他們真是惹火我了，他們憑什麼這樣對我？我已經慘成這樣了。我恨所有人。

儘管表現出明確的種族歧視，凱薩仍在效仿非裔美國人的街頭文化，這種文化幾乎完全支配了地下經濟的風格。

我以前比較年輕的時候很想當黑人。我想接觸那種黑人風格。因為他們比較壞，就像那種**壞蛋**（*malos*）。對！**很壞的壞蛋**（*Malo malos*）！比較粗暴。我最喜歡那些邪惡的黑人小鬼，因為我當時正在學要怎麼耍壞，就是從水果攤偷水果之類的。而且黑人打扮得很強悍——就是酷炫。你懂我的意思嗎？看起來就很狂，就是**黑人風格**，就是走**黑人風格**的黑人。酷。因為之前跟我一起混的西班牙人，他們的風格就很軟弱，你懂吧。你瞧，現在，就是那些*moyos*帶起了大項鍊和喬登系列耐吉鞋的風潮。有在穿潮衣（fly clothes）的都是那些*moyos*。

就算存在著種族張力、階級兩極化，以及每日街頭風格所帶來的複雜性，長遠來看，雷伊事業網絡中的所有人都接受了我——而且大多數人看來都真心喜歡跟我相處。當然，在雷伊的事業版圖邊緣或其他交易網絡中還是有十幾個人始終無法真正信任我，在非裔美籍賣家及較年輕的波多黎各青少年藥頭圈中特別是如此，這些人更有意識地維持著和白人社會之間的對立關係——他們懷抱的敵意比他們的父母（甚或兄長）還來得更強烈。無論如何，我對自己身為正在寫書的「教授」兼「人類學家」的角色感到自在。曾經出過幾次狀況，不過也就是雷伊事業網絡的邊緣分子（或甚至根本就是局外人），憤怒地跑來指控我從沒替他們說的話錄過音，並宣稱他們在我書中

「至少值得被寫成一章」。我本來很擔心書中主要角色的心情，怕他們會受不了我這局外人利用他們的人生故事來推進我的學術生涯。但我的長期目標一直都是希望回饋這個社群。當我跟雷伊和他的員工討論我很想寫一本書，主題是「貧窮和邊緣化」，並表示或許能因此讓主流社會對內城的問題有更進一步的理解時，他們都覺得我瘋了，對於我想負起社會責任的考量也是半信半疑。畢竟在他們的觀念裡，世界上的所有人都在為生活奔忙，任何腦筋正常的人都該試圖寫出賺大錢的暢銷書才對。他們從未想過自己可能因為這本書獲得什麼，了不起就是在出版當天參加一場不錯的派對吧。曾有好幾次，當我堅持我的研究計畫可以為這個社群帶來實質的政治利益時，得到的卻是非常羞辱人的反應：

> 凱薩：菲利佩，你的書就是一大堆屁話。因為我們成天都在講鬼話，一點天殺的意義都沒有——就是些空話。
>
> 就算我們上了歐普拉或是唐納休的脫口秀——什麼屁意義都不會有，不可能幫到我們的社群，也不可能幫到我們。世界不可能因此改變，一丁點也不會有。大家頂多就是說說話，動動嘴皮子。

當然，我希望凱薩說的是錯的；但或許他的憤世嫉俗還比我的學院理想更符合現實。我的研究大約進行到一半時，本書中跟我建立了較深入關係的主要角色群開始關注我寫作習慣的細節，還催促我該寫快一點。他們想參與這本「暢銷書」的誕生。舉例來說，當我因為花太多時間使用文書處理機，導致手腕和前臂因肌腱炎而無力時，凱薩和普里莫都真心感到擔憂及失望。我意識到我們的關係發展出了一種幾乎像是心理治療的面向。

凱薩：（抓著我的手臂扭轉）別放棄我們，菲利佩。別搞砸了。我們會揍死你。
（轉向普里莫）我覺得菲利佩腦子不清楚了。我覺得我們該給他一些壓力。
（咯咯笑）你是我們這裡的楷模。你可不能胡搞。我們可以因為這種鳥事打死你。我講真的！除非能拿到有你的名字印在上面的什麼東西，讓我可以一輩子拿來說嘴，不然我不會讓你走。不管怎樣你至少得給我一章。我知道我說的話會出現在你的書裡，因為我的故事太讚了，你不可能不寫。
（抱住我）我覺得我們這些學生比你這個老師進步得更多，教育方面來說。我覺得菲利佩太消沉了。我覺得他遇到了那叫寫作瓶頸什麼鬼的。

2

埃巴里歐的街頭歷史

A Street History of El Barrio

（東哈林區是）各種違法者的溫床；這裡孕育出了各種毒品、竊案、小偷、黑市，以及所有你能想到的各式各樣違法行為。這個國家充滿了來自這區的罪犯。計程車司機天黑後不敢前往第二大道一一三街以東的路段：如果真要去，只有開裝甲車才夠安全。

——天主教牧師，一九三〇年代

本書揭露了快克藥頭及其家人的許多私密生活細節，但我們不能在歷史真空的狀態下理解這一切。他們是紐約市第二及第三代的波多黎各移民，但我們需要將他們放置於祖父母及曾祖父母受到殖民壓迫的歷史脈絡之中。波多黎各島位於加勒比海中心，地處跨大西洋最重要航線的核心地帶，這樣的戰略位置總讓世界強權心懷忌妒地垂涎著這片土地——幾乎打從一四九三年美國的克里斯多福・哥倫布初次踏上這片土地，還有西班牙的龐塞・德萊昂在一五〇八年征服這片土地之後就是如此了。種種武斷的戰略軍事考量並不符合經濟邏輯，也沒有顧及波多黎各居民的福祉，但仍在近五百年來肆意地扭曲了這座島的政治及經濟運作方式。

儘管原本的西班牙殖民者輸入了非洲奴隸，建立甘蔗種植園，波多黎各卻始終不是個在經濟上能夠獲利的殖民地。它最重要的價值始終是作為一個軍事控制點；因此，儘管其他美洲國家都已在一八二〇年代脫離殖民，西班牙卻仍在整個十九世紀期間反動且頑強地堅守這片領土。最近，由於波多黎各在過去一個世紀未能實現可行的政治及經濟發展模式，導致了（依比例而言）二十世紀最大規模的人口流離失所（population dislocation）。

美國在一八九八年入侵波多黎各後延續了西班牙將軍事考量置於經濟邏輯之上的模式。一九五二年以來，這座島就一直有個曖昧的政治頭銜：「自由邦」。這片領土隸屬美國管轄，但居民卻不能投票選總統，也沒有在美國國會中投票選出代表的公民權。這片土地的殖民地位一直受到聯合國的譴責，但諷刺的是，波多黎各一直是其政治領主的經濟負擔。就跟一百年前的西班牙王室一樣，美國聯邦政府必須花錢維持自己在此地的軍事及政治控制力，還得補助當地無力償還債務的經濟。一九七〇年代開始，聯邦政府透過食物券及社會安全保險轉移過來的資金，就占了波多黎各當地個人收入的三分之一。一九九二年，有超過百分之五十的波多黎各居民擁有領取食物券的資格。[2] 某天晚上在遊戲間值班時，凱薩頗有見解地總結了波多黎各與美國關係的政治基礎：

> 凱薩：美國之所以承認P.R.（波多黎各）的存在，只是因為波多黎各離古巴很近——這樣要摧毀共產主義比較容易。我是說我們根本沒什麼能給的。沒有自然資源、沒有石油、沒有黃金，甚至連好的水源都沒有。他們得不到什麼。

他們得到了什麼？蘭姆酒？美國已經得到了肯塔基州、田納西州，還有所有那些偷釀月光酒的南方州了。

從波多黎各的「吉巴羅」變成西語裔的快克藥頭

一九〇〇年代初期，美國積極改造了波多黎各的經濟樣貌。跟西班牙統治時期相比，此時的經濟狀況更無法回應在地的需求及文化。美軍才剛占領此地就將土地及權力集中在美國擁有的許多大型農產外銷公司手裡。無數小農被迫離開他們位於島嶼中部高地的田地，前往一望無際的甘蔗種植園尋找受僱工作，而這些甘蔗園很快占據了大部分波多黎各沿海最肥沃的平原。自從第二次世界大戰以來，這些遭到連根拔起的農夫和他們的後代常被稱為「吉巴羅」(*jíbaros*)，這個字在英文可以翻譯為「鄉巴佬」(hillbillies)。「吉巴羅」是個以刻板印象建構起來的稱呼，其形象是吃苦耐勞、自給自足的農夫，頭上戴著草帽、手上揮著大砍刀，結束一天的辛苦的田間勞動後會**蹲**在鄉下屋子前的土堆**露台**(*batey*)接待訪客。儘管這個意象隱約帶有貶意，但在面對外來(*ñangotea*)勢力的影響、支配，以及隨之導致的離散時，吉巴羅象徵了波多黎各的文化完整性及自尊心。西班牙文中的「jíbaro」本意是「粗野」，此地所謂的**吉巴羅**本來指的也是逃亡的非洲奴隸、泰諾美洲原住民，還有來自歐洲和摩爾族的偷渡客後代，這些人拒絕在西班牙殖民種植園當砍甘蔗的工人，反而在整個十八和十九世紀躲進與世隔絕的島嶼深山內建立農園，拒絕接受由西班牙主導的上流社會所運作的各種法律及社會規範。他們生活在以都會為基礎的政府管轄權之外。[3]

過去的吉巴羅社會跟東哈林區有一種迷人的相似性：前者出於一股不願屈服的自尊心，不但拒絕受僱於殖民種植園，也抗拒各種菁英的西班牙文化形式，後者則是用街頭文化來對抗美國社會的剝削及邊緣化。與此同時，吉巴羅的概念不該在簡單的文化主義分類上被固化為一種過往農村的傳統遺跡。在快速改變的政治及經濟背景下，吉巴羅不停地被反覆發明、重新定義。這個分類現在有時包括的不只是甘蔗種植園的勞工，還有工廠工人，甚至是在美國內城出生的第二代居民。舉例來說，普里莫偶爾會說自己或他的朋友是「吉巴羅」，但當我告訴他，吉巴羅在二次世界大戰後的形象是會**蹲**（*ñangoteando*）在他們的**露台**（*bateys*）上討論一天發生的事情時，他徹底爆笑出聲。他不只不知道「*batey*」是什麼意思，還向我保證：

> 我唯一「*ñangoteando*」過的只有（監獄中）的拘留區。不過對啦，那時我們一大票波多黎各人確實蹲在地上，*ñangoteando*，而且一起說了好幾個小時的垃圾話。[4]

普里莫或許沒有意識到，他祖父那輩大概就是美國的跨國公司接手波多黎各的農村經濟時，那批被迫成為季節性甘蔗工的小農，至少他曾祖父那輩肯定是如此。不過他非常清楚在波多黎各經濟轉型後出現的大規模移民潮。這方面的數據非常驚人：在二次大戰後的十五年內，每年平均有四萬人離開波多黎各。一九五三年更是超過了七萬五千人。巧合的是，正是在這一年，普里莫當時十七歲的母親離開了波多黎各的沿海村莊「阿羅約」，她拋棄了甘蔗田裡的農園棚屋，到東哈林區租了公寓，並在內城的一間血汗工廠找到了裁縫的工作。一九六〇年代，另外五十八萬六千名波多黎各人也跟隨她的腳步來到紐約市的貧民區，希望在此找到新的家園及工作機會。[5]世上很少有其他國家像波多黎各一樣，在這麼短的時間內輸出了如此大比例的人口，而且還是前往這樣一個文化上不友善、經濟上又陌生的地主國。即便是兩百萬移民到美國的愛爾蘭人，再加上一八四〇年代末期因為馬鈴薯飢荒而挨餓的一百萬人，在人口比例上也無法超越一百五十萬的波多黎各人——在二次世界大戰後的二十年間，島上整整有三分之一的人口被從甘蔗田、棚戶區，還有高地上的村莊連根拔起，然後困在紐約市的公寓樓以及後來的那些高聳公宅中。[6]根據一九八〇年人口普查，在島上出生、二十五到四十四歲的波多黎各人中，有百分之三十六都住在美國本土。[7]

一九四〇到一九五〇年代，大多數波多黎各移民都在輕工製造業——具體來說就是成衣工廠——找到工作，當時全球經濟正在經歷結構調整、這類工作開始大量離開城市的歷史時刻。[8]服務業的職務取代了製造業的工作，跨國大公司陸續關閉當地的生產工廠，遷移到勞動力更便宜的海外，而紐約市就成了這些公司的後勤節點。普里莫在一九六七年出生於東哈林區的市立醫院，之後的二十年間，紐約市製造業的員工職缺下降了百分之五十，幾乎有五十萬的工廠工人失去工作。[9]

總而言之，這批在紐約出生的波多黎各人，正是在經濟史的馬拉松衝刺期離鄉背井那群移民的後代。在過去的二或三個世代，他們的父母和祖父母經歷過各種不同的排列組合：一、在私人山坡農地或當地農莊成為半自給自足的農民；二、在外商獨資且資本密集的農產品外銷種植園擔任農業勞工；三、住在棚戶區並在以出口為平台的工廠工作；四、住在貧民區公寓樓然後在血汗工廠工作；五、住進內城公宅大樓區且成為服務業雇員；六、街頭地下經濟的自營主。當我問普里莫為何有時會自稱吉巴羅，他的回答捕捉到了人們在宏觀的結構層面上被迫流離失所的受苦經驗（pathos）：

普里莫：我爸是工廠工人，至少我的出生證明上是這麼寫的，但他來紐約時是個砍甘蔗的。狗屎啦！我才不在乎。幹他媽的！我就是個吉巴羅。我說的是吉巴羅的西班牙文。**我說話就像個吉巴羅**（*Hablo como jibaro*）。

波多黎各反覆變化的社會及經濟處境導致某個特定的經濟部門大大獲益：稱霸波多黎各當地經濟體系的美國跨國公司。這些公司利用了島上慷慨的賦稅優惠，將波多黎各變成膨脹公司利潤的樂園。這種扭曲的經濟體系主要又源自於各種軍事戰略考量。在一九五九年的古巴革命之後，美國想將波多黎各改造成一個展示資本主義經濟發展的自由世界舞台。結果就是透過只要投資生產設施就能十年免稅的政策，確立了基於推廣私部門而制定的發展策略。這種減稅做法等於鼓勵跨國公司透過當地子公司操弄移轉訂價方案。於是，跟西半球的任何國家相比，這座島擁有最高的企業利潤率。正如波多黎各的州務卿在一九九〇年所誇耀的一樣，「世上沒有任何一個國家像波多黎各一樣，能為美國公司創造出那麼高的淨收入。」[10]

這些經濟上的硬性規定形塑了波多黎各人的生活，而在意識形態方面，公然推崇種族主義的「文化入侵」更加鞏固了這樣的規定，其中極具象徵意義的就是美國殖民政府直到一九四九年都仍在波多黎各學校推行的全英語政策。[11]那些從島上移民到美國的人所面對的文化衝擊顯然更為深刻。這些新移民原本的文化全是以農村為基礎，他們的自尊也全是圍繞著人際之間各種不同年齡、性別、親屬關係，彼此**尊敬**（*respeto*）的網絡而建立，但卻在一夜之間，他們發現自己成了「種族上」地位低下的賤民。他們自從抵達美國開始就一直受到輕蔑及羞辱，這種惡毒正是北美歷史種族關係的兩極分化，及移民勞工市場的種族隔離，所造就的特定產物。

這樣壓倒性的改變快速強加於原本居住在農村的波多黎各人身上，轉化到數據上就成了紐約內城的高失業率、物質濫用、家庭破碎，以及健康惡化。在一九九〇年的人口普查數據中，或許除了美國的印地安原住民之外，很少有其他族群的官方數據比住在紐約市的八十九萬六千七百五十三名波多黎各人更差了。跟這座城市的其他族群相比，他們的福利依賴程度及全體貧戶率數據都是最高，勞動參與率則最低。事實上，一九八九年，他們的貧窮率（百分之三十八）是紐約市整體數據（百分之十九）的兩倍。一項數據研究顯示，他們在一九八〇年代晚期的家庭貧窮率比紐約市整體的平均數據高了百分之五百。[12]

儘管根據一九九〇年的人口普查紀錄，幾個波多黎各主要群體（尤其是那些不住在紐約市的人）的處境獲得了顯著改善，但流行病學的健康指數讓我們知道，波多黎各人承受了不成比例的艱難處境。其中包括人類免疫缺乏病毒（HIV）的感染率成長最快、臥床失能率最高、肝硬化導致的死亡數最多，還有自殺未遂的比例最高。一九九三年三月，波多黎各人在美國的家戶平均收入比白人（分別是三萬三千三百五十五美金和一萬八千九百九十九美金）少了超過一萬四千美金，也比其他拉丁裔族群少了超過四千美金。[13]

正視街頭上的個人責任

就算只是待在桌椅上安全地閱讀文獻，也能輕易看出波多黎各這段經濟上流離失所、政治上受到支配、文化上受到壓迫及大規模移民的歷史，造就了埃巴里歐殘酷地自我毀滅的街頭文化。不過，一旦到了街頭上，當你面對物質濫用的暴力個體，你很難透過政治經濟學的解釋明顯看出其中的因果關係。若用更道德主義的說法，當我們直接面對雷伊、普里莫或凱薩這樣一個個的人的時候，無論他們被虧欠了多少「歷史道歉」，又或者遭遇了多嚴重的「結構性受害」，在看見他們往往暴力、自我毀滅又如同寄生蟲般的行徑，任何人都不會覺得他們不用為這些後果負責。畢竟他們每天都在人際互動中，將苦難施加於他們的家庭、鄰居和朋友身上。

我和我熟識的大部分快克藥頭討論過這種複雜的理論議題，也就是「結構或是能動」之間的關係。就跟大多數在美國的人一樣，他們堅信每個人必須為自己負責。他們大多將自己的邊緣生活條件歸咎於自身的心理或道德失敗。他們很少責怪社會，需要負責的永遠是個人。或許這是吉巴羅的頑強個人主義混入美國盎格魯移民留下的拓荒式清教徒主義，接著又在紐約地下經濟強調適者生存這種壓力鍋般的環境中，透過實作而造就出來的合成產物。在此同時，埃巴里歐存在一個更年輕的另類世代，這是一種街頭文化的變體，其幾乎是政治性地反抗主流社會。這種張力常展現在普里莫和比他小五歲的朋友凱薩之間：

菲利普：所以你現在知道我為什麼說你們會沒錢，另外還有種族主義的問題，還有——

普里莫：（插嘴）菲利佩，不只是白人的關係……我們只是更辛苦。我們很窮，這是事實，但我們本來就該努力自己幹出些表現。只是因為太窮才比較辛苦。

凱薩：（插嘴）我們永遠不可能繼承到一毛錢，除非是中樂透。

普里莫：（忽視凱薩）你得自己表現好，才可能有成就，你得在人生中有成就，才可能過不同的生活。如果你想偷懶，那就是因為你想偷懶，但之後就會想哭著求救了。窮人努力起來比較難，但不是不可能，只是比較難。

你要是窮，就一定得相信你自己。你得尊重你自己。

如果我遇到問題，那都是我自找的，沒人需要為我擔心，我自己會處理。那是我的問題。

凱薩：真是一堆屁話啊老天。這個國家的每個人都在賺你的錢。所有人都想賺錢，然後住在郊區，然後死掉。

普里莫：閉嘴啊凱薩。真討厭聽你胡扯一堆鬼話。

東哈林區的移民騷亂

總歸來說，本書透過分析試圖處理的緊張關係，主要聚焦於個體如何處理壓迫自身的力量。就埃巴里歐的案例而言，有另一個和波多黎各殖民困境完全無關的社會邊緣化歷史遺產。當我們把雷伊手下的快克藥頭放在東哈林區的微觀歷史中來看——更精確地說，是放在他們那區最東邊十平方街區的角落來看——針對他們生活總是出現犯罪、暴力和物質濫用的現象，其實有個幾乎可謂生態學的解釋。簡而言之，無論當時住在這一區的是哪個族裔的移民，東哈林區的街道總能製造出暴力及物質濫用的重罪犯。

一開始住在此區的外來移民當然就是荷蘭人。本來有原住民在曼哈頓島上打獵和捕魚，而荷蘭人把這座島從原住民手中搶了過來。荷蘭人留至當代的遺產只有「地獄門」（Hell Gate）這個郵政區名，坐落在一一〇街上的郵局正是以此命名，附近轉角就是雷伊名為「社交俱樂部」的快克站。Hellgate是將荷蘭文中的「Hellegat」英語化的結果，荷蘭文的意思是「陷坑」[14]，荷蘭人也以此來為東河在九十六街上方彎曲而形成的河灣命名。三百五十年後，地獄門河灣沿岸的低地沼澤成為埃巴里歐最東邊的區塊，那裡就是我後來住的地區，也是雷伊的快克站蓬勃發展的地方。一六〇〇年代初期，荷蘭的喀爾文教派農夫和原本住在此地的居民常反覆發生小規模的血腥衝突。

一六六九年，最後一批美國原住民族雷克嘉瓦威被從這個後來成為「地獄門」郵政區的地方趕了出去。之後沒過多久，東哈林區就充滿了荷蘭人用來營利的菸草農場。[15]十八和十九世紀期間，在成為紐約市貧窮及物質濫用的移民中心之前，東哈林區曾有一段時髦的時光，當時許多有錢的紐約客會特別來這個鄉村度假。曼哈頓下城坐馬車到這裡只需要一個半小時。就連前總統富蘭克林·德拉諾·羅斯福都在此區交織著牧歌風情的溪谷及小農舍的田野間擁有房產。[16]東哈林區純樸且與世隔絕的鄉村氛圍結束於一八〇〇年代晚期，當時出現了一個遠大計畫，想在此建立大規模又價格低廉的私營公共運輸網絡，另外紐約市政府也針對市內基礎設施進行了大規模的公部門投資，其中包括：一八三〇年代末期沿著公園大道延伸的哈林河鐵路；一八七〇年的第三大道馬拉鐵道；一八八〇年代的第一大道街車軌道；最後還有於一九〇三年啟用的「跨區捷運公司萊辛頓大道地鐵線」。[17]

因此，就在世紀之交過後沒多久，東哈林區方便又便宜的大眾交通系統讓所有曼哈頓、布朗克斯和部分布魯克林區的人都可以輕鬆前往。這種大規模的基礎建設計畫在一八八〇及一八九〇年代開啟了第一波移民雇工潮，東哈林區因此成為美國歷史上最貧窮且文化最多元的區域之一。一八〇〇年代晚期，第一批在此永久定居的都會居民是德國人和愛爾蘭天主教徒，這些建築工人不但鋪好街車軌道，也挖了最終遍布整座曼哈頓島的地鐵隧道。接著出現的是逃離過度擁擠的曼哈頓下東城的中東歐猶太人。東哈林區的便宜樓房公寓和便捷的交通系統，讓這裡成為曼哈頓下城血汗工廠工人理想的居住地。跟著世紀之交的猶太移民一起或隨之出現的，還有數量可觀的非裔美國人和來自斯堪地那維亞半島的北歐人。到了一九二〇年，除了兩間擁有大量信徒的希臘正教會之外，此區還擁有紐約市密度最高的芬蘭人及挪威人。

所有關於這段時期的哈林區描述都會試著使用各種形容詞來說明當地的族裔多元性。這裡有過不少稱號，像是「多國聯盟」、「種族萬花筒」。[18]根據一九二〇年的普查數據指出，此地有二十七種不同的民族：「或許世上很少有其他地方，可以在這麼小的區域同時找到這麼多的種族。舊世界許多地方的生活都在此重現。」[19]在那些年，社會科學家幾乎都會自動將民族及族裔多元性詮釋為一種負面的社會推動力：「總是這樣，在多種語言同時存在的地方，舊世界的父母價值觀會試圖掌控孩子的新世界習慣……阻礙他們的進步。」[20]

義大利人入侵東哈林區

就是在這樣多文化的勞工階級脈絡下，無數來自義大利南部農村的移民在世紀之交抵達了此地。他們很快將此區變成「城市規畫的市長委員會」（Mayor's Committee on City Planning）於一九三七年所稱的「或許是西半球最大的義大利聚落」。[21]一八八〇年代抵達的第一批義大利人是由第一大道街車軌道管理方帶來的，為的是打擊愛爾蘭鋪軌工人的罷工行動。[22]義大利移民聚集的棚戶區與兩個街區外的一〇四街上一個較老舊的棚戶區緊張共存，那些舊棚戶區中還住著愛爾蘭罷工工人，他們全都被解僱了。在接下來的三十年，工作及住屋的競爭導致了極端的族群隔離。族群之間的敵意甚至深入至日常生活中最私密、最精神性的領域。舉例來說，當地教堂不再接納新移民。由當地新教徒教會於一九一〇年資助的一項在地研究透過某種計算方式指出，社區中有百分之七十九點五的居民是「不可以吸收」的對象。[23] 加爾默聖母堂跟雷伊的快克站一樣，服務的都是「地獄門」這個狹長的小區域，一八八四年十二月四日，德國和愛爾蘭的天主教徒在這座全新大教堂中主持了第一場彌撒，常駐神父卻讓新來的義大利教區教徒坐在地下室。一直到一九一九年，義大利移民才被允許和其他教區教徒自由來往。[24]

東哈林區的最東邊是長達五個街區的歡樂大道，少數仍住在附近的八十幾歲義大利居民還記得在那段過渡時期，

116街和117街中間的第5大道，1889年。（圖片來源：Museum of the City of New York）

愛爾蘭及義大利敵對兩方幫派的名字。他們很開心地一一點名每個街區（甚至可以精確到是哪棟建築）住了哪些不同的民族。在最開始的幾十年，這些義大利的新移民被推到最骯髒、最貧窮且最靠近東河的地區，河岸上——也就是現在歡樂大道的位置——在一九〇〇年代被描述為「到處都是垃圾堆、拋錨汽車、壞掉的貨運馬車……垃圾場、破瓶子還有爛衣服」。[25] 我住在埃巴里歐的那段期間，雷伊的賣藥網絡經營的地區就像這個東哈林區最東北端的角落。

跟隨著這些於世紀之交湧入的義大利南部農村移民——大多來自西西里——種族主義的怒吼也開始在整個紐約市迴盪。政治家被嚇到了，指責東哈林區這些最新的移民是「非洲種」，這種說法和將住在城市其他地區的北部義大利人稱為「日耳曼人」，形成鮮明對比。[26] 甚至早在一八九三年，《紐約時報》就曾譴責「住在東哈林區許多南義移民的無法無天和報復衝動」。[27]

或許在針對義大利移民的文化尊嚴及個體自我價值的意識形態攻擊中，暗中為害最大的，就是那些原本應該幫助移民孩童融入盎格魯美國文化的主流社會代表當時各種糟糕的作為及態度。比如有學校老師回報「義大利人沒有學習動力……他們反應很慢」，還有人說「他們……只跟自己人來往」。有位社工抱怨當她「問一個義大利家庭在美國這裡最懷念的是什麼」，回答竟然是「『跟我們的動物住在一起』」。那段時期的社會科學研究者儘管普遍採取進步的研究方法，也希望代表窮人寫出足以負起社會責任的研究報告，卻還是無法克制地複製了當代對義大利勞工階級移民充滿敵意的刻板印象：「這個地區到處可見違法犯行，還有許多低能的傢伙和蠢貨。」[28] 事實上，就連大家視為幫派研究先驅的學者佛雷德利．思拉舍，也曾在一九三〇年代用一副就事論事的語氣說，「根據觀察，此區所有男孩的智力水準都低於其年齡標準。」[29]現在我們已經蒐羅了許多觀察敏銳的自傳性陳述，透過這些當年的回憶，足以看出這種偏見對住在此區的義大利裔美國青少年造成了什麼樣的影響。

> 我們很快就明白所有「義大利的」就代表比較下等，擁有義大利背景的孩子因此和自己的父母之間開始出現隔閡。這是大家心照不宣的美國化過程。我們是透過以自己的父母為恥，來學習成為美國人。[30]

「入侵」埃巴里歐的波多黎各人

可預見的是，當來自農村的波多黎各移民於一九三〇及一九四〇年代開始進入這個地區，他們就跟一、兩個世代前的義大利人一樣不受歡迎。正如義大利人在一八〇〇年代晚期取代了愛爾蘭裔的鋪軌工人一樣，波多黎各人在一九〇〇年代中期取代了成衣工廠中的義大利人和猶太人，也同時成為身體及意識形態上的笑柄。李奧納德·伯恩斯坦一九五〇年代創作的經典音樂劇《西城故事》，透過一個青少年街頭幫派的故事，為大眾消費者描繪了當時存在於義大利人和波多黎各人之間的結構性對立。現在許多經典的新波多黎各自傳作品不太採取浪漫化的調性——例如皮里·湯瑪斯的《走在險惡街頭》和愛德華·李維拉的《家族系列》——其中都以生動的細節記載了剛來自波多黎各農村的十二、三歲移民，是如何對抗那些想捍衛自己舊地盤不被最新的深色皮膚移民搶走的義大利裔美國人。雷伊藥頭網絡中所有二十五歲到三十歲的成員都還清楚記得，自己被來自「威尼地」（Vinnie-land）的義大利幫派成員毆打過，「威尼地」說的就是第一大道跟歡樂大道這些東河畔最東邊的街區。凱薩的三十七歲表哥已搬出那區，後來到康乃狄克州郊區成了保險業務員，他如此對我描述了那段歷史的轉變期：

我還記得白人開始搬走的那段時間。我住在一一二街，我們以前一天到晚跟義大利人打架。那個年代大家都混幫派。附近有很多黑手黨成員——他們現在也還在那裡。我們以前常會在這邊的第一大道上跟義大利人打架（指向窗外）。我甚至記得我見過一個義大利人把人打死。就是，用球棒之類的。（槍聲）但不是用槍……可能是簡易改造槍吧。（更多槍聲）現在是用烏茲衝鋒槍了。

二次世界大戰後，街頭上不想讓「小義大利」蛻變為「埃巴里歐」的不僅限於青少年的幫派鬥爭。組織犯罪集團的當地成員也迫使當地房東必須限定自己的建築只讓白人入住。最東邊的角落尤其如此，也就是我住的以及雷伊經營快克站的那區。舉例來說，根據此地中年居民的說法，第一批波多黎各移民原本無法搬入我所住的那個街區，直到一九七〇年代初期，吉諾維斯犯罪家族的殺手喬伊·拉歐過世，局面才有了改變。就在我搬入此區沒多久，一名抱持成為中產階級夢想的房地產仲介向我抱怨，吉諾維斯家族中的某個二把手警告她得「想清楚該把房子租給誰」，只不過因為他看見有個中產階級的非裔美籍伴侶來她剛翻修好的公寓樓看房。

大家常記得的總是義大利人和波多黎各人之間的暴力衝突，但事實上，一九三〇年代，東哈林區最新族群演替的第一個環節，是向上流動猶太人的出逃，他們在當時離開了此地，前往更中產、同質性更高的白人地區。以下是猶太福祉委員會於一九三一年委託執行的報告書第一頁。

> 大批波多黎各人（其中有為數眾多的黑人）……湧入東哈林區，在猶太居民大量移往布朗克斯和布魯克林時，成為取而代之的關鍵要素。[31]

根據一九三〇年的人口普查資料，當時已零散入住幾個街區的非裔美國人占了此區人口的百分之十四，相較之下卻沒有引起太多不滿。[32]他們之所以能獲得包容或許是因為被限制住在幾個與外界隔離的建築及街區。或許是他們更深入參與了北美式種族主義建構的社交生活，導致行為上選擇更配合環境，或者是儘量低調。因此，一九二〇年代晚期的一名研究者語帶肯定地指出，黑人小孩和白人小孩間的隔閡之所以能被打破，是因為有一名當地的圖書館員「讀小黑人桑波之類的故事給他們聽」。[33]不過，之後不到二十年內，這個社區就經歷了三方參與的種族暴動：非裔美國人、義大利裔美國人，還有波多黎各人。一九四六年，此地區在《時代》雜誌上催生出一篇充滿惡意的社論：「（那個）地區叫東哈林區，是個毒害人又充滿犯罪的貧民窟，其中（居住了）一群群義大利人、波多黎各人、猶太人，和黑人。」[34]

不過普遍來說，真正激起主流社會最多反感的是那些新來的波多黎各移民。他們比所有其他人更窮。事實上，根據一九二九年的醫院研究，他們是真的在挨餓：「大多數波多黎各孩童都被檢查出營養不良的問題。」[35]他們的健康問題當然也表現在一些種族歧視的用語上。舉例來說，一九二〇到一九四〇年代，由於懷疑波多黎各移民可能讓整個紐約充滿肺結核和性病，公共衛生體系爆發出一波歇斯底里的恐慌氛圍。像是處理熱帶疾病的全國頂尖醫療人員就以「科學觀點」合理化了波多黎各移民在紐約的賤民狀態：

> 哥倫比亞大學研究熱帶疾病的專家黑文・愛默森博士說……所有波多黎各人[36]體內都帶有熱帶疾病、性病，以及各種看似輕微的「髒亂疾病」病菌。相對於紐約客，這類健康問題比較不讓波多黎各人困擾，因為他們已經有免疫力。這些病普遍在這些人之中發生，導致他們感染肺部疾病的機率也隨之增加。基於原本在波多黎各的生活條件，他們對於育兒也只擁有非常初步的概念。很多人沒見過乳牛，也不知道如何使用罐裝牛奶……義大利母親比較聰明，至少她們還知道可以用羊奶。[37]

再一次，就像一個世代前的義大利移民一樣，學院論述反映了當代的偏見。一九三一年，有位義大利裔美國人的第二代在碩士論文中將波多黎各人指稱為「間諜」，還表示他們正在「入侵」東哈林區。[38]另一篇於一九三〇年完成的碩士論文將波多黎各人描述為「帶來……低落的道德觀及生活水準」。[39]一九三五年由紐約州商會委託執行的一項研究宣稱，東哈林區的波多黎各人「天生能力上具有顯著且嚴重的劣勢」。他們的平均智商據說比本土出生的美國人低二十點五。研究者抱怨「很少能找到聰明或智力達平均值的波多黎各人」。[40]在缺乏學術及體制正當性的前提下，有本二戰後頗受歡迎的指南書以就事論事的語氣指出：

> 波多黎各人生來就不是要來當紐約人的。他們大多是粗鄙的農夫，天生就很容易染上熱帶疾病，身體無法適應北方的氣候，缺乏技能和教育，又不會說英語，在這樣一座由石頭及鋼鐵建造的城市中，幾乎不可能在融入且適應後變得健康又有用處。
>
> ……波多黎各人看起來都一樣，他們的名字聽起來都差不多，就算督察造訪擁擠公寓樓中塞滿人的屋子，也沒有人會說英文。
>
> ……許多波多黎各人才剛抵達碼頭或二級機場不到一個小時，就已經開始靠紓困（福利津貼）維生，不只如此，有些人甚至還在路途上就已經預訂好要領失業補助金了。[41]

貧窮與生態的年久失修

一八八〇年代以來，不管是哪個族群在東哈林區居於優勢，研究者和評論者幾乎一致譴責此地的集中貧窮，並對其進行批判。

東哈林區是這座城市中最糟的區域。這裡的男孩子沒興趣學習法律或紀律……貧窮和社會適應不良的狀況隨處可見。[42]

此區大概有一半居民可被歸類為貧窮，另一半是非常貧窮。[43]

實際上，這個地區不停被描述為是個「壅塞又骯髒」的地方，缺乏公部門的基礎建設。因此，一九四六年有位記者做出如此明確的批評：「所有服務設施……都已被使用到了極限……實在沒辦法照顧這麼大量的居民。」[44]一九三〇年的民族誌工作者對街頭的描寫可以輕易用在一八九〇年代，一如其同樣適用於一九九〇年代：

街上非常髒，像是西瓜皮、香蕉皮、碎玻璃、舊紙箱和廢紙之類的各種垃圾隨處可見……有間（玻璃破了的）店面空蕩蕩的。人行道、門前階梯，還是窗戶，沒有一個地方不是滿滿的人。[45]

東哈林區異常集中又隔離的貧窮，無論學術或藝術層面都在歷史上激發出許多語帶譴責的文獻或作品。或許是因為這個曼哈頓最貧窮的地區距離紐約市最富裕的住宅區很近，也可能是因為東哈林區就位於美國最強盛的藝廊和出版公司徒步可至的範圍。大部分研究此區的社會科學家都做了一定程度的「參與觀察」田野，主題也通常圍繞著貧窮的病理學。一九二〇和一九三〇年代，本章之前提到的那位影響力極大的犯罪學家思拉舍，就曾將他人生的最後十五年投注於研究義大利哈林區的青少年犯罪。透過他在紐約大學的研究單位，他贊助了數十位碩士及博士的論文，這些論文都是以他提出的「城市邊緣地區」（interstitial area）內的生態擴散概念為前提進行研究。他假定，犯罪及社會病理學的產生是以同心圓的模式從都會貧窮中心區域往外擴散。[46] 半個世紀之後看來，思拉舍的研究方法或許過於簡化或缺乏理論基礎，但在他那個年代，他的研究仍代表了批判社會達爾文及種族主義思想的一種進步觀點。

我曾在導言中討論過接下來針對貧窮所出現的一項理論，其中至少一部分就是基於埃巴里歐的田野所發展出來的。這個「貧窮文化理論」是由人類學家奧斯卡．路易士於一九六〇年代發展出來，一開始也是為了呼籲全國重視都會窮人所承受的苦難。不過，受限於當時稱霸美國人類學界的心理化約論（psychological-reductionism）的「文化及人格」（culture and personality）學派，路易士的理論出現了反效果。由於他聚焦於失能的貧窮家庭是如何將足以複製貧窮的心理特徵傳授給孩子，因此，他的研究內容常被詮釋成是在為當時支配美國的主流思想背書，也就是面對持續貧窮狀態時，那種保守又責怪受害者的個人主義心態。

相對來說，比起這些社會科學理論，受到此區啟發而出現的藝術、文學和多媒體作品更有辦法撐過時間的考驗。出身紐約的作家詹姆斯・艾吉曾將「深南方」在大蕭條時期的佃農生活寫成不朽的作品，後來又在二戰時期一路往北抵達埃巴里歐，跟著他前來的還有攝影師海倫・萊維特。他們創作了一部實驗性影片，片中呈現了大量孩童活力四射的街頭，直到現在，這部影片偶爾都還能在一些大型的博物館展覽中看到。若談到更有名的作品，埃巴里歐曾啟發班・伊・金創作出一九六一年的暢銷單曲〈在西語哈林區的玫瑰〉。[47] 最後也最重要的是，許多新波多黎各的文學創作都明確將場景設定在東哈林區街頭。這個文學運動持續有很高的產出，也獲得了國際世界的認可。事實上，這些創作已成為波多黎各僑民在面對貧窮及社會邊緣化時，一種代表尊嚴及文化抵抗的象徵。[48]

東哈林區最東邊的貧窮再集中現象

公共政策制定者和社會科學家並沒有參與這波針對東哈林區居民所進行的文學及藝術稱頌。相反地，正如在本章中不停提及的，從世紀之交一直到一九五〇年代，幾乎所有描寫此地的書寫紀錄都將生活條件寫得非常負面。諷刺的是，許多學術或為了政策制定而做的報告都明確指出，我所居住以及雷伊藥頭網絡運作的街區就是哈林區最貧窮、犯罪行為最多的地區。舉例來說，一九三五年的民族誌報告就曾指出，「愈靠近東河……衰敗的跡象就愈明顯。」[49]

據推測，正是這種超邊緣化（hypermarginalization）的現象促使一九五〇年代末期展開一項耗資數百萬美金的大型「都市更新」計畫，位置就在一九九〇年代初期「遊戲間」所坐落的這個微社區（microneighborhood）。就跟那時期典型的公部門貧窮政策一樣，這個計畫的結果就是直接摧毀數十個原本運作良好的勞工貧窮社區。儘管當地媒體有出現一些譴責聲浪，許多還住在這裡的義大利裔美國勞工階級終究流離失所，而兇手就是名為「清理貧民窟」的推土機。[50]然後，數千位貧窮的波多黎各人和非裔美國家庭被遷進新蓋好的磚造公宅高樓，導致那裡成為整個紐約市失根窮人最密集的據點與最混亂失序的基礎設施。

官方數據指出，一九九〇年代初期，東哈林區的四萬零一百六十二個家庭中，有一萬五千七百三十六個住在住房管理局的計畫公宅中。這個數字還不包括超出公宅原定容量百分之二十的非法住民，也不包括數千個仰賴不同形式住房補助（例如第八類房屋補助計畫）的家庭。正是這種居住集中卻族裔隔離的貧窮環境，才讓暴力又自我毀滅的街頭文化吞噬掉美國各處內城邊緣勞工社區的公共空間，也吞噬了其中許多脆弱的生命。[51]

一九五〇及一九六〇年代，就在都市更新的推土機實際執行經濟及種族隔離之際，有位絕望的社工在填寫慈善援助團體的檔案表格時，以不可思議的純真語調報告了義大利哈林區中的社群是如何戲劇化地遭遇了衰敗——而且正要逐漸變成埃巴里歐。

就連最低限度的基本生活需求都無法滿足……搶劫很常發生。水管、電熱器、馬桶和浴缸都

> 會被偷走，這讓還沒搬走的房客感到困擾……空蕩蕩的公寓和走廊滿滿都是垃圾。老鼠是嚴重的健康威脅。牠們占據那些被拆掉的建築，以倍數繁衍，然後在那些還沒被拆的建築裡壯大勢力。
>
> ……被遺棄的人聚在沒人住的公寓中喝酒或用藥，人們害怕進去，也害怕離開他們的家。沒有人在這裡能不陷入麻煩！就連天使也沒辦法！我特別為那些年幼的孩子難過——他們從來不知道住在一個像樣的社區是什麼感覺！[52]

透過歷史後見之明的優勢，這些真實性存疑的社工報告證實了那句老話：「表面上變得愈多，就愈能發現其中頑固不變之處。」（plus ça change plus ç>est la même chose）其實我還找到一份一九五六年由「社區服務協會」（Community Service Society）書寫的報告，其中描述了一棟部分有人居住的公寓樓遭火焰吞噬，而那棟樓就位於我一九九〇年住的那個街角：

> 八月的某一天，在X街和Y大道的街角，我們加入了一群正樂得起勁的工人，他們在欣賞一個幾乎燒了兩層樓高的火堆，這火堆正在把一棟房子的最後殘跡燒光……黑煙把旁邊一棟部分還有人住的住所牆壁都燻黑了，裡頭有個女人正驚恐地凝視這一切。
>
> ……隨著掉落磚塊撒下的塵灰覆蓋了一切。
>
> 我們開始意識到火中錯落著一扇扇彼此隔離的孤絕窗口——其中一扇窗裡有盒裝花或是窗簾

布，另一扇窗裡有張孩子的臉。[53]

時隔二十四年，我發現自己同樣驚恐地從我的破爛公寓樓窗戶望向「幾乎燒了兩層樓高的火堆，這火堆正在把一棟房子的最後殘跡燒光」，只是這次燒的公寓樓在我家公寓斜對角，也就是空地對面少數剩下的公寓樓之一。

從非法經營的飲料店到快克站

根據犯罪問題專家表示，從本書所分析的街頭藥頭的角度來看，東哈林區一直是「大紐約市數一數二的犯罪孳生地區之一」。[54] 原本在此定居的荷蘭人種植菸草，這是河谷出現的第一種經濟作物，而大量提供上癮物質也一直是當地居民的重要收入來源。思拉舍的學生在一九二〇年代後期透過碩士和博士論文梳理這區的街頭現象，他們譴責「到處出現的非法飲料店」氾濫。[55] 他們描繪的是一個骯髒又道德敗壞的社群，而且連自己邪惡的巢穴都控制不了。

> 老舊的磚造建築一排又一排，它們昏暗、沉悶、乏味，洗晾的衣物像一串串三角旗掛在防火逃生梯上，衣物看起來沒怎麼精挑細選；街道上滿是從推車上撒落的垃圾，人行道上有此區的繁忙市集在擺攤；水溝裡有一堆堆深色的「黏糊物質」，是非法產業興盛的沉默證據；正

在為暴食的美食家準備重油重鹹食物的廚房，也一邊丟出成堆的垃圾；牆上和人行道上到處都是用鉛筆和粉筆寫的淫穢句子；一樓的店面成了堆滿灰塵毫不吸引人的倉庫；無論是地下室的撞球間還是許多窗簾或百葉窗緊閉的「飲料店」，都暗示裡頭真正進行的是其他交易；人潮來來往往，但所有人在這骯髒擁擠的環境中其實也都無所事事。[56]

六十年後，「到處出現」的已不是非法飲料店，而是快克站和靶場。走在我住的街區，比起不小心踩到「一堆堆黏糊物質」（私釀烈酒的主要成分），我腳下更常踩扁的是塑膠快克小瓶，偶爾還會踩到皮下注射的針頭。

同樣地，雷伊透過藥頭網絡運作這個「微社區」內各種犯罪及惡行的諸多細節，打從世紀之交到現在始終沒有改變。舉例來說，雷伊最賺錢的快克站位在「藥房」街角的一間社交俱樂部內，這個街角一直是零售毒品的分銷中心。地獄門這個狹長區域內的圖書館因此處境艱難，我們從圖書館留下的種種檔案資料便能清楚看出端倪。這間圖書館剛好就在距離「藥房」街角一百碼的地方，我住在那一區的期間，圖書館的管理者正是此區「毒品打擊聯盟」（Drug Busters Coalition）的領導人。圖書館旁緊鄰著一棟屬於市政府的廢棄建築，裡面開了間靶場，而從圖書館青少年書區的唯一一扇窗戶正好可以清楚看見靶場，因此圖書館花了一年半時間試圖關閉這個靶場，最後卻沒有成功。既然無法施壓讓政府當局關閉靶場，「毒品打擊聯盟」跟可口可樂公司達成一項公關協議，可口可樂公司表示願意提供費用拆除這間靶場所在的公寓樓，並在原址蓋一座兒童公園。然而這項私部門與社區的合作案始終沒有實現。

一九三〇年代，在當地圖書館前大搖大擺騷擾來客的不是靜脈注射古柯鹼的狂熱者、快克毒蟲或海洛因上癮者，而是酒鬼。事實上，那棟在一九九〇年代早期成為靶場的廢棄公寓樓，在一九二〇年代晚期似乎曾是間非法經營的酒吧：

> 到了冬天，我們幾乎得每天找清潔工來把醉漢從圖書館拖出去。早上，我們會看見人行道上到處躺著喝醉的人，警察會來把他們全裝上大貨車載走。圖書館正後方的那間屋子……被警察突襲查抄後一整年都鎖著。[57]

隨著歷史持續演進而來的非法飲料店、妓院、快克站還有靶場，如果不會深刻影響大部分試圖在此區過著「健康生活」的居民，本來可以單純視為無關緊要的偶發事件。然而，此處存在的緊張關係仍然來自地獄門圖書館跟周遭臨近街區彼此抱持敵意的結果。圖書館員對他們的工作環境感到憤怒，也無法信任走進圖書館的人。因此，在我剛搬過來沒多久，還會幻想此區擁有運作良好的公部門時，我帶了十一歲的鄰居安哲爾去那間分館，為他辦了一張圖書證，並向他介紹這項「可以免費獲得書本的奇蹟」。我們不只沒有成功，還在過程中遭受一名充滿敵意的圖書館員羞辱。我想我在那個當下不但像個「嗑藥毒蟲」，還想藉由操弄一名無辜孩童的形象來執行我的偷書計畫。現在回頭看來，我才意識到，他們或許覺得我是個正在獵捕受害者的戀童癖。

無所不在的海洛因和古柯鹼

在這個社區由物質濫用驅動地下經濟的悠久傳統中，海洛因和古柯鹼一直是對日常生活品質破壞力最強的物質。一九二〇及一九三〇年代，當美國聯邦政府將毒品入罪的新政策開始對經濟帶來全面性影響時，思拉舍的學生就已驚訝於此街區販賣嗎啡和古柯鹼所能帶來的驚人收益。四十年後，一名臥底的緝毒警探出版了一本二流暢銷書《歡樂大道人際圈》，其中談的正是這個主題。[58]

每隔一陣子，美國的公眾輿論就會充斥一波波對用藥氾濫感到憂心的論述。[59]「藥房」這個街角常會出現在那一陣子氾濫的攝影報導中，而這些文章總是不可避免地伴隨著幾乎週期性反覆出現的全國性毒品恐慌。舉例來說，這樣的情況就曾發生在一九九〇年。[60]一九五一年，由紐約市福利委員會委託執行的一份社工報告描寫了緊鄰「藥房」街角的眾多街區，而報告的標題就是〈毒品對紐約孩童的威脅：一項根除邪惡的計畫〉(The Menace of Narcotics to the Children of New York: A Plan to Eradicate the Evil)。報告中引用了一位年輕中學生的話，這位年輕人口中的一一〇街是個「男人排隊等待注射……(而且)幾乎都快要發瘋」的地方。[61]

三十九年後，在一九九〇年十月十九日，雷伊的客戶因為在同一個街角做同樣的事，而上了紐約市某份最具規模八卦小報的頭版，[62]只不過這次他們是為了注射毒品「速球」，正在把雷伊的古柯鹼和海洛因混在一起。

一縷鮮血噴入滴管，快速與海洛因溶液混合。他擠壓滴管，將血液推進自己的靜脈……等他結束後，其他人也開始同樣的死亡之舞……這些上癮者在一一〇街和萊辛頓大道的街角買快克和海洛因（還有粉末古柯鹼）——這是紐約市內最繁忙的管制藥品交易區——然後躲進……空地注射。

四十年來，許多中學生抱怨過這些東哈林街區隨處可見的用藥亂象：「『總是有人在把針頭插入手臂，』六年級生卡里瑪．薩佩說，『他們根本不管附近有誰。』」[63]情況在一九九〇年變得很糟，一一一街上的中學老師用黑色卡紙蓋住教室窗戶，以免學生看見外面市政府的空地上，有雷伊的客戶正在注射「速球」。這些老師要學生用白色粉筆在黑漆漆的窗戶上畫出假的天空。

地下經濟中的黑幫遺緒

如同我已經說過的，在雷伊和他手下成長工作的街區，顯而易見的物質濫用隨著歷史持續演進，但若不是其產生的深刻效應反覆影響了新一代野心勃勃又活力四射的年輕人，並讓他們透過社交活動投入街頭交易及物質濫用的人生中的話，本來也只是一個不那麼重要的巧合。不過同樣地，這份一九五一年的社工報告內容在一九九一年看來似乎沒有任何改變：

有個男孩是這樣說的：「大家都在這麼做。你幾乎不可能跟沒有上癮的人做朋友。就算你不想買那些東西，總會有人已經準備好要送你。根本不可能不碰，因為別人幾乎是直接塞進你手裡。如果他們打算逮捕有在用的人，他們幾乎得逮捕所有人。」[64]

同樣的情況也可以說明思拉舍在一九三〇年初期的見解，他指出此地區的「犯罪傳統」在年輕人當中觸發了「一個惡性循環」：

東哈林區的地下犯罪組織和行動……宣傳並鼓勵青少年墮落，之後進一步導致更多犯罪行為的發生。

當地居民都能輕易說出那些混得很成功的幫派分子及黑市交易者的名字，在街頭上的少年和青少年社群，以及由男孩及年輕男子組成的幫派和俱樂部中，這些人通常也會被視為聖人般的存在。[65]

思拉舍的學生對義大利孩童在看了當地電影院播放的犯罪電影後出現的不當反應感到憂心。換句話說，反抗的街頭文化在一九二〇年代晚期就已經獲得了稱頌：

在觀賞許多不同電影時，當地的社工和巡警都有觀察到，這些義大利孩童的反應有一項典型特徵。只要看見壞人成功，又或者是任何「警察」或代表「法律」的執行者失敗，他們就會熱情鼓掌。[66]

有個物質條件上的邏輯可以解釋，為何東哈林區源自犯罪的反抗性街頭文化在歷史上始終那麼有吸引力。最先將此區地下經濟足以巨量獲利的潛能建立起完整體系的是義大利黑手黨，他們將這個社區改造成可以買到各種藥、找到各種黑市門路的方便「超市」。早在一八九三年，《紐約時報》就曾用頭版譴責義大利哈林區的組織犯罪現象：「紐約黑手黨的規矩……無論對方是真的犯錯或遭到陷害，暗殺都是最受歡迎的處罰方案。」[67]

過去一個世紀以來，組織性犯罪影響了這個街區日常生活的各種面向，重新定義出有利於犯罪及暴力的各種「常識」。一九四〇年代的記者在處理當地警察腐敗議題時的態度也只是在陳述顯而易見的事實。[68]思拉舍有位學生曾在禁酒令時期（Prohibition）因為天真而遭到一位惱羞成怒的警官訓斥：「妳難道不知道警察的薪水高到根本不屑回答妳的這種問題嗎？」[69]一九四六年，《紐約先驅論壇報》有篇文章談到在東哈林區街頭取得武器有多容易，內容同樣跟一九九〇年代報紙上的文章差不多，其中寫道：「有各種武器，從……衝鋒槍到警方表示可以發射點二二口徑子彈、而且有足夠殺傷力的自製橡皮筋手槍。」[70]思拉舍的學生以一九九〇年代的埃巴里歐居民非常熟悉的方式，記錄了每天幾乎都會發生、如例行公事般的謀殺事件。確實，將以下兩段田野報告的片段並列來看會顯得很有趣。第一段田野筆記寫於一九二〇年代末期，第二段則是由我在一九九〇年所寫：

有個男人坐在門外的椅子上。他指向二三四（號建築）然後說，「兩個男人在這裡被殺了。被搶了。星期天晚上。裡頭有人在打牌。那些人沒搶到錢。跑了。」地面滿是門窗碎掉的玻璃。[71]

（一九九〇年六月）在社交俱樂部快克站外面等雷伊等得很無聊，普里莫的表哥路易斯開始聊起在這個街區的童年回憶。「就在那裡，就在那邊的牆上（用手指），俱樂部裡沒有，但朝向大道的那邊外面有。對，就在水族館旁邊那道牆上。我見過噴在上面的腦漿。」

整個街區的牆面上有許多「紀念」死去友人的噴漆塗鴉，這些塗鴉將戲劇化的公開暗殺正常化。在我家公寓那個街角附近的一棟廢棄建築上有「一幅」兩層樓高的塗鴉，內容是宣傳著名黑幫暗殺組織「謀殺公司」（Murder Inc.）的廣告，據稱那個組織在一九七〇年代和一九八〇年代初期就是以此為根據地發展。

整個一九八〇年代，在東哈林區成長的青少年，幾乎沒有人不認識傳統上掌控這一區的吉諾維斯犯罪家族——那可是在紐約市經營組織性黑市交易的五大西西里「家族」之一。更確切地說，當地居民可以明確指出是哪些人在公開誇耀自己透過暴力犯罪獲得經濟上的成功。巧合的是，曾是吉諾維斯家族老大的「胖東尼」．薩勒諾，以前有個住處和「遊戲間」及我家公寓坐落在同一個街區。我的妻子比我先發現這件事，她當時正向一個朋友抱怨我們街區水果店的農產品總是爛掉了。在一串氣勢驚人的狂笑聲後，朋友勸她別再去那裡買了，因為那些賣爛水果的人其實是「胖東尼的手下」。他們是在監管胖東尼用來經營賭博下注站的財庫。[72]就在我搬進這個街區的三天前，也就是一九八五年二月二十五日，胖東尼被抓了，而這批人帶著兩百萬現金衝到法庭去將他保釋出來。我在這區住了幾年後，已在監獄中服刑的七十八歲「胖東尼」原本一百七十年的刑期上又加了五年。[73]

儘管最後的人生都要在監獄中度過了，胖東尼的組織仍持續在我家周遭的街區營運著幾個重要據點，其中大多是老派的白人限定社交俱樂部。最重要的一間位於加爾默聖母堂對面，我兒子就是在那間聖母堂內受洗的。知名記者傑拉多．李維拉在熱門時段的電視節目上報導了這個地點，有些二十幾歲的年輕人在人行道邊站崗，而李維拉就在俱樂部前跳上跳下，對著在教堂前雙排停車的黑色豪華禮車指指點點，還將麥克風捅到那些滿身刺青又一臉陰沉的義大利裔美國人面前。再遠一點的另一個街區有間拉歐餐廳（Rao's），那是紐約在一九八〇年代最時髦的餐廳之一。餐廳的老闆名叫文斯，這個八十歲的傢伙是喬伊．拉歐的兄弟，而喬伊就是之前提到曾在一九七〇年代早期要求房東尊重種族隔離潛規則的那個人。[74]他的餐廳訂位都要等上三個月——應該是為了確保沒有ＦＢＩ探員混在其中，假裝成想在黑幫氛圍中享受真正義大利食物的都會雅痞。

我的義大利裔美國保姆算是我的「線人」，她說餐廳樓上的幾層樓都是吉諾維斯家族派系高階成員的正式聚會場所。那棟建築物上半部的窗戶都被用波浪金屬板蓋住，好營造出一種半廢棄的氣息。

出於害怕被殺的恐懼，我始終沒有試圖探聽在我家的鄰近街區中，這個傳統組織犯罪集團殘存的成員現況。我本來就已經很謹慎，後來發生的事件更堅定了我的決心，當地有位房屋仲介——這人的名字也叫作威尼——他在一間銀行的大廳遭到刺殺，而且就在我申請入住他負責的某間公寓樓的兩天後。為了明確放出某個組織犯罪集團遭到制裁的消息，殺手們緩慢走出銀行，把威尼塞滿百元美鈔的公文包留在他染血的肚子上。我後來決定只跟雷伊的手下互動。事實上，我甚至沒有嘗試去向威尼的祕書要求退還申請費，以免她臆測我造訪威尼辦公室的舉動跟隨後發生的謀殺事件不只是巧合。

在我家那個街區，他們拿來當作據點的農產品店隔壁有家外帶的中餐館，我偶爾會在這間餐館遇見某位胖東尼忠誠的街頭二把手。儘管他總是對我非常友善——顯然他很高興在這個街區看見新的白人面孔——我始終不敢問他為何有時會在街角的付費電話亭打電話？為何旁邊還會有兩個人帶著軍隊配發的移動通訊設備背包和對講機？我也沒敢問他，有個戴著牛仔帽、身穿成套橘粉皮衣裝束的非裔美國年輕人，他有一台紫紅色捷豹車，每次他監督從後車廂下貨到農產品店地下室的幾十包「熟石灰」時，袋子裡真正裝的是什麼？

據說吉諾維斯家族特別懂得處理工會鬥爭問題，像是調解了紐約市木匠協會和美國木匠與工匠聯合會之間的不合，但我住在東哈林區的期間，他們在此地的影響力弱到散發著一股可悲的氣息，偶爾甚至顯得可笑。[75]那感覺就彷彿他們抗拒向上流動與族群地位上升的邏輯，當紐約另外的四大家族早已利用了那樣的邏輯在地下世界運作時，他們卻仍在抗拒面對現實。相對於紐約市的其他黑幫教父，任何人都可以感覺到，大家對以東哈林區為主要據點的吉諾維斯家族特別缺乏敬意。根據FBI的資料指出，紐約遠近馳名的黑手黨委員會頭號教父保羅・卡斯特蘭諾跟另外四名黑幫家族領袖一起遭到逮捕時，他因為看到胖東尼穿的實在太難看了而忍不住爆笑出聲。[76]針對吉諾維斯家族最極致的羞辱就發生於我住在此區的期間，胖東尼有間兼作下注營運站財庫的水果攤，水果攤樓上的工作室遭小偷了。我們的義大利裔美國保姆顯然大受打擊。「我說啊，『現在是怎樣？中世紀的黑暗時代嗎？』我說啊，『不可能有這種事吧！』」就連在一九六〇年代種族暴動最激烈的時候，也沒人敢動在胖東尼地盤上做生意的義大利人，「當時大家至少對我們還有點敬意。」

有位當地的房地產仲介以為我有興趣在東哈林區買公寓，她向我坦承，自從胖東尼在一九八〇年代晚期遭到起訴之後，街頭的小型犯罪就增加了。不過她向我保證，這個問題只要裝個鐵門就能解決——她幾年前從胖東尼手中買下一棟建築，當時她就是這麼做的。她也指出，聯邦政府針對恐嚇取財起訴他們，這件事壓低了當地房地產市場的價格，因為胖東尼和他的同夥為了支付律師費，倉促就把手上的公寓樓給賣了。房地產仲介還向我保證，自從這個幫派沒落之後：

現在把公寓租給黑人房客已經不會招致太激烈的反對。在一九八五年那個時候，你只能尊重當時的情勢——如果你懂我意思的話。現在他們已經不那麼緊盯著這一區了。

再一次，就好的方面來說，她向我解釋了胖東尼在市政府還是有點「政治影響力」，足以確保第二大道以東的街區不會充滿廢棄私人公寓樓翻修的社會住宅，也就是市政府在一九八〇年代晚期和一九九〇年代初期為了安置流浪家庭而資助的社會福利計畫。

快克和古柯鹼的自由市場

街頭黑幫霸權開始沒落之際，地下經濟也進入了重整的階段，一九八〇年代中期，古柯鹼和快克取代了海洛因，成為無庸置疑最賺錢的產品。快克和古柯鹼的經濟交易之所以在一九八〇年代末期及一九九〇年代初期如此活絡，主要是因為聯邦政府當時的毒品政策將打擊走私犯罪視為最優先的要務。大約是在一九八〇年代初期到中期的某個時間點，為了因應美國邊境節節升高的「搜查及扣押」措施，在拉丁美洲供貨線上工作的大麻進口商放棄了運送大麻，改成走私古柯鹼。因暗中運輸古柯鹼畢竟容易多了，因為跟大麻同樣價格的古柯鹼所占的實際體積比大麻小很多。因此，在聯邦政府加強查緝毒品的力道之後，美國各個內城開始充斥著高純度且價格特別低廉的古柯鹼。根據美國緝毒局的資料顯示，古柯鹼每公斤的價格在一九八〇年代跌了五倍，從八萬美金跌到一萬五千美金。[77]

在歷史上很長一段時間，哥倫比亞人組織的犯罪同業聯盟曾獨占了古柯鹼的製造及運輸，他們對於一九八〇年代初期的新市場機會反應非常積極，暴力地奪下這個傳統上由義大利黑手黨把持且專攻海洛因的買賣網絡。哥倫比亞人直接利用了美國夢中不可或缺的創業渴望。競爭激烈市場的魔力催生出了一種更能獲利的新商品——快克，而正如導論所提，它不過就是古柯鹼混合小蘇打後淬鍊出的產物。不過正是因為混入了小蘇打，古柯鹼中影響精神的藥物成分能透過燃燒吸食的過程釋放出來。另一方面，粉末古柯鹼只能用鼻子嗅吸或直接注射，相對於肌肉骨骼系統或鼻孔內的靜脈，肺部微血管的吸收力好太多了。因此，快克能將古柯鹼影響大腦精神行為的效益及速度提升到極致。此外，在吸食後的幾分鐘內，快克使用者就會渴望再來一回的極度興奮兩分半快感。嗅吸粉末古柯鹼時那種持續時間較長但幽微的快感無法滿足他們。這讓快克成為一種具有完美操作空間的消費商品。儘管每一劑的單價不高，所有窮人都能入手，但只要手頭有錢，幾乎無休止地吸食一次所花費的金額也相當可觀。這種透過混合古柯鹼及小蘇打所帶來的技術及行銷突破，讓許多本來就躍躍欲試的家庭式創業者如同猛虎出閘，迫切地想要建立起這種高獲利、高風險的快克零售事業。因此，一九八五年後半，「遊戲間」這個本來在賣五分美金小袋裝大麻的糖果店，就這樣升級成大量供應十美金瓶裝快克的電動遊戲場。

東哈林區的地下經濟擁有漫長的族群變遷史，而快克和古柯鹼揭開了下一階段的序幕。像雷伊手下這樣新的、充滿活力的交易網絡，填補了義大利黑幫向上流動之後留下的空缺，也接手了他們原本操作笨拙的古柯鹼—快克買賣。就連地獄門狹長區域中曾受到義大利黑幫自豪且暴力統治的最東側兩個街區，後來也都有新發跡的波多黎各、非裔美籍還有多明尼加的創業主，開始慢慢嘗試控制人行道上的快克銷售點。

這些老派黑幫在此地的勢力不如以往，但仍明確示範了犯罪及暴力能帶來的好處，並藉此為東哈林區的制度及意識形態造成強而有力的影響。當然，這種氛圍也受到了主流社會週期性的強化——當時的華爾街及銀行世界不停地發生各種金融醜聞。凱薩一定也接收到了這些訊息，並將這類想法實踐在遊戲間的把風工作當中。

凱薩：你唯一能在這世界活下去的方法就是靠關係，又或者靠著跟不乾淨的人有關係。你一定要跟那些蠢義大利佬（Eye-talians*）一樣賺髒錢。

就算不玩髒的，你還是得去幹那些白領幹的骯髒事。你們白人就是髒。你們都已經那麼有錢了，但還是縱容、亂搞那些交易。

就像是他們在新聞上說的那些（儲蓄和貸款）銀行……像是薩爾瓦多（Silverado）的那件鳥事，那傢伙——那些納稅者得因此付出幾十億美金欸。

為什麼那些人都可以不用負責？我想不透的就是這個。

* 譯註：Eye-talian是對義大利人的貶低式蔑稱。

3

快克站管理學：癮頭、紀律，和尊嚴
Crackhouse Management: Addiction, Discipline, and Dignity

見鬼的沒錯，擁有遊戲間讓我感覺好極了。那些日子所有人都在找我、所有人都需要我。我不管開車去哪裡，都有人來幫我開門，還主動要幫我洗車。就連年紀小到根本不知道什麼是毒品的孩子都崇拜我。

——菲立克斯

跟其他高風險的私人部門零售事業相比，販賣快克的物流其實沒有太大不同。不過販賣大量又便宜的商品本質上就是件無聊差事，若想成功就需要誠實又有紀律的員工。本質上來說，這類生意普遍會遇上必須處理勞資對抗、內部人士彼此忌妒，又或者員工階層之間的敵對……種種傳統管理學上的問題。唯一不同的是無所不在的危險、高利潤率，和藥癮的絕望調性，才讓快克交易不致淪為過度乏味的例行公事。我住處旁的「遊戲間」這些年來的運作細節，為這樣的互動提供了一個很好的例子。

與快克一起生活

雷伊不是創立「遊戲間」的人。真正把這座兩百五十平方英尺的電玩場建立成快克站的其實是他的童年好友，也是普里莫的表哥，菲立克斯。菲立克斯經營的手法不夠縝密；他太享受在街頭作威作福的感覺，所以沒僱用經理（或至少某個工作助理）來進行面對面的藥品交易，他和警方之間也因此少了應有的緩衝。在他開店經營的第一年，除了「烹調」快克的加工過程之外，他反而採取了傳統的父權風格，將所有快克站的細節全交給妻子糖糖管理。菲立克斯在遊戲間時大部分的精力都花在與上癮女性——尤其是十來歲少女——培養性關係。

在一九八五年末快客大流行的初期，普里莫是菲立克斯最穩定的常客之一。當時的他丟掉了在排版鋪的文書人員工作，和妻子分手，

快克站「遊戲間」。（攝影：Phillippe Bourgois）

就連撫養兩歲半兒子的表面功夫也不做了。他回到五十歲母親住的十九樓公宅，在那裡和三個姊妹中的一個擠一間房間。他母親為了貼補福利津貼不夠的部分，整天在客廳替一個非法的成衣外包商縫衣服，普里莫則成天為了他吸食快克的習慣到處奔忙、搶劫。

之後那些年，在他的朋友、員工，甚至是顧客面前，普里莫還是很享受地回憶自己是快克上癮者的那段絕望歲月：

普里莫：我活在只有吸快克這個習慣的世界裡。其他什麼我都他媽的不在乎。讓我跟你說吧，某次我打算幹個任務（狂吸快克）。我想好好爽一回（眼神對上他那位上癮的把風手下凱薩）。

凱薩：（從他靠近門口的位置轉過身來）對啦對啦。你唯一需要擔心的就是**握柄**（*stem*，指玻璃製的快克菸斗）裡起霧。

普里莫：有一次我跟我的好兄弟還有他女友在一起。我們看見一個墨西哥人睡在我阿姨那棟樓的大廳地板上，大概是喝醉了吧。他看起來像是有工作的人，可能吧，因為遊民不會有金戒指。

一看到他，我就說，「**你知道幾點嗎？**」（*Tu times la hora*）他一看時間（望向手腕上的錶），我就抓住他的後頸，把我的007（刀子）[1]往他背上頂（從後面緊緊勒住我的脖子），我捅他的背——就是這裡（放開我，然後指了指我的尾椎附近）。我真的頂得很**用力！**（咧嘴笑，眼神對上女友瑪麗亞的眼神）。

凱薩：那些墨西哥人真的會喝得誇張醉。所有人都會愛搶他們。他們太好搶了，因為幾乎都沒個合法身分。

普里莫：我說：「**不准動啊幹他媽的傢伙不然我就把你像烤豬一樣叉下去**。」（*No te mueva cabron 0 te voy a picar como un pernil*）（我們都咯咯笑出聲。）

對啦對啦，就像**慢烤豬肉**（*pernil*）——豬肩肉……你想把所有香料塞進去時，都會往豬肩肉上戳一堆洞。

凱薩：大家都把墨西哥人當笑話。當時就是個新的犯罪風潮。墨西哥人被紐約的犯罪活動搞慘了。那時亂搞墨西哥人是個最新的流行。

普里莫：那個墨西哥人嚇壞了。他看起來想逃，但他愈想逃，我就愈不放手，刀子也更用力頂著他。

我的007可大把了。我也沒在跟他鬧，我是認真的。如果他真的想要逃，我真的會捅進去，我會像這樣嗤嚓嗤嚓（一邊往前慢動作扭動手腕做出捅刀的動作，一邊擺出痛苦扭曲的表情）。

我知道我之後會後悔，但當時我只盯著他手上的金戒指。（咯咯笑）

我把這個墨西哥人壓倒在地上，用力戳他，我好兄弟的女人開始搜他身。

我說，「有什麼都拿走，老兄！什麼都拿！」

她找到他的鍊子。我說，「Yo，把那個渾球天殺的戒指也拿走。」

他的語氣就像這樣：（模仿尖細的哀求聲）「噢不！**拜託**！（*Por favor*）**拜託**！」

那一定是他很寶貝的戒指，應該吧。他說，「其他什麼都可以拿走，但別拿戒指。」我說，「去他媽的說什麼屁話，你這好傢伙身上的錢根本不夠。（像工地的領班一樣粗聲粗氣地大吼）把天殺的戒指從他手指上拔下來！」

她拔下戒指後，我們就溜了。我們把戒指賣掉，然後丟下她自己去爽了。

凱薩：沒錯沒錯，你當時吸到像是上天堂。

普里莫：我們把她丟在公園，她一分錢也沒分到。

凱薩：吸得有夠爽。

普里莫：她幫了忙卻什麼也沒分到——被我們耍了。

凱薩：（因為想像吸快克而顯得疲憊不堪）我唯一想吸得那麼嗨的原因，就是因為我喜歡。第一波的爽總是最讚了。就像波樂洋芋片。你不可能只吃一片。你需要更多，因為就是太讚了。

那會影響你的腦。很強烈。一旦爽了第一波，之後就會是整晚的瘋狂之旅。那玩意兒你就是會想要更多。

普里莫：他媽的冷靜一點凱薩！為什麼你老是要打斷我跟菲利佩講話？

在快克吸最兇的那段期間，普里莫的人生出現了戲劇化的轉折，因為菲立克斯失控的「大男子氣概」，普里莫有了一個薪水很好的全新工作機會。

> 菲立克斯在紐澤西的旅館跟某個女人廝混。當時他們是在二樓，然後糖糖——他的老婆——發現之後跑去找他。
>
> 菲立克斯從二樓的樓梯平台跳下來時弄殘／摔爛了腳，無法工作。[2]
>
> 隔天菲立克斯問我能不能幫他。從那天開始，我就一直在這裡工作。

腳踝痊癒後，菲立克斯仍希望普里莫繼續負責日常銷售的經理工作，好讓他能花更多時間在街上遊蕩。他很常來遊戲間展示他的「獵豔成果」——通常是對快克上癮的年輕女性。菲立克斯的失序行徑讓普里莫得以繼續擁有這份工作，也為他提供了穩定的生活和自我價值，最終讓他在十二個月的固定吸食後踢開了快克這個壞習慣。

但普里莫想走回正途的夢想差點泡湯了，當時菲立克斯的妻子糖糖已有了六個月身孕，她在發現菲立克斯跟自己的妹妹搞在一起後，朝他的肚子開槍作為懲罰。菲立克斯因此住院治療，等他恢復出院後，又因為跟這次槍擊事件無關的非法持有武器被送到「上州」監獄服二到四年的刑期。糖糖立刻將遊戲間的權利以三千美金賣給雷伊，當時雷伊才剛服完在上州的四年刑期，罪名是致命武器傷害罪，在此之前，他還曾因為被圍困在海洛因毒窩的屋頂上時開槍還擊，被罰了一萬四千美金。

重新組織遊戲間的管理工作

經過一、兩週的緊張談判，過程中普里莫還短暫因為焦慮回頭大嗑了一頓快客，雷伊把普里莫留下來繼續擔任遊戲間的經理，讓他負責下午四點到午夜的晚班。雷伊接手後把每小瓶快克的價格降到五美金，好讓他們在面對遊戲間對面公宅那兩個新的青少年團隊時更有競爭力，他們會在特價之夜把每小瓶的價格降到三美金，甚至兩美金。普里莫的薪水是按件抽成，每賣出一小瓶五美金的快克能抽一美金。幾星期前，普里莫曾被人拿霰彈槍抵著，因此跟雷伊要到了僱用把風手下或助理的權利，只要他用自己抽成的薪資來付對方薪水即可。不過雷伊針對非消費者的訪客設下了非常嚴格的規範，為的是減少快克站前方階梯上的人潮和噪音。

事實證明，雷伊管理勞資關係的能力非常傑出。這些年來，我目睹他系統化地從手下問題百出的員工身上榨出愈來愈高的淨利率。身為一個一九七〇年代初期的幫派領袖，他在埃巴里歐長大，知道如何嚴格管教他的勞工，但又不至於打破此地文化中必須「互相尊重」的規則。他完全知道何時該靠暴力手段定出界線，何時又該把對方當成朋友，並在完全不暴露弱點的前提下適度退讓，理解對方的難處。

為了確保手下這些通常上癮又暴力的員工能效忠自己，雷伊在操弄親屬關係網絡上特別有一套。他的大部分員工都跟他有血緣關係，不然就是他的姻親，又或者是透過擬親屬的關係加入親屬網絡。比如他就要求普里莫成為他其中一個兒子的教父，藉此建立一種**宗教親屬**（*compadre*）的關係。這種**宗教上的關聯**（*compadrazgo*）的建立是波多黎各文化中非常有力的傳統，它讓人們彼此間的團結及義務神聖化。諷刺的是，幾世代之前，在波多黎各的鄉村山區，當地地主大概也是透過操弄同樣這種家父長式的教父體制，來逼迫雷伊和普里莫祖父及曾祖父那兩代欠債累累的日薪勞工。[3]而在更現代的脈絡中，雷伊也從當代街頭文化中的親族協議中獲利，這些協議迫使女人必須在生命週期中不停跟不同男人建立家庭。因此，他的兒時朋友和他的員工路易斯之間也透過和同一個女人生過孩子，而鞏固了一種類親族的關係。

就在他接手遊戲間的前幾週，雷伊厲害的商人頭腦——精確地說是他壓低售價及提升貨物品質的做法——讓他的生意蓬勃發展起來。遊戲間因此輕易地贏過了在四扇門距離外的那間雜貨店前面賣的劣質粉末古柯鹼，也贏過了對街公宅樓梯間那夥青少年幫派兜售的廉價快克。不過，雷伊在拿下這個據點後立刻遇上了別的危機，當時為了打擊在公立學校操場的毒品交易，警方進行了一波搜捕行動，好幾間由多明尼加人運作的海洛因商號因此被迫遷來這個街區。突然之間，我們的人行道上擠滿了五、六個四人團隊，每個團隊包括兩個把風者、一個進行交易的「投藥手」，還有一名送貨人。在經過幾波情勢緊繃的對峙之後，雷伊對這些多明尼哥的管理者施壓，他們於是願意尊重他的空間，將交易地點移到大道的另一邊。

在幾個月之內，雷伊就將遊戲間的獲利拿去投資開了另外兩個新據點：其中一間相對來說比較短命，位置在一間危樓的二樓公寓，當時這棟危樓正由紐約市資助翻修，準備成為政府補貼的公宅；另外一間就是在「藥房」街角的那間社交俱樂部，也就是在地獄門郵局附近。據點擴張初期，普里莫因為在雷伊剛萌芽的快克站網絡中擁有明顯特權地位而感到飄飄然：

> 我是固定成員中第一個開始跟這傢伙（雷伊）一起工作的人。我正在存錢，而且沒有嗑藥——只是偶爾喝點啤酒。我以前會跟雷伊一起混。當時他還沒有車。以前他都用走的，我都會陪他。我們每天晚上都混在一起。
>
> 我們兩人都會帶一捲捲鈔票（knot）回家，每個人都能留下幾百美金。隔天我會帶零錢去上班——就是大概三、四十美金——我會把那些錢放在口袋裡，好在工作的時候花。

雷伊的組織正在壯大，身為正式創始成員的普里莫因此有資格獲得一些福利，那些福利也算是快克藥頭的一部分報酬——像是保釋金或律師費、特別假日時的額外獎金（聖誕節、復活節和父親節）、定期必須給兒子的禮物，還有偶爾可以去果園海灘、柯尼島或遠洛克威鎮享用的龍蝦晚餐。相對來說，替普里莫把風的手下在組織中的等級階層就比較低。在合法的經濟體系中，大概不可能有任何工作場所能讓普里莫務實地追求成為經理的夢想，也不可能讓他在被僱用的第一年就成為擁有特權地位的員工。住在這個街區的最後一段時間，我常要求普里莫回想並描述我在遊戲間認識他的這五年來，他所僱用的六位員工是什樣的人。

普里莫：（坐在遊戲間前方一輛車的引擎蓋上）第一個替我工作的人是威利。我常會在一天結束後請他吃點食物，給他個幾塊錢。

在他之後是小彼得——我以前一週給他一百五十美金。不多不少就是一五〇，還附送免費啤酒，大概就是這樣。小彼得之後是班奇，因為小彼得很快就被雷伊提拔到（「藥房」那個街角的）俱樂部工作了。

我以前每天付班奇錢。我以前會給他三十五或四十美金，要是那天晚上生意好，我還可能給到五十——這不常發生——但我對班奇比其他人好。所以過一陣子之後，我就讓班奇跟我對分。我和他啊，以前我們什麼都會分給彼此。

我後來只僱用凱薩，是因為班奇跟雷伊之間出了問題。在此之前，凱薩只會來兼差，因為他總是表現得很蠢。他以前還會吃班奇的醋！但我告訴凱薩，「你沒辦法責怪快克，因為你自己就是個毒蟲，你一團糟。」

要付他錢總是讓我頭痛。真不知道該拿那個黑鬼怎麼辦（不耐煩地對站在門口的凱薩揮手）。他一直在幹蠢事。我得跟他談談。

菲利普：你聽起來就像個老闆，而且還是個天殺的狠角色。你開口閉口都在抱怨員工的態度問題。

普里莫：不，菲利佩。我才不像老闆。我不發牢騷。我從來沒有好好建立我的威信。就連我找十三歲的朱尼爾來幫忙——就是那個，菲立克斯的兒子——叫他去做事，他也會對我說，「好了好了，可以閉嘴了。」

大家唯一徹底服從我權威的時候，就是我真正發火的時候，但我不想為了指使人而去指使人。因為我要為這裡負責，我得儘量讓這裡的情況不至於太失控。如果有什麼不對勁，雷伊就會找到我頭上。

他們所有人（厭惡地再次朝凱薩揮揮手）以前都會想要喧賓奪主。

（響亮的槍聲）Yo！冷靜點菲利佩。你為何這麼**疑神疑鬼**（*petro*）？

總之……我讓班奇來工作之後，他老是擺出一副他才是老大的模樣。就好像因為他在賣藥，他就覺得自己有了權力，所以就覺得可以diss（不尊重*）所有顧客。他以前會dish（diss的口誤）一些好人，尤其是所有男人。

他不尊敬他們的樣子就像……就像他們只是小孩——就像他們什麼都不是。而這些人，他們也沒怎樣，就是一般人，也不找麻煩，你懂吧。我以前很多次都要他「天殺的像樣一點」。我得跟他說「我認識這傢伙，拜託你好好跟他說話。**要尊敬他**（*Respétalo*），大哥！」。但他就是不照規矩來。他把別人當屎對待。所以我讓凱薩回來做，但**也一樣**（*también*），他也覺得他才是老大。

* 譯註：作者解釋為不尊重，但也可視情境翻為「羞辱地罵」。

菲利普：凱薩不是比班奇還糟嗎？

普里莫：多（bohf，偶爾發音較為懶散的both）很糟。但凱薩更糟，因為他誰都不當一回事。我甚至不再信任他了。

確實，我還能清楚記得班奇對著顧客趾高氣昂地不停大喊，「這樣就對了，我的老大！來吧！繼續害死你自己；錢給我就好；吸死吧你；讓我發大財。」當然話說回來，普里莫對顧客也不是多彬彬有禮。他偶爾也會跟同事一起揶揄許多街頭毒蟲在吸了幾個月的快克後，根本就變成一具具行走的屍體。在遊戲間，這些話通常伴隨著露骨的種族和性別歧視：

凱薩：菲利佩，你真該看看剛才那兩個下流又幹他媽的*moyo*（黑人，帶有種族歧視意味）。那是個*moreno*（非裔美國人）[4] 和他的女人。

普里莫：（笑）那個女的走出門時滑倒了。

凱薩：那個女的一定摔慘了，她跌倒後臉先著地啊。

普里莫：我看到她跛腳了……

凱薩：一定傷得很慘，老天，她撞到我們插在那邊水泥的那個金屬東西。

她跛腳走的，真的跛得很慘。但那個好傢伙完全沒管他的女人跌倒；他就這樣走了耶。

（或許是注意到了我的沉默，他突然一臉正直地搖搖頭）這樣不對啊，老天。

普里莫：（忽視我並開始嘲笑凱薩正直的模樣）不是啊，天啊，他真是飢渴死了！
凱薩：沒錯！沒錯！他就是一副「管她去死，我要去吸啦」。（幸福地咧嘴笑，深吸了一大口氣，然後轉過來面向著我）我才不在乎你怎麼想，菲利佩，*morenos*比波多黎各人更亂來、也更邪惡。因為她跌倒時我還說了句，「噢，該死，妳還好嗎？」
但她的男人，他就是一副……他從她身上跳過去，直接在她面前走出去了。

抑制藥物上癮及轉化暴力能量

普里莫和凱薩的友情很緊密，但也很複雜。凱薩只要喝醉就會情緒失控，而且變得有攻擊性，只要他開始狂吸快克——幾乎每次領到薪水就會來一次——最後就會淪落到去向身邊所有人借錢，或直接偷他們的錢。儘管如此，在我住在這個街區的最後三年，凱薩和普里莫仍舊形影不離。在所有普里莫僱來為快克站把風的助理當中，凱薩待得最久。

有時我以為普里莫之所以容忍凱薩差到不行的工作紀律，是因為他同情凱薩有藥癮。普里莫一開始被菲立克斯僱來遊戲間賣快克時，因此獲得了足以戒掉快克的支持性環境，而他似乎也在對凱薩做一樣的事。但又有些時候，我懷疑普里莫找來的所有外包員工——威利、班奇、小彼得和凱薩——之所以都是快克上癮者，是因為普里莫可以不用付他們太高的薪水，而且這種人通常也更難離開這樣的工作環境。他常會在輪班結束後用實物支付（小瓶裝快克）來取代現金報酬。

當然，普里莫的世界中大多數人都在吸快克，所以他的選擇也不多。少數的時候，普里莫會意識到自己透過藥癮在操控員工，正如他自己也是依賴著雷伊才有穩定的現金收入可買粉末古柯鹼和酒。

普里莫：今晚真的賣不太動。我們賣的爛貨太沒勁了。我自己只賺到三十美金，還得分一半給凱薩。

但既然賣得這麼爛，我們就不分錢了，乾脆一起花掉。

而且，就是，我們之前已經跟雷伊借錢了，還得一點一點還。

彷彿為了進一步說明他的意思，普里莫幾乎沒放慢腳步，瞬間就伸手把一張十美金鈔票遞給路邊一位形容枯槁的古柯鹼賣家，對方剛好站在我們行進的路上。然後他把一根裝有白粉的半英寸長小瓶收入口袋。凱薩走在我們兩人前面，他沒聽見普里莫悄聲對我說：

普里莫：凱薩沒認真在算錢。我可以耍他。根本沒有五五分這種事。

儘管常和凱薩一起喝烈酒還有嗅吸古柯鹼，普里莫還是真心試著想讓他的朋友兼員工戒掉快克，畢竟大量吸快克的人更難控制，也更會出現毀滅性的行為。這些年來，他實驗過好幾種不同的方法希望能讓凱薩的生活重回正軌，期望他成為更有紀律的員工。

> 凱薩老是把自己搞得一團糟。他每天晚上都要我付他薪水，但拿了錢又失控跑去吸。然後又會來求我給他更多錢。我會說，「你是蠢嗎？我已經付錢給你了。別這樣惡搞我。你瘋了嗎？小鬼？別再來跟我拿錢。該給的酬勞我早他媽的給了。」然後到了隔天，他就不會來上班，不然就是遲到。所以之後我就不每天付他錢了。我以前會在雷伊付我錢時給他薪水，就是一星期一次。
>
> 但那樣也沒用，（停下來，對著裝滿粉末古柯鹼的一美金對折紙鈔用力一吸）我真的對他這樣搞很厭煩。所以有一天，我付他錢時，我說，「如果你又去把自己搞得一團糟，明天又沒來上班，我就不會跟你一起工作了，我真的受夠你了。」
>
> 這之後沒多久，我僱用了班奇，班奇當時還是我的一個顧客。

大概一年前，普里莫因為一模一樣的原因解僱了他的朋友威利——威利的暱稱是「O. D.」，因為他不管吸什麼都會過量（overdose）。根據普里莫的說法，O.D.的癮頭更令人難以接受，因為他會在工作的時候吸。威利在父親的壓力下加入軍隊，而他之所以有辦法從軍，是因為他是雷伊藥頭網絡中唯一有高中學歷的人——他在下城的一間菁英私立高中透過「矯正歧視少數族裔優惠行動計畫」（affirmative action program）*僥倖拿到了學歷，但那間學校之後就破產了。他後來接受了坦克駕駛的訓練，一九九一年一月，他剛好放假在東哈林區狂吸快克，因此逃過了去打波灣戰爭的命運，並就此延長了自己狂吸快克的行程，直接逃兵。

儘管普里莫成天都在抱怨，但相對於會吸食過量的威利，或老在街頭自以為老大的班奇，凱薩在把風上的工作表現算是很傑出了。在支配街頭的恐怖文化中，他選擇用來表現個人暴力能耐的邏輯，就是用自身難以預測何時會爆發的怒氣來威嚇別人。凱薩在遊戲間當班時，唯一曾在這個營業空間表現出不敬的，是個忌妒又嗑嗨了天使塵的年輕人。他後來被人抬出去時頭骨都被打裂了。我無法忘記自己在逃離現場後，遊戲間的門在我身後關上，然後聽見棒球棍直接敲在那個態度冒犯的男人額頭上時，令人作嘔的砰砰聲響。普里莫後來私下向我坦承，在凱薩揮了三下之後，他得制止凱薩別再繼續把無意識躺在地上的男人打死。凱薩很愛對我和其他當時有聽見事發經過的人重提這件往事。這對確保營業場所的安全是很好的公關宣傳。[5]

凱薩：那黑鬼一直說一堆屁話，說我們很娘砲。還說他幹他媽的控制這個街區，還說：（雙手插在臀部，頭前後搖晃，模仿一個受溺愛的孩子在奚落別人的樣子）「我想怎樣就能怎樣。」我們本來想冷靜處理，但他開始說一堆有的沒的，還說要去跟警察舉報我們（drop a dime on us）。我就是那時抓起了球棒——我看了看普里莫放在小精靈遊戲機後面的短斧頭，然後說，「不，我想要短小扎實的武器，這種武器只需要揮一小段距離，就能把這幹他媽的傢伙揍到屎都飛出來。」
（對著遊戲間門外大吼）你能控制這個街區個屁，我們可是把你幹翻了。哈！哈！哈！
（重新轉頭面向我）菲利佩你當時跑出門是對的。畢竟最重要的是，菲利佩，這世界就是適者生存，不然至少也要戴個安全帽才能生存，因為我當時已經要失控啦。
現在我得想辦法讓雷伊把那台林肯車借我。

凱薩無法控制潛藏怒氣的特質也帶來了另一個好處，他這輩子每個月都會收到社會安全保險支票，而根據他的說法，他就是因為偶爾會嘗試自殺，才會每隔一段時間就重新「被認證是個瘋子」。

根據雷伊的判斷，凱薩因為太容易失控而不值得信任，所以從未獲得雷伊手下藥頭網絡的正式僱用。在僱用人這件事上，雷伊比普里莫謹慎多了。他只有極少數的時候才會為藥癮嚴重或過度暴力的人破例。凱薩非常明確地意識到雷伊不接受他，但還是一直立志想要正式加入這個組織。

凱薩：雷伊不會直接付我錢，我的工作是普里莫轉包給我的。如果我進了監獄，是普里莫要負責，但雷伊也會照顧我。為了保險起見，他也喜歡把我留在身邊。他想讓我慢慢加入這個

＊ 譯註：是一種透過優惠措施扶助弱勢族群的計畫。

組織。

而且我沒有因為任何重罪被逮捕過。在為雷伊工作的人當中，我的（犯罪）紀錄最乾淨。如果我被逮了，他知道我不會像班奇一樣為了保釋金惡搞他。我會直接上法院，我不會舉報他。

取代凱薩來把風的班奇也是個快克上癮者，但跟凱薩不一樣的地方是，他把普里莫當成榜樣，而且也將藥頭的職位當作階段性跳板，利用不那麼有害的粉末古柯鹼和偶爾搭配使用的海洛因，借力使力地克服了快克的癮頭。他和普里莫的關係因此不那麼受到階層的限制，普里莫很快就把他提拔為合夥人。班奇這個案例特別有意思的一點是，當普里莫提議要他來做把風的工作時，班奇其實有個合法的正職工作，那時他在曼哈頓中城一間男性專屬的俱樂部擔任工友的助手。但唯有當他完全深入街頭文化的地下經濟，並在其中成為一個有權力的角色——一名藥頭——他才有辦法停止使用快克。換句話說，班奇在合法工作階段開始使用快克，但一直到辭去合法工作，開始擔任全職的快克藥頭之後，他才有辦法真正擺脫吸食快克的習慣。街頭賣藥這個新職位附帶的責任迫使他振作起來。

普里莫：我把凱薩解僱之後就自己一個人工作，直到這傢伙（指向班奇）開始用某種方式暗示他想來這裡工作，而我也喜歡他。（又停下來吸了一下）

所以我開始問他，「你想在這裡工作？」因為我也想輕鬆一點。（他把鑰匙插進十美金裝的玻

璃紙袋，用鑰匙尖端沾了一下海洛因來吸，然後再遞給班奇）

班奇：（嗅吸）當時我跟我老爸在一間遊艇俱樂部幹合法的工作，我是工友。我以前會在下班之後來這裡（遊戲間）。

普里莫僱用我之後，我有了兩份工作。

你知道我幾點要起床去遊艇俱樂部嗎？早上五點！因為我得七點到——而且一秒都不能晚！我從早上七點到下午三點半在遊艇俱樂部，然後四點就到遊戲間（嗅吸海洛因）。

普里莫：所以我跟他說，「一天三十美金，一星期六天。因為我星期天不工作。」他說，「好啊好啊，這樣很好。」所以他就待下來了。

在那之後過了一段時間。我覺得他很不錯——他沒吸那麼多。我以前會帶他去（社交）俱樂部，請他喝百加德蘭姆酒也請他吃飯，我們也會一起吸。（停止講話將一小瓶要價一美金的古柯鹼倒出、壓碎）

所以有一次，我告訴他，「去啊，去接待客人。」之後又過了一陣子（嗅吸古柯鹼），我告訴他，「我們不管賣出多少，賺的錢每天對分。這樣你就能多賺一點。」

因為那段日子我賺的可多了。（頭往後仰用力嗅吸）我以前一個晚上工作八小時，就能賺到兩百、兩百五、三百，或甚至四百美金。一個晚上最少也會有兩百到兩百五。

班奇：對啊，我們當時真是**很賺**啊！天哪！我們倆一晚就多（bohf）能賺上兩百多。

普里莫：我們以前真是大賺現金啊，老天。這鬼東西（指向堆在小精靈機器後方的快克小瓶）

以前真是大熱銷啊。

我真是天殺的白癡。我應該買些什麼，這樣我的錢就還在這裡。但班奇開始跟我一起工作後，我們就是成天狂歡。我的錢就此成為歷史。花錢如流水啊，老天。我把錢花在（用彷彿饒舌的節奏說話）旅館、古柯鹼和烈酒。錢來得快也去得快。我以前遇到誰都請客——班奇、凱薩、O.D.——真的是所有人。我只是想交朋友。我們每天都是去旅館狂歡。旅館很花錢啊，老天。

那段日子沒常跟菲利佩你一起混實在太可惜了。我們一定會很喜歡有你一起。（「速球」會有一波波海洛因跟古柯鹼交替帶來的快感，古柯鹼的藥效突然起來的時候他會立刻親暱抓住我的手臂）如果當時你也在，我們可能會更酷一點。因為你這人不惹麻煩。以前我們可是房間裡的什麼都砸爛。

我成天擺出個硬漢的樣子，想成為明星老大，（吸一下，然後望向班奇的雙眼）因為我們大賺現金而且我們真的過得很爽啊。（和班奇擊掌後兩人一起爆出響亮的笑聲）

最低工資的快克藥頭

我後來終於解開了謎團，得知為何大多數街頭快克藥頭幾乎總是身無分文，他們就跟在合法經濟中快速向上流動的人差不多，我意識到這些人之所以做出各種慷慨又不知節制的舉動，其實也是崇尚個人主義並渴望向人炫耀的侷限性消費行為。這種將大量意外之財不知節制地以炫富手法花掉的傾向，在盲目崇拜物質財貨及服務的經濟體系中相當普遍。將輕鬆賺來的錢以過度消費的手法快速花掉，其實是北美常見的典型現象，快克藥頭展現出的只是比較滑稽的版本。他們就算想在合法經濟中有建設性地花錢，選項也實在有限，而這又導致他們揮霍浪費的情況更加惡化。

快克藥頭跟主流經濟之間的關係有個更複雜的面向，是他們和合法勞動市場的互動模式。第四章將會以這種充滿敵意的複雜關係為基礎，針對此議題進行系統化的討論。不過我在這裡會先進行簡短的探討，指出快克藥頭和合法經濟之間的緊張關係是如何影響了遊戲間的日常運作，因為快克經濟的吸引力不只侷限於簡單的金錢邏輯。

街頭藥頭常會向外人及自己人吹噓自己每晚賺了多少錢。但其實他們的收入幾乎從來沒有像他們說的那麼高。大部分的街頭賣藥者都是按件抽成，像普里莫就是。換句話說，他們能實際拿到的收入取決於他們賣了多少。若換算成時薪，這樣的金額相對來說顯得相當微薄。根據我的計算，舉例來說，雷伊員工的平均薪資比法定基本薪資的兩倍稍少——大概介於一小時七到八美金之間。不過在銷售狀況特別好的晚上，他們可賺到基本工資的十倍——而他們會記得、緬懷的就是這些夜晚。他們會忘記所有因為警察突襲搜索而無法工作的排班，當然也不會把入獄時間算作損失的工時。

我花了好幾年才意識到賣快克的收入有多不穩定，實際上又有多微薄，而且是某天晚上普里莫和凱薩替遊戲間打烊時，我才在象徵層面上真正意識到了這件事。當時凱薩轉開了電箱中的保險絲，將所有電玩機器斷電，普里莫則已經把剩下的快克小瓶捆包塞進平常有通電的插座後方挖空的凹槽，正在點數當晚收到的那疊厚厚鈔票。我非常震驚地發現，他分出來整齊折好、塞進自己錢包的那疊鈔票真的很薄。普里莫和凱薩迫不及待地拉下遊戲間窗戶上的防暴柵欄，啪一聲鎖好沉重的耶魯牌掛鎖。他們的動作流暢、急促，姿態就像老實辛苦工作了一天後正準備回家的工人。我一邊讚嘆於所有勞工趕著在下班時間回家的身體語言多麼具有普世性，一邊忍不住想確認這種另類經濟造成的薪資差異。我從普里莫的屁股口袋掏出皮夾，小心避開前方口袋中較為肥厚的那疊鈔票，那些可是今晚收入中屬於雷伊的那一份——要是這些錢給人扒走了，普里莫很可能會沒命。沒料到的是，我從皮夾中只抽出了十五美金的食物券和兩張二十美金的鈔票。在一陣尷尬的咯

凱薩在遊戲間裡秀現金還有3包快克給我看。(攝影：Susan Meiselas)

咯笑之後，普里莫結巴地開口，大意是說他母親把他納入了請領食物券的親屬名單中，現在每個月會把他這個人頭的三十美金食物券給他自己花。

> 普里莫：我把一半給了女友瑪麗亞。我說，「欸，拿著，如果需要的話就拿去用。」然後另一半就收在皮夾裡，以備不時之需。
> 就是這樣啦，為了生存，我們總會想辦法這裡搞幾美金、那裡搞幾美金。因為今晚，每個人都付現金，結果卻垃圾透了。只有四十美金！你敢相信嗎？

這樣的薪資收入即便在快克經濟中都算是偏低，工作條件跟合法經濟相比也通常比較差。除了可能遭槍擊或去坐牢這類顯而易見的風險，大多數快克站實際的工作空間通常也不是很讓人愉快。舉例來說，遊戲間的基礎設施比任何東哈林區的合法零售企業差太多了：沒有廁所、沒有自來水、沒有電話、冬天沒有暖氣，到了夏天也沒冷氣。普里莫偶爾也會抱怨。

> 普里莫：你在這裡看見的一切（對著充滿刮痕及凹痕的電玩機台、油漆剝落的牆面、滿是垃圾且可能害人滑倒的地板，還有用破爛電影海報貼起來的窗戶揮舞雙臂）都是一團糟。真的爛透了，老天（手指著房間中央，那裡有個從裸露裝置垂下的四十瓦特紅色燈泡，這顆沒燈罩的燈泡發出了蒼白微光）。

確實，這裡除了電玩機台之外，所謂的裝潢就只有幾只髒兮兮的牛奶箱和幾張鋁製折凳。更糟的是，空氣裡總是瀰漫著尿液和嘔吐物的氣味。有幾個月，普里莫曾經想辦法讓一組基本的音響系統維持運作，但最後還是在凱薩某次喝醉酒的暴怒中被打成爛泥。同樣的事也發生在一台沙沙作響的黑白電視身上，那台電視是普里莫是用一小瓶五美金的快克跟一個顧客買來的。當然，基礎建設不足只是快克藥頭工作環境令人沮喪的一部分。

普里莫：而且我不喜歡看到人們過得一團糟（把三只小瓶遞給一名正緊張來回踱步的顧客）。這就是份亂七八糟的爛差事。我不喜歡賣快克。說真的。

（遠方傳來槍聲）聽見了嗎？

那班奇為什麼興奮地放棄了那份工友的工作，跑來在這種條件下跟普里莫一起工作？

班奇：我是因為跟你混在一起才丟了工作（手指普里莫，鼻子嗅吸入更多古柯鹼）。一開始就算我們整晚瘋狂派對（broke night），隔天我還是會去上班。我表現得很自然，去上班時一副什麼都沒發生過的樣子。所有人——包括我的老闆、我的主管——都沒說什麼，因為我就是個工友，我什麼都得做。

真的什麼都得做！不管什麼事都得處理！你得把旅館裡的一切問題搞定。他們打電話來抱怨，你就得去搞定，無論是什麼問題。

你也知道的，就像是廁所在漏呀——不管漏的是什麼都得處理。還有水管啊——所有那類鳥事——你都得去處理。

我有參加工會，該有的都有，因為只要你參加了紐約遊艇俱樂部工會，工會的那些有的沒的你都有——我是指，就是，所有那些福利。

那是個高檔的地方！我看過柯屈市長在那裡吃飯！對我還看見那個叫什麼名字……那個，新聞上那個人！老天，我真的看過很多名人在那吃飯。

那是那種該死的會員制的地方。你得是一艘大遊艇或不知什麼鬼的遊艇會員！那些人都是有遊艇的傢伙。他們有錢！那裡到處都放了一堆遊艇模型。只有白人會在那裡吃飯，我在那裡見過一大堆白人。

我跟白人之間一直沒什麼問題。反正總是：（鞠躬並裝出上流口音）「您都還好嗎？」（再次深深鞠躬，但這次停下來嗅吸了一口）「早安。」他們其實人都不錯。

我一直在那裡工作，幹了好長一段時間。大概一年又幾個月吧。我可以賺四張大鈔（四百美金）！只要工作五天就有！

（繼續清醒地說）現在，說說我怎麼丟掉這份工作的吧。我從沒忘記過那天。那天是我、你（指向普里莫）、糖糖和芙蘿拉，我們待在糖糖家，我們瘋了整晚。

就某方面來說，是我自己的錯。我跟芙蘿拉搞上了。一直到早上還跟她膩在一起。我沒去上班。我搞砸了。我快克**吸得很嗨**，隔天也沒打電話去請假之類的。我就是跟芙蘿拉待在一起。

最後，班奇將他男子氣概的街頭文化認同推到了合乎邏輯的結論。他無法容忍雷伊的權威地位，開始偷他的錢，後來因為跟快克無關的偷車事件被抓了，儘管雷伊用兩千五百美金把他保釋出來，他也沒去出庭。「在里克斯島上」坐了短短的牢，班奇繞了一大圈後回到原處，他找了一份勉強高過最低薪資的工作，在一間健身房的健康料理餐廳擔任「食材助理」——再一次，他在眾多有權有勢白人的包圍下成為一名下級職員。他想辦法限制自己只在週末時攝取酒精及古柯鹼混海洛因。他很愛到遊戲間找普里莫說教，對他大談找到合法工作有多值得驕傲。在寒冷的夜晚，遊戲間打烊後，我們通常會躲到公宅樓梯間，普里莫和班奇會在那裡吸「速球」，然後我們會一路喝麥芽酒喝到天亮。我把我們的對話錄了下來。[6]

班奇：最棒的方法就是過合法的日子。你要活下去，要想辦法賺錢，還要讓所有人愛你（打開一袋十美金的海洛因，再遞一夸脫麥芽酒過來要我自己開）。
我也希望你能這樣，普里莫。我已經這樣過一年了，普里莫。看看這個，很屌，（遞出一個小小的塑膠物件）看看這代表什麼。一年，這是個領帶扣，用來搭配領帶的一個扣件。不過是因為我做滿一年才有，有這樣一個意義。你知道我為什麼要在這種地方做滿一年嗎？（吸了吸海洛因）因為我已經試過天殺的古柯了；（指著普里莫正用折著的紙鈔壓成可嗅吸粉末的古柯鹼）我也試過該死的快克；我試過大麻；我試過幹他媽的每一種藥。我總是惹上一堆麻煩。但現在我終於得到我要的了——我的**自我價值**（*capacidad*）——我終於到了不會鬧事的階段了，（再次指向古柯鹼）我受夠了一天到晚吸快克的生活。（手臂揮向樓梯間滿地的小瓶）我認真的，老兄。就像現在，（停下來吸古柯鹼）我沒有上癮！幹！看我的臉，（把臉用力塞到離我不到一英寸的地方，拿走了麥芽酒瓶）我臉很圓。要是上癮的話臉一定會瘦到像鬼一樣。（從一包海洛因中動作精細地嗅吸，用的是普里莫的沾取工具）。

突然之間，大概是「速球」裡的古柯鹼帶來一波亢奮感受，在他腦中激化出特別具有攻擊性的反應，班奇因此態度防備地提起了剛進入合法經濟體系時，要確保他人願意尊敬自己的困難之處。

班奇：你永遠不准不尊敬我，也不准 dish（diss 的誤用，看不起之意）我！

普里莫：（態度安撫）你是個有在工作的黑鬼，我尊敬你現在的樣子。（轉向我）我尊敬他。

班奇：（沒被安撫到）我不想要別人尊敬我。我想要尊敬我自己。

我尊敬我自己，老兄。（他用兩隻食指戳自己胸口）我變了。我不一樣了。我愛我自己。我沒打算吹噓之類的，你懂吧。（豪飲一大口麥芽酒）

普里莫：（向我擺出一切沒問題的樣子）他就是偶爾會爆發一下，菲利佩。班奇只是現在感覺太爽了，他覺得一切太美好了。

班奇：（稍微冷靜後把酒瓶遞給我）老天，我天殺的一小時賺八美金。我是食材助手。我是主廚助理。我一小時賺八美金。我一星期賺將近三百美金。好吧，他們幾乎要扣掉一百美金，你知道的，就是稅金之類的……我實拿，大概，兩百七十五——大概就那樣啦。等你之後改邪歸正，就會知道我跟你說的是實話。扣掉稅之後——他們會從我的錢裡扣掉大概九十、八十美金吧。我實拿的大概就是兩百七十五美金。

普里莫：（對於得以一探合法勞工階級的操煩感到得意洋洋）那是因為你只有一個人要養。我之前一直都有三個人要養。

班奇：但Yo，我愛我自己。我對自己感到驕傲。你知道嗎？是誰真正天殺的以我為傲，而且還愛我嗎？天哪？我的老爸啊，天哪。他現在真是愛我愛的要死要活。我老爸這輩子都是勞工。他從P.R.（波多黎各）來的時候只有二十一歲。現在他五十三歲了。他這輩子都是服務生。

普里莫：（低聲說）老天！我可不想做那種會讓你做上一輩子的工作。老天！我可不想為了小費工作。我想用我要的方式工作。

（突然改變話題）我們再去買啤酒吧。

特別是在我住在那區的最後幾年，普里莫私下向我承認，他其實想回到合法經濟體系中工作。

普里莫：我受夠賺這裡的錢了。我寧願去幹合法工作。
菲利普：但那樣你就不會是這個街區的老大，也不會有那麼多女友。
普里莫：我可能現在就有女人可以幹，但要是我有合法工作會酷很多。有合法工作的話我就不會一直喝酒，也不會每晚抽古柯。
而且就算做合法工作也會有女人可以幹，因為我會有錢。
菲利普：但你在這裡賺比較多，合法工作永遠不可能賺這麼多。
普里莫：對。所以我就是想要錢，但又不是真的想做這份工作。
我真的很討厭這樣，老天。討厭！我討厭這些人！我討厭這個環境！我討厭一切鳥事，天哪！但感覺就像被困住了。你會去做，然後說，「哎，今天就算了吧！」然後隔天又去賺一樣的錢。（指著一位剛走進門的憔悴顧客）
但我無法真心、真心指望自己有一天能變得更有錢。我沒辦法這麼說。我心裡會想，但其實只是過一天算一天。
我現在的工作不合法，我沒辦法很常出去玩，也沒辦法請你喝這個（指向我手上那瓶十六盎司的小馬四五牌（Colt 45）麥芽酒）。換成那樣一份工作，你也知道，我的環境會變……而且是徹底改變。因為我會交上不同朋友。一下班我就會跟同事去吃午餐，或吃晚餐。下班後我可能會回家。我會厭倦出去瞎混——因為知道我明天還得工作。只要能有個合法工作，我一定會過得很好。

在第四章討論快克藥頭及合法市場的關係中，我們會進一步討論其中的細節，不過就普里莫的案例來說，儘管他立意良善，卻無法透過任何方式實踐，因為他唯一擁有競爭力的合法工作無法提供他足以生活的薪資。這裡的快克藥頭都沒有明確地意識到，他們在合法經濟中的有限選擇、他們的藥癮，還有他們仰賴快克經濟確保自己擁有經濟生存能力及個人尊嚴之間，其實存在著各種連結。儘管如此，普里莫的所有同事和員工都透過不同故事表示，他們認為低階合法工作的環境實在難以忍受。舉例來說，班奇的案例就說明了在拒絕合法工作、成為快克上癮者，並且成為藥頭的這段過程中，各種有關尊嚴的主觀觀念是如何於其中扮演了複雜的角色。另一個把風手下威利在獲得普里莫的僱用前也有過合法勞動市場的工作經驗，而他在那段時間的身心變化軌跡，說明了驅動一名年輕人進入快克世界尋求庇護的各種力量。矛盾的是，當威利拒絕了合法勞動市場中殘酷的工作環境時，他選擇擁抱的其他選擇更為暴力，因為那是一份會讓鄰居及整個社區陷入毀滅的工作。

我這輩子沒拿過超過六美金的時薪。最高的就是上一份工作，當時是在ASPCA（美國愛護動物協會），我必須要連續工作一星期才有兩百三十美金——然後還得繳稅。

我還記得第一天上班。我打扮得很不錯，去了那裡，和一個很好看的女孩一起工作，然後我想，我要來好好跟這小妞聊一聊。然後他們拉出一台推車，裡面裝滿剛剛安樂死的動物。我戴著橡膠手套站在那裡，你能想像吧？但我想往後退，你懂吧？因為我沒辦法。我喜歡動物……你懂的，我樓上養了三隻吉娃娃。

不過那邊的老闆知道會有這種問題，所以他們多僱了幾個人——他們總是這樣。他們當時就要其中一個不用來了。然後老闆說，「你和她，處理這個。」我照做了。

但我看著一隻死掉的動物時，我覺得我要吐了。我穿著排扣襯衫、西裝褲，然後在這個像大垃圾場的房間裡戴著橡膠手套幹這份工作，推著裝滿洗衣推車的死狗、死貓、死幼犬、死幼貓，這些安樂死之後都要被倒進垃圾車。

我沒辦法一直幹下去。

所以有一天他們把我叫進辦公室，告訴我，「你不適合這份工作。」我就這樣被開除了。

遊戲間的勞資衝突

普里莫在合法工作市場擁有的選項不比他任何一位手下更多，但同樣坐在遊戲間前的階梯上時，你其實看不太出來他的弱勢處境——跟那些對快克上癮的顧客和員工相比之下更是如此。他的外表和舉止都像一名有權有勢的老闆。不過說到底，隨著雷伊事業版圖的逐步擴展，普里莫在雷伊藥頭網絡中相對擁有的自主性及重要性也逐漸遭到侵蝕。位於「藥房」街角的社交俱樂部是個位置絕佳的零售據點，因此比遊戲間更賺錢。雷伊讓兩人輪班管理社交俱樂部，確保除了週六以外的每天都能營業十六個小時。或許也因為他個人特別喜歡這個據點——畢竟他是在那棟樓中長大的——他投資翻修了俱樂部的硬體設施。很快地，社交俱樂部就有了撞球桌、厲害的音響系統、偶爾可以正常運作的沖水馬桶、冷氣，甚至還有暖氣。雷伊還在那裡設了個下班時間開張的吧檯，提供啤酒和百加德蘭姆酒。招待高檔顧客和靜脈注射古柯鹼的硬性藥物使用者時，除了奉送要價五分錢的快克之外，他還會以二十美金的價格提供相對沒有混料的半公克古柯鹼。

由於雷伊的藥頭網絡逐漸擴張，經營手段也變得多元化，他在管理勞工關係時也擁有了更大的操控空間。他開始借力使力地要求普里莫提升遊戲間的紀律及利潤。這開啟了普里莫及雷伊之間很長一段時間的權力遊戲及對峙。雷伊的第一個行動是收回了普里莫聘用助手的權力。他開始自己決定和普里莫一起銷售同時負責把風的副手。面對雷伊試圖侵犯自己在營運上的自主性，普里莫表示反抗不從。他不想從經理被降級成資深銷售員。

到了最後，普里莫還是在掌控職場自主性的對峙中敗下陣來，他的「經理」身分也變得愈來愈曖昧不明，到了我住在那個街區的最後兩年，普里莫已經失去了想像中遊戲間的所有控制權。雷伊甚至把他按件抽成的金額從每小瓶一美金降到七十五美分，不過他確實也推出了額外的激勵措施，表示如果一晚賣出超過七捆包（一百七十五小瓶）的快克，每小瓶的抽成就能提高至一美金七十五美分。雷伊宣稱是普里莫迫使他必須做出改變，因為他怠工、曠職，而且無法有效遏阻遊戲間的暴力及噪音。有十個月的時間，普里莫被徹底邊緣化，雷伊僱用了另一位資深銷售員東尼負責四分之三的輪值時間，限制普里莫每週只能工作兩個晚上。

薪資調降、工時縮減，還失去了管理據點的自主性，普里莫喝酒和物質濫用的情況愈演愈烈。他變成更不準時也更不守紀律的員工，還曾因為遭到暫時停工兩星期而多次挑釁雷伊，要雷伊乾脆解僱他算了。供需法則是造就這個問題的部分原因。這個街區在公宅樓梯間內的激烈競爭已讓每小瓶三美金的快克降到了兩美金，兩個街區外的快克街角又出現了好幾間商號組成的集團，他們把每小瓶五美金的價格砍到三美金，同時還提升了產品的品質。

為了確保市占率，雷伊決定最後一搏，將遊戲間這個據點的功能加以升級。他把營運地點移到遊戲間的樓上，那地方剛清空，之前是三位擁有證照的醫生透過美國聯邦醫療補助營運的藥丸店。這個舉動短暫提升了他手下員工的士氣，但銷售量並無顯著提升。就跟合法零售企業中擔心被裁員的焦慮員工一樣，他們會揣測生意下滑的原因，也會針對老闆的經營策略提出各種空泛的批評，還為此爭論。某天晚班結束後，普里莫和凱薩來我公寓的客廳閒聊，我錄下了一段特別散發焦慮氛圍的對話。兩星期前，遊戲間因為警察的密集搜索行動被迫關閉，而就在重新開張當晚，雷伊帶來的居然是品質較差的貨。（之前以公斤為單位提供古柯鹼給他的多明尼加批發商被抓了，他的新人脈提供的是較劣質的古柯鹼。）

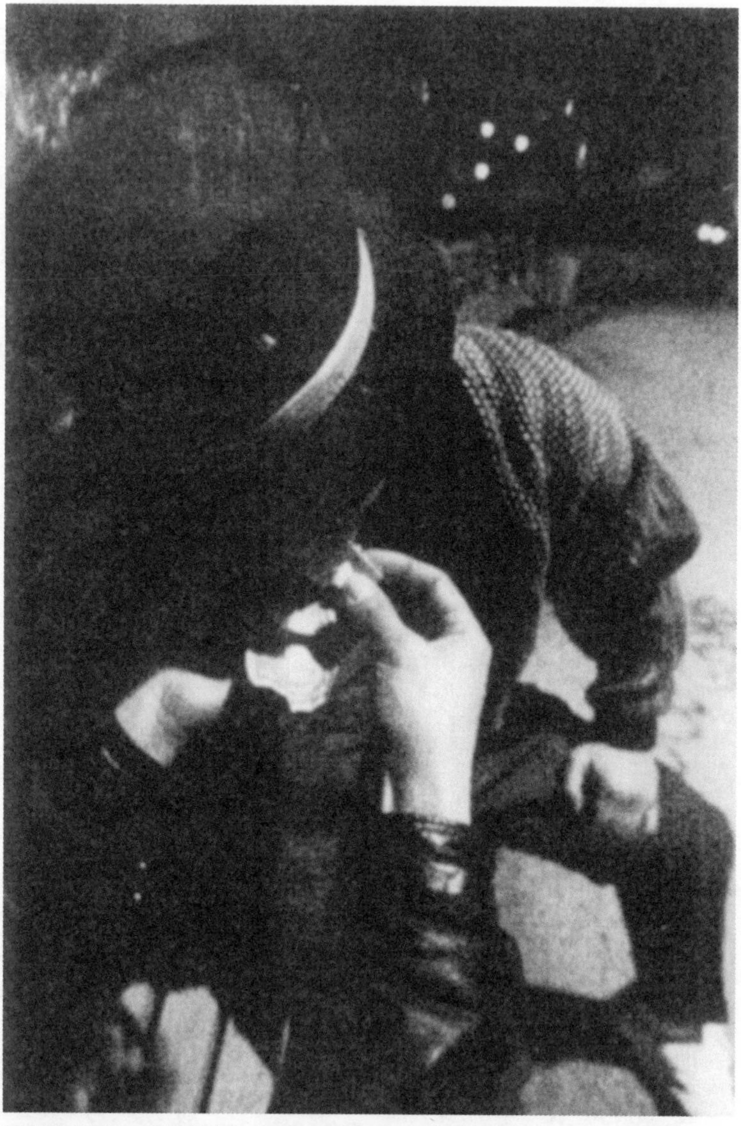

遊戲間打烊後，普里莫在公宅區中庭的長椅上餵凱薩吸食古柯鹼。（攝影：Susan Meiselas）

在鬱悶地開口之前，凱薩先打開玻璃紙包裝的海洛因吸了一下，然後把包裝紙扔在我的咖啡桌上。接著他立刻伸手去拿裝了古柯鹼的對折紙鈔，普里莫剛剛才把紙鈔裡的古柯鹼壓碎。普里莫把古柯鹼從他那拿走，說，「等等老兄，我來餵你！」然後對我強調：「飢渴的黑鬼真討厭。」普里莫用折起來的火柴盒角挖了點古柯鹼，然後放到凱薩鼻尖邊讓他嗅吸。凱薩扭出一張鬼臉才成功讓一邊鼻孔閉上，另一邊的鼻孔卻撐得很開。這個動作凱薩重複了三次，直到他冷靜地靠坐在我的沙發上，對著普里莫點頭道謝。

凱薩：（緩慢地開口說）今晚賣不太動，我們只賺了二十二美金和天殺的五十美分，就因為那個大屁股黑鬼搞出那些愚蠢的改變。我竟然還得為此冒上被逮還有留下案底的風險。樓上那邊根本沒有燈，雷伊會損失很多生意。沒人想走上那邊的階梯。

普里莫：不是，跟做生意的地方沒關係。是因為我們把兩美金一瓶的快克賣五美金（嗅吸）。

凱薩：對啦，那些瓶子真的太小了。（態度沉重）最近雷伊的貨一團糟，老天。他好像一直在換貨源。一下子好，一下子一團糟，然後又好了，然後又一團糟。

普里莫：真正的問題是太小瓶了。

凱薩：而且之前好久不開門，一開門就賣這種爛貨，簡直是大錯特錯。你怎麼能開門賣火？我們的顧客就是這樣說的，說我們賣的快克嚐起來跟火沒兩樣。這些爛貨糟透了！

他真是把我們搞慘了，很多人都不回來了，老天。大家都在抱怨，說我們在賣火（重新調整節奏，感覺古柯鹼的一陣能量湧上）我跟雷伊說了，「怎麼回事？這些爛貨根本是垃圾。」但他的態度就是，「去你的！我就賣這種貨。」

普里莫：（嗅吸）我什麼屁話都沒跟他說，特別是今晚。我想他自己也坐立難安，因為生意不好。今天Con Ed（紐約市的電力公司）的電力工程師沒出現，他很不爽。

我改變了對話的討論方向，問他們怎麼能忍受當個只拿最低薪資的快克藥頭，他們卻沾沾自喜地回憶、美化以前創下銷售紀錄的那些夜晚。在當地經濟衰退期間，你跟喝得醉醺醺的二手車銷售員聊上幾小時後或許也會錄到類似的對話內容。

凱薩：（從普里莫高舉的火柴盒中嗅吸更多古柯鹼）不，菲利佩，沒那麼糟。今晚賣不動是因為今天是星期一，又是月底，大家手頭都沒錢。

（興奮）普里莫之前有次下班後，光是自己的抽成就有三百塊。

普里莫：（微笑）當時是月初第一天，大家都拿到薪水了。

凱薩：（吸進更多古柯鹼）那天賣得很好。一切都會在月初進來：月初時所有支票都來啦。

普里莫：對啊！大家都拿到薪水啦（咧嘴笑）。因為月初第一天，福利金支票啊、房租支票啊、社會保險支票啊，全都來啦。月初第一天就是賺——大——錢（舔嘴脣）。

凱薩：每個人都賺大錢！退伍老兵支票、退休金、社會安全保險、福利津貼、猶太支票……（注意到我挑起眉來）你知道，猶太人搞出一堆瘋狂詐騙嘛，他們靠文件賺錢……就是啊，保險啊、房地產之類那些。猶太人也會在月初收到一堆支票啊。（姿態貪婪地扭動食指，臉上露出邪惡的笑）

月初第一天，鈔票到處流。

普里莫：大家都會在月初出現，不管是拿福利津貼的還是一般領薪水的勞工。我可以賣出十二捆包。

接下來幾個月，雷伊手下據點的銷售量仍然不好，員工的士氣更加萎靡，彼此之間的關係也愈來愈緊張。在酒後爭執多次後，雷伊命令普里莫開除凱薩，但普里莫拒絕。為了報復，雷伊把普里莫的班從週四和週五的晚上，調到週一和週二的晚上。大家最喜歡輪的就是週四晚班，因為市府員工都是在週四發薪。

有個典型例子可說明勞資之間的敵意內部化：普里莫和凱薩將他們的恨意轉移到了東尼身上，也就是雷伊幾個月前為了教訓普里莫和凱薩而僱來取代他們的那個員工。東尼面對他們的敵意也不干示弱。對立情勢不斷升高，然後發生了一件很可能害人沒命的衝突事件，當時有三捆包快克從小精靈遊戲機裡頭消失了，而時間就在普里莫當班的週二晚上和東尼當班的週三之間。所有人都堅持自己是清白的，但現場沒有外力入侵的跡象，除了雷伊之外，只有東尼和普里莫有這個據點的鑰匙。雷伊很想把這個肇事者殺了，或至少打斷這傢伙的腿，但他無法決定要處罰誰。

到了下一個週四，又有三捆包快克在一夜之間被偷了，當時為了防範小偷，這些捆包已被移到一個有接電的插座後方凹槽。雷伊不只氣壞了，還感覺非常無助，這讓他變得比平常更危險。為了面子，他把捆包被偷走因而損失的金額除以二，分別從普里莫和東尼的薪資中扣除。但普里莫在週一和週二的業績太差，雷伊還得為他規畫分期還款計畫。普里莫和凱薩可以把週一抽成的佣金全數留下，但週二收到的款項得全數上繳，直到他們全數還完自己必須為遺失貨品負責的四百五十美金為止。

由於意識到自己是最主要的嫌疑犯，凱薩特別激烈地指責東尼才是小偷。他不停要大家「幹掉那個他媽的廢物」。我們這些遊戲間的常客都深信是凱薩偷走了快克。普里莫也不禁表示自己確實這樣懷疑。他覺得很沮喪，他最好的朋友兼員工——他的「黑鬼親信」——竟然做出對他這麼不敬的事。就是在情勢緊繃的這幾週，我錄到了普里莫面對自己困在快克經濟中的處境所發表的一些非常有見地的不滿發言。

不令人意外地，神祕消失的六捆包快克問題到了最後以幾乎讓人沒命的一場毆打作結，但被打的人不是東尼、普里莫或凱薩，而是嘉托。嘉托是雷伊手下什麼都能修的維修工，就是他負責遊戲間樓上這個據點的翻修工作。他在翻修的過程中把地板下方的假嵌板挖空，這樣就能在遊戲間打烊後，偷偷從後方的危樓鑽進來。他知道雷伊把快克存放在哪些地方，因為正是他負責修理所有的電子遊戲機，相關電力系統也是他在維護。其實新快克據點的電力還都是他從附近一間雜貨酒鋪偷接過來的。三天之後，雷伊把嘉托帶來遊戲間，為的是要他透過修理一些新搞來的壞掉機器，抵銷他所欠下的債務，當時我們都不禁為他感到難過。嘉托姿勢笨拙地從雷伊的林肯大陸車上走下來，他的腿因為三天前的那頓狠揍而跛得厲害，行進間他迴避了我們所有人的眼神。他開始把一台壞掉的電子遊戲機背板螺絲轉下來，這時我們全都匆忙離開了現場，因為他就跟那些無家可歸的狂吸快克者一樣，沒地方沖澡又沒乾淨衣服可換，全身散發出一種獨特的酸餿味。他既然還活著而且一根骨頭都沒斷，證明他和雷伊之間仍存在著童年情誼，畢竟他在十多年前作為青年幫派「大痲小隊」（TCC）的成員之一時曾忠誠地追隨過雷伊。

趁著此事件帶來的緊繃氣氛，雷伊重新和東尼協商了薪資，將原本按件抽佣金的形式，改為每次輪班固定支付一百美金，不管賣出多少捆包都這麼算。這對雷伊來說特別有利，因為東尼值班的週三到週六晚上是他們銷售最好的時候。再加上東尼和普里莫之間的關係太過緊張，所以也無法聯手要求雷伊分給他們更多收益。事實上，透過典型的「各個擊破」手法，員工甚至不知道自己的宿敵跟他們共同的老闆協商出了什麼樣的給薪模式。

快克站幫的同伴：維持交易的安全性

每到了晚上，總會有很多普里莫的朋友、熟人，還有一些想成為員工的傢伙聚在遊戲間前，這些寄生蟲似的人其實大都看不出來普里莫和雷伊之間的誰才是老大。只要是普里莫當班，他在這群平常混在一起的傢伙眼中就是那個掌控大局的人。他總是特別大方，常請朋友喝啤酒、烈酒，偶爾還會免費讓他們嗅吸幾口古柯鹼。我本來假定，普里莫之所以培養出這麼大一群常在此地鬼混的親友團，應該是為了滿足權力及掌控的心理需求，尤其面對那些那些搶著要跟他上床的十來歲少女更是如此。

我花了幾個月才明白，這些靠著引擎蓋、蹲在附近門前階梯上，又或者跟著某人收音機中無所不在的嘻哈樂或騷莎樂用腳打節拍的人，其實對快克站來說都扮演了不同用處的角色。他們可以提供其他競爭據點戰略上的商業資訊，也能針對地下經濟中用藥潮流的改變及市場變化提供訊息。只要不鬧過頭，他們也能掩護那些來來往往、瘦到皮包骨的藥癮者，讓快克站看起來更像一個青年聚會場所，而不是做生意的地方。普里莫的養外公亞伯拉罕負責從電動遊戲機中收集二十五分硬幣，他的在場也為這裡增添了些許「常態」的微妙氣息。每次只要有可能是臥底的緝毒組警探走進遊戲間，這個嚴重酗酒的七十二歲老人就假裝自己年老體衰。他散發出一種無助又溫和的氣息，左眼上的自製黑色眼罩更強化了這種感覺，而他之所以得戴著眼罩，是因為在一九八〇年代初期某天從倫諾克斯山醫院餐廳下班回家路上，左眼被搶匪用刀刺傷了。[7]

最重要的是，聚在此地打發時間的人群彌補了把風工作的不足，他們可以讓遊戲間不至淪為過度暴力又具有攻擊性的地方。對普里莫來說，對抗人身攻擊最棒又最便宜的保險方法，就是讓身邊圍繞著一群真心尊敬又喜歡自己的人。他的那群朋友就是協助調查各種下流把戲的有力偵探大軍；發現到這裡的某人可能是為了之後搶劫來踩點，他們可以事先警告；發生攻擊事件也可以

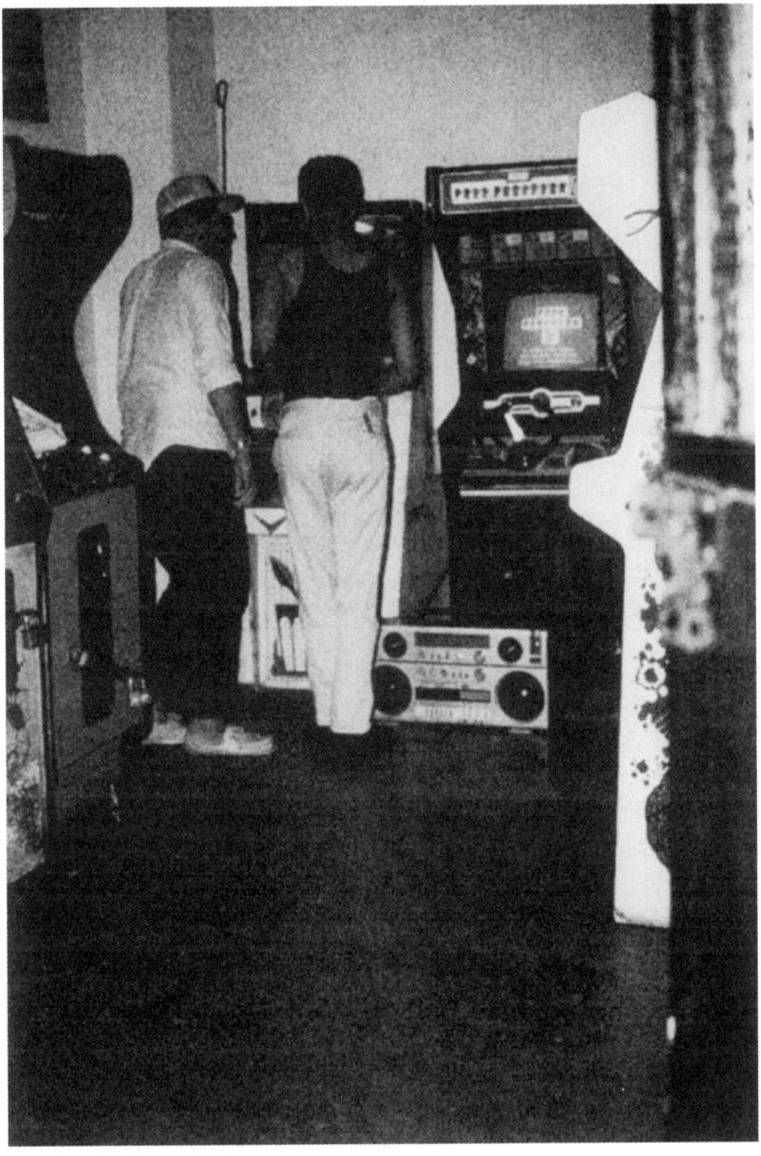

聚在遊戲間打發時間。（攝影：Oscar Vargas）

出手幫忙或當目擊證人。確實，普里莫最可能遭遇的人身危險就是來自小偷的攻擊。每次只要有兩個人同時走進遊戲間，又或者某人進來時走得很快，他總是會很緊張。聚在遊戲間打發時間的人群中若有新人加入，他也常會懷疑是有團隊打算之後來持槍搶劫，才先祕密派人來收集情資。

普里莫的恐懼並非空穴來風。在我記錄遊戲間運作的五年半時間裡，這個據點被蒙面人用鋸短的霰彈槍搶了兩次。普里莫曾私下向我坦承，第一次遇到搶劫時，搶匪用霰彈槍緊緊抵住他的太陽穴，他謊稱手邊沒有大把現金，其實根本就嚇得尿褲子了。儘管如此，那天稍晚向老闆報告此事時，普里莫還是誇大了被偷走的現金及快克數量，就為了私吞其中的差額。

普里莫覺得我用功能主義觀點詮釋他對這群親友的大方態度有點羞辱人。不過，他在辯解的過程中也證實了，自己每晚不得不面對隨處潛藏危險的緊繃情勢。更微妙的是，他讓我意識到，在此處打發時間的這群人不只提供實質上的保護，也提供一種穩定的社交氛圍，抵銷了總是快讓這位孤獨賣藥者無法正常工作的焦慮感。他的同儕可以讓他分心，讓他從工作現場的危險現實中放鬆下來：

> 普里莫：我不需要任何人保護我，菲利佩。沒必要。我自己就能處理。我只是想要身邊有信任的人在。
>
> 不一定要是這裡的O.D.（指向當晚負責把風的威利）。陪我的可以是任何人。就算是潔琪也可以（他當時的女友）。

懂嗎？只要有個能說話的人在，可以陪陪我就行。甚至是瑪麗亞也可以（他暫時分手的前女友）。但雷伊不喜歡瑪麗亞待在這裡，他跟她不太熟。她不是這個街區的人。

你了解嗎？我只是想要有人陪……對方只要待著就行。就是，自己一個人待在這種爛地方實在不太容易。

因為如果只有你自己，你知道的，你就會感覺……比較焦躁。那樣太無聊了，我需要放鬆一點。

而且如果真的發生了什麼事，你一定會希望有目擊證人，隨便有個誰在都好……你懂的。

諷刺的是，我花了好幾年才明白，普里莫之所以熱情地和我交朋友，跟他在遊戲間前經營一個打發時間的親友部隊一樣，其實都是無意識地遵循著同樣邏輯。相較於威利的大塊頭、凱薩會非理性暴怒的名聲，又或者是任何一位會跟普里莫調情的十來歲少女，在埃巴里歐夜晚的快克站中出現一張令人驚疑不定的白人臉孔，或許比什麼都更能嚇退任何想來搶劫的人。這些搶劫犯可不想冒險攻擊任何一位可能是臥底警官的人。畢竟附近有其他太多更好攻擊的對象。

普里莫這個「親友部隊」還能提供跟他那群把風手下一樣的服務，也就是過濾任何可能的緝毒組探員。快克藥頭必須隨時關注街頭現場的各種變化，才能認出真正的上癮者及用藥者跟假扮的臥底有何不同。最頂尖的把風者和街頭賣家就是那些一輩子在街頭上混的人，而且還得認識社區裡的所有人。普里莫只要發現不認識的人出現，或某個顧客有點可疑，立刻就會在接待前先跟負責把風的人確認，又或者去問在門口階梯上的朋友。最常令人起疑的通常是那種剛剛出獄，身體還沒被快克摧毀的男人。

普里莫：Yo，凱薩，那兩個*morenos*（非裔美國人）是誰？我根本不認識這兩個幹他媽的廢物。他們可能是**警察**（*la jara*）。

凱薩：好啦，沒事啦。我知道他們看起來很有精神，又穿得很好，但我認識那個大塊頭黑鬼。他沒問題。我認識他。他之前來過遊戲間，只是你不記得了。他一定是剛出獄，因為這黑鬼看起來神清氣爽，可健康了。他的體格根本就像拳擊手巴斯特·道格拉斯。

在我認識普里莫的五年中，他一定至少進行過幾萬次面對面的快克銷售，經手過的金額大概超過一百萬美金。儘管行動次數非常密集，他卻只被逮捕過兩次，而在同樣的期間，也只有另外兩位遊戲間的賣家遭到逮捕。雷伊其他快克站的藥頭都沒被抓過，就連在「藥房」街角那間生意比較興旺的社交俱樂部也一樣。諷刺的是，社交俱樂部曾因為同時作為撞球間及非法酒吧而遭到六次突襲檢查。但無時無刻不出現在此處的常客量多到讓警方迷惑，他們老是搞不清楚該逮捕誰。他們也無法徵收房東的產權，因為原本的業主早已長期拖欠稅款，現在的產權根本就屬於紐約市政府。為了處理這個問題，警方兩度砸爛撞球桌當柴燒、拆爛所有電力設備，還把入口用板子封起來。在一次突襲行動中，他們給糖糖開了一張罰單，罪名是無照販賣烈酒給臥底警官，但他們始終無法逮到主要進行面對面毒品銷售的銷售經理。社交俱樂部最大的威脅是紐約市的消防官員。南布朗克斯區的一間社交俱樂部曾遭人縱火，奪去了八十四條人命，這個消息獲得輿論大量關注，此後這些官員就數次查封這個營業場所，理由是違反消防法規。[8]

雷伊的快克站之所以在警方的掌控下屹立不搖，主要是因為此區公部門普遍出現的失能現象。內城警察大多非常墮落、無能，他們甚至不需要制度性的腐敗——雖然情況通常是如此——就足以讓他們轄區的街頭藥物交易興旺起來。[9]正直警官面對當地社群的敵意太強，根本無法建立起有用的人脈網絡，也就無法記錄到他們巡邏區域內許多藥物交易點。舉例來說，我住的街區內有幾乎半打的賣藥據點，而此區天黑後唯一會固定出現的白人基本上只有我，但儘管我都已經住了五年半，警察卻始終搞不清楚我是誰。就連我參加他們為了打擊毒品而舉辦的許多社區推廣服務聚會後，他們在街頭上還是認不出我來。[10]

雷伊和他的同事採取了一些基本的預防措施，來盡可能降低遭到逮捕的風險。他們從來不在門外的街頭進行交易，而是通常會請顧客走到店後一台策略性擺在那裡的小精靈遊戲機後面，才會收錢並遞出快克小瓶，以防警察從隔壁棟大樓用望遠鏡往此處勘查。最重要的是，現場可見的快克小瓶絕不會超過二十五瓶——也就是一捆包的量。根據當晚或當季的狀況，可能會有更多捆包依照規畫輪流藏在不同地點，例如天花板上有通電的插座後方凹洞、貼了亞麻油氈的牆板後方，又或者是其中一部遊戲機台的內部。根據供需狀況，送貨人每隔一段時間會送更多捆包過來，同時收取之前的銷售款項。

賣藥者必須自己發展出關鍵技能，也就是在警察突襲搜查時判斷何時必須將快克小瓶藏起來。舉例來說，普里莫上一次被逮捕時，就是靠這個技能免去了四年的牢獄之災。當警察用可攜式破門設備敲打門板時，他快速將手邊捆包中的十三小瓶快克塞進馬利歐兄弟遊戲機裡，導致警察在搜索時什麼都沒找到。在此同時，要是賣藥者變得過度疑神疑鬼——*petro*——只要聽到可疑的警笛聲及汽車引擎聲就緊張起來，快克站順暢運作的節奏就會被徹底打亂。藥頭必須在適當放鬆及敏銳的預感之間拿捏分寸。就普里莫的案例而言，策略性地分送啤酒和古柯鹼給這群友善的親友團隊，對於維繫這種微妙的「冷靜警覺」至關重要。

普里莫、凱薩和其他藥頭跟我說過幾十個差點被警察逮到的故事。他們都為了盡可能降低風險而發展出了複雜策略。

> 凱薩：（正在喝十六盎司的罐裝麥芽酒）我絕不會在身上有貨時被抓到。我會丟掉或趕快藏起來。我的紀錄很乾淨。我甚至不認為我有可能需要被保釋。他們只會覺得在錯誤的時間搜索了錯誤的地方。
>
> 我不賣藥給不認識的人，想都別想。這種錯呢，普老爹只在遊戲間犯過幾次，不過是在他個性很狂的階段。
>
> 普里莫：（正在喝另一瓶十六盎司的罐裝麥芽酒）對啊，我只有一次是那樣被逮到，就是臥

底直接來買藥。但還有好幾次是警察來買，但我有看出來，所以沒事。很久以前，我外公亞伯拉罕還在街頭混的時候，我在報上讀到有個傢伙，賴瑞．戴維斯，他幹掉了一堆警察。我就是在打發時間，隨便讀讀。

凱薩：我表哥因為一些很狂的聯邦罪名在路易斯安那州坐牢，他就跟賴瑞．戴維斯關在一起。

普里莫：閉嘴，凱薩，讓我說完。

我把賴瑞．戴維斯的新聞大聲讀給亞伯拉罕聽，因為他不懂英文，此時有個穿軍用夾克的傢伙走了進來——不過他是白人。

我真不知道他們怎麼會派他來。他一看就是警察。他走進來時，我假裝沒看見，還是繼續讀個不停（假裝認真在讀一份想像的報紙）。所以他走過我身邊，到後方跟亞伯拉罕說要買貨。但亞伯拉罕很快就反應了過來，所以他只說了，「**呃啊？**」（裝出一個衰弱老人嘴角流出口水的模樣）而我則繼續在遊戲間門口附近讀報紙（兩條腿姿態古怪地交疊踩在一個牛奶箱上），旁邊還有小孩子在玩。什麼事都沒發生。

然後他對我說，「這裡還有在賣快克嗎？」我只說，「我不知道。」然後繼續讀我的報紙。他是個警察，我之前曾在白天見過他，當時他穿的是正規的藍色套裝。

關於自己遭到逮捕並定罪的唯一一次經驗，普里莫認為都是因為自己不夠小心。

普里莫：我是在跟O.D.一起混的時候留下了案底。噢老天，我真是被惡搞了。當時我在門外，好像對著一面鏡子修頭髮之類的吧。那時還是白天，時間還早，大概四點吧。我那時會比較早開門營業，大概下午一、兩點左右，因為菲立克斯總在囉嗦，「得趕快上工啦，小老弟！」我以前真討厭他那樣。

然後亞伯拉罕出聲叫我，因為我沒注意到那傢伙進去了，因為當時我在跟O.D.講話，還在修頭髮之類的吧。

然後我走進去，他假裝在玩小精靈遊戲機。我連看都懶得看他一眼。他戴了一條金鍊子，穿短褲，就是那種穿著。

然後我把貨拿出來，我們會把貨放在那邊那種細細的小盒子裡（手指向目前放貨的地方）。他跟我說要五瓶。我交貨時才看到他的臉，然後對自己說，「該死，我沒見過這個他媽的傢伙！」他看起來整潔亮麗，**還胖嘟嘟的**（*y gordito*），我的心情就像這樣（迷惘地瘋狂揮動雙臂）。所以我問他，「你怎麼吸這個？放在菸斗裡？還是吸烏拉斯（woolas是一種快克和大麻的混合物）？」他說，「那種你也有？」我說，「沒，問問而已。」他就離開了。

他離開時，我告訴O.D.，「Yo，等等，我得先把貨收起來。」因為我不相信剛剛那個傢伙。但O.D.一直跟著我。他一直在說一堆自己遇到的麻煩，我分心了（喝酒）。

就在我轉身要去把那些小瓶子收好時，就像這樣（一個一個動作示範給我們看），他們這樣推倒我（走到我後面，用半扼頸式把我壓倒在遊戲機上）。我本來以為是艾迪在跟我鬧，所以繼續手上的動作；但等我收好後，看了一眼，那個警察已經準備好要打爆我的頭（拿著一把想像的槍抵住我的太陽穴）。他已經做好所有防範措施了。那些黑鬼就這樣從我們身邊跑掉，老天（喝酒）。他把那些貨拉出來說「這就是我們要找的目標」（抓出滿手的快克小瓶，還一臉殘酷地咧嘴笑）。

就這樣，我因為賣出五小瓶快克而被惡搞了——結果被判了二到四年的緩刑（悲傷地搖頭，喝酒，再把酒瓶遞給我）。

一年之後，因為用藥相關罪行的逮捕率急遽增加，再加上藥物相關的判刑規定變得更嚴格，紐約州的刑事司法體系人滿為患，迅速陷入巨大危機，為了加速清理早已超出負荷的大量待審案件，一名惱火的法官宣布普里莫的緩刑提前一年結束。原本，在正常情形下，普里莫因為沒有向緩刑監督官報到而遭逮捕，照理說應該要服完整個緩刑的刑期才對。

後來他第二次被捕，因為面對面交易價值十美金的快克，但由於一九九〇年代初期紐約藥物執法策略的混亂，普里莫還是沒有成為重罪犯，也逃過了必須入獄服刑四到六年的命運。[11] 警方為了美化逮捕數據的作為極為倉促又毫無道理可言，比如在法庭上，策畫遊戲間臥底買藥行動的戰術緝毒小隊就把普里莫和凱薩的身分搞混了。陪審團被迫釋放普里莫，因為凱薩在宣誓後暗示自己才是真正賣快克給臥底警官的那個人，藉此搞砸了檢方的案子——畢竟這是被告受到第五修正案保障的權利。雷伊和幾位快克站的常客開心地欣賞法官斥責地區檢察官的場面，法官大罵他因為辦案隨便而浪費了法庭的時間。總之普里莫被證明無罪，遊戲間又營運了一整年，期間也沒再遇上警察的突襲搜查。

4

「改邪歸正」：工作時的不受尊敬及反抗

"Goin' Legit": Disrespect and Resistance at Work

我真的很想做合法工作。

——普里莫

所有在雷伊藥頭網絡中的人——包括雷伊本人——都有過許多老實工作的經驗。他們通常在非常年輕時就進入了合法的勞動市場。到了十二歲的時候，他們會在超市幫忙裝袋或派送雜貨賺點小費，還會在當地的雜貨酒鋪打黑工，協助啤酒進貨的工作，又或者幫人跑腿辦事。不過，在二十一歲之前，他們之中沒有一個人實現了兒時夢想，找到一個穩定又薪水好的合法工作。

這是一個結構性的問題，這點我們在第二章有大略提過：從一九五〇年代到一九八〇年代，內城的波多黎各第二代被困在一個市場經濟中最脆弱的少數族裔小圈子，原本以工廠為基礎的經濟體系正快速遭到服務業取代。一九五〇到一九九〇年之間，紐約市工廠工作的占比下滑至原本的三分之一，而在此同時，服務部門的工作卻變成原來的兩倍。根據城市規畫局的計算，從一九六〇年代到一九九〇年代初期，有超過八十萬個工業領域的職缺消失，但橫跨所有領域的總職缺數卻仍維持在三百五十萬個左右。[1]

經濟學家和社會學家透過數據，記錄下了美國經濟以服務業工作為中心所經歷的結構重整，以及因此導致的失業、收入下滑、工會組織弱化，還有新進底層員工福利大幅縮減的結果。不過很少有學者注意到新興服務經濟中，文化被迫流離失所的現象。在紐約市的財金、房地產及保險部門（FIRE，fire、insurance和real estate的縮寫）急遽擴張的情況下，服務業工作大幅增加，而相關的文化衝突現象也在服務業的辦公室工作中變得更為顯著。對於野心勃勃的內城青年而言，若立志想要向上流動，專業辦公室內的各種服務工作為他們提供了各種可能性。無論是郵件收發員、影印員工，還是在金融區高聳的辦公大樓走廊擔任派送各種公文檔案或郵件的人員，都促使許多內城年輕人在面對中上階級白人世界時，陷入了極度痛苦的文化衝突。服從高聳辦公大樓文化的規範直接抵觸了街頭定義個人尊嚴的種種行為——特別對那些在社會化過程中已經學會不能公開展現出服從姿態的男性而言更是如此。

抵抗、懶惰和自我毀滅

跟我預期的相反，大多數藥頭並沒有完全退出合法經濟。相反地，正如我在第三章討論的，威利和班奇在成為快克藥頭及上癮者之前，其實都曾經搖搖欲墜地棲居於合法經濟體系的邊緣。他們有時在街頭進行快克交易，有時做勉強高於最低薪資的合法工作，而在這兩者轉換之際唯一不變的，是他們的貧窮處境。客觀來說，他們努力找到的勞工階級工作，都是美國社會中人們最不想做的那些；因此，我在遊戲間那些年認識的常客做過的工作包括：無證照的石棉清除工、家庭照護員、在街角發傳單的、炸物廚師，還有在市立醫院病房的夜班守衛，負責管理因精神失常犯罪且有暴力傾向的病患。

他們最後通常都是遭到解僱，但在他們看來，回到街頭交易的世界是自由意志及反抗姿態的展現。由於主動拒絕受到合法勞動市場的剝削，他們被動地進入了快克經濟體系，也因此進入了物質濫用的世界。不過在此同時，成為一個快克賣家絕不是許多街頭藥頭自願且得意洋洋做出的決定。普里莫就曾多次向我坦承，他因為沒辦法找到穩定的合法工作而感到挫敗。他一開始向我承認這點是在他第一次因為賣快克遭判重罪，被保釋官命令去職業介紹所報到的時候。他因為對方提供的工作條件太差而勃然大怒，不過深藏在憤怒之下的是恐懼：他害怕自己最大的問題其實是自己的無能和懶散。

普里莫：（在遊戲間後方把古柯鹼夾在鈔票裡面壓碎）那個替我諮詢的去他的輔導員女士啊，她就是個蠢婊子。她要我去做警衛你知道嗎？我不想當什麼警衛。我不想去應付那些狗娘養的瘋子。他們要搶什麼我都會給他們搶。真的！我的配備只有一根防身棍，一週還只能領一次薪水。他們要搶什麼我都會讓他們搶啦，你知道嗎。

去他的，那個輔導員告訴我（模仿出做作的官僚語氣），「你的資歷愈好，能找的工作就愈好。」

好吧幹她去死，我接下來要自己找。

我昨天有個面試，有個公司我打算去看看，負責整理床單之類的，就是跟旅館有關的——客房服務啦。所以我去看了看，就是想知道一下狀況，但那裡有一大堆墨西哥人，我可不是什麼天殺的墨西哥人。

我表哥在某地方工作了差不多三年。他上星期跟我說，「明天跟我一起去跟老闆說說看吧。」結果沒成功。我睡過頭了。我甚至還調了鬧鐘，但就是沒聽見（嗅吸古柯鹼）。

菲利普：為什麼不乾脆先做以前做過的爛工作？就像你妹在麥當勞？

普里莫：你知道為什麼我不急著跑去麥當勞工作嗎？我二十六歲了，如果我放棄現在的生活，跑去麥當勞工作，而不是找份能加入工會的工作，那代表我只是為了不被罵，隨便找份麥當勞的工作轉行而已。

二十六歲的傢伙在麥當勞工作！你哪次去麥當勞有看到二十六歲的店員。每次你在那裡看到年紀較大的員工，大概都是因為沒受過什麼教育，沒讀過高中，基本上就是一無是處。他們連英文都不會說。我的英文是很差，但至少還能找到比漢堡王更好的工作吧。

菲利普：老天！你只是在找藉口。

凱薩：（突然插嘴，幾乎是在對我發火）你知道我都說在漢堡王和麥當勞工作等於什麼嗎？就是在當奴隸。

我很清楚，因為我在那裡工作過。在麥當勞工作根本就是過勞又超低薪。你可以全職在那裡工作——一整個星期喔，五天都在工作——都已經全職囉，每週帶回家的薪水還是只有一百四十塊，或者一百三。

你知道為什麼這份工作爛透了嗎？不只因為過勞又超低薪，還因為你要——我是指已經過勞又超級低薪囉！——你還要去他的炸漢堡肉、要刷地板。你得為了那點屎錢做一大堆這種工作。

（突然開始找裡面有古柯鹼的鈔票，原本嚴肅的語氣瞬間變得嘲諷）我沒找份像樣工作的唯一原因，就是**我懶**。我不想經歷這些。

我不想去到處找那種爛工作，還要因此處處碰壁，然後每週也只能拿到那一點錢，就為了等之後可能有更好的機會。

拜託認真想想吧，如果你找到的是份爛工作，怎麼可能還找得到更好的工作？你的時間都花在這個工作上了。而且你為什麼要因為面試搞到一整天都沒辦法上班，最後只聽到對方說，「我們會再聯絡你。」

（用手勢要普里莫拿鑰匙去沾那堆古柯鹼）Yo！餵我啊普里莫！

然後你因為這樣少了一天薪水，少了能買藥的錢，因為這樣更接近地獄邊緣。（咧嘴拉開一個大大的微笑，然後從普里莫舉向他左鼻孔的鑰匙上深深嗅吸了一次古柯鹼）畢竟如果我無法在週末如我所願地嗑藥嗑到飛起來……（再度嗅吸，兩人對著彼此大笑）

菲利普：好吧好吧！凱區老大，我懂你意思了。但認真地說，普里莫，你有個案子要開庭了。

普里莫：（嗅吸後重新調整好狀態）對，我是在找藉口，但我週一會去就業中心問問進度。我想我就是已經習慣在街頭混了，因為真的好一陣子沒幹過合法工作了。他們上星期要我去一個做燕尾服的地方，我不喜歡，我不喜歡幫男人量尺寸。我不適合那樣到處摸男人的身體。太噁了！

但其實我應該待超過兩星期的。剛剛那個不是我唯一不去的藉口。我的問題是在遊戲間混到太晚了，沒辦法一大早起床去工作。

凱薩：（安撫他）沒啦，我去過那間店，那裡根本看不見未來。

普里莫：（還是悶悶的）我就是搞砸了。是我選擇從那裡回到這種地方，然後現在還困在這裡。

凱薩：對啦，我現在也很懶，我想幾點起床就幾點起床，我就想這樣。沒人能管我，我就想挺著肥肚子出門，肚裡裝滿家裡的食物，然後出門鬼混，去搞出一堆（嘻哈）押韻歌詞，沒事就躲到樓上跟朋友混，平時賺點該死的小錢。

你懂嗎？我只有賣快克時才不會惹麻煩，因為我就只是跟普里莫鬼混。（作勢要普里莫餵他更多古柯鹼）你懂嗎？之前幹合法工作時，就是快克把我搞慘了。唯一把我搞慘的就是快克。因為說真的，我很滿意我的生活。（嗅吸）沒人找我麻煩。我又找回了尊嚴。現在這樣**外婆**（'Buela）喜歡我。我有一個女人，還有孩子。我覺得人生完整了。我沒有需要什麼。我有錢讓自己嗑藥嗑到飛天。（再嗅吸一次）我下樓就是去替普老爹工作，也不會把錢帶回家，反正明天不會需要錢。所以我就是去嗑藥嗑到飛天，反正明天不會需要錢，因為我只要回遊戲間就好：我工作、我賺到錢，然後又能嗑藥嗑到飛天。（手指向普里莫，他正把鑰匙插進古柯鹼堆裡）

菲利普：（笑）所以你的球鞋才那麼髒嗎？

凱薩：我沒有買新球鞋的唯一原因，是因為我選擇要這樣：我可以存錢去買球鞋，或者我可以開心嗑藥。而我現在就要嗑藥嗑到飛天。（再次嗅吸）

我在遊戲間賺的錢是為了讓自己瘋，是為了滿足藥癮，也是為了毀滅我自己。這是我唯一可以控制的事。沒人能管我要怎麼做。

（突然開始激情演說）所以我可以從體內傷害自己，我可以每天早上醒來時肚子痛得要死又嘔吐又反胃。我沒辦法吃，我沒辦法呼吸，我一直拉肚子。我的糞水拉得到處都是。我一團糟。我的一隻眼睛是粉紅色，一隻是白色，我的頭髮臭得要命，我很髒，我不洗澡。我一團糟，我臭得要死，我恨我的女人，我在早上時恨所有人。我嗑藥嗑到飛天就是這樣。（再次嗅吸）

但我會休息一下，然後我會不舒服，然後我會吐，然後等到我來遊戲間之後就都好了。然後我們會享受人生，我們會一起犯點法（指向原本放電視的地方，作勢為敲門的顧客打開遊戲間的門）。我們找顧客麻煩，我們咒罵顧客。我們會在他們面前用西班牙文咒罵，把他們搞糊塗，還賣一些垃圾藥給他們好賺錢（作勢收下十美金然後遞出兩小瓶快克），這樣我們才能出去再買些垃圾藥（指向平放在普里莫膝頭上裝滿古柯鹼的鈔票），然後我們爽翻天，然後說一大堆屁話（指向我的錄音機）。

菲利普：如果去做穩定的合法工作，你們能賺多少？

凱薩：我家女人有食物可以照顧我，因為她有、她有福利津貼和食物券。再過幾個月我又有社會安全資格了——每個月三百美金，夠我買藥了。

我遇到的麻煩是，他們一發現我有合法工作，就要收我一千五的稅。他們已經惡搞我好幾個月了，之後要靠社會安全局才能把這些錢全部退回來。

最先開除，最後錄用

雷伊的藥頭網絡中沒有人覺得自己是受害者。他們在地下經濟體系中擁有的少數族裔小圈子讓他們不用面對現實，畢竟無論就社會或經濟層面，他們對主流社會來說都是多餘的人。普里莫突然再次打算重新進入合法經濟體系時，剛好碰上美國從一九八九年末到一九九一年期間經濟蕭條日益嚴重的階段，而我因此一邊目睹了他的辛苦努力，一邊隱約地意識到，他的經濟脆弱程度其實非常嚴重。一開始普里莫非常有自信。「我之前做過大概十種工作。我十六歲就輟學，之後就一直在工作。找工作有什麼難？隨便一個傢伙都能找到。」他幾乎可說享受這種大白天搭地鐵去下城面試的行程，還讚嘆地欣賞那些看起來健康又有合法工作的通勤者「臉頰飽滿」、「頭髮都修剪得好好的」。

一開始的五、六名雇主態度魯莽地拒絕僱用他時，儘管當時報紙上已充滿像是「美國的成長暫時遭到中斷」、「勞動市場開始變得軟弱乏力」[2]等委婉暗示經濟不景氣的各種文章，普里莫仍悠哉地將找不到工作的錯怪在他的就業輔導員身上，於是很有氣魄地「開除」了這位輔導員：

普里莫：我有一種感覺，就業中心這個狗娘養的傢伙，就是我的就業輔導員，他其實根本嗑藥嗑飛天了。他的眼睛總是紅的，還把我的全部檔案都搞丟。他根本他媽的搞不清楚我是誰，還說要來幫我。他把我派去一大堆爛地方，但根本沒用。

那個黑鬼一定有在嗑啦。他在辦公室裡到處找我的檔案，根本是個白癡，明明檔案這麼厚一疊，裡頭有所有我做過的測驗結果。

我跟他說，「或許被派來指導我的不是你。你要不要去確認一下真正負責我的輔導員應該是誰？」

他說，「不，你的檔案在我這裡。我只是不知道放哪去了。」

他有一大堆檔案。我還真希望他認真找過之後能找到，但我的檔案就不在那裡。好像我根本不存在一樣。

過了一個月，在又被五、六個雇主拒絕之後，普里莫的自信心跌到了谷底，物質濫用的情況也變嚴重了。他血淋淋地親自體驗了在經濟蕭條時期，脆弱勞工面對冷漠的供需市場力量時，那種個人毫無反擊能力的感覺：

普里莫：我想現在找工作變難了。以前找工作很容易啊，又或許是因為我去的TAP（測驗分析及分發）中心一直把我派去不對的地方。我一直跟我的就業輔導員說，「你為什麼不派我去個你前一天沒派人去的地方呢？這樣他們看到我就一定會用我了。如果你給他們好幾個人，他們就不會挑我了。」但我想我的輔導員會同意那些老闆多派幾個人去，「你們喜歡哪個就留下哪個。」這樣很糟！我告訴他，「你為什麼不直接告訴他們？就直接說，『我們只能派一個人過去面試，沒有別人了。我們沒那麼多客戶。』」

但這傢伙就是會把我跟一大堆人一起送去面試，害你的錄取機會慘到不行。感覺你要得到工作還得打上一仗才行。

以前的TAP中心比較好。每次只要他們把我送去某間公司面試就會中！我可以拿到工作，因為他們沒有一次送一堆人去。我說真的！

一九九〇年，初階合法勞動市場中的職缺量急遽下滑，這情況讓普里莫措手不及。不只是經濟蕭條讓人很難找到工作，普里莫也遭遇了人生發展到這個階段會遇上的限制：高中剛輟學時，剛進入合法勞動市場的他還是個渴望成就些什麼的青少年，但很快地，他就已經老到很難再去搶那些高中時就能做的工作了。現在的普里莫超過二十五歲了，之前又有好幾年失業的空白，這樣的經歷無法說服那些潛在雇主。普里莫已經內化了他在結構上的邊緣性。他驚慌失措而且陷入心理抑鬱的無限迴圈。

> 普里莫：我想我錯了，菲利佩，我不該說很容易找到工作。我聽新聞說現在不景氣……經濟蕭條之類的。所以我心想，「該死！到時候會被整死的不只是這座城市、國家，或是聯邦政府的員工，像我這樣的人也會被整死……就是那些沒有專業技能的人，像是我。這實在是很糟。」我覺得一團糟，沒辦法有個工作真是太慘了。搞得好像我自己喜歡這麼懶一樣。但一直無所事事實在很煩。我想讓自己有點用處，真的——好像自己有點價值。沒工作讓我覺得很糟，你知道嗎。

或許是意識到找工作往往得靠人脈，普里莫開始更常和班奇閒混，因為他是普里莫遊戲間的前同事中唯一有合法工作的人。果然，班奇開始告訴普里莫，他工作的下城健康俱樂部的廚房有個缺。平安夜的前一天晚上，他甚至鼓勵普里莫去參加他們辦公室的聖誕節派對，好見見他的上司。但普里莫卻遲到了，等他抵達時，高階行政主管早離開了。他想方設法最後只見到了幾個正在把剩下的潘趣雞尾酒喝完的大樓清潔工。那天稍晚，在班奇母親住的公宅樓梯間內，眾人身旁圍滿了啤酒、古柯鹼和海洛因，班奇斥責普里莫搞砸了自己獲得工作的機會。不過在對話過程中，普里莫發現他試圖爭取的工作其實沒什麼發展性可言，也意識到跟自己競爭的對象是能力有限的人：

班奇：你記得埃爾嘉托嗎？派對上那個胖傢伙？嗯，我就是想讓主管把他給開除，這樣你就可以得到那份工作。

普里莫：但他就只是一直在洗盤子。

班奇：（有點慌張）我知道……我跟他一起在後場，我負責帶他。他總是把工作搞砸。我一直努力想讓他把事情做對，但他沒把工作當一回事。

我一直跟我的主管說我認識真的很想工作的人。但她對他兇不起來。她覺得他很可憐，我也覺得他很可憐，因為我知道他就是那樣。

普里莫：（起疑心）你說的「就是那樣」是什麼意思？

班奇：（忽略這個問題）所以，普老爹，你的工作是洗盤子，但一小時有六美金，你如果在其他地方洗盤子，不可能一開始就有一小時六美金這種薪水。一開始通常都是四或五美金。等你工作滿一年，還可以有一週的假……

普里莫：（插嘴）回答我，埃爾嘉托到底是怎樣？為什麼大家都覺得他很可憐？

班奇：（尷尬）我是說，他不太靈光，工作起來有點瘋瘋的。

普里莫：（擔憂）不太靈光是什麼意思？

班奇：我是指他腦子不太靈光。他有點像是殘障。（語氣有了防備）聽著，老大，我只是想幫你的忙。

在這份洗碗的工作上，班奇那位智力有問題的同事贏過了普里莫。在此同時，普里莫私人生活中的一切正在分崩離析。他跟女友瑪麗亞違法占住她姊姊的公宅公寓，位置就在遊戲間正對面。瑪麗亞的姊姊和丈夫及三個孩子逃去了康乃狄克州，因為她丈夫的賣藥夥伴被發現遭人槍殺後死在他們的車子裡。普里莫和瑪麗亞本該繼續支付公寓租金，但當時正是雷伊限制普里莫一週只能有兩個晚上在遊戲間賣藥的時期，而且銷售狀況也不好。瑪麗亞在一間快餐連鎖店找到工作，但還是賺不到足以應付生活基本開銷的薪水。普里莫只得再去尋求母親和其他姊妹的施捨。

普里莫：瑪麗亞這週剛開始去溫蒂漢堡工作，但她一週實領大概就是八十幾、九十幾之類的。分紅也爛到不行，兩週還不到四十美金，就是三十七再加一些零頭，因為收銀員自己還會偷留一些。老天爺這些錢根本有跟沒有一樣。

但我和瑪麗亞從沒餓到，因為如果我在瑪麗亞這邊沒飯吃，我就去找我媽，或我其他的姊妹，她們就住在隔壁街區。

有時我媽會幫我一點。二十塊吧，就這裡幫一點、那裡幫一點。有時她會給我食物券，大概一個月一次。

這段對話結束後不到一星期，普里莫和瑪麗亞就因為一直沒付租金給住房委員會，終究被趕出了公寓。他們被迫分開後回到各自母親的家。他們的母親就住在這區另一棟高聳的公宅公寓中。

失業的內化

接下來幾個月，普里莫的主要策略就是不去面對自己被排除在合法勞動市場大門外的現實。他酗酒和吸毒的情況愈來愈嚴重，也開始一天到晚對他唯一有權掌控的人——他的女友瑪麗亞——發脾氣。他總是頭頭是道地對她說教，比如在她丟掉溫蒂漢堡的工作時痛罵她。他不知怎地反轉了誰該當一家之主的傳統性別角色，卻又同時保有管理整個家庭的父權優勢。

普里莫：我得不停瘋狂罵那婊子，因為她根本不懂得為自己想，不管是讀書還是其他事。她整天無所事事，老是只想著要抱我、親我。

但我處理得很好。我有跟她談。我一直跟她講道理，我要講到她受不了為止。

我覺得瑪麗亞應該去麥當勞工作，這樣就能拿到一個好看的履歷。但她不想去。我警告她，要是她不開始工作，我就要跟她分手。
我跟她說，「去就業中心、去約時間。」但她約了時間又沒去，她就是忘了。

普里莫長期以來的自我保護機制就是逃避現實，讓自己成為經濟學家委婉稱之為「就業志向喪失者」的那種人；這樣的人不會被記錄在全國失業人口的統計數據中。根據統計學家在一九八〇年代中期的描述，紐約市的波多黎各勞動力參與率「急遽惡化」，而普里莫不過是造就此現象的其中一員。儘管根據一九九〇年的人口普查數據顯示，波多黎各男性的勞動參與率趨於穩定，但以紐約為據點的波多黎各人仍是美國所有族群中勞動參與率最低的，比他們更低的只有某些美國原住民族群。[3]

普里莫：我找工作徹底搞砸了。沒有任何地方要用我。就連沃爾沃斯超市一小時四塊四的搬運工作我都沒拿到。四塊真是爛透了，那還是能加入工會的工作呢。所以我不覺得我會很快找到工作，因為我不想為了最低薪資工作。說真的，我也不想接受時薪五塊的工作，反正他們也不會要我。
我不想講了，菲利佩。
我看不出花這麼多交通費去面試有什麼意義，反正不會有好結果。我已經去了很多地方，菲利佩。真的很煩了。所以我最後就回到了遊戲間。

其實普里莫還是想談的，但只有在喝得夠醉、古柯鹼和海洛因也吸得夠多的時候，他才願意袒露自己最深層的困擾及焦慮。在這段艱困的時期，普里莫之前的把風手下威利剛好從軍隊休假回家，我們會在黃昏時分去附近的公立小學操場上討論彼此的煩惱。我們常常蹲在一組攀爬遊具旁，一來擋風，同時避免偶爾被警察的泛光燈照到，這樣我們才能安心把一張張包裝有古柯鹼和海洛因的十美金紙鈔整齊擺放在原本供小學生玩耍的胖圓木樁上。身為普里莫的朋友，我擔心他的酒精和毒品攝取量愈來愈高，也希望他能好好面對自己的問題。諷刺的是，在我錄下普里莫和威利沮喪的、彷彿意識流般各種告解對話的當下，背景還時不時傳來叫賣手（steerer）大喊的聲音，他們喊的是在小學操場賣的各種海洛因品牌：「終結者」、「黑粉」、「DOA」（Dead on Arrival，到院時死亡）、「藍波」，和「毒藥」。這座校園除了是曼哈頓最活絡的海洛因零售點，也是東哈林學區總部的所在地。[4]

普里莫：好吧，好吧，菲利佩，我懂你的意思。我確實因此喝酒又吸毒，什麼都來。你說我很沮喪。但只要我茫了，不管是因為酒還是藥，我的感覺就是「管他去死」。或許我是訴了不少苦，但我知道明天總會到來，明天又會是新的一天。我會清醒過來，所以又會有時間思考（就著一堆海洛因嗅吸，然後遞給我一夸脫百加德蘭姆酒）。

威利：你知道普里莫是怎麼回事。（嗅吸）他這樣根本沒什麼能指望。沒工作嘛。人活著總得有些指望。

普里莫：（繼續說）明天啊老天……明天又是新的一天……（手指著古柯鹼和海洛因）

菲利普：明天你會宿醉。

普里莫：這樣啊，我想我會成為一個酒鬼喔。對啊，你懂的，我應該不能再喝了，老天。我得停止喝酒。我會害死我自己。但我這樣就是原地打轉。對啊，原地打轉。

菲利普：你媽對你的情況有什麼想法？她覺得困擾嗎？（把那夸脫百加德蘭姆酒遞回去）

普里莫：見鬼的當然啊！（大口喝酒）但我也很困擾啊菲利佩！主要是因為我不再……不再年輕了，我變老了，現在問題已經是「要是媽咪不在了怎麼辦？」要是媽咪不在了，我的姊妹一定也不會管我了。要是她們都不拉我一把，那你也知道，我就會……就會像個流浪漢……**一個窮困潦倒的流浪漢**（*un bon todo aborchornado*）。

如果我打算繼續住在城裡，我就得睡街上了。如果我找不到工作，我怎麼有可能賺錢付公寓的房租？你也知道現在租金有多貴。我得賣藥……或者……或者做點什麼才能住得起。因為要是不這麼做，我就得靠福利金過活。我不喜歡跟別人要錢，你知道嗎？我真的不喜歡去跟人乞討。我想自己賺錢。

威利：（插嘴）對啦！以前所有人都有工作，靠福利金過活是最下等的事。但現在已經是一種流行了。幾乎所有人都靠福利金過活，你知道嗎？但我的家人都有在工作。我們從來不靠福利金。

普里莫：而且，要拿福利金就得做一些事。我得去上課，你知道嗎？或者去接受個什麼訓練的，才有辦法繼續收到福利金支票。

而且靠福利金那麼一點錢怎麼有可能自己住、養活自己，而且還去上學？我一定得另外做些什麼才活得下去。

威利：不，普老爹。（先嗅吸，然後大喝一口酒）你知道你的問題是什麼嗎？你的問題就是錢來得快也去得快。你習慣了……你習慣當個懶人，習慣有地方住，有地方吃飯，晚上還有地方去。

普里莫：你知道為什麼我不去工作嗎？因為我真的習慣當個懶人了。我真的習慣就是……

威利：一直睡。

普里莫：我真的很習慣家裡有人能餵飽我……我完全不用做什麼來改善我的生活。（嗅吸然後喝酒）

菲利普：那你自己怎麼想呢？你從遊戲間賺來的錢，有用來幫你母親分擔壓力嗎？（從瓶中大喝一口酒）

普里莫：沒那回事。我媽餵我還給我地方住。我就是占她便宜啊。（嗅吸）

但我有意識到自己在占便宜。我開始想，然後愈想愈難受，我覺得，如果我不在外面混——就像現在——我就會去處理該處理的問題。

菲利普：所以你為何要把錢花在今晚這些鬼東西上？（指向古柯鹼和海洛因，然後從一夸脫

瓶的百加德蘭姆酒喝了口酒，再揮了揮酒瓶）

普里莫：我媽dish我的時候可狠了。不是因為我去蹭飯吃，她本來就不喜歡我挨餓，但沒人喜歡不好好賺錢養自己的傢伙。（用西班牙文說）「他不去上學！他什麼都不做！為什麼不去找份工作？他這傢伙已經不是小寶寶了！（雙手誇張揮舞，想像他母親氣急敗壞跟朋友對話的模樣）**他已經是個大人了**（*El es un hombre ya*）。」

菲利普：這讓你有什麼感覺？

普里莫：我覺得她是對的，我得有所行動，我得賺點錢。然後洗手不幹骯髒勾當，去工作。老實說，如果我去工作，老天，我媽甚至會幫我燙襯衫。我可以穿著燙好的襯衫到處炫耀。就算瑪麗亞來我們家，甚至是過夜，她也不會廢話一堆。

但現在我媽對我很嚴厲。「**這樣我才會學到教訓**（*Para que yo aprenda*）。」她有工作，我的姊妹也都有在工作，所有人都在工作！她們過著美好平靜的生活。她想看到我好好工作，好好跟某人一起過日子。

我媽就是這樣。她早上起床看到我還在睡就很不爽。等到她下班回來累個半死，看見我像個國王似地坐在電視機前的搖椅上，像個他媽的**遊客**（*turista*）（身體像是躺在吊床上一樣攤開），她就會暴怒，老兄！（喝酒）

她是對的。我得自己去做些什麼。我得開始行動，就算沒找到工作也一樣。我就是得讓我的人生回到、回到大家都在工作的這個世界……我應該去找我要什麼。

現在，跟你說老實話，我就是個**懶惰的流浪漢**（*vago*）——又醉又沒穿衣服。

威利：我就跟你一樣，普里莫。（喝酒）我跟你一起長大。我媽也總是在工作。她很認真工作，真的累個半死。她是一名護士助理。你知道她沒賺很多錢，但她從沒靠福利金過活。我了解你的感覺。

但見鬼的，老天！真的很難、真的很難。我是指我經歷的那一堆爛事。（嗅吸海洛因）

普里莫：（嗅吸古柯鹼）對，很難，但不是不可能。

威利：（伸手去拿古柯鹼）但真的很難，普老爹。我人生也經歷過這種去他媽的兩難。

普里莫：忘記過去吧。想想今天。我們還有明天呢。

我是想說，如果我活得不對，我會想改正，但反正我們今天已經搞砸了，對吧？不過明天，你還會醒來。就算宿醉，你還是會吃早餐或做些什麼，然後你會清醒過來。因為你這天也得做些什麼來改善你人生，然後再隔天也要繼續——如果非得繼續下去的話。

威利：但是，普里莫啊普里莫，我的人生真是天殺的失去了方向。

威利的這個夜晚以災難作為結束。他想盡辦法從普里莫和我手中討到十美金後展開了一整晚的快克狂歡。

一九九〇年的這幾個月正好是經濟蕭條最嚴重的時候，也是在這段期間，我開始和普里莫的母親建立起友誼。我們透過電話交談時，我可以聽出她因為看到兒子不加掩飾的酗酒及憂鬱傾向，語氣顯得非常沮喪又無助。更糟的是，他們住的公宅公寓水管破了，她和女兒因此被迫拿著水桶在此區來回裝水。這次的水管危機延續了兩星期，因為每次大樓管理團隊白天來修水管時她們都出門上班了，而本來該幫忙開門的普里莫卻總是在他們敲門時睡死。

普里莫的母親：（用西班牙文說）他總是像頭醉狗一樣昏死在沙發上，每天早上七點才從街上回家。

二十六歲還和母親住在一起多丟臉啊。他該去找個女人，然後跟她一起搬出去住。我二十三年前就把我老公趕出家門了，普里莫就跟他一模一樣。他也是每天早上醉醺醺地回來。他總是交一堆壞朋友。他學校老師告訴我的。他十五歲就不去上學了，都是因為那些壞朋友。他從來沒有一個工作做得久的。就說上個月吧，那個工作也只做了兩星期（在燕尾服出租店）。我給他車錢和午餐費都是賠的。他就連回去老闆那裡拿個薪資支票都不肯。

我甚至不能在冰箱裡冰啤酒，他都會拿去給朋友喝。

要是我生病不能工作怎麼辦？我們就保不住這間公寓了！

更糟的是，普里莫和他母親成為一個要價兩千四百美金的職訓詐騙受害者，這種詐騙計畫就是靠提供失業者虛幻的希望來賺錢。他們收到一封假的促銷詐騙信，通知普里莫的母親「贏得了」所謂維修技工訓練計畫的半價優惠，本來四千八百美金的課程因此只需要兩千四。她立刻付了兩千四的錢然後逼普立莫去上課。他們後來才發現，參加這個活動的學員得符合聯邦政府擔保學生貸款的資格，才有辦法獲得所謂的半價「折扣」。普里莫完全沒有意識到其中的意涵和自己得負的責任，就此簽下了兩千四百美金的學生貸款。他熱情投入了這個計畫，向凱薩和我吹噓自己每週「考試」都「考」到「九十或八十分」。每次只要提起從這個訓練計畫畢業或者之後要找工作的話題，他就開始幻想自己能找到一個穩定的大樓管理員工作，他還會加上波多黎各鄉下常說的一句經典台詞，「天意保佑」（*Si Dios quiere*）——那可說是英語俗話中「敲敲木頭」（意思是老天保佑）的拉丁美洲版本。

普里莫的學校在他有機會畢業前就已宣布破產，他的夢想也因此徹底遭到粉碎。除了他母親因為付學費損失了兩千四百美金的現金，他突然發現自己也背上了這個職訓單位替他媒合申請的兩千四百美金聯邦政府貸款。讓情況更糟的是，普里莫得再次面對第二次長達一年半的審判，理由是他面對面賣了兩小瓶快克給臥底的緝毒組警探。當他的法扶律師在法院前的階梯上對他大吼時，我清楚記得自己驚訝地看著普里莫順從地垂下了眼睛。

> 你到底是哪種去他媽的渾蛋啊？去找份工作！任何狗屁工作都行！這樣我才能說服法官你是個好人。耶穌基督啊！我說的話你就是聽不懂嗎？

當然，事實是在全國性的經濟蕭條中，普里莫就是沒辦法找到「任何狗屁工作」。凱薩成為唯一挺他又能理解他的人。他對普里莫的憂鬱感同身受，還試圖鼓勵他的朋友，他滔滔不絕地談起享受物質濫用的狂喜，還強調街頭定義下的「尊嚴」，就是拒絕老老實實地為低薪工作。

凱薩這種以反抗精神高舉街頭邊緣性的行為中，最有說服力的面向在於，他在文化上重新定義了「快克交易」及「失業」，使這些行為成為一種足以自豪的勳章——即便最終帶來的是自我毀滅。舉例來說，某個週二夜晚，在遊戲間忙碌的值班結束後，我陪普里莫和凱薩一起去買二十美金一袋的**綠蝌蚪**（*El Sapo Verde*），那是個新牌子的古柯鹼，當時因為品質好竄紅起來，剛好距離遊戲間幾個街區外就有人在賣。這是他們第一次跟這組人買藥，為了避免讓賣家「**疑神疑鬼**」（*petrolyzing*），普里莫過去買，凱薩和我就在街角等他。此時我用西班牙語跟三位無證的墨西哥移民聊起天來，他們來自普埃布拉州的農村自治市皮亞克斯特拉。他們正在自家公寓樓前的階梯上喝啤酒，厭惡地望著眼前那些正要去買**綠蝌蚪**的顧客。

其中一個移民是兩年前來的，靠著修理油炸機每週賺五百美金。我一手搭著凱薩，問那位成功的移民怎麼能「過得那麼好」，相較之下，我的朋友凱薩明明口才很好，又是在美國本土出生，講得一口流利英語，卻連個每週兩百美金的工作都找不到。而他的回應擺明了就是種族歧視：

> 好吧、好吧，我來簡單跟你解釋：因為波多黎各人就是笨！笨！你懂嗎？他們很笨，看看這傢伙吧（指著凱薩），他懂英文。然後你看看他的身體。他的身體強壯，至少也能找到跟我一樣好的工作。但他沒有，因為他就是個蠢畜牲。沒別的。

他們喜歡不勞而獲。他們喜歡吸別人的血。但我們墨西哥人才不這樣！死都不可能！我們喜歡自己賺錢。我們不偷不搶。我們來這裡就是要工作，沒別的。

我感到一陣恐懼席捲而來，我看著凱薩臉上的表情，深信自己不負責任的舉動即將引起一陣腥風血雨。不過凱薩一直等到普里莫回來，才大聲用英文回應，他把墨西哥人帶有種族歧視的羞辱發言，轉化為基於世代差異而主張的街頭文化傲氣。

凱薩：沒錯啊我的老大！我們真的就是在賣藥的瘋狂害蟲。我們不想成為社會的一分子。就像那張唱片說的：「對抗強權！」（Fight the Power!）[5]我們怎麼會要想工作？我們來到這個國家，我們濫用這裡的自由，因為波多黎各人就是不愛工作。我們寧願活在體制外、變胖，一天到晚搞女人。

好吧，或許不是我們每個人，因為有很多老派的古板傢伙還在工作。但新世代呢，沒這回事！我們什麼都不在意。新世代對什麼狗屁公共事務都不在意。我們只想輕鬆賺錢，沒別的。我跟你講啦，就是想**輕鬆賺錢就好**。我們不想認真工作。這就是你們看到的新世代。

現在那些老派傢伙做的事，我們更年輕時做過了，我們以前真是累個半死。我做過各種蠢工作……分類金屬碎片、乾洗、廣告公司。

但再也沒這回事了。（手搭著普里莫的肩膀）我們已經進入了反叛階段。我們寧願逃稅、輕鬆賺錢，反正活下去就好。但我們對此也不滿意，哈！

各種夢想的交織

儘管在公開場合表現得很有自信，但凱薩還是因為遭到主流社會排除而充滿了自我懷疑。有時他也會跟普里莫一樣夢想成為一個「有在正常工作的黑鬼」。但他對於雇主剝削的容忍度比普里莫更低，在職場上覺得不受尊重的敏感度又更高。此外，若要跟中產階級進行可靠的社會互動，他的社交技巧——或說他的文化資本——比普里莫還有限。儘管如此，在不完全違背街頭文化的脈絡下，一旦出現了適當機會，他也願意去幻想「改邪歸正」的可能性。舉例來說，當雷伊和眾人同心協力，買下了一間雜貨酒鋪的租約，試著藉此把賣快克賺來的錢洗白，凱薩立刻跳出來抓住在那裡工作的機會。雷伊僱用普里莫去打掃、翻修那個營業場地，而普里莫再次將工作分包給凱薩，讓他擔任自己的助理。對這兩個快克藥頭來說，這個完美機會可以讓他們無痛接軌地進入穩定的合法就業市場。他們不只不用換老闆，還可以待在熟悉的街區附近。雷伊賣快克的社交俱樂部就在「地獄門」郵局旁邊，而這間雜貨酒鋪距離那間快克站只有半個街區。換句話說，他們只需要將原本供應給鄰居的快克，換成高油食物、香菸、薯片、三明治、啤酒和冰淇淋之類的商品就行了。

雷伊對試著營運一個「合法空間」的機會感到興奮，原因跟普里莫和凱薩差不多。前期規畫

此區的一間雜貨酒鋪。（攝影：Philippe Bourgois）

階段也證明他是個精明的生意人，他和前任業主談出用折扣價租下這個店面。之前有一群非法經營「明牌」（numbers）（一種賭博）的業者將此地當作財庫，但因利益分配糾紛放火燒了這地方，原本的業主也被迫逃離這個街區。普里莫首先接到的任務就是去殺老鼠、丟掉焦黑腐爛的泡水商品，最後再將整個地方重新油漆。凱薩特別懂得如何有效除掉那些繁殖速度愈來愈快的巨型老鼠（因為只有老鼠才能在火災後棄置一個多月的紐約市雜貨店中繁殖）。他非常享受用磚塊、掃把和靴子精確瞄準後，再壓扁或踩扁牠們的過程。

儘管他們新的工作空間很髒，到處肆虐的老鼠無論體積或數量都呈現出希區考克恐怖片的氛圍，但凱薩和普里莫對於之後能在雷伊的保護下「清白工作」都感到非常興奮。在這幾週，只要完成了一天的工作，他們就會穿著髒臭的衣服來到我家客廳，球鞋上還沾著潮濕結塊的老鼠藥粉末及雜物腐爛的髒汙碎屑，只為了能來嗅吸一下「速球」、喝啤酒，還有在錄音帶裡留下他們對未來的夢想：在雷伊很快就要開張的雜貨酒鋪裡穩定工作。對於即將能夠合法工作的轉變，他們顯得興致勃勃，而這點也再次表現在他們使用的語言上，導致他們在言談間內化了父母過去身為「吉巴羅」時的一種迷信，那是一種謙遜、內斂的迷信。

> 凱薩：我還沒告訴**外婆**（'Buela）。在我真的可以每星期帶薪水回家之前，我什麼都不會說。（用拳頭擊打掌心，然後彎腰嗅吸普里莫沾在鑰匙尖端遞過來的海洛因）
>
> 我不打算**觸霉頭**（*salal*）[6]，但我認為——**這是天意**（*si Diós quiere*）——我這次會成功。我會擺脫

重度藥物上癮。（咧嘴笑了笑然後再吸海洛因）好吧，或許海洛和古柯*除外。我的職業生涯會步步高升。因為只要店裡賺的錢愈多，我賺的就愈多，因為我是負責做三明治的人。這也代表我可能得每天值兩輪班。這對我們有好處，對普里莫也有好處。我們就要成功了，不用一天到晚無所事事了。（手揮向我的客廳）

在這個晚上，凱薩和普里莫也吞了紫色小粒的迷幻藥膠囊，裡頭裝的是人工合成的麥司卡林。假如像某些心理治療師所宣稱，這種讓人產生幻覺的藥會釋放出無意識的焦慮、執念和幻想，那麼凱薩的喋喋不休顯示出他對於找到合法工作的可能性還真的是非常興奮。

我是做三明治的人、打掃的人，也是會打傷顧客的人。還有（邪惡地眨眨眼）偷偷給自己詐騙一點小錢來用的人。

對！對！對！我還是老大——就是保鑣。如果我抓到扒手，警察來的時候不用給他上手銬，而是要帶擔架，因為我和普里莫會確保讓這傢伙「躺」著離開。

（抓住我的錄音機，彷彿突然想到絕妙好主意般對著麥克風說話）我們可以讓那間社交俱樂部為菲利佩服務！為菲利佩提供各種小道消息！頂級的俱樂部！

凱薩丟下錄音機，開始模仿收銀機發出各種提示音的聲響，還有零錢掉進收銀機抽屜的聲音，在此同時，他還動作敏捷地遞出一份份想像的三明治。

凱薩：做三明治的人！拿著！Yo！這是你的！叮！咖鏘！下一位！（靠坐在我客廳的沙發上，睜大著雙眼）哇，這真怪……普里莫，看看這個。（雙手揮舞，讚嘆地看著麥司卡林在眼前誘發出的各種幻覺線條）看起來是彎彎曲曲的藍色。（轉圈並指向另一邊的天花板）這些像是紫色。（突然再次轉向我，彷彿我是熟食區的顧客）有錢嗎？（雙臂像展示肌肉的健壯男子般高舉起來）我工作！（再次揮舞雙手，欣賞著各種顏色延展出的線條，但又不停在顧客和熟食櫃台員工角色間轉換）我想要淺藍色。三明治！做三明治的傢伙，你最近如何？（再次放鬆地往後靠坐，臉上帶著開心的微笑）都很好！我們要開一間熟食店！（伸手要抱普里莫）

讓凱薩欣喜若狂的合法就業之夢從未成真。雷伊無法解決紐約市政府衛生檢查所需的繁複文件手續，也處理不了未清償稅款的罰金問題。他始終無法讓他的事業合法開門營業，就連一天也

＊ 譯註：這裡的海洛指的是海洛因的俗稱dope，古柯指的是古柯鹼的俗稱coke，兩者連起來讀有一種韻律。

沒有。他在沒有官方許可的情況下開賣了十天，但很快意識到自己賣的雜貨在當地沒那麼多的需求。讓他備感羞辱的最後一擊，是他僱來清點存貨的人偷了他的錢後逃回波多黎各。雷伊放棄了這項計畫，要普里莫和凱薩回去遊戲間，繼續在週一和週二晚上兼職賣快克。

雷伊在試圖建立可行的合法生意時不停失敗——其中包括熟食店、合法的社交俱樂部，還有洗衣店——相對來說，他在經營複雜的快克零售事業時卻非常成功，凸顯出在合法經濟和地下經濟中，作為一個民營企業家所需的「文化資本」是如此不同。正如前一章討論快克站管理議題的章節所顯示，雷伊因為精通街頭文化，因此得以有效地在藥物經濟中管理他的事業。他很有技術地訓練他的員工，也懂得判斷顧客的需求。他利用暴力、高壓手腕和友情來為自己賺取持續的利益，但又能在三者之間維持微妙的均衡，這也讓他在街頭贏得備受尊敬的勛章。相反地，在涉足合法經濟的過程中，雷伊的這些街頭技巧卻讓他顯得無能、粗鄙、外行，還像個大都會裡的「吉巴羅」，因為他面對的是紐約市政府中負責核發許可和分配庫存貨品，以及監督核發證照流程的檢查員、職員和低階官員。

同樣地，儘管普里莫作為快克站經理時明顯具備應有的創業技能，但當他把影印的傳單貼在公車站宣傳自己修繕家用電器的「修理先生服務」，並試圖藉此建立自己的合法事業時，卻仍是以慘敗收場。每當有電器壞掉的潛在顧客透過電話找到他，也就是撥電話到他女友瑪麗亞的公宅公寓時，只要一聽見普里莫提供的地址就卻步了，也通常會拒絕到府服務的提議。那些沒掛他電話的，也會對他前資本主義、「吉巴羅」風格的定價方式感到懷疑。普里莫在「改邪歸正」的過程中本來就已經特別沒自信，結果還得在一次次對話中面對種族歧視的羞辱。

普里莫：他們常一聽見我的聲音就不說話了……電話的另一頭一片沉默。每個人都一直問我是哪裡人。沒錯，他們會說像是，「你這名字是哪裡人啊？」因為他們聽見了波多黎各口音。我就直接跟他們說我是新波多黎各人。真的很討厭。而且我會跟他們說，一旦我修好他們的爛貨，他們覺得該付多少就付多少。但他們甚至不願意讓我去他們家。

這些鳥事真的很討厭，菲利佩。

就算真正成功跟合法事業的顧客見到面，普里莫仍會遇上刻板印象帶來的障礙。舉例來說，我安排他去一個我曾經來往過的基金會修三個壞掉的錄放音機和一個有線電視盒，之後我收到基金會行政人員一封語帶歉意的電子郵件，建議我別再讓普里莫去那裡，因為怕贊助人「可能會以為我們打算把這裡改成電器維修店」。

不過普里莫的私人事業之所以失敗，也不全是因為顧客缺乏信任或抱持種族歧視心態。他之所以無法運作一個足以獲益的私人事業，部分原因是他在和親友互動時，關於何謂妥當禮儀或互惠義務，他採取的都是「吉巴羅」的定義。舉例來說，我母親請他檢查壞掉的音響系統，並約了幾次要在她的公寓見面，但他就是莫名沒出現。在我的堅持之下，某晚他終於和我一起去了我母親家的公寓。後來他才向我坦承，他覺得獨自去他不熟的女人家不太妥當。最後終於成功修好音響，但因為她是我的母親，普里莫也不知道該如何收錢，更何況她還在過程中為我們準備了晚餐。

追尋移民夢

主流社會總是輕易因為種族刻板印象，而把普里莫、凱薩，甚至是雷伊視為可悲的失敗者，或者是懶惰、病態，又自我毀滅的毒蟲。我透過文化生產理論來討論這些例子時，強調的是文化溝通方式的「斷裂」（disjuncture），以及圍繞著象徵符號（symbolic markers）的權力配置。從更政治經濟的角度來理解這些快克藥頭在合法世界中的失敗，也能指出他們和他們的上一代是如何從幾乎一出生就被引導走上最邊緣的經濟部門。為了探討這個結構性經濟的論述，我請他們盡可能多談談自己做過的第一份「正當」工作。於是後來我慢慢明白，在他們剛成為青少年時，這些人確實曾積極地追求著移民的勞工階級夢想，也就是找到一份很苦但能夠展現「男子氣概」的工廠工作，然後努力賺取穩定薪資。在我收集到的數十份口述紀錄中，總能看到一種標準的人生劇本：他們在母親的允許下從高中輟學——有時甚至是從國中輟學——然後進入當地工廠工作。但通常不到一、兩年，他們工作的工廠就會為了去別處尋找更便宜的勞工而關門。他們於是開始從一份低薪工作到另一份低薪工作的無止盡循環，又因為沒受過什麼教育，也不太會社交，所有的社交網絡都被困在邊緣性工廠形成的飛地，以致沒有向外流動的可能。

再一次地，普里莫和凱薩的案例特別能說明這段歷程。普里莫對於追求他母親的移民勞工夢想很有動力，甚至可說是躍躍欲試，因此他十幾歲就直接從國中輟學，透過家人的關係找了份工廠的工作。

普里莫：我當時逃學去燙衣服，就是燙那些洋裝，不管他們把什麼放上燙衣台，我都燙，總之都是些便宜到不行的衣服。

我當時只是個孩子，站在燙衣台前有夠熱，但我喜歡那份工作。那是我在工廠做過最棒的工作。真希望我有繼續做下去，但後來工廠搬離這區了。

一開始是我媽的姊姊在那邊工作，然後是她的兒子，就是路易斯的哥哥——現在在牢裡的那個——他們第一個僱用的是他，因為他媽說，「如果你不想上學，就去工作。」

他很年輕，他……那時十六還是十五歲吧，我猜，我更年輕。所以我開始跟他一起混。就只是瞎混，但後來工廠有時需要他幫忙趕工，我就會去幫他。然後老闆開始會在週末時找我去。

我本來沒打算去工廠工作，我應該要上學才對，但自然而然就這樣了。

我想拿薪水，我討厭上學。我寧願去工作。

可以預見的是，普里莫成了成衣工廠的轉包工人——那是在製造部門中最沒有保障的少數族裔小圈子之一。

普里莫：老闆是西班牙人，之類的吧，但我不知道她是不是主要負責的那個。反正是她負責打理工廠的大小事。
她老公超愛海洛，但每次都是他負責去拿要付所有人薪水的現金。我們以前會到下城去處理這件事。以前只有白人身上會有這麼大量的現金。

普里莫和他的表哥還真的成為將工作「實際」移出內城的人。從一九六三年到一九八三年，紐約市的工廠職缺數量跌到只剩百分之五十，總共有四十四萬五千九百名勞工丟掉了他們在工廠的工作，而他們只不過是這些人之中的兩位。[7]當然，他們沒有把自己視為結構轉型的受害者，普里莫還開心甚至有些驕傲地回憶那段時期，他幫忙把機具從工廠清出時賺了一筆額外的收入：

普里莫：那些人真的很有錢啊，老天。我們幫他們搬家，離開這區。
那件事花了我們兩天——只有我和我表哥。哇！真是大工程。他們給我們一人七十元，當時那可是一大筆錢啊，真的！更何況我們那時還只是蠢蠢的小黑鬼。

不意外地，當我在遊戲間錄下普里莫回憶的這段過去時，凱薩插嘴進來說了個幾乎一模一樣的故事。就跟普里莫一樣，凱薩的第一份工作也是透過家人關係及社交網絡找到的。但他去的不是成衣工廠，而是冶金工廠，那也是在紐約市的製造部門中人們最不想去、也最不穩定的少數族裔小圈子之一：

凱薩：我以前也在工廠工作。那是我的第一份工作。我舅舅在我輟學時幫我找了那份工作。我媽告訴我，我要不去工作，要不回去讀書。我當時很喜歡那份工作，但我體重一直掉，因為工廠裡實在熱到讓人發瘋。他們以前會給我鹽錠之類的東西吃。他們那時是在電鍍金屬，例如電鍍一些假珠寶。但那間公司也搬走了。

就跟普里莫的阿姨一樣，凱薩的舅舅也同意這樣的勞工階級意識形態，認為人要是想努力工作獲得尊嚴，就得放棄接受教育。這是屬於勞工階級的回憶，而不是無所事事遊蕩的童年回憶。那時的他們仍未深陷失業快克藥頭所面對的絕望虛無。然而，各種客觀條件卻不容許普里莫和凱薩去完成身為勞工階級穩定生活的夢想。就凱薩的案例來說，成為一名強悍、努力的工廠勞工仍有必須面對的限制，而他視為榜樣的舅舅後來的經歷更讓他看清了這些限制。

凱薩：該死，老天，那些真是我舅舅的拿手絕活，廢金屬再利用跟電鍍。那黑鬼在那裡工作了大概四十五年，天哪。就同一份工作。做了四十五年。你能想像這種鬼事嗎？都四十五年了，他還只是個領班。

有次他跌進酸液裡，場面真是瘋狂，天哪——就是用來泡金屬的酸液。我親眼看見。真的，太慘了。他就在我眼前滑倒了。

那黑鬼大概七、八個月沒辦法工作，老天，他的皮膚組織都被燒掉了，老天。我看到他身體一大片紅，感覺像是肌肉整個都露出來。看了讓人全身發癢。

他甚至不能告它，老天。因為是他自己不小心，是他自己滑倒。我跟你解釋，那就是像一條流水線，他們得把很多用來泡金屬物件的大缸子清走。那黑鬼有天就是要進去搬缸子，但滑倒就跌進去了，他很快跳出來，不到五秒吧，但身上的衣服都變成了破布，嘶嘶嘶、嘶嘶嘶。他真的被搞很慘。那黑鬼尖叫得可大聲了。

之後他的體重不停掉，就變得，**超級瘦**，以前他可是渾身肌肉。

值得注意的是，以凱薩舅舅的案例來說，在流水線上工作一輩子的結果就是性無能和無法生育，每當快克藥頭談起合法工作的經驗讓他們感覺多無助時，這個話題總是會反覆出現。

凱薩：我的舅舅喬伊就是這樣了，他到現在還是一團糟。他整個人都，怎麼說呢，他的腿就像燒傷患者，整片都灼燒掉了。

他甚至不能生小孩，老天。真是被搞死了。因為他的關節什麼的都燒壞了，老天。

他現在住在辛辛那提州，因為公司搬走了，他們讓他在工廠的不同部門當領班，那是一個做浴室配件的部門，反正就是之類的吧。

（突然回過神來，作勢要普里莫把裝了快克小瓶的包包藏好，因為有台徘徊不去的警車在遊戲間前方減速）Yo-yo-yo-yo！注意！注意！注意啊！

現在回頭看來，凱薩有了家人的支持後提早輟學，並決定在紐約逐漸縮減的製造業部門中看不見未來的少數族裔小圈子中找工作，其實是種悲劇性的自毀行為。不過在那一切發生的當下，十五歲的凱薩在他所處的移民勞工第二代的封閉世界裡，看起來就像個國王，他也覺得自己就是個國王。對一個貧窮的青少年來說，決定輟學並成為一個邊緣的工廠勞工是非常吸引人的。威利（雷伊藥頭網絡成員中唯一一個高中畢業的）也在其他的談話中證實了，當年才十幾歲的凱薩因為那段努力工作的輝煌時光看起來很強悍，而且充滿男子氣概。

威利：我當時十四歲，凱薩大概十五歲，那個去他媽的傢伙直接輟學，整年都跟他舅舅一起做鍍鉻的工作。

我家老頭當時有在賺錢，所以我還是繼續上學。我當時好忌妒。我好忌妒。

凱薩總是在工作。八、九……不，我十、十一還有十二年級時，凱薩就一直在工作。他衣服穿得很好，因為有錢，而且以前很容易把到小妞，他什麼都有。

每次放學之後回家，我都想，「對啊，凱薩完了，因為他沒去上學，但他有的是錢。」凱薩膽子很大。他好像不懂什麼是害怕。這是我們認識你之前的事了。他是第一個懂得穿潮衣的人。普里莫，你還記得以前的凱老大嗎？他總是有很多便宜的酷衣服。他以前還會偷偷幫我搞到好衣服，因為我放學之後都會在街頭跟凱薩一起混。我和凱薩以前真的很炫……太炫了，我每年都穿跟前一年不同的外套。凱薩以前會穿酒紅色皮夾克，頭上戴酒紅色的袋鼠牌帽子。我們以前還有那種金色皇冠，那種金色皇冠啊——沒錯——可以別在夾克上——就是可以別在襯衫之類的那種小配件。然後我們就會成為「街頭黑幫小隊之王」。那真是我人生最美好的時光了。

在服務部門中破碎的勞工階級幻想

凱薩、普里莫和威利彷彿困在年少時光的時空裡。他們本來擁有的是充滿男子氣概的無產階級夢想——成年後上八小時的班再領個加班津貼，在有工會的工廠中做一枚刻苦耐勞的小螺絲釘——但後來卻被低薪、高度陰柔化的辦公室服務工作惡夢所取代。凱薩和普里莫本來有可能靠著穩定的工廠工人薪資養家，但這些工作大量從內城消失。在那個職缺快速流失的階段，如果他們的社交網絡沒有侷限於這個製造業最弱的部門，這種年少時期的勞工階級夢想或許有可能為他們提供一段穩定的生活，並足以支撐他們適應當地經濟結構的重組。然而現實是，他們發現自己一頭栽進爆炸性的衝突中，衝突的一邊是他們文化中對尊嚴的定義，另一邊是服務業工作中必須受人指使的羞辱感。

在此之前，大多數初階工作都是在工廠，反抗性街頭文化和傳統勞工階級的車間文化之間的矛盾不會那麼明顯，尤其在受到工會保護的情況下更是如此。我無意將工廠工作浪漫化。工廠工作通常無趣、累人，而且往往很危險。此外，這類職場也無法避免不同職位階層之間的衝突。不過在車間裡，身邊都是有參加工會的資深員工，精通最新、最強悍街頭文化風格的高中輟學生反而特別有辦法適應。在工廠中，強悍並擁有暴力男子氣概具有很高的文化價值，大家都預期你會對領班及「老大哥」表現出一定程度的反抗，甚至還會認為那是一種陽剛的表現。

相反地，像這樣的反抗性街頭認同在服務部門就行不通了，特別是那些服務財金、房地產及保險部門主管的支援性員工尤其不能如此，而大多數具有潛在穩定未來的新型初階工作卻都是屬於這類部門。若想透過高聳辦公大樓的工作向上流動，你就必須採取謙卑、服從，又低聲下氣的社交互動模式，而這一切都跟街頭文化彼此衝突。在郵件收發室或影印室工作的員工無法公開維持自身的文化自主性。最具體地說，他們沒有工會，更微妙的是，他們身邊很少有能夠將他們與外界隔離的同事，提供給他們基於文化的階級團結感。實際情況是，他們對這個顯然占據優勢又充滿敵意的文化完全不熟，卻必須接受來自這種文化的主管及老闆的圍攻。當這些辦公室經理沒有被街頭文化嚇倒，他們就會嘲笑它。像凱薩和普里莫這類員工通常會試圖在職場模仿掌權者的語言，但當他們努力想把自己不熟悉的詞句說清楚時，卻總會可悲地結巴起來，於是具有專業技能的主管總覺得他們口齒不清。凱薩和普里莫這類員工讀不懂那些草草寫下、充滿神祕縮寫的工作指示，而且那些惱人的辦公室經理老是把指示寫在小到不行的便利貼上。白領階級工作的「常識」對他們來說太陌生了，舉例來說，他們不明白為什麼要將一式三份的備忘錄歸檔，以及把收據上的日期寫晚個幾天。當他們試圖隨機應變或想主動處理問題時，通常只會失敗得很慘而顯得沒有效率，甚至還會因為沒有遵循「明確指示」，而被人誤會是懷抱敵意。

他們的人際社交技能甚至比有限的專業能力還更不到位。他們不知如何直視同為服務業員工的同事（主管就更別提了）卻不嚇到他們。他們沿走廊走向飲水機時一定會下意識地搖擺肩膀，一副充滿攻擊性的態度，彷彿在巡視自家地盤。性別界線更是一個充滿文化意涵的場域。他們會因為用帶有性攻擊意味的行為冒犯同事而一再受到譴責。

在服務部門中，白人「雅痞」勢力和內城「語無倫次的垃圾話」之間的文化衝突不僅限於表面風格。服務業員工要是無法遵守專業公司文化所要求的人際互動規則，就永遠無法向上流動。在曼哈頓中城或華爾街的高聳辦公大樓中，這些新被僱用來的內城高中輟學生突然意識到，在這些請他們來工作的男男女女眼裡，他們看起來就是白癡的丑角。正如這本書的書名，書中主要論述就是在強調，普里莫和凱薩這樣的人並沒有被動地接受自己就是結構性的受害者。相反地，藉由讓自己捲入地下經濟，並驕傲地擁抱街頭文化，他們是在尋找自己遭到社會邊緣化後的另類出路。在過程中，他們每天都成為主導自身毀滅及所屬社群苦難的實際施為者。

在辦公室裡被看扁（diss）

普里莫和凱薩都曾試圖打入高聳辦公大樓走廊那個陌生又充滿敵意的世界，但也都在過程中深感羞辱及不安。普里莫曾在一間現已停刊的專業貿易雜誌社工作，他在那裡擔任郵件收發員兼打雜小弟的回憶充滿難堪。值得注意的是，他描述自己在這個特定職場所受到的對待時，是他唯一一次明確表示自己有感覺到種族歧視。他在職場上遭遇的文化溝通不良中，種族歧視的程度可清楚表現在他無法明確指出老闆的全名及族裔，正如他的老闆可能也不確定普里莫是來自哪個拉丁美洲國家，更不知道該如何拼寫或正確讀出他的姓氏：

> 普里莫：我的老闆有偏見。她就是個臭婊子。她的名字是葛羅莉雅，白人，姓氏是克里斯真（Christian），不，不是克里斯真，應該是克慈曼（Kirschman）。我不知道她是不是猶太人。
> 她喜歡跟所有來辦公室的人說我壞話——就是，那些會來找她喝咖啡的同事。
> 她跟別人提到我時會說，「他是文盲。」好像我真的蠢到不懂她在說什麼。
> 所以有一天，他們桌上擺了那種超大的字典，那種去他媽又大又重的字典，我就去翻開字典查了那個詞，「文盲」。就是那時候，我知道她在罵我什麼了。
> 她就是在罵我蠢之類的。我就是蠢！（用兩隻大拇指指著自己，比出很笨的臉的樣子）「這傢伙什麼鬼都不懂。」

普里莫受到最大的羞辱還不是被罵文盲，而是他還得用字典去查那個羞辱他的詞是什麼意思。相反地，在地下經濟體系中，普里莫永遠不需要面對自我價值可能遭受威脅的風險。

普里莫：雷伊永遠不會那樣不尊重我，他不會那樣說我，因為他自己也是文盲，而且我受的教育還比他多。我差一點就要拿到普通教育發展證書了。

更糟的是，普里莫是真心嘗試要在葛羅莉雅．克慈曼的雜誌社積極有點表現，但他愈是努力嘗試，卻愈在難以避免地失敗後覺得自己更蠢。正如他自己的解釋，「他們有機會了解你後，情況只會變得更糟。」

普里莫：所以就是，你知道嗎，你試著要做好，但大家都把你當成垃圾。老天，你一開始沒問題，但突然之間，他們有個機會了解你了，就會想要diss你。我一開始接到任務時，真的都會很賣老命地去做，但過一陣子，反正就是，你會開始恨你的上司。

我在做那份工作時有受過幾次羞辱，因為沒有遵守，就是，命令之類的。我的上司要我用某種方式做事，但我覺得用別種方式做比較好。她瘋狂diss過我好幾次。那女士真是個婊子。

普里莫就這麼血淋淋地意識到，他沒有足夠的文化或象徵資本，能讓他擺脫影印機或郵資蓋印機的工作。他的身邊充滿了監督他的人，這些人來自陌生卻有權力的文化，幾乎要把他逼出幽閉恐懼症了：

> 普里莫：我必須表現得體。就算是午餐休息時間，本來應該是要讓大家放鬆休息的時候，主管也都在。

無論是放棄他的街頭身分認同，還是為了贏得老闆的認可及尊重去模仿職場中的互動模式，普里莫都不願意也做不到。正是在像這樣的時刻，你可以看出職場中的制度性種族歧視，因為專業服務部門下意識地將屬於盎格魯、中產階級的文化資本視為在此工作的必要條件。他的老闆禁止他接電話，因為客觀來說，波多黎各街頭口音會讓潛在的客戶卻步，因而害她賠錢。諷刺的是，之所以會發生普里莫接電話的爭議，正是因為他看見主管在忙或離開辦公室，他是為了表達積極及善意才去接了電話。

> 普里莫：我本來沒有在意她說我是文盲。真正讓我不爽的是，她打電話來的時候，就算我的主管——她是負責接電話的接待員——不在位子上，電話響了很久沒人接，她也不想要我接

電話。

只要我接了電話，我的老闆一聽到我的聲音就像心臟病要發作一樣。她說，「瑞妮呢？」——瑞妮．希爾佛曼——那是我主管的名字。

我說，「她出去吃午餐了」——反正就是之類的。

然後她會說，「法蘭在嗎？」

我說，「有，她在。」

但，就是，法蘭的工作不是接電話。她負責處理帳單，而且總是有工作要忙。所以我就說，「她大概也出去吃飯了。」

那老闆真是個婊子，我接電話的問候語明明都沒錯。紐約市有很多不同種族的人都有各種誇張的口音。他們可能在玩房地產，他們可能是各式各樣的人，只不過有各自的口音而已。但那婊子就是不喜歡波多黎各口音。

我不知道她有什麼毛病，她就是個天殺的婊子。

好，或許我的教育程度沒辦法做打字工作，所以我不會去打字。但別只因為我接電話就diss我，還寧可讓電話響個不停。說不定那通電話很重要！婊子！

我以前接電話接得很好，老天。但那次之後——她羞辱過我之後——如果真有機會接起電話，我就會故意表現出誇張的波多黎～～～各口音。管她去死。

被女人侮辱（diss）

當代街頭之所以對被diss如此敏感，就是因為這些在辦公室受辱的回憶。高舉大男人主義的街頭文化更強化了這些男人受辱的感受，因為辦公室初階工作的主管大多是女性。因此在提到老闆或主管時，他們常說對方是「婊子」或「婊」，而且總會刻薄評論她們的身材。無論是在遊戲間、下班後到我家客廳，又或者是在街頭上，凱薩曾有好幾次打斷普里莫對過往合法工作的回憶，開始談起自己在職場受辱的經驗。舉例來說，普里莫「電話diss」的故事才講到一半，他就開始大肆發洩身為男人的怒氣，因為他曾在合法勞動市場中被迫打破街頭禁忌，身為男人的他竟然得在公開場合臣服於一個女人：

凱薩：我有做過那種爛工作幾次，你得忍受很多又醜又肥的婊子搞出的一堆爛事，你得當個沒種的傢伙。

我最慘的一次經驗是在薩歐德和韓納西公司，那是一間處理藥品之類的廣告公司。我很不喜歡那份工作，但還是繼續待在那裡，因為「算了吧！」你不想搞壞關係，所以只能畏畏縮縮的。噢老天！我真的很討厭那個大主管。她就是個婊子，她叫佩姬．麥克納馬拉，是個愛爾蘭女人。她很美，但那婊子實在**壞透了**。

她以前會叫我幫她做一堆亂七八糟的跑腿工作——爛透了。有次我還得大老遠跑到史坦頓島找個天殺的鬼地方，就為了幫她帶兩幅畫回來。都是這類鳥事。那婊子就是討厭我。她只要開除人就會高潮啦，老天。你可以從她的臉上看出她有多爽，我的天。她曾經天殺的讓一個男人哭出來——他是個蠢義大利佬——她逼他為了留住工作去求她，該死。然後她就讓他回去工作了，說什麼之後會好好觀察他之類的。（彈了一下手指，一臉噁心地搖搖頭）然後我聽見她跟其他主管笑著談起這件事，就是，當作笑話在講。

到頭來，這些性別羞辱都反映了經濟不平等和權力階層的現況。這些快克藥頭經歷的無力感，通常會透過種族或性別歧視的措辭表現出來。舉例來說，儘管凱薩跟普里莫一樣無法讀懂白人主管之間不同的族裔差別，但他顯然有意識到在勞動階層中，他所屬的邊緣少數族裔小圈子代表的經濟及種族現實：

普里莫：我在那個郵件收發室撐了大概八個月。他們本來很信任我，以前會讓我去銀行取支票和薪資支票，再把薪資發給所有主管。

但真該死，那裡有個婊子，她的名字是茵加……霍夫曼（Hoffman）……不，應該是霍松恩（Hawthorne），因為她是猶太人。嗯，那婊子的薪水可好了，天哪！我以前會把那些天殺的支票信封放在燈泡底下透光看。

那婊子一週大概賺五千美金，天！你能看見（假裝在瞇眼看信封）大概就是，五千三百四十三美金之類的。

我心裡真的是，「噢我的老天！」沒錯，霍夫曼，那婊子，她拿的薪水有夠高，天。我的薪水是那裡最低的。狗屎，我就是因此不幹了。我就只是個波多黎各黑鬼人渣啊。

在紐約市財金、房地產及保險部門最幽蔽的角落，無數為財富五百強公司服務的收發員、影印機操作員和保安警衛，都被年輕的白人主管——通常是女性——態度粗魯地頤指氣使，這些主管兩個月的薪資可能比下屬的年薪還要高。曼哈頓金融區的驚人財富讓這些幾乎只拿最低薪資的勞工在性別—種族的層面更加感到羞辱。

職場戰爭

紐約金融服務公司傑出的獲利率讓管理階層得以隨意發放獎金給員工，即便是最低階的員工也不例外。郵件收發室或影印機工作區的員工就算曾被激起什麼團結或反抗的情緒，公司也可以透過獎金將其收編，此時這些低薪勞工向外抵抗的力道就會轉往內部，為了各種甜頭或額外津貼忌妒爭搶，互相攻擊。

凱薩：我的主管是個非常貪心的黑鬼。他總是想知道我拿了多少錢，因為他們會在假日——

> 像是聖誕節——給你額外獎金，金額還會隨著年資提高。我的獎金是三百。
> 普里莫：（倒抽一口氣）很大一筆錢欸。我拿的從沒超過二十五或五十美金。
> 凱薩：我主管一知道我拿了多少，那黑鬼就立刻開始講電話，而且瘋狂抱怨：「啊？為何？嗯哼？」（笨拙地模仿在辦公室講電話的語調）——他們那邊都這樣講話——「為什麼郵件收發員能拿到三百塊的獎金？明明他才來八個月而已。我來這邊九年了，卻只能拿到四百美金。我覺得你們一定是搞錯了。」
> 你懂嗎？他想要讓他們知道他該拿到更多，我該拿到更少。我真不該告訴他我拿了多少才對。這個狗娘養的傢伙真的氣瘋了。我不知道他們有沒有給他更多，但過沒多久，他就開始跟所有人抱怨我，什麼都抱怨。他就是盯上我了。

在體制沒那麼健全的財金、房地產及保險服務部門產業，初階員工和直屬上司之間的內鬥會直接害他們丟掉工作。這正是普里莫在高度專業化又特別不穩定的桌上出版產業（desktop-publishing industry）中的經驗。除了能學到一些電腦技能，根據專業工作職場的規則，他仍缺乏能有效競爭的文化資本。當年度報告中的市場需求出現波動，又或者公司簽訂了合併或收購合約，他就是首先會被辭退的那種人。他因為失去工作而憤怒，但也再一次地訴諸厭女情懷，將怒氣聚焦於欺凌自己且更有權勢的女性主管。他毫無意義地在句子中不停插入「婊子」這個詞，而且反覆攻擊這位宿敵的身材。事實上，他最後甚至以一個經典的暴力幻想作結，也就是下班後跟蹤他的主管，然後在最傳統的父權場景——她的家中——征服她的身體。他在說起這段回憶時，還不停嗅吸一袋十美金的古柯鹼，回憶中的怨憤及挫折情緒似乎因此變得更為強烈。

> 普里莫：我的問題是，我的上司就是個婊子，她會確認我時時刻刻都有工作必須做，其實當時的業務根本沒那麼忙，她不需要一天到晚緊盯著我。
>
> 我工作很負責。我做過最糟的事就是不小心睡著，因為當時他們把我換到夜班。我就是因此被開除的。（嗅吸古柯鹼）
>
> 那個婊子啊——我恨透她了。她就是個大肥婆，他們是在僱用我之後才僱用她。在害我被解僱之前，老天——那個婊子——她也才在那裡工作沒幾個月。
>
> 我以前也會做電信的工作。（興致勃勃）那裡有另一台凱普羅電腦（Kaypro），我會用來傳檔案到波士頓（比手劃腳地指向遠處）。那些事都是我處理的，電腦的事啊，打掃機器啊——甚至系統被鎖定的時候，還是我要去負責啟動。太瘋狂了！我以前還有專屬的檔案夾。
>
> 但我睡著了，老天，有時我就是會睡著。我就是坐在椅子上，終端機就在你面前，而且還在運作。
>
> 等我醒過來，已經有人在處理我的工作了，然後我會趕快叫他們回去，「不用、不用，我可以處理，可以的，該死！我可能會丟掉工作。我的工作得自己做。」（再次嗅吸）
>
> 但夜班的主管——那個肥婊子——已經跟上面講了。

我有在終端機上找到她寫的那些信。我很清楚狀況，因為如果你在系統中有檔案夾，一定會設定密碼。所以我會去猜他們的密碼。

我就會（假裝專注地瞇起眼睛），「他們可能會用姓氏、名字，或者是暱稱。」我就會一直試，試到成功進入他們的檔案夾為止。所以我讀到了部門總主管有的所有檔案。我發現了她針對我寫的那些舉報信。（再次嗅吸）

我以前只要看到她就想殺掉她，我想燒死她。她以前住在那種小拖車裡，我真想去那裡逮住她——我想過各種惡搞她的方式。

我看得出來她不喜歡我。

我跟公司說她也會在工作時睡著。她以前會到後面躺在地上睡覺。但他們跟我說，「對，但她睡覺時有先登出，等有工作時才會再登入。」他們看到我睡著時，就應該提醒我先登出，之後再登入才對。但我猜因為她是主管吧，我誰都不是。

普里莫試圖報復，但他的白領敵人顯然完全沒有受到傷害。到了最後，他意識到自己之所以在職場上屈居下風的根本問題是結構性的，不只是他跟直屬上司之間糟糕的私人關係的結果。

普里莫：我在那裡待了好久。問題是他們真的對很多員工很嚴厲。我已經算是比較幸運的。

他們就在等我們搞砸，而且隨時等著找理由把我們攆走，而且都是一瞬間的事，像這樣。（彈響手指）

他們不會正式僱用任何不重要的傢伙。真正能在那裡久待的只有一開始就在那裡工作的人，也就是約翰、亞特．施瓦茨，還有另一個高高的白人。

菲利普：你對此有什麼感覺？

普里莫：（沉思似地用兩邊鼻孔各吸了一口古柯鹼）我發現時很想哭，老天。我的喉嚨變得很乾，就像是……（彷彿吸不到空氣一樣邊喘氣邊揮舞著手臂，然後又嗅吸更多古柯鹼）就是，有一次，我要去拿我的薪資支票，但在拿到支票之前，又出了一些狀況，他們就把我叫進了辦公室。

我心想，「噢**該死！**」（再次嗅吸）

但我跟他們講不通。我甚至都說了，「你們可以讓我回去當收發員，我可以拿少一點的薪水，只要讓我繼續在這工作就好。我需要這份薪水，我需要工作。我有家要養。」

他們說（裝出有權有勢的人不屑一顧的模樣），「不行、不行，就是不行。」

所以我說，「好吧。」我走了。

我的朋友在外面等我。我被惡搞了。我什麼話都說不出來。

你跟主管及老闆之間的關係就算不存在惡意，根據街頭文化的標準也有可能讓你感到羞辱或難以忍受。舉例來說，普里莫之前在貿易雜誌社工作時，他的老闆葛羅莉雅．克慈曼很可能是個抱持善意的自由派。任何人聽了普里莫對她的各種詆毀之後，很可能會在那些話語間發現，她其實有把這個高中中輟生的未來放在心上，而且認為她的這名員工聰明又有活力。她曾一度私下建議他「回學校讀書」。不過這種善意的——客觀上來說也是準確的——建議，在普里莫聽來卻不是這麼一回事：

普里莫：如果很年輕就在工作，你會被當成一個天殺的白癡。我的老闆，她也要我回學校讀書。叫她去死吧，老天！我就在這裡了，我在工作，我需要拿到我的錢。

他們一直說要我回學校讀書那種鬼話，都是因為他們被寵壞了。他們就是嬌生慣養。不是所有人都可以去學校好嗎？有些人就是得過日子啊，老天。我們這些人得吃飯啊——你懂我意思？大家得吃飯啊，老天。尤其是你還有個兒子，你就得……大家得想辦法過日子。

我當時十八歲，我的兒子帕皮多已經出生了。我是說，你在這世上有所求，就不能呆呆等著天殺的學歷來幫你。

她沒資格擔心我受多少教育。

凱薩：我實在不懂，去學校知道喬治．華盛頓橫越了天殺的達拉瓦河，到底對你在這個見鬼的世界中有什麼幫助？

普里莫：大概是，教我如何用英文寫信給其他公司吧。英文——（轉向凱薩）他們口中的那種英文——還有讀寫能力吧。

關於葛羅莉雅．克茲曼堅持執行的辦公室工作內容，普里莫沒有一個能幫助他詮釋並理解的參考架構。

反正我一點也不喜歡在那裡工作。我不想再做那些整理工作，或者跟郵件有關的鳥事了。此外，她曾叫我去檢查一個櫃子，要我把裡面的東西整理好……我不記得那些東西的名字了……噢對，她會這樣說，「盤點後列張目錄。」我甚至不知道那些鬼東西是啥——目錄？總之那個櫃子裡一團亂。所以我想，「我就把這些鬼東西丟掉一些吧，看起來整齊些。」所以我就都丟掉了，因為我知道她反正不會再用這些東西了。

普里莫對這些表面看來毫不合理又神祕的辦公室工作感到迷惘，他總是擔心被罵文盲的羞辱場面會再次出現。他不停疑心葛羅莉雅．克茲曼會在他沒有立即意識到發生什麼事的情況下看不起他。因此，當她命令他執行看來神祕的具體工作事項，像是將推銷廣告傳單以特定方式摺起、塞入，或夾好，直接郵寄給潛在顧客時，他立刻啟動了防禦機制。他母親內城公宅公寓的信箱很少收到這類郵購宣傳，因此，對於葛羅莉雅在監督這些郵購工作時所迫切要求的精準細節，普里莫完全沒有足以理解的參考架構。相反地，在他看來，她的要求顯得霸道、壓迫又羞辱人。事實上，當葛羅莉雅嚴格又焦慮地監督他所準備的郵購包裹的每個細節時，他甚至懷疑這純粹只是因為她的迷信和獨裁。

弱者的武器

這些郵購廣告目標明確，必須小心處理，但普里莫卻拒絕隨之產生的「工作彈性」——也就是必須核對又核對到深夜，以確保大宗郵件郵資的截止日期符合雜誌印刷和促銷的截止日期。對普里莫來說，將組裝好的促銷郵件在最後一刻帶去葛羅莉雅家，讓她在深夜時進行最後檢查，實在是無禮且在性別關係上不得體的行為。

普里莫：都已經很晚了，我還要待在辦公室趕工：核對、用釘書機釘好、用正確方式摺起來……全要照她的話做。每次都有不一樣的做法。而且一定要照她的想法來。我必須要用絕對正確的方式塞入信封（瘋狂做出類似洗牌推牌的姿勢）然後再封起來。

我以前真的很討厭做這件事。我必須把這些郵件裝箱，然後在晚上十點半帶到三十八街的郵局。

但有時她會從家裡打電話給我，我就必須要得把這些帶去她位於七十九街和第三大道交叉口的家（曼哈頓的絲襪區），只為了讓她再次確認我的工作成果。她一定要每個信封都確認過一遍，然後每次都能找到我沒用正確方式折好的一張廣告紙。然後她會問我要不要吃些什麼，我會堅定地說，「不用，謝謝妳。」因為她就是想用那些狗屎食物收買我；因為她就是個下流的婊子。她會說，「你想要披薩、茶，還是想要些餅乾？」她有那種培珀莉牌的餅乾。

但我不會接受她的任何東西。我才不想花時間在她身上。畢竟她覺得我是文盲。她覺得我蠢。我才不是！我的**每分每秒**都是要算錢的。（咧嘴笑）從我離開辦公室的那一刻起，我就是在加班了，前往她家的一路上都算。那可得算一點五倍的工資啊。

我以前會故意多報工時。如果我工作十六小時，我會寫十八或二十小時，看看有沒有辦法得逞——然後我都會得逞。我可不打算免費做白工。那個婊子真的是瘋了。她以前還會吃嬰兒食品。我知道，因為我看到她用湯匙從那種罐子裡挖來吃。

如果就葛羅莉雅看來，普里莫是個陰沉、不知感恩，又不老實的員工，那普里莫眼中的葛羅莉雅幾乎就是個變態。哪個正常的中年女人會在深夜邀請十九歲的員工進到她家廚房，還在他面前吃嬰兒食品？諷刺的是，普里莫在深夜必須緊急完成的郵購宣傳工作中表現出熱切配合的彈性，或許因此獲得了可能在葛羅莉雅的雜誌社中升遷的機會——或至少是好好保住工作的機會。她可能意識到自己又開始能夠重新信任這位害羞又帶點敵意的員工，也想對他友善點，所以才邀請他進了自己家的廚房，還提議要請他吃些點心。

無論如何，普里莫在面對雇主時取得了勞工階級的勝利，但事後證明只是一場災難。他對勞工權利的定義仍延續了前幾個世代在工廠車間對抗時建立的觀念，那些有自尊的時薪工人要求能在值班八小時後獲得一點五倍的加班費。然而，在高聳辦公大樓走廊的跨文化衝突中，要求加班費的人永遠不會獲得晉升。確保你在職場得以存活的，是你留下的「各種工作紀錄」，而不是揪眾去談判合約。

這些初階內城勞工受到的另一個阻礙就是，用來評估辦公室工作表現的語彙在街頭文化中找不到對應的說法。當普里莫或凱薩這種人遭到「終止僱用」時，人事報告中可能包括一連串的註記：「不夠積極進取」、「表達能力不佳」，或者「不理解公司的目標」。普里莫透過「街頭英文」意識到，這些評價代表「她在對同事說我很笨」。然而他無法改善自己的表現，因為這麼做會動搖他對維護個人尊嚴的基本認知。因此，在葛羅莉雅的貿易雜誌社，由於這種高度專業化的次級部門週期性經濟緊縮的特性，也就是會隨著上層階級文化的突發奇想和流行而起伏變動，普里莫成了這種現象的首要受害者。

普里莫：我得離開那份工作，因為我的工時被砍了。原本應該是一天四個半小時，後來有一天，她把我一整天的工時都砍掉。沒那麼多工作能做了。我已經生兒子了，帕皮多，生活有一堆開銷。我兒子的媽，珊卓拉，她有拿政府補助，但不夠。她有去打一些黑工。她的表妹……還是誰……反正是隔壁鄰居，以前會在她工作時來幫忙帶小孩。珊卓拉等於也是照顧他們，但很辛苦，因為她得分一半……無論她那天賺了多少，都得把一半分給幫她帶小孩的人。她賺的也大概就是最低薪資。她努力工作，但生活還是爛透了。所以我得找份新工作。我的老闆限制我的工時，我又不能加班。

普里莫和凱薩位於財金、房地產及保險服務部門辦公室服務工作階層的最底端，但他們並不是全然無力抵抗。這些高聳辦公大樓中沒有加入工會的服務業勞工就跟從農奴、工匠到現代家務工這些受支配的大眾一樣，可以為了職場反抗搞出同樣的戲碼：做事拖拉、態度糟糕，偶爾還會偷點小東西。[8]不過這種刻意展現出來的不滿在新的辦公室服務部門尤其不能被接受，畢竟在這類部門中，決定解僱及晉升對象的原因通常都是「態度」——熱情、積極，並且有彈性。在工廠車間透過反抗定義出的文化身分認同有其合理性，甚至還能將管理階層與勞工之間的衝突儀式化並穩定化，然而這種反抗態度在財金、房地產及保險服務部門完全無法被接受，因為中上階級盎格魯文化的互動模式就是會以牙還牙。

相對於有加入工會的工廠勞工，財金、房地產及保險服務部門的低階服務部門員工缺乏正式的制度內管道，去合理化或有效地應對他們對工作條件的不滿。結果就是，初階辦公室員工在他們能為自己開拓出的、極有限自主性中，發展出了一個與主流隔絕且異化的「勞工階級文化」。凱薩立刻就在他那家藥品廣告公司的郵件收發室中發現了這個狀況：

> 凱薩：我以前會遲到，但其他員工根本什麼鳥事都沒在做。他們就是一堆幹他媽的**懶惰廢物**——就連主管也是。
>
> 他們就坐在那裡，連問別人問題都用打電話的，然後玩電腦遊戲打發時間。你在那種地方就是做那種事。
>
> 我的老闆比爾一逮到機會就偷喝酒，還吃那種高級得要命的香腸。

不過普里莫和凱薩都比較喜歡用更實際、更能為個人帶來滿足的方式進行微弱的報復：在工作時偷竊。

> 普里莫：我以前負責所有快捷郵件。對，快捷郵資是九塊三十五分，他們會給我十塊去郵局。

但我只會把信封塞進「必能寶」（郵資蓋印機）蓋過，然後隨便丟進最近的郵筒。

普里莫對於能有效從老闆身上撈到一些油水覺得特別驕傲，畢竟對方是曾罵他文盲的葛羅莉雅．克慈曼。確實，普里莫上班沒幾個月就已經會熟練地透過重複開收據還有偷換收據等詐騙手段來偷錢——而這些通常不是我們預期文盲會懂的手段：

普里莫：他們為前台辦公室的接待員設了零用金錢箱，有一次我直接從裡面偷了八十美金。

（從放在我客廳咖啡桌上的一包海洛因中痛快吸了一口）

我不只偷了八十美金。我很清楚那地方是怎麼運作的。我總能搶先一步搞到一些錢。

其實，一開始在那裡工作時，我會把所有收據好好收起來。然後有時候，我會從零用金的箱子裡拿一點錢，但領薪水後我就得還回去。葛羅莉雅真是天殺的下流，老是囉嗦地罵個不停，說什麼收據對不上，又因為我接了電話在那邊抱怨，還說我是文盲。

嗯哼，她的庫存和對帳都一團糟，什麼東西有多少根本搞不清楚。她會要我去拿影印好的材料，但我已經知道價格了，因為我打去問過影印店，知道他們要收多少錢，所以知道她會給我多少。我知道比如有幾份、無論尺寸，八點五乘十一。

然後我會去找前台那位小姐，就是那位接待員，要她給我八十元去付這東西。

然後我再問葛羅莉雅（嗅吸更多海洛因），問那個婊子，也就是我的老闆，「妳想用現金付還

一名快克藥頭的自畫像，畫像中的他戴著金鍊子和獎章。這個藥頭是遊戲間的主要競爭對手，他用塗鴉來標記自己的販賣點。（攝影：Philippe Bourgois）

是支票付？」
她就會說，「支票。」（咯咯笑）所以我有了一張八十元的支票，留下八十塊現金，再把影印店拿回來的收據放進零用金的錢箱。從來沒人發現是怎麼回事。（吃吃笑）那婊子笨死了。她那麼愛囉嗦，但連點小事也做不好。（狂笑）

普里莫說這段話的笑聲嘎然而止，他突然往我家的廁所蹣跚前進，途中還吐在客廳地毯上，這讓凱薩帶著保護似的關心對著他喊：

凱薩：噢天哪！你還好嗎？普里莫？我就一直跟你說了，天哪，你這黑鬼這麼瘦，不該一下子吸那麼多。（將他家鑰匙插進一包海洛因中，什麼都沒混地直接用兩邊鼻孔各吸一次）

「潮衣」和象徵權力

邊緣的初階員工在合法產業中的抵抗作為並非一定有用或能帶來實際好處。就更深的層次而言，街頭文化的整個根基，以及像是普里莫和凱薩這種人不願妥協自己的街頭身分認同，其實都是在拒絕接受自己在主流職場世界的邊緣化狀態。街頭文化的反抗性身分認同既是驕傲地拒絕社會邊緣化，也是防禦性地（有時是被恐嚇地）否認自己的脆弱性。辦公室衣著規範變得兩極化的方式為這種複雜動態提供了獨特的切入點，因為衣著是個概括了象徵或文化衝突的、具體可見的競技場。讓我驚訝的是，許多快克藥頭都提到自己的衣著不夠得體，又不想勉強配合會讓他們覺得丟臉的衣著規範，所以才儘量避免去做合法工作。一開始我覺得這只是小事。我花了幾個月才意識到，這個象徵性的自我認同表現在說明勞動市場的權力關係時有多重要。

社會學家一直對「次文化風格」在年輕人及邊緣社會部門中的反抗意義相當著迷。[9] 相關書寫大多把社會邊緣人的真實痛苦給浪漫化、異國情調化（exoticize）了。當然，相反地，透過美國主流的眼光來看，內城年輕人對「潮衣」的執迷只是證實了一種不成熟、心胸狹窄又不理性，或甚至個人病態的刻板印象。

當內城的年輕男女成為辦公室的初階員工，被迫臣服於這個職場中有權力的白人女性時，外表就成為施加或爭奪權力的殘酷場域。當然，就更普遍的層面來說，所有快克藥頭或任何浸淫於街頭文化的人，只要試圖進入主宰內城以外大多數公共空間的中產白人世界，情況其實都是如此。舉例來說，凱薩就在他對辦公室職場衝突的憤怒回憶中，強調了自己這種緊張的經驗。他完全搞不清楚自己的衣著什麼時候會引人嘲笑、什麼時候又會惹人生氣。他對這個財金、房地產及保險服務部門職位的「彈性」工作描述感到憤怒，而他的怒氣也清楚傳遞出自己身處街頭環境之外時感受到的脆弱及無力。他透過專注於令人困惑的辦公室衣著規範，排解自己在工作中客觀存在的無力感。

凱薩：我在薩歐德和韓納西公司工作時，就是那間藥品廣告公司，他們有衣著規範之類的鬼東西。我打了三星期的領帶，但，嗯哼……鮑勃——我是指比爾——他是我的主管，一個狗娘養的愛爾蘭人，一個老白男——他說如果我不想，就可以不打領帶。所以我就不打了。因為某些原因，既然我是剛來處理郵件收發的新人，他們又剛好在重新裝修之類的，所以他們就要我做一堆，一堆麻煩的苦工。我得拆掉櫃子、清掉灰塵，還要打掃——都是髒活。我是說，我身上穿著我的好衣服，實在不想認真幹這些工地工作。但我也不能穿得像個流浪漢吧，因為我的主管會問我，「你為什麼穿這樣來上班？」或者「你穿那樣是要做什麼？」他的意思是，「就像個流氓。」但我穿的是好衣服，像是很不錯的寬褲、時髦的鞋子，還搭配很不錯的佩斯利花紋襯衫（paisley shirts）。

但讓我不高興的是，我原本的工作內容沒有那些工地工作。我是被僱來當郵件室員工。他們從沒告訴我他們打算重新搞什麼鬼裝修。

但之後他們又要我遵守衣著規範。我恨透那些鳥事了。我當時根本沒什麼衣服，因為還在忙任務（狂吸快克）。所以說真的，我的第一份薪水幾乎都拿去買衣服了，但上班後全搞砸了，結果還得重買。

必須去字典查「文盲」的意思讓普里莫備感羞辱，同樣地，凱薩自以為穿得很不錯去上班，卻被主管指責「像個流氓」時，他也覺得很受傷。他的問題不只是買衣服的錢不夠，而是搞不清楚到底該買什麼。這章稍早的段落引述過凱薩青少年時期好友威利的對話，威利曾篤定地向我表示，凱薩穿著自己的潮衣上街時總會成為「街頭黑幫小隊之王」。因此，當凱薩輸掉了這場文化資本的戰役時，他一定整個迷失了方向。

幾個月之前，我親眼目睹普里莫基於類似理由放棄了「動機式訓練」就業計畫。計畫就辦在他母親公宅大樓的地下室，主辦人曾是一位海洛因上癮者，他當時剛拿到私部門數百萬美金的經費，打算用這筆錢進行創新的教學法，來訓練這些「無法就業者」。普里莫覺得那個計畫根本瞧不起他，他把不滿的情緒聚焦於自己因為衣著不妥所面臨的羞辱。這項動機式職業訓練計畫的基本概念就是「這些人態度有問題」。他們用新兵訓練營的方法來教導這些失業學員：第一週先摧毀他們的自尊心，這是為了讓他們可以重新振作，並頓悟自己真的很想在僅高於最低薪資的服務部門找一份警衛、收發員，以及資料輸入員的工作。中年的非裔美籍婦女是這個計畫成功率最高的族群，這些人在孩子離家後就希望自己能不再仰賴福利津貼過日子。

面對這種訴諸心理動機，並想盡辦法操控人去接受無聊、低薪工作的計畫，我也表現得「態度不佳」。然而在此同時，我在遊戲間目睹的暴力及自毀場面也讓我逐漸相信，在職場中遭到剝削總比待在合法勞動市場以外的地方好。無論如何，我說服了普里莫和五、六個他在遊戲間的工作夥伴——包括糖糖和管理「藥房」街角的社交俱樂部那間快克站的小彼得——去參加那個計畫。就連凱薩都有點心動。

沒有一位快克藥頭撐過三堂以上的職業訓練課。普里莫在第一天註冊並聽完精神喊話後就退出了，然後有好幾週都避談這次經驗。我不停逼他解釋為何「就是沒去」那些免費的職業訓練課程。直到我反覆糾纏好一段時間，他才終於表示，自己每次嘗試進入合法勞動市場時都會經歷的那種，深切的羞恥及脆弱。以動機式就業訓練這個計畫而言，當他們拒絕屈就於服務部門勞動市場中的低賤職位時，衣著和外表——又是穿衣風格——成了一種反抗的媒介。

菲利普：Yo，普里莫，聽我說。我擔心有什麼你沒意識到的狀況，我是在說你的狀況。比如你現在一天到晚都在吸古柯，幾乎每天晚上。

普里莫：什麼意思？

菲利普：你也沒去參加就業訓練。你說你只是懶得去，但我擔心有些更深層的問題沒解決。說不定你是因為想要整晚狂歡，還想整晚吸個不停，所以才再也不回去上課嗎？

普里莫：菲利佩你聽我說，我真正的問題，我最大的焦慮，是衣著規範，因為我沒有什麼體面的衣服。我連一件正裝襯衫都沒有，只有一雙皮鞋，但你可不能穿球鞋去上課。他們也打領帶——不是嗎？總之，我連領帶都沒有——只有你之前借我那條。

如果繼續上課，我那三個星期都得穿得一樣：T恤搭牛仔褲。**我看起來就像個流浪漢一樣邋遢**（*Estoy jodido como un bón*）！

菲利普：你找的這是什麼爛藉口啊？別跟我說你在意的是這種鳥事。根本沒人在意別人穿什麼。

普里莫：Yo，菲利佩，我是認真的！聽我說！我真的一直在想這件事。見鬼地想個不停！見鬼的他們當然有在注意，因為我就會注意到有人穿著邋遢的襯衫和爛領帶。

我不想參加訓練課程時一直都這麼**難為情**（*abochornado*）。我可能連專心聽課都沒辦法，因為感覺一直被 dish（瞧不起，diss 的誤拼），就是……被當成一個傻子。身上的牛仔褲很髒……或者是很舊，我一定得穿牛仔褲去，因為我只有一條西裝長褲。真的沒騙你！我只有兩件正裝襯衫，其中一件還掉了鈕扣。

我不想告訴你這些，因為聽起來是糟糕的藉口，但我真的就只有在想這件事。不過當時我只說，「嗯，我就是沒去了。」

還有菲利佩，我是個愚蠢（這裡的「愚蠢」代表「非常」）瘦的黑鬼。所以我得小心自己的穿著，不然大家會以為我是個握柄仔（用玻璃握柄菸斗吸快克的上癮者）。

菲利普：（語氣緊張）噢該死，我甚至比你還瘦。那大家一定會以為我什麼毒品都吸囉？

普里莫：別擔心，你是白人。

相較於沒有足夠的錢買體面世界的衣服，普里莫面臨的問題顯然更深刻。種族主義和其他各種不易察覺但又象徵權力的勛章，其實都會透過衣著及身體語言表現出來。說到底，普里莫面對的最大問題在於，他不知道什麼樣的衣著在專業服務部門的文化脈絡中是妥當的。就跟凱薩一樣，他也害怕自己只要試圖認真打扮，就會成為大家眼中大搖大擺的蠢貨。他承認導致他不想回去接受職訓課程的原因，就是看到糖糖驕傲地穿著新買的漂亮衣服去上第一堂課，課後卻聽見有人罵她「看起來很俗氣」。事實上，她在上課前一天還跑去他住的公寓，展示了那件緊身的黃色連身褲裝給他和他母親看，而普里莫覺得看起來還挺優雅的。

荒腔走板的工會：種族歧視及敲詐

糖糖、凱薩或普里莫在試圖走出自己的社交圈去找合法工作時，無可避免地面臨到各種遭受羞辱的風險，但只要把自己隔離在內城的街頭文化中就不用承擔這些。然而與此同時，就算是最惡毒、最疏離主流的快克藥頭也會持續地意識到，相對於藥物經濟，能找到一份工會工作代表了另一種正向、合法的人生選擇。對工地工作來說特別是如此，這是紐約市能參加工會的初階就業市場中門檻最低、數量也相對較多的一種工作。跟工廠工作相比，在建築工地工作甚至更符合街頭文化中必須展露陽剛特質的定義。[10] 甚至當我指控凱薩在工地工作是偷懶的表現，還被他嚴厲訓斥了一番。當時他正站在遊戲間門口，那是他把風時站的位置。他說話時挺著胸膛、舉起雙拳，讓我想起電視上播放的「地球超人」廣告。

凱薩：才不啊老兄。幹你去死！工地工作棒透了。
看看我的身材。我的身材就適合去工地工作。

我跟普里莫才不一樣。（指向正在招呼顧客的普里莫）他的身材只適合在倉庫收發貨。（遠處有槍聲響起）

讓我驚訝的是，凱薩承認在普里莫僱他來遊戲間工作之前，他曾嘗試成為工地工人，只是終究失敗了。相對於在薩歐德和韓納西廣告公司時的狀況，這次的失敗經驗沒有那麼讓他感到羞辱，因為在紐約市的人都很清楚，建築產業就是個種族主義的地方，那裡的工會由黑手黨掌控，能在其中如魚得水的只有高薪的白人員工。[11] 自從一九七〇年代開始，以內城為基礎的平權行動組織就試圖對當地的工地施壓，希望這些地方能從他們的社區僱用工人。諷刺的是，他們用的是老派義大利黑幫率先使用的高壓手段。這些就業平權行動組織系統化地招募凱薩這種體態陽剛、個性又火爆的男人當他們的暴力糾察員，要他們恐嚇並強迫建築公司將拉丁裔及非裔美國人加入他們的工地現場。而對糾察員最有效的獎賞，就是能在他們高壓策略執行成功的工地獲得全職且可加入工會的日間工作。

有個相對正派又出名的「打擊種族歧視」就業組織，名叫「哈林反擊」（Harlem Fight-Back）。本來就愛蠻幹逞能，又喜歡公開表現暴力傾向的凱薩只不過為這個組織進行了一週的糾察行動，就獲得了一份少有的工會工作。儘管在糾察線上獲得了出色的成功，凱薩在離開採用街頭文化策略的「哈林反擊」帶給他的保護傘之後，遭遇了全面性的潰敗。他突然發現，在這些全是白人的工會新同事之中，自己遭遇了種族歧視的巨大屏障。

薪水很好。他們付我十四美金的時薪。但我是唯一的波多黎各人，其他全是蠢義大利佬之類的爛傢伙。我從沒有真的拿到薪水。

他們就是開始把我耍得團團轉。我本來在拆除部門工作，但每次我去工地，工頭都一副不知道有僱用我這個人的樣子，然後他們就會一直派我到處去做別的工作。

這些蠢義大利佬——大概四十歲吧——會問我（粗聲粗氣），「誰派你來的？」

我就只能（無助地聳聳肩）。

然後他們就會（再次粗聲粗氣），「誰僱用你的？」

我會跟他們說是誰僱用我的。但問題是，工會總辦公室沒把我的文件送過來。所以我沒有值班卡或之類的東西。我只能像無頭蒼蠅一樣亂工作。

我會去工作現場，所有人都在那裡等老闆離開，「好啦現在，大家開始幹活吧。」然後他們就開始工作了，我就加入一起做。

但沒人知道我是誰。總是有人在問「誰僱用你的？」還有「你的值班卡呢？」

他們就這樣把我耍得團團轉。我太笨了。我後來沒再回去。因為當時我都有在吸，所以我就說，「幹去死吧，他們只是在找我麻煩。」然後我就去狂吸快克了。

換句話說，快克和種族歧視的勞動市場共謀，再加上凱薩個人的種種脆弱性，讓他就算是在最傳統、最強調陽剛氣質的勞工階級少數族裔勞動市場中，也必須想辦法逃離受到結構排斥的處境。

在這個有工會的建築產業中有兩個次級部門，相對來說，這兩個部門更願意接受埃巴里歐的非裔美國人和波多黎各人：建物拆除及高樓窗戶更換。這些危險的工作在紐約市最貧窮的地區特別常見，因為當地的房東想要仕紳化，再加上肆虐公部門的貪腐問題，讓這項產業因此興盛起來。看了讓人難受的是，這些強悍的埃巴里歐高中輟學生對自己能合法工作感到驕傲，他們拆除那些勞工階級的租屋，清掉遭縱火又廢棄的建物殘跡，好整理出能夠建造全新奢華建築的空地，但他們和他們的家人永遠不可能負擔得起最後的成果。經濟學家和房地產仲介說這叫作仕紳化。在街頭，我聽到的說法是「漂白化」(bleachification)。

而之所以有這麼多窗戶更換的工作，其實也是曼哈頓可負擔住屋競爭激烈的結果，只是因果關係不那麼直接。根據紐約市住屋法規，窗戶更換算是基礎設備優化，房東可以透過策略性但完全合法的帳目登記手法，將實際費用以好幾倍的金額轉嫁到事前一無所知的房客身上。這是房東要規避紐約針對穩定租金及預防家庭遭到驅逐所設置的嚴格法律，少數可採取的手法之一，他們能藉此在短時間內提高房租，迫使貧窮的房客搬出他們的大樓。那些介於極富裕與極貧窮社區之間的邊緣地帶，像是東哈林區南側與紐約「絲襪區」上東城交界的東九十六街一帶，正是這類最難抵抗仕紳化進程的間隙區域。諷刺的是，在埃巴里歐，年輕人樂於見到自己出生成長的地區進行長期的住屋置換，因為這些建築翻修讓他們能在短期內獲得高薪的工地工作。只是這些窮工人翻修的是自己再也負擔不起的建築物。

住房管理局所擁有的公宅也會定期「翻修」，背後出錢的是有組織的犯罪集團，這也另外提供了大量高處窗戶更換的工作。快客站的一些常客，包括社交俱樂部的經理小彼得，就曾在無意間參與了這類由義大利黑幫掌控的窗戶詐騙，還驕傲地覺得自己大賺了一筆。小彼得本來要幫遊戲間對面的公宅建築換上數千扇新的窗戶，但卻被迫提早結束工作，因為有片窗玻璃直接砸到他的頭上，玻璃碎片插進了他的左眼。他被送入大都會醫院，這是東哈林區的公共市立機構，他在這被迫得申請貧困醫療補助，因為他的轉包商從未付過任何醫療保險或員工補償方案所需的費用。更糟的是，醫院社工調查後發現，轉包商其實是透過一名貪腐工會官員非法僱用了小彼得，在工會官員的安排下，轉包商能拿到全額工會薪資（時薪十八美金），但小彼得實際拿到的只有十美金。小彼得本來很驕傲自己得到了一份時薪十美金的工作，但那只是因為他從未意識到，根據工會規定，他的勞動其實值十八美金。[12]

被新進移工取代

儘管工會勞動市場的內外圍交界處充滿各種負面經驗，但所有人都承認，能加入工會的工作才是理想工作。在普里莫斷斷續續找工作的期間，他最常掛在嘴邊的話就是「我得找到一份工會工作」。事實上，曾有短短兩個月時間，他陷入了虛假的幻夢，以為自己在一間夜間清掃服務公司找到了一份工會職位，那間公司負責清潔旅館會議室和時代廣場一帶的劇院。一開始，除了起薪只有一小時六點五美金，普里莫非常興奮。他私下向我承認他覺得太棒了，「就像個有在正常工作的黑鬼了。」但他也表示，「你知道什麼有點怪嗎？除了老闆之外，其他人全都天殺的是移民。」他也抱怨公司不願支付加班費；儘管如此，他仍接受了公司的解釋，也就是旅館的管理部門要求他們必須在房客睡醒前離開：「我猜他們不想看到像我們這種人渣出現在自己眼前。所以我們努力把一堆工作在（晚上）十一點到（早上）六點半之間完成。」他不喜歡那個「禿頭的豬太白人老闆」，因為他每次來檢查他們的工作時總是罵個不停，但普里莫也對跟他一起輪值的工會員工竟敢放肆地回罵那位「禿頭的白人」留下深刻印象。在他第二次拿到隔週發放的薪資鈔票時，他注意到有幾晚的工資沒算進去，另外他也發現，沒有任何本土出生的美國人通過加入工會前一定要經歷的兩個半月試用期。

果然，就在普里莫只剩兩週就能擁有進入工會的資格時，他被解僱了。

普里莫：我有想到可能會這樣，因為我已經在那裡工作了兩、三個月，所以我是最有可能被解僱的，因為該死的工會問題。而且你做這份工作也沒有藍十字／藍盾的醫療保險，他們還會亂算你的錢。

在那裡工作好多年的老傢伙告訴我，「你這份工作進不了工會。等你在這裡工作三個月後，他們就會把你裁掉。你等著瞧吧。」

他們還有欠我時薪。那工作糟透了。最後留下的一定全是非法移工、牙買加人，還有中美洲人，你等著瞧吧，不用多久。

在普里莫描述管理階層打擊工會的作為時，凱薩聽得非常生氣。儘管如此，他和普里莫也都已開始用種族主義者典型的「各個擊破」邏輯來思考。他們對自己在勞資衝突中的結構脆弱性感到憤怒，但又將怒氣轉移到代罪羔羊身上，也就是進入紐約市勞動市場的新移民。他們仍希望之後有機會找到高薪的工會工作，但這個夢想就在這些過程中進一步遭到摧毀。

凱薩：墨西哥人在這些地方也被耍得很慘。他們拿的薪水不高，又占掉所有工作。你懂我意思嗎？他們就是廉價勞工。

比起僱用白人或波多黎各人，大家更願意先用墨西哥人，因為他們知道可以把墨西哥人耍得更慘。

普里莫：他們做我可能拿到的那種工作，但時薪只有兩、三美金。

凱薩：那也讓我氣瘋了老天！

普里莫：他們把其他美國公民能做的工作都搶走了。

凱薩：明明我們才是美國人。

普里莫：我大概只能勉強拿到像樣的時薪——五、六或八美金。

凱薩：墨西哥人還帶一堆親友過來。現在已經有住滿墨西哥人的大樓了。

普里莫：一一六街上的大樓就塞滿了墨西哥人老天。

凱薩：這整個街區現在塞滿愈來愈多不同種族的人。一大堆傢伙就這樣莫名其妙地擠在同一個窩裡。

特別是非洲人——我覺得那些人很髒。

普里莫：他們超級瞧不起人，但過得比我們好。

凱薩：不知為何他們看起來就是很不乾淨。

菲利普：哎呀，別說這種話！

凱薩：他們是真的黑，就是真的很深的那種黑。我覺得他們看起來很髒。他們跟我們身邊看到的那種美國黑人不一樣。他們真的像是撒旦那種硬派黑。

普里莫：還有多明尼加人。

菲利普：天哪！你們該讀一下我的書[13]，那本書在寫窮人對彼此種族歧視有多蠢。讓我去拿書讀給你們聽——那是在講一個哥斯大黎加的大農園，黑人和拉丁美洲人不停彼此抱怨。大公司就愛看你們這樣，他們就是這樣一路笑著賺大錢。

凱薩：（忽略我的話）感覺多明尼加人最可惡。他們來這裡不是賣藥就是買店面。我最恨多明尼加人了，老天。

這情況可說典型重現了將他們父母及祖父母帶到埃巴里歐的歷史過程——只不過角色反了過來——普里莫、凱薩和遊戲間一帶幾乎所有人都痛恨看到新移民搬入他們的街區。在我進行田野調查的最後幾年，搬進這裡的墨西哥鄉下人愈來愈多，他們搬進我們身邊最活躍的賣藥街角上那些最破舊的公寓樓，因此針對他們的掠奪性隨機暴力行為也隨之出現。遊戲間的幾位常客都曾因為搶劫和持刀傷人被捕，奈斯特也不例外，他是雷伊直接僱用的快克販賣者，雷伊偶爾會用他來做普里莫和凱薩的工作。而那些暴力行為中最具毀滅性的，就是射殺他們新搬來的墨西哥鄰居。

大約在三、四十年前，才有義大利裔美國人對波多黎各人大發脾氣，指責他們「偷走了」他們在工廠的工作，還「入侵了」這個地區。一九九〇年代的墨西哥人面對的是第三世界令人絕望的貧困，而在一九四〇和一九五〇年代，也正是同樣的驅動力讓波多黎各的新移民來到美國，成為比之前移居到此的族群後裔——紐約出生的義大利人——更「好剝削」的勞工。舉例來說，普里莫母親對自己生長鄉村的童年回憶就清楚地表達出這種狀況。

> 普里莫的母親：（用西班牙文說）我愛我在波多黎各的生活。我們總是有飯吃，因為我爸總是有工作。那時候的習俗是會在露台上有個小農園，我們會在裡面種食物跟你要吃的所有東西。
>
> 我們只在週日吃肉，因為所有食物都只能用一小片土地種出來。我們從那裡收穫了我們的茄子、我們的豆子、我們的香菜、我們的……（列出另外幾樣維持人類生活但較為傳統的波多

黎各蔬菜及香料）這樣我們可以省錢。
我們沒有冰箱，所以我們吃**鹽漬鱈魚**（*bacalao*），那是可以儲存在室外的食物，還有一種肉，他們叫作**牛絞肉**（*carne de vieja*），還有罐頭沙丁魚。

但感謝上帝，我們從來不會挨餓。我媽自製很多細玉米粉。為了省錢，只要有任何豆子沒吃完，她就會又擠又搗，弄成一點點湯，再加一點細玉米粉。這樣我們就永遠不會挨餓。

一九五〇年代，埃巴里歐公立高中的義大利裔美籍校長萊納德·柯維洛覺得很沮喪，他身邊有很多鄰居都因為種族主義而歧視像普里莫母親這類人。他在自傳中記錄下了在埃巴里歐街角跟一群義大利裔美國人的爭執內容：

（街角的男人）他們跟我們不一樣。我們是美國人。我們至少一星期吃三次肉。他們吃什麼？豆子！

（高中校長）你以為你父母剛來美國時都吃什麼？……*Pasta e fasul*……豆子配通心粉——而且別忘了。別忘了你現在對波多黎各人說的這些話，其他人以前也是這樣說你們的爸媽。[14]

一九九〇年代，這些紐約出生的年輕波多黎各失業者，和「入侵」他們居住區域及勞動市場的新移民之間，產生了各種暴力及種族主義的緊張關係，也因此反映出紐約經濟重組最新階段中的人性陰暗面。最低薪資的實際價值在一九八〇年代減少了三分之一，在此同時，聯邦政府對紐約市預算的貢獻比例也減少了百分之五十以上。在正常情況下，這會引發初階勞動力大量短缺的危機。[15] 然而新移民卻提供了大量的新鮮勞工，這些人可以接受低於生存所需的薪資，也能容忍剝削的勞動環境。尤其在東哈林區，這些墨西哥新移民大多來自普埃布拉州和格雷羅州的鄉村。他們出生的村莊極度貧窮，因此成為極度聽話又廉價的勞動力，可以滿足財金、房地產及保險服務部門高薪主管對個人服務項目的大量需求：家務管理、辦公室清潔、派送人員、精品店服務員，還有餐廳員工。[16] 此外，由於他們來自貧困鄉村，那裡就連自來水和電力都是奢侈品，因此更能容忍美國內城公部門運作上無所不在的失能狀態（endemic）。無論任何族裔，只要是當地出生的紐約人，在爭奪低薪資的低賤工作時能夠接受剝削的程度就是比不上這些新移民。

除了物質上可以忍受較低的生活水準，墨西哥新移民也能接受更剝削的工作條件，相較於在職場的波多黎各或非裔美國人，他們面臨的種族主義及受宰制狀況也相當不同。土生土長的北美人已經建立了族裔階層高低的順序，以及自我價值的各種定義，但墨西哥移民的自尊感仍未以此為框架完整發展起來。當時在紐約就算直接針對拉丁裔進行攻擊，許多平常以較幽微的形式出現的種族主義及羞辱說詞，在他們聽來都無關痛癢。但當然，這種一定程度不受其他族裔群體「diss」影響的處境後來有了改變，因為這些新墨西哥移民無論就個人或情緒方面，都逐漸在當地社會中發展出更強大的的利害關係，而且在紐約出生的墨西哥裔第二代也逐漸成年。可以想見的是，由不同文化及經濟指數所主導的類似動態，也會發生在其他的無證新移民群體中，像是在曼哈頓下城的亞洲人、上西城的多明尼加人，還有布魯克林的西印度群島人。[17]

雙元文化人的另類出路：向上流動或背叛

有鑑於紐約勞動力最底層的新移民隨時間出現族裔遞嬗的狀況，紐約出生的波多黎各人若希望向上流動，最主要是仰賴財金、房地產及保險部門對辦公室支援性員工的需求增加，其中包括郵件收發員、影印員工，還有接待員。不只因為這是城市經濟中最快速成長的次級部門，也因為若是成為一位收發人員，能夠最有機會透過晉升為辦事員、再晉升為行政助理等諸如此類的歷程，來達成向上流動的目標。當然，進行這類工作的必要條件，正是街頭文化所厭惡的恭順舉止。

正如早先所說，在財金、房地產及保險服務部門中，需要來自內城的辦公室員工成為雙元文化人：換句話說，就是在下城禮貌地按照「白人女性的規則」行事，然後等晚上回到讓自己感到安全的租屋處或公宅後，才能回復街頭文化的樣貌。無數東哈林區的居民設法在這條岌岌可危的鋼索上平衡他們的身分認同。然而，只要他們成功之後，身邊工作比較邊緣或失業的鄰居和童年好友就會指控他們背叛了自己的族群，還內化了種族歧視。

我收集了一些遊戲間常客的說法，他們義正詞嚴地譴責那些成功找到工作的鄰居，這些人都在下城工作，而且適應了高聳大樓中的辦公室文化。李羅伊是凱薩的另一個表哥，也有私下經營一間快克站，他對此議題的態度特別強硬。

李羅伊：你會看到有些人去下城找到了好工作。如果是波多黎各人，就會看見他們去做頭髮，還戴隱形眼鏡。他們就這樣變成白人了。就是這樣！我親眼看過。他們是叛徒。他們想變成白人。老天，如果你用西班牙文叫他們，結果只是給自己找麻煩。我是說，就用佩德羅這個名字來說吧——我舉例而已——佩德羅會說，（模仿白人帶鼻音的腔調）「我的名字是彼得。」

佩德羅怎麼可能變成彼得？

你自己去看看那些說西班牙文的人是怎麼去做頭髮的。只要他們找到那種好工作，突然之間，你看著吧，他們就開始中規中矩地說話了。

對李羅伊來說，成為雙元文化人不在他的選項之內，他膚色黑，習慣街頭的兇悍舉止，凡此種種都導致他無法擁有在高聳辦公大樓的走廊受到信任的機會。我後來得知，我錄下他譴責「叛徒」的發言當晚，他之所以如此明確表達出這方面的怒氣，是因為最近一次嘗試在辦公室工作的經驗不佳。他才剛辭掉一份「下城中微不足道的收發員工作」（好能夠回來在公宅樓梯間做賣快克的這份全職工作），原因是在高聳辦公大樓的走廊，有位白人女性一看到他就尖叫著逃開。他幾乎可說是立刻就辭去了工作。李羅伊和這位嚇壞的女士搭了同一台電梯，為了送件，李羅伊剛好又跟她在同樓層走出電梯。更糟的是，當那名女性逃離他身邊時，他正試圖表現出風度翩翩的模樣。他懷疑是他不夠得體的外表和嘗試展示的紳士風度之間產生了矛盾，才會害那女人嚇成這樣：

李羅伊：你知道有時我們會讓女士先出電梯嗎？我就是那樣，但可能那天，我看起來有點寒酸吧。有時我不會把頭髮梳好，你懂嗎？所以我讓她先走時，可能在她看來，我的樣子有點邋遢過頭了吧。

李羅伊一開始沒承認，但在我進一步追問後，他才表示自己也被那名白人女子嚇得不知所措。他在沒有外人的狀況下和這名女子近距離接觸，她又表現出對此很避諱的模樣，以致他在跟她一起踏入電梯時忘了按樓層按鈕。

李羅伊：她先進電梯，之後就等著看我要按幾樓。她假裝不知道自己要去幾樓的樣子，因為她想先等我按好樓層。但我就站在那裡，我忘記按了。我在想別的事——我不知道自己是怎麼了。然後她大概就想，「他沒按，我猜他在跟蹤我！」

李羅伊很努力想要理解，為何光是自己的出現就會讓白人如此恐懼：

李羅伊：之前也發生過。我是說，過一陣子你就免疫了。好吧，第一次發生時，你會覺得很難接受。「太誇張了。他們怎麼可以這樣以貌取人？」你懂的，他們就是會想，「就是那種人，好多黑皮膚的傢伙在到處流竄啊。」真是瘋了。但我能懂他們之間大多數人是怎麼想的。要怎麼說呢？很多白人……（緊張地望向我）我是指高加索白人——（結巴起來，一隻手還輕輕放在我的肩膀上）雖然我說白人，但你不要覺得被冒犯，因為這附近的區域還是住了很多白人。但其他另外那些白人，他們根本沒有跟黑人相處的經驗。他們住在有錢的地區，他們上的學校……也沒有黑人小孩。他們上的大學……也沒有黑人小孩。然後他們到了辦公室大樓上班，才開始真正見到我們。

你也知道，我們做的不是頂尖工作。你也知道情況是如何。我說那些就是「微不足道的工作」。你也知道，我們不總是適應得很好，也不見得打扮像樣。

有時我上班會穿得有點隨便。所以他們自動認定我一定有什麼毛病，又或者就是，他們覺得你可能會去搶他們錢之類的。所以我就是……我不去在意。有時我覺得很煩。就是，你懂，心裡好像有東西在咬，所以我會想寫。我總是會寫下來。

有時我會把發生的事寫下來，包括一切經過。我試著從這些經驗中搞出一些押韻（寫嘻哈樂歌詞的意思）。

當然，若是去做個快克藥頭，李羅伊就不用遭遇這種令他迷惘的階級及種族羞辱。為了繼續延伸這個議題，我去找了凱薩的另一位表哥——他真的在合法經濟體系中「成功」了。他在保險公司擁有一份穩定的白領工作，也把家人搬到郊區生活。他的經歷特別有意思，因為他也是在這一區長大，還成功撐過了海洛因上癮的階段。他還跟以前一些街頭的朋友保持聯繫。一開始他向我保證，他雖然逃離了街頭文化，但不需要妥協自己的族群認同。他認為這是宗教帶來的改變之一。他和他的家人都是虔誠的「耶和華見證人」(Jehovah's Witnesses)信徒。在此同時，他卻也承認，自己在回去埃巴里歐拜訪親友時，必須一定程度隱藏自己在經濟方面的成功。

凱薩的表哥：我有一半的朋友都死了，他們可能被殺，不然就是用藥過量。但我跟還活著的人保持聯繫。事實上，我今晚才見了一位。他還在用美沙酮。不過我的朋友並不覺得我看不起他們，因為我從來不會那樣。他們其實不知道我真實的生活狀況。他們知道我在「兜售保險」，但我不會太認真聊，因為可能會讓他們不舒服。我從來不對他們那樣，所以他們不覺得我是叛徒。

他在向上流動後進入的世界其實仍深受制度性種族主義宰制，想在階級及族裔之間取得平衡就像走鋼索一樣困難。就他的案例而言，解決方法就是選擇內化美國種族隔離的合法性。

凱薩的表哥：我孩子會擁有比我更燦爛的未來。我們住在郊區。事實上，在那個區域中，我們可能是少數出現的三個拉丁裔美國家庭之一。我在那一區慢跑時，人們會害怕，大家看到我也會緊張。對我來說這不是問題，因為我有自信。我不擔心。我不會因此膽怯。之前每隔一段時間，我就會在家接到騷擾電話，對方會說一些有的沒的，像是，「嘿，拉丁鬼佬（spic），」就是罵我們「拉丁鬼佬」或一些其他有的沒的，但我沒放心上。（他咯咯笑）可以說我學會站在他們的角度思考。你懂我的意思？因為我見過少數族群可以把一個區域搞成什麼模樣。我見過繁榮的地區是如何開始走下坡。所以我站在他們的角度思考，就能理解。我學會了同理。我了解他們是怎麼想的。

凱薩和普里莫沒辦法這樣去同理和理解，相反地，他們尋求地下經濟的庇護，並選擇推崇街頭文化。

5

校園生活：學習如何做一名更好的罪犯
School Days: Learning to be a Better Criminal

國中時期的我大多時候都在閒混。但他們搞出一場狂野大戰——黑人對上波多黎各人——以前波多黎各的孩子真的會被爆打得很慘。

有個傢伙幹掉了一個小鬼，所以我們都不想去學校了。我們都逃學去下城搶劫。

——凱薩

家庭、學校及同儕團體各方複雜交錯的影響，在建構及強化社會化邊緣狀態的過程中非常關鍵，特別是在一個人進入青春期以前。因此，我刻意收集了雷伊快克網絡中各個藥頭的童年及學生時代回憶，為的是探討他們於人生早期和主流社會及內城文化之間所建立的體制性關係。他們也因此談起了私密的家庭生活。這類素材都會呈現在本章及之後的三個章節，我會在其中談起性別權力關係的改變，以及就感情培養及經濟穩定的層面上，家庭生活安排是如何發生轉變。本章我會聚焦於內城中最能典型代表主流社會的早齡社交機構：公立學校。然後再從這裡逐漸談到街頭文化是如何成為相對於學校的另一個選項——所謂的同儕團體，或說作為犯罪團體原型的「青年小隊」（youth crew）（其實就是幫派）——這個選項有效填補了逃學所創造出的正規機構空白。就在這些快克藥頭開始向我傾吐他們在青少年時期最早經歷過的街頭暴力和犯罪經驗後，我也被迫必須面對性暴力這個殘酷的現象，這現象在他們的正規與非正規教育中具有核心的地位。因此，本章的結尾是分析這些成天在街上混的學齡男孩，是如何學會透過輪姦來強化街頭文化中的厭女現象。

幼兒園的不良行為：對抗文化資本

大多數小學老師都主張，他們的大多數學生一直到二年級為止都很想要討好老師，就算是將個人問題發洩在教室裡的時候也如此。不過，普里莫和凱薩一開始對學校的記憶卻幾乎都是負面的。

> 普里莫：我討厭學校。就是討厭。我以前在學校什麼都搞砸。我這輩子從來沒做過功課。我就是不想做。
>
> 從一年級到我輟學為止，我只做過兩、三次作業吧。
>
> 我這輩子從來都不做功課。從來不做！

文化及世代鴻溝導致家中傳統的權力關係失衡，普里莫與體制疏離的情況也因此更為惡化。他的單親母親是只會說西班牙文的移民，她和自己在紐約市出生的幼童一起陷入了文化衝突的困境，而這個孩子人生中的第一次不良行為，就是拒絕用西班牙文回應她。[1] 這情況在她的孩子進入幼兒園就讀後更為惡化。我在此呼應布赫迪厄的洞見：倘若文化互動的形式——更精確來說，這裡談的是讀寫能力——是在任何特定社會中建構權力的「象徵資本」基礎，那麼任何人也就能透過一個新移民母親及其第二代後裔的觀點，理解他們初次與公立學校體系接觸時所受到的創傷。

普里莫的母親不會說英文，讀寫能力也有限，因此在第一次校園開放日與孩子的幼兒園導師互動時，她的語言及讀寫能力勢必會在體制內引發災難。沒有任何一個早熟、健康的五、六歲孩童能承受眼睜睜目睹自己的母親——他們生命中的權威人物——瞬間變得畏畏縮縮，還成為受人訕笑的對象。更糟的是，在接下來的幾年間，事實證明，相對於母親所有的疼愛、批評或毆打，仍是這個充滿敵意又疏離的體制更能夠決定一個人未來的命運。

在幼兒園導師的眼中，普里莫瞬間繼承了他母親身為前鄉村種植園員工與現任內城新移民兼血汗工廠工人的汙名。她是功能性文盲，也無法跟教育官僚系統溝通，因此在普里莫的老師看來，這一切正是普里莫不肯配合教學，學習上也相對不靈光的原因。或許正是在那個當下，他變得必須透過反抗老師來保護自己，以免不小心犯了試圖討好他們的錯，畢竟這麼做注定會失敗，還會因此受到他們無意識的侮辱或傷害。儘管他焦慮的母親不停訓誡他要尊敬老師，也要他在學校好好表現，但對他來說在學校表現良好就等於背叛了自己所愛的母親。

在同時交織著教育學、人類學和社會學的學術領域中，理論家已建立起一整套文獻——有時稱為文化生產理論——記錄了老師如何無意間傳達了潛在的階級及文化訊息，進而藉此將學生階層化。一些有形的符號包括口音和衣著，加上幽微的表達形式，例如眼神接觸、身體語言、遊戲風格，以及注意力持續時間，在在都說服了這些主流、中產階級，而且由白人主導的官僚體系代言人，去相信某個特定孩童不守規矩、有情緒困擾，或者智力低下。想像一下普里莫在他二年級老師的眼裡會是什麼模樣：

> 普里莫：我在課堂上什麼都不想做。我從來不舉手。我只想坐在那裡。我以前真的會想要躲起來。我真的是個害羞的孩子，就是，永遠坐在教室最後面，一副「別來惹我」的樣子。
> 所以我開始畫畫——我裝飾了整個桌面——類似塗鴉那樣。
> 有時覺得心情糟透了，我就會發出各種聲音。他們會把我趕出教室。
> 但每次有全市考試時，我又會通過。

普里莫在教室裡的行為舉止引發了老師與同儕象徵性的歧視評斷，在宏觀層面，這類批判構成了在任何特定社會中維繫階級及經濟不平等的黏著劑。我之前偶爾提過文化資本的排除性力量，舉例來說，我常去的連鎖快克站老闆雷伊是個半文盲，他無法拿到駕照，又或者更茲事體大的，是普里莫、凱薩或李羅伊在高聳辦公大樓走廊遭到輕視的經驗。然而，卻是在學校中，中產階級社會對合宜文化資本及象徵性暴力的定義，才會用盡全力壓垮這些身處勞工階級家庭的波多黎各孩童。

普里莫：老師以前會因為我愛說話或不專心而dish我，我幾乎每次都把她罵爆。比如她說「閉嘴！」之類的，我就會說，「幹去死啦渾蛋！」

凱薩的體型本身就幾乎構成了他的不良行為。

凱薩：老師以前恨死我了。他們會說，「他塊頭很大，又很兇。」我以前就是在班上最搞笑的小丑。

我超狂的。我就是行為不良。（笑個不停）

學校執行了社會力量的各種象徵性指數，對所有參與其中的人來說，那段無意識的過程足以毒害一個手無寸鐵孩童的人生中最私密的部分。舉例來說，一旦普里莫掌握了最低限度的讀寫能力，並理解小學的慣例，他就有辦法操弄這個系統來對抗母親，甚至背叛她的信任。原本存在於母子之間正常的權威關係被顛覆了。她只能透過毆打、發怒和不信任無助地反擊。

普里莫：我一年級的筆記本整本都是紅字，但我媽反正還是得簽。我從來沒告訴她為什麼都是紅字，這樣她才會願意簽。

然後老師告訴她紅字代表什麼意思，她的反應就是，「啊啊啊啊啊！」（憤怒地揮動雙臂）當時我很常畫畫，總是在描繪東西，所以他們因為我不寫功課而寫信給我媽時，她本來該簽名，但我就在她應該簽名的地方描了她的簽名。

我就是個孩子，大概跟我兒子帕皮多很像吧，他現在六、七歲，對啊他二年級了。

等到普里莫進入青春期，他在小學時的抵抗行為升級為逃學、輕度犯罪和物質濫用。她的母親試著拯救兒子，曾把他送去阿羅約跟她的父母一起住，也就是她成長的那個波多黎各種植園農莊社區。普里莫搬進了他外祖父母的家，那是棟新建好的聯邦公宅，位在一間美國跨國公司所擁有的甘蔗種植園邊緣，這間公司曾一度僱用了他的外祖父、所有舅舅，還有全部的舅公。普里莫的母親不顧一切地試圖彌補他在美國內城的創傷經驗，卻造成了完全相反的結果。十四歲的普里莫在波多黎各成了法律上的逃學者，因為東哈林區的學校局沒把他的文件轉移過去。然而從心理學發展的角度來看，普里莫外祖父母所屬的鄉村農場社區立刻表現出的排斥態度對他造成更嚴重的傷害。在島上出生成長的波多黎各人敏銳地意識到，在這些回流移民中，社群及社會控制的力量正在崩解，而且這些新波多黎各人大多不值得信任。普里莫發現他橫跨在兩種不同文化之間——而且兩者都拒絕接受他。[2] 鄉村的波多黎各人讓他面對移民青少年典型的失根體驗，他們懷著向上流動和拿到完整公民權的夢想，結果卻在種族隔離的內城中幻滅。

普里莫：（啜飲啤酒）我媽在我十四歲時把我送回P.R.（波多黎各），因為我在這裡徹底搞砸了（對著遊戲間的窗外揮手）。

我只是個孩子，我想接近的那些女生也是。她們會站得離我很遠，就像從這裡到遊戲間另一頭那麼遠。她們好像很害怕。

我從來沒見過她們的爸爸，但她們那時還是會跟我說，「**我不能跟你說太多話，因為我爸不希望我這樣**。」（*No te puedo hablar mucho, porque mi papa no quiere.*）

然後我會說，「妳爸是誰？」心想我可能見過他，他才會不喜歡我。

但她們只是單純被警告不要接近我。你懂嗎，在這種小地方，消息傳出去只需要這樣（彈了一下手指），只要是從Nueva York（西班牙文的紐約）回來的傢伙，大概都**縱欲過度**（*fresco*）。

凱薩：對啊，我的情況也一樣。波多黎各爛透了。我也去過好幾次。他們不太喜歡紐約的波多黎各人。他們都說我們是「外國佬」（gringos）。他們說紐約來的人都比較狡猾、比較失控。

（一邊咧嘴笑一邊搖動手指）而且會操弄人。

他們想表達的是，「你們跑來這裡，搞得我們像愚蠢的鄉下人。」我說的他們就是在說吉巴羅。

你在波多黎各一定要很小心，不然會惹上麻煩。

普里莫：對啊，我在那裡也搞砸了。

我是說，我真的是個**該死的傢伙**（*condenao'*）。我和表哥一起從外婆那裡偷了五百美金。她是在賣樂透獎券的，我們直接去她房間裡的錢包裡拿錢。那女人啊（悶悶地低下頭），她愛我。她老公逮到我們，把我們毒打了一頓。所以我就回紐約了。

家庭與體制各自的暴力

凱薩的求學經驗比普里莫更加暴力及負面。他的母親跟普里莫的母親一樣，都是在十來歲的少女時期移民到美國，但凱薩的母親是來自都會的貧民區，不是鄉下農場的村莊，因此她的讀寫能力比較強，對新文化也適應得比較好。這樣的背景卻更加殘暴地擾亂了她的人生：她在十來歲的少女時期就因為不同男人懷孕多次、海洛因上癮、犯下輕罪，最後甚至因為犯下謀殺案而遭到監禁。因此在凱薩的人生當中，可說充滿各種個人及體制的斷裂與敵意。

凱薩：我在學校並不笨。我很暴力。我之所以表現得很狂，唯一的原因是……沒人好好引導我。

我是年紀最大的。我沒有老爸或老媽。我的意思是，我以前跟我媽住過一小段時間，但大多都是跟外婆住在一起。

我媽就是場災難。她十六歲時就懷了我。她在P.R.（波多黎各）時好像是選美皇后吧，超級受歡迎。我爸當時很年輕，大概二十歲。

她以前也會吸古柯和海洛，還喝酒。我媽她的問題可大了，老天。

我是說，她沒辦法照顧我，因為她要照顧我的小弟和小妹，所以我只能跟外婆住。

我們常搬家，從埃巴里歐搬到芝加哥，還搬到康乃狄克，到處搬。

我跟外婆住，因為我老媽做了走投無路的人會做的事，然後進了監獄。

幾星期後，普里莫又私下向我解釋了更多凱薩和他母親關係的私密細節。

普里莫：凱薩的母親就是個瘋狂的婊子。她發狂地在吸海洛，對他超壞。她對他的態度真他媽狗娘養的。

他媽實在太失控了，後來還殺掉一個醫生，預謀謀殺。那是一個會幫她寫處方箋的醫生，他們也有上床。

凱薩甚至可能一出生就有海洛因的藥癮。

凱薩：我一出生就病了，還得在醫院住好幾個月。我媽她問題很多。後來我媽殺掉某個男人，因為他對她動手動腳。我猜她是要自衛吧，她是這樣告訴我的。總之最後她把那男人幹掉了。

我媽的公設辯護律師很爛，根本就惡搞她。他們根本緊咬著她不放。法官判了她二十五年。我這輩子現在也才活二十五年。

菲利普：你有跟她保持聯繫嗎？她還好嗎？

凱薩：之前去看過她幾次。我不喜歡去那裡。

她跟珍恩．哈里斯住在同一個監獄。（咧嘴笑）你知道那個在斯卡斯代爾的減重醫生嗎？嗯，我媽跟她一起坐牢。我也見過她，那個珍恩．哈里斯，不過那傢伙脾氣有點差啊。我有一張她們的合照。她們會一起在榮譽牢房*打發時間，過得可爽了。

根據凱薩的說法，他和外婆不停地從一個親戚家搬到另一個親戚家，正是他很小就輟學的原因之一。

凱薩：第一次是搬到我在康乃狄克的表姊家，因為我在紐約惹太多麻煩了。然後我又從那裡搬到芝加哥。因為**外婆**（'Buela）病很重。她要去醫院動手術，而我遇上一些麻煩，情況就更糟了。

我在法律上出了一些問題，他們告訴我，如果不回去原本的地方就得坐牢。我嚇壞了，所以就回到紐約。

我會搬家是因為在那些地方有家人，他們要我去找他們。但每次搬家之後，我會讀一間新學校，他們卻得花很長的時間處理文件，所以等回到紐約之後，我就乾脆不回學校了。我直接去工作。

當時我已經不小了，大概十一、十二歲，總之不超過十六歲。

我甚至不記得我轉學過幾次。六次、七次、八次、十次。

由暴力組成的學校日常生活成為他對正規教育最主要的回憶。當青少年一直不停地轉學，他們就必須培養出暴力的人格特質。

凱薩：我輟學前讀過一大堆學校。我讀過一一三、一一七、一〇二和一〇九。[**] 我到處流浪。沃茲島去過，上州和下州也都去過。

我以前打架都很兇，因為這樣才能確保別人至少暫時別來惹我。我真的會變很瘋！每次打架

* 譯註：榮譽牢友才能住的牢房，保安程度較低。
** 譯註：公立學校的編號。

都很瘋！這樣他們才會覺得我是個失控的瘋子。我記得有個黑鬼整張臉被我打爛，但我也弄斷了手腕。

普里莫：我也一天到晚打架。就算輸了，我還是會一直找人打架。

凱薩：就是啊，我還記得每到一個新學校，剛開始那幾天，所有那些年紀比較大的黑鬼就會想給你下馬威。他們會在走廊大喊，（怪腔怪調的）「菜——鳥——。」他們會站在那裡那樣（他撞向我，幾乎把我撞倒在地），就是為了惹你。

沒錯，他們會用力拍你的後頸（用力拍我的後頸）。

那些人坐在樓梯間的欄杆上。不過那個一開始跑來用力拍我後頸的黑鬼，我差點把他從欄杆上丟下去，就是，想讓他跌到下面的階梯，摔破頭……（把我高舉起來）因為我嚇死了。

但他們都是**超～～大塊頭**的黑鬼。那種黑鬼惡霸。但我們都有準備了，拜託。

普里莫：以前所有人都會被霸凌，但沒人會來惹我，因為我以前會舉起椅子、拿起一枝鉛筆或其他什麼直接弄壞。

這能讓我過得更輕鬆。

凱薩：對，等變壯之後，我還會主動去挑釁那些黑鬼。

我的意思是，菲利佩，你是有錢人，你不用處理這些鳥事，但我和我的同鄉夥伴（指向普里莫），我們就是得到處惹事。以前像我們這樣的人很多。

在康乃狄克的情況更糟，因為那裡還有槓上波多黎各人的黑人。

在校園中獲得他人尊敬的一個關鍵，就是融合上述這種暴力而著重在性征服的男子氣概。

> 凱薩：我以前沒那麼常被霸凌，因為我總是忙著搞女人之類的。所以那些黑鬼不會來煩我。我不用搞太多暴力。

儘管得意洋洋地推崇街頭文化中的暴力，凱薩也有意識到自己在體制化的學校環境內最根本的脆弱性。

> 凱薩：我唯一遇到的問題是，我去了上州的矯正學校，那裡的所有孩子都會被輔導員痛揍。他們對我們幹的很多事都很瘋狂。而且我還會被其他孩子**痛打**。我被打得可慘了。我那時成天受傷。很多黑鬼逼我幫他們擦地之類的。我以前就是低能（out there，意指被打壓的受害者）。那是間很可怕的矯正學校。我看過輔導員把沒穿衣服的孩子壓倒在戶外，輔導員會揍他們、把他們身上的衣服扒光，然後丟到下雪的屋外之類的。太糟糕了。我大概十二或十三歲。真的太慘了，你知道。看過那種爛事後，我說，「我得離開這裡。」那些輔導員都太誇張了啦。

凱薩難得表現出自己的脆弱，這讓我相當驚訝，所以針對他的這段人生經歷繼續探問。我後來又得以從他的表弟艾迪口中收集到一些資訊，足以補充說明他在矯正學校這段期間的經歷。很巧的是，艾迪九歲時也因為成為少年犯而跟凱薩被關押在同一個機構：「那是一間你必須打架才能存活下來的學校。」他們的家庭當時都陷入極大的危機，家裡的大人都沒有告知他們會被關進同一間矯正學校。

艾迪：我根本不知道凱薩在那裡，直到有一天，他們把我們所有人帶去外面游泳，我才看見他。我們遇到彼此之後，情況就有稍微好一點。我們會挺彼此，那些黑鬼非得稍微尊敬我們一點。

艾迪口中的這段經驗充滿痛苦，他說自己是「一個精神失常的小黑鬼」，在學校「一天到晚捲入各種麻煩」。他才七歲就嘗試過自殺，九歲時，有個老師「因為我在課堂上不專心對我動粗」，他差點就從學校的三樓窗戶跳下去。就跟凱薩的母親一樣，艾迪的母親也被酗酒的丈夫拋棄，對方「是個小氣、下流、不大方又只會一直搞出孩子的那種傢伙」。她也有在用海洛因，而且「必須拆散家庭，讓每個人住在不同親戚家」。不過和凱薩不同的是，艾迪能夠承認「我想念我媽。我以前每天哭，是個超級沒用的傢伙。我一直想自殺」。這個九歲男孩因為無法獲得母親的愛而憂鬱失能，校方卻將此解讀為不守課堂規矩的表現，把他送去了矯正學校。

艾迪：他們告訴我，「你不能見你媽了，因為你得自己好好靜一下。」我被送進隔離治療房。我必須跟其他人分開一陣子。

艾迪異於平日的情緒化描述，指出了青春期以前的家庭創傷，是如何和公立學校系統內的體制暴力彼此緊密交纏，也促使我更進一步深入探究，在這段脆弱的童年歲月中，凱薩的家庭生活究竟是什麼樣貌。對於凱薩那段遍體鱗傷的年輕歲月，艾迪禮貌地沒有說得太仔細，只分享了大家都能同情的普遍處境，其中特別強調了凱薩小時候會被公開毆打的羞辱經驗。

艾迪：凱薩經歷過很多誇張的鳥事。我記得他還是個小黑鬼時，外婆（'Buela）都會在街上的所有人面前虐待他——可能只是稍微遲到就拿球棒或棍子猛打——不然就是因為其他小事。她真的有虐待傾向：給我去上學，不然就打死你。

凱薩一開始否認自己年輕時的脆弱處境，但在重建過往回憶的過程中，當時的驚駭及焦慮仍從字裡行間透露了出來。最後，在之後的對話中，他的告白就像所有典型受虐孩童的說法——合理化並否認自己孩提時的受虐經驗：

凱薩：沒，我外婆沒打過我。我過得跟上帝一樣爽。外婆是我媽媽的媽媽。她愛我。

菲利普：那你媽呢？她以前打你嗎？

凱薩：我媽從來不打我，因為我根本不會在她身邊鬧事。因為我怕她。

我小時候看過我媽跟別人打架，看過幾次，很多次都讓我緊張死了。有一次，有個黑人女人攻擊她，她把對方從商店的櫥窗摔出去。之後我就怕死她了。所以我媽從沒打過我。

唯一有打過我的是我外婆，但我喜歡她打我，因為不會痛。她打我就很好玩，我從來不會受傷。我喜歡受傷。

菲利普：你被打最慘的一次是什麼狀況？

凱薩：**外婆**（'Buela）拿刀捅我。對啦，有割到我，就在我胸口這邊，但我沒留疤什麼的。

我記得刀子「咻」地劃過。如果不是我閃開，大概已經被捅進去了。

那次是唯一真的很誇張的一次，我……那是因為我真的很壞。

菲利普：你還記得什麼？

凱薩：我記得我嚇死了，之後很長一段時間沒再惹過**外婆**（'Buela）。

不過是我太壞了，大多時候我都活該被打。她用電線打我，但其實不會痛啊拜託。

我是說，我一直都很期待被**外婆**（'Buela）打。有時她會用拳頭揍我。她揍得很用力，但大多時候她可能就是**給你來一下**（*cocotazo*）——就是，用掃把頭打你頭。

每次我去凱薩家裡拜訪，這位外婆總是對我非常恭敬：在跑去廚房為我們準備食物和飲料之前，她會先把客廳中間那台超大落地彩色電視機的音量調大，揮手要我們過去坐。客廳的配色是紫紅色加上金箔條紋，那張墊得又軟又厚的沙發坐起來意外舒適，上頭還包著原本出廠時的塑膠膜。整組沙發塞在空間過小的公宅客廳，我們必須側身繞過橘粉色塑膠貼皮的咖啡桌，才有辦法在沙發坐下。儘管她的態度傳統有禮，就連最強悍的藥頭面對這位外婆時都得敬她三分。外婆這間公寓的走廊對面有個靠身體換快克的小工作室，我曾看見那邊的經理警告難搞的客戶，「去你媽的閉嘴！如果你不冷靜下來，對面那位老太太會出來用她的拐杖敲你的腦袋。」

考量凱薩的家庭背景，他會在自己最年輕的那個時候試圖用暴力解決學校的問題並不令人驚訝。他和普里莫在十到十五年前被趕出國中校園，而有時我們會一起在這個國中校園堅硬的水泥地上喝酒，他們同時也會吸點什麼。此時我會利用機會錄下他們對這間學校的回憶。那間學校的遊樂場周邊都是堅固的水泥牆，牆有兩到五碼高，散發出類似惡魔島的監獄氛圍。一條郊區通勤火車的路線就從此處經過，穿越了埃巴里歐中心的公園大道，彷彿要彰顯出在美國都會區存在這樣的種族隔絕措施有多諷刺，你還能在遊樂場的水泥牆邊看見火車經過時投下的影子。每個上課日，透過這條特定的通勤路線，數千位紐約薪資最高的財金、房地產及保險部門主管呼嘯而過，回到他們位於康乃狄克及紐約「上州」的家。這條鐵路服務了美國幾個最富有的人口普查區。如果這些通勤者望向窗外，可能會瞥見覆蓋校園水泥牆上的顏料從噴漆罐噴出後在空中飛旋的瞬間。紐約內城各區都有許多藝術家，他們已經將這些特定地區的牆面轉變成充滿自我風格的「塗鴉名人堂」。他們爭相在數百平方碼且能見度高的光滑水泥平面上展示繪畫技巧，其中有以迷幻手法呈現戰鬥中的噴火獸、神祕的嘻哈文化用詞縮寫，又或者是擺出得意反叛姿態的霸子．辛普森。最頂尖的藝術家能讓他們的「作品」維持長達幾週——有些甚至覆蓋了五、六平方碼的牆面——才會被競爭者或其他想成名的傢伙取代掉。在這個基礎建設及體制都充滿敵意的環境中，街頭文化的美學仍自信滿滿地霸占其中，就彷彿人類的創意及美學天分仍在面對絕望及壓迫之際展現出了奇蹟。這片校園的水泥牆上沒留下任何一英寸冷冽、灰白的空隙。

對這所國中的師生而言，凱薩是能親自帶來恐怖和反映出體制腐敗的媒介。他的逃學一

塗鴉名人牆內側。（攝影：Henry Chalfant）

定讓所有人都鬆了一口氣。問題是他就算不上課卻還是出現在學校裡：

凱薩：噢對，我某天早上遲到了，有個老師——我記得他的名字是華盛頓先生——他整個大抓狂。

所以我發火了，我心想：

「我要舉起這張椅子，然後……敲爛他的頭。」

我考慮了一陣子，但後來看見另一個小鬼，他叫托托，他也很瘋。

普里莫當時的女友潔希：（插嘴）他死了。我聽說有人幹掉了托托。

凱薩：（對著潔希點點頭）所以我說，「管他去死，我要去坐牢啦，因為我就是個天生要犯罪的賊小子。」

我舉起椅子，走向老師——他正在寫黑板——我走向他，用椅子砸他的背，把他的手臂打斷了。（我們四人都爆笑出聲）

普里莫：你真是個有病的小黑鬼。我從來沒用老師的頭來砸爛椅子。

凱薩：椅子只有裂掉，我可沒把椅子砸爛。我恨透那老師了。

普里莫：我恨所有老師，我會逃課，但從來沒有瘋成那樣。

凱薩：你還記得踢踏舞老師嗎？那個瘦巴巴的臭婊子？蠢婊子一個！我們有試過要強姦她。

潔希：對呀，天哪！你們真的很壞。

凱薩：有個O型腿的渾蛋科學老師，名字是普爾先生。他就是神經兮兮的可憐蟲，我們以前每天搶他的錢。我們都會在公園堵他。

他從沒去打我們的小報告，也沒讓我們休學之類的。

我們在他的課上搞出火災，把教室都給燒了。我和另一些黑人傢伙搞的。那天所有學生都被迫離開學校。

普里莫：沒人想教我們班。他們派給我們一些代課老師，我們會對他們丟橡皮擦和口水紙團。我們會diss（「婊」）他們，把他們diss到都尿褲子。

我就是那時候開始翹課。我以前不會把我國中的成績表給我媽看，因為不想讓她看到那堆缺席還有遲到的**沒用**——紀錄。

凱薩：我也從來不去上課。我以前會為了去體育館上學，還有午餐，還有下午去跟女孩子們玩之類的——但我早上從來不去。

不，我說謊。我們以前會去學校惡搞那些特教班的黑鬼——把他們整得很慘。因為他們把智障都送去特教班，那些傢伙以前走路都這樣（腳趾拖著地、膝蓋歪扭，兩隻手臂往內轉，假裝有腦性麻痺的樣子）。我們以前真是打爆他們。我們以前會傷害他們，因為我們就是不喜歡那些傢伙。

有個小鬼叫魯卡斯，走路的樣子真的**一塌糊塗**（將腦性麻痺的動作做得更誇張），我以前也超愛揍得他屁滾尿流。（普里莫和潔希咯咯笑）

以前大家一早看到他就會打他，就是這樣「啪！」（用力打我的後腦勺）真的很誇張！（注意到我開始擺臭臉）我們真的對那小鬼很惡劣。

有天我們拿了條繩子，假裝要把他吊在體育館。我們有把他稍微拉上去，但之後就讓他掉下來，他一直咳。

還有一次我們從科學課上偷了一把橡膠錘，拿來敲他的頭。

普里莫：（因為我的表情感到憂心）你真是個天殺的蠢貨啊凱薩！

凱薩：（也有點擔憂地看著我）我們真的瘋狂惡整他，結果他走路就開始變正常了，再過一陣子就融入大家了。

普里莫：（或許是想起兩個月前，我的一歲兒子才被診斷出腦性麻痺）他就……他就……（用一隻手搭住我的肩膀）他就通過了成為我們好友的儀式，菲利佩！

菲利普：（努力忍住眼淚，清清喉嚨）你說……他做了什麼？

凱薩：（對我的情緒感到困惑）他走路還是有點難看，（稍微把腳趾拖著地面走）但沒那麼嚴重了。他開始呼麻之類的……還把到一堆女生。

（伸出手安撫地抓住我的肩膀）那黑鬼甚至上了我的女人，菲利佩！

我清楚記得這段清晨兩點發生在校園的對話，人類學研究有一條戒律，就是要在研究時暫時放下所有道德批判，但這次的體驗讓我不得不面對這條戒律之中的矛盾。那是我在街頭最早遇上這類矛盾的其中一次。當時的我還在震驚並試著接受自己的兒子必須在身體上面臨的挑戰，因此也始終無法原諒凱薩如此冷酷又殘暴的作為。值得一提的是，他試圖透過男子氣概情誼安撫我的嘗試，又立刻打開了另一個潘朵拉的盒子——性別暴力——而再一次地，就連人類學訓練中的文化相對主義都無法幫助我面對這個問題。這段對話結束前，他大肆吹噓的校園強姦故事震撼著我幾乎聽不下去的狀態及慌亂的情緒。我清楚記得自己當時嘗試說服自己，他只是把強姦當作一種比喻，不然就只是講得比較誇張。一直到好幾年後，我真的夠敬重遊戲間的這些藥頭後，我才終於有了勇氣，或是所謂的**信心**（*confianza*），來開始系統化地收集這些有關青少年輪姦行為的陳述。

凱薩：我們以前會弄壞門鎖，跑去屋頂上強姦一些婊子，不然就是找女人搞一下。

潔希：你就是個天殺的渾球啊凱薩！

菲利普：真的！有夠蠢！

普里莫：（口氣安撫）沒啦，你講得太誇張了啦凱薩。你沒有真的強姦她們，就只是到處找女生亂搞啦。

凱薩：（一直笑，然後拋出一夸脫麥芽酒的空瓶，讓瓶子在一幅十英尺高的塗鴉龍上頭砸碎）我的婊子都是強暴來的啦，老弟！

普里莫：（擔心地再次望向我）沒啦，你正經點，老天。

凱薩：（改變語氣）我是說以前我們會用手搞那些婊子，什麼都來，還會順便**呼麻**之類的，有什麼玩什麼。

Yo，普老爹，我渴了。我們去找點酒來喝吧。

在國中學會街頭生存技巧

普里莫因為抗拒上學，因此被分到不受青睞的「低智商」班；另一方面，凱薩的怒氣則讓他進入了沃茲島上的醫院，那裡為可能失控犯罪的人建立了一間實驗性的特殊教育機構，其中的精神科醫生率先提出用鎮靜劑來進行精神治療的創新做法。這也讓凱薩開始依賴社會安全保險。在此之後，除了人生中有過三、四段找到穩定合法工作的時期，凱薩每個月都會收到聯邦政府的補助金。

凱薩：他們說我有「情緒障礙」，因為我的暴力傾向有點誇張，所以他們把我送去接受特教。（幾乎是用力挺起胸膛）我是接受特殊教育的人啊，菲利佩。所以我才會拿到社會安全保險金那些有的沒的——因為我很暴力。

但搞屁啊，我在特教學校學的比公立學校還多。我們在特教學校還有把一些書讀完。

我之所以進入特教學校，是因為有一天，我太嗨了，我的科學老師一直找我麻煩；我呼麻呼太爽，我的兄弟都在身邊，一切都感覺好瘋：所以我拿了一把剪刀，抓住他的領帶，把那爛東西剪了。

真搞笑，因為之後校長對我說，「你為何要那樣發瘋？」我跟他說，「因為……」——我跟他說啥——噢對了，我跟他亂說了一堆，像是「我會聽到一些聲音」。我說我會聽到一些聲音，他們就要我吃氯丙嗪。

他們把我們送去沃茲島的一間學校接受特殊教育。沃茲島就是他們用來關所有瘋子的地方。他們要那裡的所有人吃氯丙嗪。他們以前就是拿西班牙裔和黑人小孩來做氯丙嗪的實驗。那裡就是用來實驗那些藥的地方。他們讓小孩吃各式各樣的藥。我說真的！那段時間大概三年吧，然後我就被安排「回歸主流」*了。我又回到了這裡。

凱薩因為心理及情緒障礙開始領取社會安全保險金，而這份「未來生涯」在他最早期的學校生活中就已逐漸成形並取得了正當性。當然，就凱薩的案例來說——跟大部分人的例子一樣——各種個人及社會因素結合導致他在其實並不那麼符合資格的狀況下被確立為患有精神疾病的瘋子。當我斥責他太懶得好好工作時，他的懊悔表現也很適當地說明了這點。

凱薩：對啦，你說的沒錯，菲利佩。我總是在為了不工作找藉口：因為醫院的事啊（他最近第三次嘗試自殺，才剛離開大都會醫院的精神病房）；[3]還有因為我媽啊（她目前正因謀殺在獄中服二十五年的刑期）；還有因為我妹啊（她在他們公宅大樓的樓梯間被人用刀捅了十七下）。

凱薩並沒有因為自己的失能而與社會失去連結，相反地，他覺得這讓他享有榮譽的中產階級待遇。凱薩的母親曾和三個男人生過孩子，凱薩的生父是一位騷莎歌手，也是他母親的男人中唯一沒有資格領取社會安全保險金的人。

凱薩：我們的日子過得還不賴——就像中產階級。我外婆退休了，她有社會安全保險金可以領。我弟可以從他老爸那拿到社會安全保險金。還有我妹——我是說她還活著的時候——她也能從她老爸那裡拿到社會安全保險金。所以我們的生活從來沒什麼問題。

窮人什麼都買不起。他們連生活雜貨都缺。他們什麼都只能買便宜貨。但我比較像中產階級。不管我要什麼，都能立刻搞到手（每個月都有可以預支的信用金額）。

普里莫之後進入地下經濟的「未來生涯規畫」也是在學校建立的——又或者說是在那學到的。為了避開教室，他大多時候都待在走廊上，在內城處境艱辛的學校中，教室是老師勉強還有一點掌控權的物理空間。他在學校學到最重要的知識都跟賣藥還有用藥有關。在其他階級或

* 譯註：「回歸主流」是一個特殊教育的理念支派，主張盡可能讓特殊生有和一般學生共同接受教育的機會。

族裔的生活環境中，人們回憶起童年校園中的喝酒經驗，可能只會談起一些淘氣又調皮的往事，頂多偶爾再多一些失控的暴力行徑。但在塗鴉名人堂環繞的中庭，「正常的」青春期叛逆和嚴重不良行為之間本來應該有的平衡完全遭到顛覆。

普里莫：我總是待在走廊，因為他們會把我趕出教室，因為我就是個狗娘養的。我在班上話太多，一直煩女生，還在桌上寫字——我的整張桌子都花花綠綠的。

我們在走廊玩得可開心了。有一天我們在吸大麻，看到一個箱子，裡頭是黏土。原來剛好有人送了黏土來。我們說，「噢該死！是黏土。」然後就把黏土抹得整間學校都是。

凱薩：（口氣很兇）我們以前都會一幫人一起，我們會在所有走廊中呼嘯而過。有次在十六號出口，我們看見兩個黑鬼，他們住街上，兩個人正在幫彼此吹……就用69的姿勢在地上搞。我們把他們踢到半死不活。

普里莫：我們以前在學校什麼都幹。我們有那種控制全校燈光開關的特殊鑰匙，所以就把地下室的燈全關掉。這樣整間地下室都歸我們管了。

大家開始在地下室打發時間。我以前會賣大麻菸，大家都在抽。我們都會躲在置物櫃裡抽大麻。我以前每天去學校大概會帶十根大麻菸，一天賣掉四、五根。我那時沒賺什麼錢，因為剩下都被我自己抽掉了。無論手上有多少錢，我都會拿去替隔天買更多大麻菸。我自己想抽。

菲利普：潔希呢？妳有從國中畢業嗎？跟我們說說妳的故事吧。

潔希：沒啦，我也是到處瞎混。我因為懷孕所以得離開學校。

凱薩：（插嘴）我從來不覺得抽大麻有哪裡爽。我就是個特教班的黑鬼，一個愚蠢的大黑鬼。但我當時成天嗑藥，各種藥。我成了個花花公子，因為我什麼都他媽的不在意。我有很多女人：我是個真正的男人。

我有自己的幫派。我們以前會玩骰子。

普里莫：我也是，我太愛玩骰子了。有一次我們跑上頂樓玩骰子，我們還會對街上的人丟蘋果。

凱薩：（插嘴）我以前會在上面那邊丟瓶子。有一次，我還在屋頂上大便。我們當時正在露屁股給路人看，所以我說，「來搞大一點吧。」

我們有九個人，每個人都露屁股，我還大了

望向塗鴉名人堂。（攝影：Henry Chalfant）

便。接著整間學校的人都要來找我們算帳。

雖然符合「做蠢事」這個主題，但凱薩突然展開一系列毫無邏輯的故事，包括往鴿子身上澆打火機油然後點火，藉此把牠們變成「哈雷彗星」和「奔跑的烤肉」；還有將狗尾巴綁上磚頭後扔進東河，試圖把牠淹死；另外還提到把很多貓從屋頂上丟下去。他似乎想讓人注意到自己符合臨床上屬於以暴力及攻擊傾向為核心的「人格異常」。確實，在錄下這段對話時，我曾擔心自己無法依照預定計畫在書中分析造成街頭生活暴力的社會脈絡，反而得被迫處理個人的精神病理學議題。凱薩結束這段長篇大論的激烈發言後問了，「怎麼啦菲利佩？你從來沒殺過動物？或者嘗試把貓從屋頂丟下去，看牠四腳著地時會有多慘嗎（咧嘴笑）？」而我只能勉強提起精神回答，「沒有，從沒有過。做那些事太病態了，凱薩！」令我失望的是，普里莫和潔希都沒有跟著我一起譴責；他們只是笑。

那天晚上我們離開校園去別的地方繼續喝啤酒，此時我不禁再次讚嘆那些噴在我們身邊水泥牆面上的塗鴉技法有多高超，又如此充滿創意及活力。在過去兩個世代以來，這間學校有效地將數百位像是普里莫、凱薩，還有甚至潔希這樣的孩子變成藥頭、暴力的物質上癮者、領社會安全保險金生活的人，還有單親媽媽。普里莫透過偷取掌控地下室電力系統的鑰匙，藉此設立可以「爽抽大麻菸」的店面，進而習得成為藥頭所必須的創業技巧。凱薩學會了服用氯丙嗪，並透過宣稱自己有幻聽來解釋自己的怒氣及暴力傾向。就連潔希也為了逃離失敗、毫無意義又失業的人生，而學會了懷孕這項求生技能。

同儕團體

學校顯然具有強大的社會化力量，但絕不是唯一將邊緣孩童推往街頭文化及地下經濟的體制。當被問及他們為何淪落到街頭求生，大多數藥頭都怪罪於同儕團體。確實，我在校園內和凱薩及普里莫有過許多對話，這些對話都傳遞出一個訊息，那就是他們幾乎沒花什麼時間在課堂上。他們待在學校那段期間學會很多東西，但幾乎都跟學術知識無關。最重要的是，無論在學校的實體界線之內或之外，他們都花費了很多時間去培養自身的街頭身分認同。

凱薩：我們以前會翹課，然後去下城搶劫。真的什麼都搶，就是，像是車子啊、輪胎啊，就是那些有的沒的。

所有人都很狂，我想跟最狂的人混在一起，因為我喜歡這樣。我不想當個書呆子，任何跟書有關的都不想。我覺得這樣比較聰明，所以表現得很狂呢，就成為了我的習慣。我以前常惹麻煩，還會幹些很殘暴的事。

我想要尋找一種形象，就是要像黑人。我們會戴袋鼠牌的帽子、耳環、珠寶；還有穿皮正裝外套、直筒褲、皮長褲，還帶大音響之類有的沒的。我們會呼麻，喝啤酒，還去Deuce（時代廣場）瞎混；我們就是到處囂張，我們學黑人，我們拿麥克風唱饒舌，就是這樣。

相較於凱薩，普里莫的犯罪更具有工具性。他不只是追求一種「邪惡」的形象和開玩笑似的犯罪。這種工具性可從以下這點反映出來：比他年紀大的同儕團體讓他參與街頭犯罪時，幾乎是把他當成學徒在訓練。

普里莫：其實就是我和我的表哥們。我當時就是個小黑鬼，他們已經有在偷了。我大概十一歲吧——不，我說謊——第一次偷的時候我十歲。我就是個沒腦的白癡。那次是我和我的表哥海克特。我們當時就是吃窩邊草的兔子——我們直接在住處附近偷。我媽以前會警告我別這樣亂搞，但我就喜歡跟表哥他們一起出門到街上混。他們教了我很多技巧，像是怎麼開車門，怎麼闖進別人家，還有怎麼把鎖撬開。雷伊以前會很仔細地教我們各種技巧。

以前那時候偷的大多是汽車音響。我和路易斯一起，我們真的很會偷。那時候我們已經不幹吃窩邊草這種事了。我們會去下城……去搶**所有**那些有大車的黑鬼。

當時有一陣偷車風潮。我和我的表哥也有跟上。我們也有參一腳。那時在下城很流行。所以後來才會推出「班西盒」（Bensi box）那種音響，另外還有那種「車內無音響」的告示牌。警察都已經知道我們在下城幹的那些好事，（「藥房」街角）這個街區的所有警察也都認識我們了。我們甚至偶爾還會跟他們說說話。

唯一一次，普里莫打破了埃巴里歐和上東城之間那條隱形的種族隔離界線，而且是透過偷竊。我還記得某次談話中，他表示自己知道惠特尼博物館的地址時我有多驚訝。我問他對那間高雅嚴肅的現代藝術機構有什麼看法，但他從沒進去過：「我以前會跟路易斯去那裡偷汽車音響。那真是個下手的好地點。」天真的郊區居民停放豪華汽車的角度，剛好為這些竊賊提供了藏身的好位置。

對一個想創業的年輕人來說，在進入青春期的這個階段，偷車是個值得紀念的儀式。在此同時，這個緊貼埃巴里歐南部邊界的九十六街剛好又是個不停逗引他們的有錢白人區，因此，偷車儀式也算是讓他們滿足了一點報復心態：

普里莫：路易斯以前會讓我把風，因為我太沒經驗，但我想趕快出師，自己偷車。所以有一次，路易斯正在後方把一台大車的音箱拆出來時，他說，「好，這次讓你來拆音響。」第一次實在太難了，我就是搞不定。其實現在回想，路易斯可能是故意用一台難拆的音響來測試我。

所以我拿了一把長尖嘴鉗——那是偷汽車音響所需的基本工具——既然拆不了那台音響，我就把尖嘴鉗插進卡帶槽裡，開始非常用力地亂搗，最後把整台汽車音響弄爛了。我自己留下了那些鈕（旋鈕），就是音響上的那些鈕，不過最後還是把那些鈕都丟了。我搞爛的是台好音響。那是鈍點牌*——不知道你有沒有聽過這牌子——所以擁有那台車的傢伙可能會說（一臉厭惡地搖頭），「該死，狗娘養的！」

但我就是，「我要是得不到，你們就誰也不能有。」我當時就是個年輕、沒腦的蠢白癡。就是**蠢**（*estupido*）。我們從車裡出來後大笑。

雖然普里莫的母親立刻就把兒子的誤入歧途歸咎於朋友帶來的「不良影響」，但強大經濟需求再加上尋求尊嚴的青春期男性通常會遵循刻板的性別觀念行動，導致他在甚至還沒真正成為青少年前就已開始犯下輕微的罪行。正如前一章所描述的，普里莫的母親靠裁縫賺錢——儘管她也有拿福利津貼和食物券——其實無法讓孩童時代的普里莫像大多數住在北美郊區的十、十一歲孩子一樣，理所當然地有錢買球鞋、糖果，以及偶爾想要的漫畫書。從有錢鄰居身上偷錢的經濟邏輯逐漸成為街頭文化認同的一部分。事實上，普里莫逃學的頻率就跟從媽媽家逃走的頻率差不多。

普里莫：我滿腦子想的都是mahahahni（非特定語言，為「錢」的俗稱）。因為我就是想買點小東西，就是，像是……就是小東西。所有沒辦法擁有的，你就會想為自己搞來一些，之類的。就像是一些，沒用的小垃圾。比如維克斯牌的咳嗽糖漿。我真的忘了，但不是為了買藥。（停下來嗅吸古柯鹼）說不定我只是想要一雙新球鞋……不然就是想吃些什麼，又或者只是想要口袋裡有些錢。

我以前不會把錢輕易花光，都能用很久，因為大多用來買食物和衣服。我們以前沒藥癮，但我們需要錢。

我們會把偷來的東西拿去賣，一點一點賣。我們會去問大家要不要這個，一個個問，或者要不要那個。

所有人一定都會要音響啊，老天。而且我們之前賣的價格！便宜死了！便宜！我們就是笨蛋小黑鬼，我們都被耍了。

菲利普：你需要的東西你媽不能買給你嗎？

普里莫：我媽不給我零用錢。我也不是會去要的那種人。所以得自己想辦法搞錢。

我是說，我媽會確認我的球鞋是不是穿太爛了，但我不會去求她。我姊以前會去要零用錢，但我才不會。

菲利普：那她會注意到你有錢可以買東西了嗎？

普里莫：我一點也不想讓我媽知道。我以前都會等她睡著之後再回家。不然就是把買的東西藏在袋子裡帶回家。如果我早上回家，一定會立刻躲進房間。

但她會看見那些偷來的好東西，她很不高興。我那時有把房門上鎖，她會罵我，還會一直碎

* 譯註：他要講的是藍點牌，原文是德文的 Blaupunkt，但他轉化成英文的 Blunt Point。

唸到我受不了。但我根本沒在聽。

菲利普：你要是整晚沒回家，她會擔心嗎？

普里莫：見鬼了當然會啊。我的姊妹——可以說所有人——都會跟我說，「你最好趕快回家，普里莫。你已經在外面混了三、四天，至少回家換個衣服吧。」

菲利普：你都在哪過夜？

普里莫：哪都行。跟女孩子一起吧，我們以前有個小窩，就在俱樂部樓上。那棟建築有段時間都是我們的。我們到處都有公寓住，哪裡都有我們的婊子。我們那段日子可狂了，老天。

凱薩跟家的連結更是薄弱，但他沒把注意力放在偷竊的技巧及藝術上。事實上，我很難確定他的狀態是否穩定到足以融入任何團結的同儕團體或青年幫派。凱薩成年後狂吸快克又跟剛進入青少年時期一樣不太能控制怒氣，因此也推崇街頭文化中具有公眾性質的粗暴面向。舉例來說，他很擅長炫富式花錢：

凱薩：對啊，我就是快進入青春期時開始偷。我想穿得好看，我想要全新球鞋，還想要頭髮梳得漂漂亮亮。我想去跳舞，就是那類娛樂啦。我就是喜歡。

我沒有嗑藥嗑到飛天。反正我就是有錢，就到處花錢，比如說，我也想要能用我的音響來放的錄音帶。

我對用音響放的錄音帶上癮了。音樂啊！那是我的最大癮頭。我根本就是在音響前長大的。我的第二癮頭就是衣服。我每週都得買些什麼。

菲利普：（轉向普里莫）你小時候也是這樣嗎？

普里莫：沒有到那種程度。反正大哥做什麼，我就是跟著做。我們以前就是無法無天亂搞。我知道我媽會在意。

我在偷車裡的東西時，腦中總會想：「老媽不喜歡這樣。」我把偷來的東西帶回家時，她會知道不是我老實賺來的，所以我得藏好。她不能接受我做這些。我知道我做了不該做的事。我知道如果她發現的話，我回家會被狂打一頓。

青少年時期的惡作劇及內城怒火

儘管聲稱事後有罪惡感，對於普里莫這樣一個早熟的十一歲國中生而言，犯罪是年輕常識的一部分。舉例來說，偷竊汽車音響跟玩樂之間的界線其實難以捉摸。在不同的階級或族裔環境中，普里莫的行為或許能被界定為無害的惡作劇，他母親就算責罵他，可能也只會說句「小男生就是這樣」。確實，從她對自己在甘蔗種植園中長大的描述就可以說明這一點。

普里莫的母親：（說西班牙文）老天，我們以前幹的**壞事**（*maldades*）可多了！有次我們那邊一群男孩和女孩去農場，農場裡有很多芒果。我記得應該有十棵芒果樹吧，我們家這邊一棵也沒有。那地方很遠。
那是一座私人農場，但你知道小男生跟小女生就是這樣。我們一起跑去那裡，然後就躲著。我們會避開我爺爺去幹這件事，因為那就是偷。我們必須在芒果樹附近躲好，因為主人有條狗。某次甚至有人對我們開槍。
那些芒果真的很好，是真的很香的那種粉紅芒果。我會對樹上丟石頭，好把芒果打下來，男生就把掉在地上的撿起來。但主人出來後，我們就會跑掉。
老天，以前我們幹了一堆壞事！有時我們還會偷甘蔗。我們會等到晚上，有人會出來把風。我們得躲起來吃。因為如果我爺爺發現了，他會很生氣。他很嚴厲，會把我毒打一頓，因為他真的很嚴厲。
所以你可以明白，我們不是什麼小聖人，我們也會惡作劇。我們甚至會從鄰居那裡偷新鮮的玉米，然後生一小堆火，直接把玉米拿去炭火上面烤。
但他們會發現吃過的玉米梗，然後對我們發火。
那大概是我十四、十五、十六歲的時候，因為我是十七歲來這裡的。

一九七〇年代紐約內城，家庭和整體社群對不守規矩的孩子施加的社會控制及壓抑手段的性質，顯然和一九三〇及一九四〇年代的波多黎各鄉村很不一樣。最重要的是，一個十四歲孩子為了「嚐點甜頭」而光腳去偷粉紅芒果的後果，和穿著骯髒球鞋去偷汽車音響以換錢來買維克斯咳嗽糖漿或「潮衣」相比，兩者的下場相當不同。不過就象徵意義而言，兩邊都是早熟的孩童惡作劇，只是長遠來看，兩者的命運相當不同，畢竟一邊的孩子是在生計取向且物資貧乏的種植園經濟中長大，另一邊的孩子則是在產業沒落的美國內城出生，成長於各種都會現金需求所建構的物質崇拜環境，尤其是到了他們十五、六歲時，藥物更是變得隨手可得又可作為娛樂的高價物品。作為一名青少年，普里莫在他的第二代都會移民環境中算是表現傑出。他很快就從「前青少年時期」的汽車音響偷竊畢業，轉為貨真價實的公寓竊賊：

對啦，然後我成了個竊賊。我生平第一次搶公寓時十一歲。我還記得第一次的經驗。我真的很享受，很喜歡。

我從來沒有被抓過。我甚至會去搶舞廳、烈酒店，還有兩間不同的藥局……真的是洗劫一空啊。現金、烈酒……最有價值的東西全被我搶光。

你知道那間在一〇三街和第三大道轉角的藥局嗎？我以前進去偷過，真的是搶得乾乾淨淨。藥局樓上是間死樓——就是廢棄建築。我們帶著手電筒從另一棟建築爬過去，在地上鑽一個洞（用手勢說明），咖咖咖咖咖、咖咖咖咖咖，然後從天花板下去，咻咻咻咻咻；然後警報器響了、警察來了，老闆也來了。

那是不會發出聲音的警報器，老闆帶著槍出現！但我們只是小孩子啊！（揮動雙臂裝出驚嚇的模樣）我一直發抖。我看見警察，還看見有槍。

但我們跳出去了，等他們打開店門，從那個洞往上望時，我們已經在好幾棟建築外了。

他們也不是很想在**晚上**進入那棟建築，因為整棟樓都廢棄了，空空蕩蕩。那棟爛房子真的很老舊，都老到成為地標了。就是骨董。

雖然花了好幾個小時，我們還是帶了些好貨出來，然後藏在我表哥的一個巢穴。但結果很糟，我們在賣貨時給人耍了，因為我們只是一群小黑鬼啊。我當時十二歲，還是大概十三歲吧。

菲利普：老天！你還只是個小鬼啊！

普里莫：我幹過最糟的最後一件事，是在十六歲的時候，當時是跟路易斯還有另一個叫帕皮托的傢伙——就是雷伊現在這個老婆的哥哥。我們去了下城，目標是要偷一間藥局，那間藥局旁邊是電器行。

我不知道是誰的主意，但這些傢伙之前好好摸熟過這間店了。店在下城，所以我們開了台小車去。

但我們一直猶豫不決。我一直說，「我不想幹這筆，感覺不太對勁。」

然後，等我們到那裡後，他們撬不開鎖。但我們剛好碰到雷伊，他正從下城走向萊辛頓大道。

所以雷伊說，「你們打算搞什麼？」

我們跟他說了，然後我說，「該死，這些傢伙連鎖都弄不開。」

所以雷伊說，「跟我學著點、學著點。」然後他拿了把警用鐵鍬來。（全身都跟著揮動的手臂晃動）砰！砰！那些鎖就像**奶油**一樣爛掉了，咻咻咻咻咻（大大咧嘴笑）；然後他打開鐵柵欄，（刻意做出很有效率的手勢）把板子拿出來——因為窗戶都被蓋上了板子，外面用鐵柵欄鎖上——再把板子放到一邊，然後拿了顆大石塊，用布包住，（更多連動身體的揮手動作）呼呼呼呼。就這樣把窗戶給砸了。

（為了回想而沉默了一下）我其實很想那樣做——我是指丟石頭——我不知道為什麼，但我當時就是很想。

但他們對我說，「不行。」因為我還小，又很瘦，就算給我砸也砸不破；因為就連雷伊第一次砸的時候也沒成功。第一次砸就是，啪嗡嗡嗡嗡。（用手勢模仿窗玻璃震動的樣子）玻璃有裂，但只是晃了一下而已。

所以他砸了第二次，碰轟轟轟轟！那情況就是，你用布包住磚頭，撞擊聲不會很銳利，只會聽見玻璃發出簌簌簌簌簌的聲音。所以第二次就是這樣，簌簌簌簌簌。

然後警鈴響起，所以我們看到什麼抓什麼，然後再從窗戶爬出去。就在這時候，我正打算去抓那個——那叫什麼我又忘了——噢對，有附錄音帶音響的電視，很漂亮的彩色電視組。但雷伊動作很快地從我手邊抓走了，（做出手勢）咻一下。

所以我就抓了另一個，大概是個同時有音響和電視功能的東西，但就在我抓起來的時候（緩慢移動手臂，展示出從手腕延伸到食指的那條長疤痕），我的手被玻璃割到了，呲嚓一聲。我知道我的手敲到玻璃，但沒發現割到了。

然後我們得開始跑。就在跑的時候，我看見我手的皮整片翻開了。我當時想，「噢我的老天！皮膚不見了！」

我的那些肌腱還撐著——應該說那些肌腱鎖死了，因為我根本無法把手張開。那些肌腱把那台音響和另外一個不知什麼鬼的東西鎖死在我的手裡。

我進到車裡，把手上的東西丟進去，唰一聲。然後我在車上坐好，把皮膚翻回去蓋住肌腱，壓住，然後說，「路易斯，帶我去醫院，我割傷了。」

然後他說，「好啦，帕皮托也是。」帕皮托坐在前座。當時就是我、雷伊和帕皮托坐在車裡，路易斯開車。

雨真的下很大。那天晚上真是傾盆大雨。帕皮托一直在悶哼、在呻吟。我看過去，他的肌肉從這裡被整個劃開（指向他另一隻手的手背）。你可以看到他的肌肉剛被切開的樣子，啊啊啊啊啊（一臉實在看不下去的樣子）。

所以我們就是，我們去了雷伊住的一一〇街，我們把所有東西都放好後才去醫院，以免他們多問。

幸好當時在下雨，沒人在現場。真是太瘋狂了。

我真是狂流血，另外那傢伙甚至沒流血，但還是直接昏倒了。我不知道為什麼。或許他只是因為看到自己的肌肉就昏倒了，那些肉還有什麼的都露出來了。

他們不能直接治療我，因為我未成年。路易斯和其他這些傢伙看起來又太不可靠，所以院方不肯把他們列為我的代理監護人。我只能一直壓住流血的地方（緊抓住手腕上方的疤痕，同時裝出很痛的樣子）。

我其實不是真的很清楚是什麼情況，我嚇壞了。我可以看見我的骨頭。那些在你手裡面的細骨頭。那個大傢伙（帕皮托）突然大哭起來，但我告訴他，「你他媽的給我閉嘴，你害我緊張了，你這狗娘養的。」

我開始不停咒罵，心裡想，「噢我的上帝基督這是我受到的懲罰。我不該幹出這種爛事。」

我打從一開始就知道會這樣。那感覺就好像是，我知道我活該，而且我不想再偷了。

醫院的人必須打電話給我媽，所以我們亂編了一個故事。我們就說我們在一一一街上跟別人打架。反正就是，有人拿刀砍了我們。此外我們還得把過程寫在醫院的報告上。所以那是我媽和姊妹們一開始知道的故事版本，之後又過了一陣子，我才跟她們說了實話（這裡用的是truf，是truth的一種俗稱）。

在醫院時他們說，「你的肌腱有被割到，都裂開了。」我對肌腱一點也不懂，但感覺一定得動手術了。

他們訂了個日期替我動手術，然後上了石膏。一直到現在，這隻手還是不太對勁，沒辦法往下彎（示範動作受限的狀況）。

菲利普：所以你之後沒再偷了？

普里莫：一陣子後就停手了。我得和我兒子的媽一起過日子。我們是想要穩定下來的青少年，我還找了份工作，大概就是那樣。

但這個好傢伙（雷伊），他總是會看上些什麼，心裡有各種盤算。他是個大塊頭，大概都是直接靠揍人得到自己想要的——不然就是用了什麼其他手段吧。

我的另一個表哥帕皮托在紐澤西的工作就是繼續偷，但後來被關進監獄了。

就在我們打算斜切過公宅區中庭，好去雜貨店買更多啤酒時，外面的中庭傳來了自動步槍的槍聲。我們瞬間停下腳步，轉身多走了一大段路，沿著大街繞過整片公宅區。三個十幾歲的少女咯咯笑著跑過我門身邊，「這些黑鬼真是瘋了。」

凱薩是在剛進入青春期時意識到犯罪是一種常識，但他的這段啟蒙過程中參雜了更多狂暴怒氣。跟普里莫闖入民宅還有入車行竊不同，凱薩的那段經歷缺乏顯而易見的工具性，也少了幾乎如同儀式般在同儕團體中廣泛存在的團結情誼。這點可以從他們對搶劫的不同看法中象徵性地展現出來，普里莫對搶劫採取嚴厲譴責的態度，不過他也坦承自己這輩子搶過幾個人。然而每次只要談起這個話題，凱薩就會揶揄普里莫對這種行為所表現出的譴責態度，他會語帶諷刺地將他的態度跟我常引導對話進行的方向連結在一起，也就是存在於社會更深處的各種矛盾。他很喜歡強調自己冷血的精神失常狀態，並語帶譏諷地將其連結到「波多黎各的邪惡本質」這個種族歧視的概念，並藉此來否定我透過結構及反種族主義所進行的各種分析：

凱薩：我大概十六、十五歲時——大概就是那個階段——反正我跟表哥住在一起，他剛從P.R.（波多黎各）回來。我們在康乃狄克鬧區的一間購物中心，就在紐黑文的耶魯大學旁。我們有點餓壞了，需要一點錢，所以我表哥說服我去搶個包包。我們注意到醫院旁邊的角落有個老太太，但我太害怕了，我不敢去。但之後我說，「管他的，我上了。」

我以為那是個好地點，因為她正在等紅燈。

所以我抓了她的包包就跑，但她不肯放手。所以我就拖著她走了半個街區，但她就是死抓不放。

所以我揍了她的頭好幾下，她真的傷很重，才終於把手放開。

普里莫：幹閉嘴啦，凱薩。

凱薩：正如我所說（把臉突然逼近到普里莫面前），我拖著她……拖著她走了一陣子。她不想放手，所以我揍了她的頭（示範揍人的動作）。

然後我們跑了大概半個街區，跑進某人後院，然後往包包裡頭看，結果只有四十美金，我把一半給了表哥。我該全部拿走才對，因為都是他不肯動手，我才會說「管他的」之後硬上。

我們幹掉了（比喻性說法）那個該死的婊子（他用力扭曲臉部，表情中閃耀的邪惡光芒讓我們全笑了出來）。

普里莫：（煩躁地壓下笑意）我覺得搶劫真是爛透了。

凱薩：（兇惡地回嘴）你知道我為什麼搶她嗎？因為我走投無路了，而且還在康乃狄克，再之前我在紐約，而且我幹他媽的一無所有。

我打算幹掉那個婊子，是因為我需要錢，是因為我一直被……diss（瞧不起）。

我就是要幹掉那個天殺的白人女士——無意冒犯（對我說）——我會幹掉那個天殺的白人女士，因為我走投無路。

（提高音量）我是波多黎各人，我就是大家的惡夢。我幹掉了那個天殺的婊子，因為我需要錢來用藥爽一下，還需要食物。因為我就是個他媽的瘋波多黎各人，我什麼道理都不懂。怎樣啦？（對著普里莫的臉大吼）

菲利普：她是白人？

凱薩：（突然轉過來面對我）不管她是波多黎各人、葡萄牙人還是西班牙人都沒差。我餓壞了。（大吼）我當時就是覺得：「幹掉那個他媽的婊子！」

如果那女人是黑人，我會把她搞得更慘，就因為她是黑人，而且我痛恨黑人。

因為我什麼都他媽的不在乎。我就是個幹他媽的種族歧視的廢物。[4]

青少年的集體輪姦

親眼目睹凱薩推崇暴力及無來由的冷血多少令我不安。不過住在埃巴里歐的第二年尾聲，我在聆聽雷伊手下快克藥頭於學齡期間的社交生活時，觸碰到一個更為殘暴的面向：集體輪姦。我仍清楚記得普里莫第一次告訴我的那天晚上，他說以前在社交俱樂部那個快克站位處的廢棄建築中，雷伊和路易斯會號召大家來集體輪姦。他在遊戲間快關門時無意間提起了這個話題，我完全沒有心理準備。當時，這些孩童時期透過暴力脅迫進行的性行為讓我陷入了憂鬱和研究危機。此外，凱薩透過窺淫癖與人建立的兄弟情誼，還有普里莫透過殘暴描述無比推崇這類性行為的態度，都讓我對我這些「朋友」更感到厭惡。雖然我能預期凱薩可能做出這種事，但卻覺得深受普里莫背叛，畢竟我已經逐漸開始喜歡他，也真心開始尊敬他了。

> 普里莫：我一個人在閒晃，街區都沒人，我就是沿路亂走，整區很安靜。俱樂部在這邊；（用手指）街角在那邊，他們在最頂樓有間公寓。
>
> 我站在街角，路易斯從窗口往外大吼，「普里莫，要吃嗎？」我以為他要請我吃派——或是披薩——之類的。我說「當然啊！」他那樣一說，我立刻就好想來點零食。
>
> 但當他往窗外看時，他就是，整根屌都掛在窗外了，我心想，「噢該死！那個幹他媽的傢伙！」他們把鑰匙丟下來，我走上樓，那裡有沙波、路易斯、圖提、帕波、雷伊，大概還有黑鬼仔吧，總共五、六個人。還有那個女的。
>
> 房內的她沒穿衣服，沒穿衣服的她手上拿著一罐啤酒，四十盎司的大罐裝，她一邊被上一邊在笑。他們正壓住她。

凱薩：沒錯！沒錯！不過那婊子可爽了。

普里莫：我打開門時，她正在被帕波幹。他正在大家面前上她，我們其他人都在旁邊看。(對著我說，因為注意到我的驚恐而有點緊張）其實沒那麼嚴重啦，我跟你保證，菲利佩！那婊子一直在笑，手上還拿著啤酒。

凱薩：對呀！那好傢伙可是**孔武有力地**在上她。

普里莫：他離開後——因為他不習慣跟我們混，而且他這人做什麼都沒辦法專心——我們把門鎖上，打開燈，她就在那裡，免費肉體。現場就只有我們這些兄弟。

凱薩：你們這些黑鬼是在訓練她！

普里莫：(再次對我的表情感到憂心）她才不在乎。她根本不當一回事。所有人的屌都露在外面，各種尺寸各種寬度。大家都沒穿衣服，褲子脫一半，就這樣在那邊等。黑鬼就是喜歡炫耀自己的老二。

凱薩：(轉向我，他以為我沒什麼反應是因為沒聽懂）他們就是在訓練她，菲利佩，全部六個黑鬼都有上她，在同一個房間內，同時。

普里莫：(又望向我）我沒有！他們要我加入，但我說，「幹我才不要吃你們黑鬼的剩菜。我才不想得到什麼天殺的淋病還有皰疹。」

凱薩：訓練她！

普里莫：她真的全身光溜溜，那些黑鬼一直說，「上啊普里莫。」她就像一個躺在那裡的洞，他們緊抓住她。
凱薩：好好訓練那婊子！
普里莫：她身材很好，老天。她真的很棒，但我不想……那樣搞。我最後還是抓了一下她的奶，摸了她身體。她摸起來很讚。我用手指摸了她的洞，感覺真的又棒又緊。但我才不想把我的屌插進那婊子身體裡。
凱薩：他們就是在訓練那婊子！
普里莫：我把大拇指塞進她的小穴，食指插進她的屁股，這時候他們就是吸她的奶。真的很瘋狂。我後來洗了手，但感覺真的很讚。
凱薩：（再次嘗試讓我加入話題）那些黑鬼以前會上一些好看的妹子。
普里莫：她十七歲，是個女人了，她不是處女。她本來就很下賤——早就給人幹翻過了。

儘管這段對話出現時，我已經在街頭闖蕩了近三年，卻還是沒有準備好面對性別暴力的這個面向。我一直問自己，我怎麼可能投入這麼多精力認真看待這些「精神變態」。就更為私人情感的層面而言，我覺得迷惘，因為這些強暴者都已經成為我的朋友。除了少數相當特別的例外狀況，我已經開始喜歡這些資深強暴者當中的大多數人。我跟敵人一起生活，這已經成為我社交網絡的一部分。他們已經用街頭文化的常識把我吞噬，直到這些有關強暴的描述逼迫我畫出一條界線。

從分析及人性的層面來看，現在我無論是想避開這個話題，或是將這種反社會行為斥為反常的變態行為，其實都已經太遲了。在街頭文化還有此處的青少年社交中，強暴就是普遍存在的常態現象，而我得面對這一點。無論如何，普里莫和凱薩都不會允許我逃避，之後的幾年間，就彷彿剝開一層層洋蔥，他們說了好幾十個相關故事和不同版本的回憶，都是他們在剛進入青少年時直接參與性暴力的經驗。其實社會上很少人願意談論強暴——無論是加害者還是受害者。事實上，強暴是一個太大的禁忌，我甚至想要掠過有關這個主題的討論，就怕讀者會因此對這些快克藥頭產生太過於厭惡及憤怒的情緒，而因此拒絕看到他們同樣身而為人的其他一切。身為一個男人，我也擔心再現政治的問題。關於這個主題，我收集了數十段錄音陳述，但大多是來自加害者的觀點。我錄下了一些倖存者的陳述，希望能呈現不同觀點，但我沒有跟這些人建立同樣的長期關係，因此無法獲得足夠的細節，我在進行生命史訪談或對話時，也沒有信心能將內容整理後放入有意義的脈絡中。[5]

從政治的觀點來看，正如我在導言中所提，我也擔心自己創造出一個讓大眾羞辱窮人和無權力者的輿論空間。美國讀者是如此無意識地受制於自身所處社會的種族化常識，因此許多人會將這些段落詮釋為某種針對波多黎各社群的文化反思。若是把這些段落當成「家醜外揚」的詮釋觀點，這種解讀跟此書的理論及政治論述可說正好相反。強暴顯然不是專屬波多黎各人的議題。我得再次強調，身為一名白人男性研究者，若要避免按下那些無意識的禁忌按鈕，直接把這些有關集體輪姦的討論段落刪除會輕鬆許多。但是我覺得，要是無法觸及街頭文化中的性暴力，那就等於是跟性別歧視的現狀共謀。我們身邊其實有大量的強暴問題，但我們的社會彷彿是確保大家噤聲的可怕共犯，要求女人在日常生活中忍耐這個受壓迫的痛苦面向。

學會如何當一名強暴犯絕對是普里莫成年禮的一部分。他跟街頭上的那些年紀較大的青少年一起混時，總是因為太年輕——或者因為不想要——而沒辦法參與。

普里莫：我年紀小的時候，老二就是站不起來。那樣做對我來說好像很髒，我就是沒有想要那樣。我不知道該怎麼辦。所以他們會一起跟女生上樓，當然他們已經知道我就是不想幹，所以會問我，「所以你打算做什麼？回家還是怎樣？」管他的，我的最好選擇就是逃跑。「明天見啦！」又或者我就會在樓下酒吧等，或隨便混。

普里莫的另一個選擇，就是在跟這些年紀較大的同儕群體相處時，為了鞏固彼此之間的情感而主動參與這個暴力的男性儀式。[6]不過，是到了後來，普里莫才學會如何產生性興奮的感覺。

我不是真的很想那樣幹，但我以前也很狂，而這些婊子遲早得經歷我們這些狂野的傢伙。有時也可能是我去對那類婊子裝無辜，騙她來，然後她就得跟房內所有的人一起搞。

有時那些年紀比較大的傢伙，他們會有一陣子假裝對女生很好，但一旦嚐到了小穴的滋味，她就會被dish（羞辱）。就是會啪啪啪、啪啪。（做出搧巴掌的手勢）她會被毒打：「妳現在是我的了，婊子。」

我以前也會跟著搞這套：有人負責當白臉，有人當黑臉。我的這位兄弟（抓住凱薩的肩膀）就是最壞的那種傢伙，你和我呢（搭住我的肩膀），就是善良的那種人……我們不會，就是，不會想找她麻煩。然後這位路易斯（用一隻手抱住路易斯，他剛走進來放下才打包好的快克捆包，取走了午班的款項），他是好人也是壞人。不過雷伊（指向門口），就是最壞最壞的那種。透過這種組合，婊子就能被安撫下來，我們會對她解釋情況，說我們只是得用一下她的小穴。「妳得給我們用，這是獲得自由的代價。」然後我們一群人就在那裡等，所有人都會說「沒錯！沒錯！」

不過那是以前才這樣。現在沒人在搞這套了。小穴現在到處都是了。

這些強暴者仔細發展出一套邏輯來合理化他們的行為。舉例來說，普里莫把他同儕團體強暴過的女人分成值得同情和不值得同情的受害者，同時也把身邊男性夥伴的性墮落作為投射到她們身上。儘管他試圖把這些女人重塑為樂於接受團體輪姦的形象——或甚至享受其中，正如他在此段落剛開始所形容的一樣——特地談起這個主題時，普里莫也承認，到頭來暴力脅迫和肢體恐嚇才是這項行動的主要手段。諷刺的是，底下所記錄的這段對話受到槍聲中斷，彷彿說明了威脅生命的暴力無所不在，只是顯然是以與性別較為無關，而且更為日常街頭互動的形式出現：

普里莫：我是說我記得的就是這樣，我當時他媽的年紀很小。我的觀察是，只要誰沒再回來我們的俱樂部鬼混，很可能就是因為經歷了創傷，之後她們會藏著這個祕密生活，一輩子不再提起，而且永遠不會再出來混。她們會回家，他媽的假裝沒這回事，這輩子就藏著這個黑暗的祕密。（防備心很重地看著我）我以前會覺得抱歉，有時也會為她們感到難過。但有些婊子適應得很好，還會回來跟我們一起混。我猜她們也都是在街頭生活，然後那種鳥事一旦經歷了第一次，她們就覺得管他去死沒差了：「**我要去一起混**。」（*Voy a hangear.*）

菲利普：（插嘴）拜託，老兄，老實一點！沒人喜歡經歷那種鳥事。

普里莫：（緩慢開口）嗯……後來都是她們自己做出的決定，菲利佩。我是說，第一次或許她們不享受，有時會流眼淚。她們並不想被強迫。

凱薩：（嘲笑普里莫的迷惘及我的怒氣）但她們就是被強迫了，但她們就是喜歡，還會回來想要更多，因為她們很享受。她們接受了事實：「妳這婊子現在是我們的了！」

菲利普：你們這些幹他媽的傢伙真是有病！（巨大的槍聲響起，之後傳來有人在奔跑的聲音）

普里莫：不是！菲利佩你得明白，就算她們說不要，她們還是喜歡的。

凱薩：（從遊戲間的門口插嘴，他正在把風）Yo！Yo！瞧瞧這個！菲利佩，那個給我。（抓住我的錄音機）我要對著麥克風說，有人對某人開槍，而且剛剛就跑過我們身邊。

普里莫：（沒理會他的插嘴）有時這些女生會定下來，就是跟我們的其中一個人在一起，可能還會為對方生孩子。而且這還是幹他媽的整幫人都幹過她之後。
我還記得有一個婊子，她想跟路易斯在一起，因為他用超大的老二幹過了她。她是個年輕的小婊子，她超愛路易斯的巨屌，老天。她愛上了路易斯的屌。
路易斯幫很多處女開過苞，他總是會把那些女生吃乾抹淨，一下子就把她們上了。就算不是今天也是明天。他上女生的節奏就是「**噠噠噠、碰、砰，搞定！**」[7]
我以前光是看他們幹就能射出來。真的！太好看了。見鬼的讚。真的很讓人興奮，因為沒過多久，女生就會很享受了。
路易斯最愛在幹人時有我們在旁邊看。我很清楚，我之前看了也有夠興奮！
菲利普：（再次插嘴）閉嘴啦老天！你見鬼的到底有什麼毛病！

普里莫忽視我的回應，繼續極度精準地描述路易斯是如何調整身體的角度，好讓輪姦夥伴可以盡可能清楚看見他的動作，以滿足大家的窺淫癖。普里莫提供了許多有如色情畫面的細節描述，而這也能證明這些集體輪姦的男性透過性來鞏固情誼的過程中，其實存在著同性情欲的面向。

我努力想找出一個咄咄逼人的回應，希望可以讓普里莫震懾地意識到，他和他的朋友是如何為身邊的這些女孩帶來了痛苦，所以我開始訴諸家庭榮耀這種父權邏輯，試圖藉此衝撞他的良心。

菲利普：你曾擔心這種事發生在你的姊妹身上嗎？

普里莫：見鬼的當然！

但我知道我的姊妹都很純真。我和路易斯討論過這件事。我們以前都在街上混，我們會說，「我們會罩這些姊妹，兄弟。」

凱薩：這就是為什麼我從來不想生女兒，就算我女友懷孕了也一樣。我沒辦法應付有了寶寶這種事，而且想到之後還得見到她變成一個妓女，我大概會自殺吧。如果真有了女兒，我不會想跟那個寶寶扯上任何關係，連碰都不想碰她。說真的！

普里莫：（試圖讓我安心）這樣想吧，菲利佩，這些婊子都是年輕的蠢處女。如果她們那麼常在外面混，她們就會知道我們有多狂，如果這樣她們還是繼續出來瞎混，那我們就知道可以搞她們。

菲利普：你說的這些蠢話實在太病態了。你們這些幹他媽的廢物不過就是堆變態。

普里莫：（因為無法說服我而感到沮喪）我是說，只要看她們的態度就知道了，如果她們在外面鬼混的時間太長，相信我，她們很清楚會發生什麼事。女生要是愛鬼混，就一定會被上。我是說這些婊子啊，她們就是會一直出來混，一直出來混。她們每天都會來酒吧，所以我們知道她們就是想被幹。

所以雷伊和他們那些傢伙，他們會把那婊子帶開，因為我們已經有了她的**信任**（*confianza*）；到了那個階段，要強迫她們跟我們一起搞就很容易了。

而且那婊子要是不願意，就會被打，或者受到其他教訓。

在某些對話中，尤其是凱薩不在場時，普里莫會在受到我直接的譴責後宣稱自己感到後悔。不過，即便是這種為了不冒犯我而做出的回應，他還是維持跟他同儕團體一樣極度父權的邏輯。

普里莫：每次只要回想起那些時候，我都會覺得自己很爛。因為我以前其實、其實也沒那麼享受，而且回家看到媽媽和姊妹，我還是會覺得**不好意思**。那些天殺的女孩子真的很慘，如果她們是好女孩，我們就是毀了人家的一生。現在回想那些女生的年紀，可能十五、十三、十二、十四、十五或十六歲吧，真的是很瘋狂。他們就跟我們現在看到的那些小女孩完全一樣。

菲利普：現在你覺得困擾了？

普里莫：我沒有什麼時候不覺得困擾，菲利佩。我從來沒喜歡那樣幹。我討厭死了。我就是那種會在心裡乞求「不！住手！」的那種人。這種事一天到晚天殺的在發生。到處都在發生。但我從來沒說什麼。（態度懊悔）真希望我有阻止他們強姦那些女生。

我以前根本就是這些女生的心理醫生。我說真的，菲利佩。我應該要收費才對，因為她們會找我聊天，就是，我以前會給她們一些建議什麼的。比如說：「在妳的人生被搞砸得更慘之前，趕快離開這裡吧。」

但其實就像你說的（朝向凱薩點點頭，他正為了聽得更清楚而從門外走進遊戲間），她們就是喜歡那樣。

說到底，這些比普里莫年長的人生「楷模」，當他們針對女性精心策畫了這些暴力行動時，反映的其實是他們早已內化了自身毫無價值的思維：

普里莫：我們以前彼此之間會聊，說這些女人實在是活得一團糟，因為她們竟然跑來跟我們混。

我們天殺的能給她們什麼？明明什麼都沒有。我們真搞不懂。

凱薩：我們根本成天無所事事！這些婊子就是太蠢才會跟我們這種黑鬼混。

6

重劃街頭的性別界線
Redrawing the Gender Line on the Street

以前我會忍耐老公幹的所有爛事。我甚至還養我老公，但就跟大家說的一樣，某天我清醒過來啦。然後我就送了我的男人一顆子彈。

——糖糖

前一章討論的集體輪姦並不只是一群社會邊緣的精神變態虐待狂所犯下的孤例。相反地，在談論街頭文化的厭女現象及日常暴力時，這些案例提供了局內人的觀點。若要說性暴力在埃巴里歐有多普遍，某次我和妻子在跟十一歲的鄰居安哲爾聊天，那本來是段無害而隨機的對話，當時我們在聊他的學校生活，還有關於他懷孕的母親，但他的一句話立刻提醒了我們現實情況有多嚴峻。他說他希望媽媽生的是男生，「因為女生太容易被強暴了。」

目睹父權社會陷入危機

若專注於快克藥頭對於集體輪姦的單一個案描述，讀者可能會被憤怒及絕望的情緒淹沒。然而街頭上的女性沒有因恐懼而綁手綁腳。相反地，正如美國大多數社會階級及族裔群體中會做的，也是許多非基本教義世界會做的，她們正想辦法在埃巴里歐開創出更多的自主性及權利。在東哈林區，無論是女兒、姊妹還是妻子，現在當她們在街頭社交或在地下經濟中尋求發展時，再也不會像過去一樣乖乖挨打然後聽話上樓回家。就像歷史上敵對群體之間所有主要權力的轉移一樣，女人在為自己開創全新公共空間的複雜過程中，也充滿了各種矛盾的結果及人性必須承擔的痛苦。這種情況更因男人擁有支配權的基本現況仍未獲得改變而更顯嚴峻。正如許多女性主義理論早已指出，女人在過去數十年間的奮鬥及成就，大多是在追求個人權利的框架下進行，而此框架主要反映的仍是父權社會模式的「賦權」(empowerment)。[1]

街頭上的男人失去了原本在家中的絕對權力，所以將怒氣發洩在自己不再能掌控的女人及

玩棍球的女孩：為女性開創出新空間。(攝影：Philippe Bourgois)

孩童身上。男性不接受女性逐漸獲得的新權利和角色，相反地，他們拚命試圖重新主張祖父那代失去的、對家庭及公共空間的獨裁掌控。當然，我絕對沒有在用任何方式暗示，埃巴里歐或世上任何其他地方的女性是因為要求獲得更多權利才激起男性對她們的暴力行為。這種責怪受害者的觀點不只美化了此前的父權現況，也是過度以個人化觀點詮釋了全球的性別關係所發生的巨觀、長期的結構轉變，即使這種進步其實也是受限於一種自由派、中產階級，而且大多以盎格魯文化為導向的霸權。

就波多黎各的例子來說，男人與女人之間的權力關係出現改變，而這項改變又加上了傳統性別角色改變所衍生的痛苦，因為在結構改變的美國後工業都會中，這些身上帶著深刻「吉巴羅」鄉村身分認同印記的男人，同時遭遇到了失業及社會邊緣化的問題。老派的家庭經濟是圍繞著一名獨裁男性的生產力而建立起來的，但長期以來，這種定義已在波多黎各的離散處境中遭到嚴重挑戰——尤其是在內城。無論男人或女人都會反覆想起過往的回憶，並美化那段吉巴羅的歲月，他們遙想著平原上的甘蔗種植園、高原的農作社群，又或者是都會裡的貧民窟，而眼前的現實卻是他們被孤立地困在公宅大樓中，身邊全是不認識或不信任的人。紐約市擁有由財金、房地產及保險部門主導的複雜財務經濟，但無法讓高中輟學生擁有勞工階級的薪資，無法讓他們靠一份薪水養活一個四人的核心家庭。傳統的「拉美式理想」是由男性主導、小孩眾多的大家庭，但就連出生在紐約市新一代的、最反動的男人和女人，都將此視為極度落伍的象徵。

正如第四章談到合法就業時所指出的，在最壞的情況下，男性家戶長成為經濟失敗的無能者，而他所經歷的這種急遽的歷史性結構轉變會對他的男性自尊造成極大打擊。更糟的是，原本可能緩解這類創傷且具有穩定功能的各種社群體制並不存在於美國內城。於是這些男人暴虐地在充滿敵意的真空環境中奮鬥，希望能回頭掌握祖父那代擁有的權力。在埃巴里歐，父權體制的危機確切展現於家庭暴力及性虐待的極端化。[2]

為了試圖記錄這種性別關係的長期轉變，我面對了一個難以逃避的問題，就是身為一名男性，我要如何和女性發展出深刻的個人關係，並在錄下對話時和對方發展到如同我進入男人世界一般的親密程度。要在跨越性別界線的情況下展開坦率、開誠布公且彼此尊重的對話是一項挑戰，尤其在波多黎各的街頭場景中，在考量性忠誠、濫交，以及男性宰制力量的公開展現等處境之下，過去數個世代以家庭為基礎發展出的男性專制主義，又因此被重塑出了不同面貌。雖然我和妻子在這一區有不少女性朋友，我也錄下了至少幾十段不同女性的生命史描述，但只有在跟糖糖的關係中，我覺得錄下了足夠坦率且前後脈絡清楚的對話，而且能藉此探索性別權力關係改變的複雜主題。糖糖還有個優點，她是雷伊藥頭網絡中僅有的兩名女性之一，也是他的童年密友之一。事實上，正如我在第三章談論快克站的管理運作時所描述的，遊戲間這個快克站原本的創立者及老闆是菲立克斯，他正是糖糖的丈夫，是在糖糖朝菲立克斯的肚子開了一槍，菲立克斯又入獄之後，糖糖才把遊戲間的使用權利賣給了雷伊。

不過在此同時，糖糖沒有任何「典型」之處。相反地，她不但極有魅力，人生也經歷了比大部分人更多的暴力。儘管如此，她作為一名女性卻能在街頭受人尊敬的經歷，體現了街頭文化中性別權力關係重獲定義的矛盾過程。

我還清楚記得自己第一次「見到」糖糖的那天晚上，大概是我搬進這區的一年後。她急煞住那台玻璃貼黑的超大黑車，斜停在遊戲間前的防火栓旁。她穿著可修飾身形的緊身橘色彈性長褲，儘管已經懷孕六個月，雙腳還是完美平衡在黑色高跟鞋上，她暴怒地撞進了遊戲間——甚至沒有一個片刻注意到我的存在。她飆出一陣咒罵，還瘋狂地甩動那頭染過的金髮，讓我以為她是因為快克站的款項短少在罵人。我天真地認定她既然是快克站老闆的妻子，手上一定掌握了大筆現金。我以為她能在街頭無比自在地表現出激烈情緒，正好證明了她是名技巧高超的快克站管理者。我也記得自己當時有多菜，因為我一直搞不清楚她在咒罵誰。她連珠炮地罵出一連串「幹他媽的廢物」和「狗娘養的吸屌渾蛋」，其中還交雜著一堆喊起來相當親暱的小名——帕皮托、帕皮、帕波、納納、普老爹、黑鬼仔、朱尼爾——基本上就是當晚在門前階梯上瞎混的所有人。不過我注意到普里莫並無不悅，因此鬆了一口氣。事實上他看起來還算是同情地同意她所說的一切。

我當時是個街頭新手，還不知該如何理解一位當地藥頭「大亨」妻子的困境。我剛認識糖糖的前幾個月，她都在生氣，真的是無時無刻不在發火。由於我妻子當時也有身孕，我也完全熟悉埃巴里歐這區有關「生殖壓力」的民俗理論，於是因此落入了性別歧視的陷阱，逕自假定糖糖的怒氣是一個文化調和的案例，也就是生殖荷爾蒙在對抗紐約夏日熱氣而出現的結果。

事實上，糖糖當時經歷的完全不是生物性問題。她丈夫本來該付給他的律師三千美金，但他把這筆錢拿去和某個女友狂吸古柯鹼。幾個月之前，他才因為賣古柯鹼給一名臥底探員被捕，巧合的是，就在同一天稍早，一名寬大為懷的法官因為他持有槍枝而判了他五年緩刑。他因此必須即刻入獄，但他顯然沒想到要為懷孕的妻子及五個孩子準備任何存款。就在菲立克斯服刑期間，他的家人得自力更生，而他們靠的是糖糖的福利津貼支票，以及現在寄宿家中的養外公亞伯拉罕的社會安全保險金。

後工業化動盪中的家庭暴力

我花了兩年時間，才和糖糖發展出擁有信任（*confianza*）和尊重（*respeto*）的關係，因而能將她痛苦的生命故事錄下來，於是我才意識到在那些夜晚，當那位憤怒的孕婦用各種咒罵言語威嚇在遊戲間前階梯上的我們時，內心其實是多麼脆弱無助。我終於決定挑戰錄下她人生故事的那天晚上，我們有先小心確保在遊戲間把風的凱薩能清楚看見我們，以免顯得不得體。事實上，在我認識糖糖的這些年來，她從未在無人陪伴時來我的公寓聊天並進行錄音。要是她獨自前來，會被視為可疑、不得體，又甚至是危險的舉動。不過儘管如此，我們還是可以在公開可見的環境，以及社會認可的街頭對話中，擁有一種安全的私密對話氛圍。大家通常會尊重我們想私下談話的願望，每次只要有人走到足以聽見我們對話的範圍內，只要她揮手希望對方走開，大家通常也願意配合。舉例來說，有一天晚上，我們坐在路邊停放車輛的引擎蓋上，我把錄音機放在兩人中間，而我們說話的聲音就這麼安全淹沒在晚間街頭的繁雜音響中。[3] 我把握機會聊起兩人作為新生兒家長的共同經驗，試圖藉此引發糖糖的共鳴，而她則以吉巴羅的心態推崇起母職的偉大：

糖糖：我愛小孩。我相信小孩是世上最美好的生物，我是為了小孩才活到現在。因為……你知道你有多愛母親嗎？一定要到有了小孩之後，你才可能更愛你的母親。我生第一個女兒之後更愛我母親了，就是在那時候，我更愛她了。因為嬰兒出生時……一見到那個嬰兒……看到嬰兒好小，你就會覺得，那個寶寶不可能跑來打你，也不可能說，「媽咪別這樣，媽咪別那樣。」寶寶是如此純真、如此純潔。你看到有一堆人在虐待小孩，但寶寶什麼都不懂。寶寶就是這麼純潔又純真。所以我才想生十二個。

（因為我的反應笑出來）沒錯菲利佩，我可沒跟你胡扯。我一直想要十二個小孩。

這是我和糖糖第一次的私下對話，話題很快就聚焦在她受虐童年的細節。

糖糖：我是個受虐兒女兒*。我是說我爸真的是瘋狂打我。我爸媽有九個孩子，不知為何我

* 譯註：糖糖在這裡使用的「受虐兒女兒」以及後面會出現的「受虐兒妻子」是她的獨創用法，把「受虐兒」當成一種固定的身分標籤使用。

就是那個不被愛的醜小鴨。
為什麼?我真的不知道!
所以十三歲時,我爸實在打我打得太誇張了,我就對他說,「如果你不放過我,我就要去結婚,我要離你遠遠的。我認真的。」
所以我十三歲就睡在街上。然後我遇到了我老公,當時他還不是我老公——但後來成了我老公——結果我就懷孕了。
我不知道懷孕代表什麼意思。我是說我真的什麼都不懂。我才十三歲。

在傳統的小鎮環境中,當父權暴力導致女兒及伴侶受虐的情況太過嚴重,甚至讓她們被迫離家時,總會有其他家人介入,不然整個鄉村社群或鄰里也可能插手處理這類危機。在吉巴羅的脈絡中,為愛私奔是合理的文化機制,能讓反抗父親宰制的十來歲少女表達她們追求個體權利的需求。只要逃家女孩重新受到愛人的掌控,並在懷孕之後就跟對方共同建立家庭,她和被她拋下的父母就不用承擔文化上的汙名。事實上,通常都是新丈夫的母親會照顧私奔的年輕情侶,直到他們建立可以自給自足的小家庭為止。如果新丈夫對這個年輕女性不好,她還可以選擇去跟另一個人談戀愛,然後再次私奔。在傳統脈絡下,私奔的選項賦予了鄉村社群、種植園環境,或甚至緊密都會社區的女性一定程度的協商權力。[4]

為了能逃離虐待她的父親,[5]從十三歲開始,糖糖就忠實依據傳統的文化腳本搬演自己的人生。她甚至還獲得了母親的全面配合。到了人生的這個階段，糖糖與鄉村過往的斷裂處境可說再明顯不過了：她沒有住在身邊的村民保護她不受父親虐待，也沒有這些人引導她進入另一個由男性主導的家庭。她必須面對的是內城街頭各自封閉的集團幫派，然後被一群青少年強暴，而帶頭強暴她的正是她未來的丈夫，菲立克斯。

關於糖糖私奔以及最終跟菲立克斯結婚的故事，普里莫對我說了他的版本，在訴說的過程中，他反覆提起過去的那種社群式道德觀。他明確譴責菲立克斯和糖糖父親對待她的方式。另一方面，凱薩則將糖糖的童年創傷轉譯為當代內城的厭女邏輯。在一陣讓他把啤酒噴到遊戲間地面的爆笑聲中，他讚嘆地說，「菲立克斯可是嚐到了她的全新小穴啊，老天！」凱薩和普里莫之後立刻爭論起十三歲女生有性行為是不是太早，至於強暴的話題從頭到尾都沒有被談起，只有在聊到糖糖性生活淫亂的謠言，以及她在跟菲立克斯結婚時「絕不是處女」的時候有間接提及。

同樣這些事件，糖糖選擇用更傳統的框架詮釋，卻是基於一名堅強女性的觀點。根據她的回憶，她是因為和菲立克斯相愛而逃離了父親身邊，她也回憶起第一次成為母親時的興奮。然而，用來幫助糖糖在新的城市環境中生存的各種正規國家機構，卻用完全不同的角度看待她的處境。

> 糖糖：我生了女兒，法院卻打算把她搶走，因為我還未成年。所以我當時十四歲的老公說要跟我結婚，但法官說，「不行，你太年輕了。你們就是兩個小孩子。你們根本不知道自己要什麼。」

好，所以我們沒結婚，但還是一直在躲家事法庭的人。這個我沒辦法否認。警察來到我們家時，我們就帶著寶寶躲在屋頂。我太想留下這個寶寶了，我一直哭，所以我告訴我媽咪，「法院不能把我的寶寶搶走。」我記得我跟女兒一起睡在我媽家門口旁的走廊。我跟我的寶寶無處可去。結果他們跟我媽說，「妳有一個女兒這麼年輕就生孩子了，看來我們得把妳所有孩子都帶走。」我媽賣掉她的家具，把所有私人物品藏好，然後回到波多黎各，不過她把我的女兒留給我，還跟我丈夫說，「要對我女兒負責，她還是個小孩。」我們一起住在一一〇街，就在萊辛頓大道和第三大道中間。

二十年後，作為一名受虐婦女，三十四歲的糖糖對自己多了一份精神分析式的理解。她結合了認命式的民間天主教信仰，以及她在零星幾次被強制轉介到大都會醫院的心理健康診所治療時聽到的一些紐約市治療術語。菲立克斯會毆打她，再加上糖糖曾數次嘗試自殺，讓她不得不頻繁進出東哈林區公共市立醫院的急診室。因此，她跟主流的社服官僚機構有頻繁且深入的接觸，也知道如何操弄這些制度。

糖糖：我老公就像我的父親：我之前是受虐兒女兒，後來又變成受虐兒妻子。我逃離我媽家，因為我是受虐女兒，但之後又成為受虐妻子。我以為這樣就是愛。

我不騙你。我很愛被打，因為我從很小被打到十三歲早就習慣了，然後我老公再從我十三歲打到我三十二歲。所以我覺得人生就是這樣：不停被毒打。我以前還會找理由讓他打我。就是，如果有個人從八個月大到十三歲，都一直是受虐兒女兒，那就一定會找一個虐待她的丈夫。她會覺得男人表現愛的方式就是打她。比如*Coño*（感嘆詞），我就會覺得，「我爸愛我，所以他才會打我。」

我很蠢，因為我沒有接受過治療。我沒看過精神科。我從十一歲就開始試著要自殺。最近的一次是在三十三歲的時候。那次我幾乎成功了。

但你也知道——我度過了創傷的一生——但你知道嗎，生活還是得繼續。上帝與我同在。

那些醫生都知道我是受虐婦女，但我不想讓他們知道——因為我就是受虐婦女啊——所以他們會幫掩飾。

所以我丈夫才會揍我。

若要解釋糖糖的狀況，受虐婦女症候群、世代間的暴力傳遞，以及物質濫用的精神治療文獻絕對都有幫助。不過關於糖糖受到的苦難，無論這種個體化、醫療化的解釋在精神分析上看來多麼適切，其中仍忽略了她生命經驗中相當關鍵的結構性元素。這樣的解釋忽視了二戰後那段期間，大量波多黎各人進行前往紐約的城鄉遷移（rural-urban migration）時，導致家庭結構出現的系統性的流離失所。[6] 菲立克斯對糖糖做出的極端暴行，尤其是在她數次懷孕期間仍然出手，幾乎可說是諷刺地表現出這種結構失調的狀態，並非只是精神變態展現過度暴力傾向的孤例。

> 糖糖：菲立克斯弄斷過我的手臂。他什麼都對我幹過——有一次他還打裂了我的頭骨。
> 我以前每晚被打三次，每晚喔，從十三歲一直到二十一歲。他讓我的肚子流了五次（指流產）。我因為他沒了五個孩子。
> 我說的是懷孕五個半月、五個月，還有四個月的孩子。流掉的孩子全都已經超過了四個月。
> 他以前就是會揍我。我失去了那些孩子。
> 相信我，你不會想知道細節。

或許對菲立克斯和糖糖而言，就算被困在高聳的公宅大樓中，他的虐待狂傾向是他們勉強延續過時的吉巴羅大家庭傳統時的最後悲鳴。就在菲立克斯的上一代，為了應付小家庭農場的急迫農務，作為一名需要協調家務勞動分工的「正當」父親角色，這種盛氣凌人的欺凌行徑在某個程度內其實能夠獲得理解。然而讓男人在波多黎各的吉巴羅山丘上得以運籌帷幄，並藉以獲得**他人尊敬**（*respeto*）的物質基礎，在菲立克斯及糖糖所在的新後工業化世界中卻顯得不合時宜——甚至成為一種禁忌。這樣說或許荒誕，但菲立克斯可能是無意識地在殺掉這些孩子，因為他和糖糖不停製造出孩子，但他光是仰賴愈來愈難找的工廠工作無法有尊嚴地養育他們。然而就算經歷了這一切，糖糖仍急切地擁護男人的獨尊地位。

糖糖：我想要十二個孩子，我現在只有五個——但我想要十二個。我老公拳打腳踢地奪走了五個。他讓我損失了五個寶寶。（伸出右手的全部手指）有一個讓我特別恨他。我生了女兒——塔芭莎——之後，有個曾經懷到二十一週的孩子。都已經快六個月了啊，那個寶寶完全是因為他毒打我才死的。我一看到那寶寶就知道是個男孩。他出來時已經死了，整個人只剩一大團血塊，都是因為他打我，寶寶才會變成血塊，而不是發展完整的嬰兒。之後有一天，我懷了我兒子，我就告訴菲立克斯，我說，「要是你不打我，我或許就能生下這孩子。」所以他對上帝發誓不打。看看結果如何？我就生了朱尼爾，我唯一的兒子（指向她那位在快克站門口階梯上閒晃的十三歲兒子）。

女性解放對上傳統的性忌妒

我在遊戲間前試探性地和糖糖進行了初次對話的大概一個月後，糖糖終於對菲立克斯的肚子開了一槍，大家知道後都支持她。當時的我為這項行為喝采，認定那是一種帶有反抗意義的解放性作為。然而糖糖自己很清楚，在這種令人暢快的作為背後，其實只是女人在無法克制地浪漫愛上一個不忠的男人後，所導致的傳統忌妒情緒爆發。她急切地抓住過去的傳統家庭價值不放，而在這類傳統價值中，無論是性別衝突或個體權利的主張，都是透過性忌妒的浪漫化慣常敘事（romantic idioms）來表達。當然，內城的文化脈絡更是將這種老派腳本的情節極端化。由於能夠輕易取得毒品及槍枝，人們必須面對的風險隨之提高，基於傳統性別概念的家庭衝突所帶來的痛苦也更為強烈。

就私奔的案例來說，夫妻關係中的浪漫愛能讓從屬的女性主張她的個體需求，同時將她自身與男性主導的核心家庭原則綁在一起。糖糖非常明確地認定是因為菲立克斯在性方面背叛了兩人的婚姻關係，所以她才會開槍打他。她一直都很清楚菲立克斯「在外面有別的女人」，但當他違反了親族團結的規定時，她身為受虐婦女對他的依賴終於消耗殆盡。

糖糖：女人常認為，男人到處風流會對她們留下最嚴重的創傷，但其實不是。（抓住錄音機）讓我告訴紐約市的每個女人：妳以為男人背著妳和女人亂搞很糟，才不！妳能經歷的最大創傷，就是他跟妳的姊妹上床——妳的親姊妹。

我三十四歲了，我很清楚，因為他一開始亂搞就是跟我妹——我就老老實實地說了。像我這種這麼愛自己姊妹的人（把錄音機放下，雙眼濕潤起來）……我到現在還很確定，這份痛苦我到死都不會忘記。

菲利普：（抓住她的前臂）等等，糖糖，從頭開始說。跟我解釋得清楚一點。

糖糖：好的菲利佩，大家都跟我說，妳是個給男人做太太的人了，還說老公就是妳的天。給男人做太太的人！是啦，或許吧，如果已經成年是這樣沒錯，但我當時才十三歲。所以他訓練我。那感覺就像是，如果有人用一個奶瓶喝奶喝到四歲，那自然就會習慣那個奶瓶了。因為我十三歲就成了他的女人，所以我受的都是他的訓練，我被養得很笨，因為我那時才十三歲，而他就是這樣把我養大的：（咆哮）「自己待著就好、別交朋友、別相信任何人、別看窗外。」

我是說我就連看窗外都不行！情況就是這麼糟。

我不會說謊：我之前有發現他跟別的女人亂搞，但後來，當我發現他跟我的姊妹亂搞時，我就發瘋了。他們把我送到波多黎各，想讓我平靜下來。我後來從波多黎各回來，但什麼都沒忘記。

我有兩次在旅館發現老公和我的姊妹在一起。我想殺掉他，我也想殺掉她。但我趕到旅館時已經太遲了。我對他揮刀，割傷了他的腿。[7]

我不會否認，就算這可能讓我之後留下不良紀錄也沒關係（指向錄音機）：我試著自殺過很多次。我進過州立醫院。我從十一歲開始就有留下嘗試自殺的紀錄。我爸當時把我往牆上摔。但現在看看我（展開雙臂，身體隨著附近音響的喧鬧節奏律動，臉上露出燦爛的笑容）。我不知道，天主要我活著，因為我是個好心的女人。我這輩子沒對任何人不好。天主要我來這裡一定有好理由。或許是為了我的小孩。

糖糖極端暴力且偶爾帶有自殺傾向的怒氣，其根源在於她忠誠維護了家庭生活的崇高性。在她終於對丈夫按下扳機之前，她甚至還忍受了四個月的虐待。她對丈夫的譴責並沒有超出母親及祖母這兩代的文化規則界線。她丈夫無法尊重兩人夫妻家庭的完整性，她因而產生忌妒的歇斯底里情緒，並藉此來表達內心的絕望和憤怒。糖糖向來都是透過典型的浪漫敘事來界定自己的權利，而在符合此敘事的前提下，口紅印成為這場事件的最終催化劑。

糖糖：有一天，我去他媽媽家找他。我們在外面說話時，我看見他的嘴巴上有口紅，所以我抓狂了。是這樣的，我又發現他跟別的女人亂搞——除了我、我妹，他竟然還有別的女人！我整個瘋掉。我本來就隨身帶槍保護自己——我一直為了自我保護帶著那把槍——就在我的錢包裡。

所以我就那麼幹了。我就是把槍拿出來，動手。我就是瘋了。

所以我對他開槍。就是這樣，菲利佩，我對他開槍。

不知道耶，菲利佩，就是發神經吧。我不覺得痛苦、遺憾或什麼的。我就是從錢包裡掏出槍，對他開槍，就這樣。

但之後我走開時，他說，「糖糖，我愛妳，記得這件事！我還是愛妳。拜託，拜託！」

但我說，「我他媽的才不在乎。」

不過之後，我還是有顆金子做的心。我有顆天主的心。我回去了，我告訴他，「老天，你真是糟蹋我。」

他說，「糖糖，拜託，妳不明白。」我說，「別說了。但我會幫你叫救護車。」

我幫他找來一台廂型車，他們把他送去醫院，然後警察去那裡問我話。

但我也不知道。我不覺得自己有任何感受。我是說，我是個好心的女人，但在那個當下，我什麼都不在乎。

他傷我傷得太重。他把我整個人都毀了。他奪走了我的童年。我是說，從十三歲到三十二歲，我接受的都是他的那種訓練——街頭訓練。

（從一個百加德蘭姆酒小瓶中啜飲，裡面裝了事先混合好的「性感海灘」調酒，這是一種非法販賣的酒，糖糖是從當地少數僅存的義大利熟食店買來的。）十八年來，我一直是個值得受人尊敬的妻子。他跟我姊妹亂來時，就已經把我徹底毀了。（把酒瓶遞給我）

菲利普：妳對他開槍之後呢？

糖糖：我把槍處理掉了。然後跟他一起走完之後所有流程。在醫院時，他們都在訊問我，我說，「不是我，是有人持槍搶劫。」我們兩人都說謊。

他在醫院時告訴我，「什麼都別說，警察有在錄音。」

警察跑去一一〇街和萊辛頓大道那邊問，那邊的人說是一個金髮女子對他開槍。我們之前卻說是黑人，而且還是個男人（大笑）。我們說謊。

不過他們還是一直訊問我，但我說，「我不知道，就是個黑人傢伙啊。」（一臉無辜地聳聳肩，大笑，然後從百加德酒瓶中暢飲非法販賣的酒）我告訴他們，我不想坐牢。我當時懷著他的女兒莉莉安，我的寶貝，她那時已經六個月了。所以警察對我很好，很多細節也沒注意。（聳肩、大笑，然後再次喝酒）所以我完全沒事。我想是因為我對天主的信仰太強烈了。

針對糖糖的戲劇化舉動，糖糖和她的親友有一套說法，那是一種波多黎各的傳統民間見解。一切都是因為「她發神經」——在波多黎各島上稱為發神經（*ataque de nervios*）。波多黎各的精神科醫生將發作（*ataques*）定義為「特定文化相關的波多黎各人症候群」（culture-bound Puerto Rican syndrome），最常見於從童年開始遭受男性虐待的女性。[8] 在中產階級盎格魯文化中最接近的相同現象或許是恐慌發作。在鄉村及勞工階級的波多黎各文化中，當男性的施虐行為超出了可接受的範圍，女性要對抗支配自己的男性時，發作就成為宣洩怒氣的一種合理互動方式。傳統上來說，由這類文化腳本編寫出的女性突發暴力行為發生時，最常提到的觸發點就是直截了當的忌妒情緒。換句話說，糖糖在對菲立克斯開槍時，就連其中最微小的細節都是遵照著傳統受虐倖存者的腳本在進行。事實上，她把一顆子彈射進丈夫的肚子裡，藉此帶有淨化作用地掙斷了跨世代反覆出現的受虐鎖鏈時，與其說是違反了父權規範（patriarchal etiquette），還不如說是幾乎再次肯認了父權規範。

復原：性、藥，與更多的浪漫愛

菲立克斯在醫院復原後隨即入獄，兩個月後，糖糖生下了第五個孩子莉莉安。此時的她不僅深陷憂鬱情緒，也面臨嚴重的經濟危機。就在這兵荒馬亂的幾個月中，她搞錯了公家補助文件，於是四個孩子中有兩個從她的社會福利配額中被除名了，因為「我的社會安全碼出了一些狀況」。雷伊為了買下在遊戲間賣快克的權利付給她三千美金，但這筆錢很快也用完了。

糖糖擺脫憂鬱及經濟困境的方式，就是瘋狂愛上普里莫，並找了一份為雷伊賣藥的工作。她結合了兩種手段：一種是果決地改變生命週期性，也就是讓自己陷入浪漫愛的傳統女性策略；一種是面對埃巴里歐地下經濟的現實，也就是去賣藥。私下回憶這段過去時，糖糖認為自己能復原是因為那個她愛的新男人。儘管事實證明她作為一名獨立的單親母親是成功的，她在思考未來的人生及福祉時，仍是將一切放在婚姻的框架中思考。

> 糖糖：如果沒有普里莫，誰知道我會變成什麼模樣呢？普里莫他……我未來可能跟任何人結婚，但心裡永遠會有他的位子，因為是他教我如何成為現在這樣一個堅強的女人。

普里莫在回憶他與糖糖這段情事時，並沒有說出那麼多推崇及稱讚的好話，但仍透露出一種相互扶持的情懷，只是也不缺男性跟男性談起前任時常有的那些非寫實、類似色情片的淫穢細節。根據普里莫所說，他們是經過了幾個月親密的柏拉圖式談話之後，才意外發生了性行為。

普里莫：我之前覺得糖糖很可憐。她老是在哭。所以我會試著去她住的地方多陪陪她。菲立克斯被關的最後四個月，我每天去看她，她當時剛生了一個寶寶——很漂亮的寶寶，老天！又美又胖嘟嘟的——**看起來很健康**（*se ve bién*）。

我以前會，就是，去那裡聽她說話。她把我表哥的什麼事都告訴我，包括他以前怎麼揍她。我以前就是去當她**哭泣時可依靠的肩膀**（*paño de lágrimas*）[9]，因為我猜任何人都需要有人可以說說話。

我都跟她說，「妳得出去走走，做點讓自己開心的事。過去的事都過去了，都是歷史了。不管明天如何，妳都得為自己做點事，讓妳的人生變得更好。」

那件鳥事發生的那天晚上，其實剛開始都沒事，我們只是站在那邊聊天。我們沒在吸古柯或什麼的。我那時候甚至什麼都沒在吸。

總之我把她帶去孩子的房間。那裡只有一張小床，我讓她在那裡坐下，開始跟她搞了起來。我根本不知道那些小鬼天殺的在哪裡，大概在另一個房間吧，或者全都在她房間睡覺。因為她的房間有張大床，他們可能待在那裡看電視，然後就睡成一堆了吧。

我們在接吻，然後我把她的內褲拉開，她喜歡那樣。但之後她起身走去浴室，開始哭。

然後我真的是，我心想（臉埋進掌心），「老天，說不定她根本不想這麼做，」然後我真的是（再次把臉埋進掌心），「說不定只是我在逼她。」

就是，我感覺糟透了。我心想，「說不定我們就該立刻忘掉剛剛那一切。因為我們可以確保之後不再發生。反正不用讓任何人知道。」因為你也清楚我這個人，菲利佩，我絕對不會去跟別人說。

我就這樣開始跟她說，但她說（雙手插在臀部，態度堅定地搖頭），「不！既然我們都開始了，就來做完。」

然後我們飛奔到床上，（咯咯笑）這下我們都比較自在了，然後就是噢耶噢耶噢耶（在空中揮舞雙臂）。我們幹得很好，我們合作無間。（抬頭望向遊戲間天花板上剝落的灰泥）

為了抗衡普里莫言談間隱藏的細膩情懷，站在遊戲間門口的凱薩咯咯笑出聲，同時大喊「耶！耶！太喜歡啦！普老爹那天晚上把她當成感恩節火雞塞滿啦！」

糖糖透過藥物經濟獲得了經濟獨立，再加上和普里莫的這段情事，她終於得以擺脫施虐丈夫菲立克斯即便在獄中都能讓她癱瘓無力的掌控。雷伊僱用糖糖在社交俱樂部上半夜到早上六點的大夜班。這個安排讓她剛好來得及回家送年紀較大的孩子上學，或者去參加啟蒙計畫（Head Start program）*，另外還能好好抱抱她的新生寶寶。她前夫的養外公亞伯拉罕在她上班的整晚負責顧孩子，等到她回家時，他通常早已因為把雷鳥酒**、伏特加、百加德蘭姆酒和啤酒混喝一通而不省人事了。

諷刺的是，就跟她入獄的丈夫一樣，糖糖無法讓自己低調成為一位單純在俱樂部中賣藥的藥頭。她甚至無法待在俱樂部內，乖乖等著顧客自己來買二十美金的袋裝粉末古柯鹼或十美金的小瓶裝快克，而是非得要掌控俱樂部外的整個街角：她會不停咒罵在外賣藥的獨立競爭者、趕走不請自來的賭場拉客員、對身材好的男人眨眼調情，還到處幫朋友的忙。她的魅力總能立刻抓住所有人的視線：染金的髮絲和墨黑髮根閃亮動人，下巴左側有條長長的疤，腳踩尖鉚釘高跟鞋，身穿黑色豹皮褲，身材傲人，還擁有在「藥房」街角最響亮、最自信的刺耳嗓門。幸好，這裡的警察無能又士氣低落，根本沒注意到她，因此在她就職的六個月期間，俱樂部這個快克站沒有被查獲任何犯罪事實。

當初雷伊僱用這位新的女性經理上大夜班，我問他難道不擔心毒癮者和搶劫犯攻擊她嗎？他的回應讓我覺得自己是個沒大腦的性別歧視者：「糖糖知道怎麼獲得大家的尊敬，你看不出來嗎？你難道沒聽說她對她老公幹了什麼好事嗎？」雷伊對糖糖的敬重及信心再次提醒了我，要在街頭建立自己的名聲，公開展示的暴行扮演了多麼關鍵的角色。在此同時，從午夜一直到凌晨六點，糖糖稱霸了整個「藥房」街角，在此區公立學校遊樂場的大型遊具間，也就是當地報紙後來在一系列名為「惡魔遊樂場」[10]的爆料報導中大力抨擊的地方，大多數癮君子注入體內的古柯鹼都是由她供貨。由於生意扶搖直上，糖糖開始嗅吸更多古柯鹼，體重也變得更輕。她更少見到自己的孩子，但賺了更多錢，她這輩子可說從未擁有過那麼多的權力及性生活。

我養得起自己的家人，也能自己買藥，因為我是個藥頭。只要是藥頭，想培養什麼花錢的習慣都行。

我玩古柯，純的古柯——總共吸過五個月。我大可從古柯換成快克，但我還是一直吸，就這樣。我反對吸太強的藥。因為我跟你說，藥可不是鬧著玩的。

然後我就沒再用藥了，看看我現在的體重。（張開雙臂又扭動屁股）我現在一百三十七磅。

反向操作父權體制

由於她的丈夫關在監獄裡，糖糖的生活變得很安全，也愈過愈好——至少表面看來是如此。她有效地反抗了從童年時期徹底掌控她的暴力男性，甚至跟社交網絡中同樣受虐的婦女同仇敵愾。舉例來說，她也建議菲立克斯的哥哥路易斯的妻子開槍打她老公，他們住在公宅公寓的八

* 譯註：是一種為了幫助弱勢家庭孩童趕上課業的提前入學計畫。

** 譯註：雷鳥（Thunderbird）是一種風味強化葡萄酒。

樓，她每次只要拉開窗簾往窗外看，就會遭到丈夫一陣毒打。

糖糖：有天我去了汪妲家，你懂嗎？我走去窗邊看樓下有孩子在玩，汪妲差點揍我。「糖糖，妳在幹嘛？」我以為我做錯了什麼。我說，「什麼鬼啊？」太誇張了吧……她說，「小心，這是陷阱，路易斯會用特定的方式把窗簾拉起來，所以只要有人動過，他會知道有人往窗外看過了。我們這裡是不准看窗外的。」他用一條厚重的毯子蓋住窗戶，就連陽光都透不進來。你知道我怎麼跟汪妲說嗎？我說她該對她的男人開一槍。但她一直沒對路易斯開槍，因為她就想當受害者……我也有跟路易斯說。我說如果我是汪妲，一定早就把他幹掉了。我一定會想辦法擺脫他。你看我改變很多吧！

不過糖糖也不是真心地跟這些女人同仇敵愾，說到底，她仍然接受並參與整個父權邏輯，認為男人的濫交和暴力都是女人的錯。

糖糖：我告訴你，菲利佩，我老公跟他很像。或許因為家裡的女人喜歡背著老公惡搞，菲立克斯才覺得所有女人都這樣。

路易斯以前會睡其他人的女人，也會睡他女人的姊妹。記得嗎？（轉向普里莫）他是怎麼對他的第一任，那個露西？還有露西的姊妹？

普里莫：路易斯以前會偷偷跟一些女人來往，在那段期間。

糖糖：沒錯。而且路易斯那時亂搞自家人時總會說，「肥水不落外人田。」但事情發生在他自己身上時（從普里莫後面抱住他），他就不愛了。這個啊，這個就叫自作自受。（吃吃笑）汪妲被路易斯抓到時真的很慘。他真好意思！自從路易斯抓到我老公跟她亂來之後（吃吃笑），她就不能看窗外了。路易斯看見他躲在床的後面才發現的。路易斯真的把汪妲揍得屁滾尿流。

但路易斯活該。他自己都這樣說啊，「肥水不落外人田」嘛。

我和普里莫搞上後，路易斯也大鬧了一場，他說他的兄弟跟普里莫是表兄弟。但表兄弟的關係老實說也沒那麼近。現在他跟我說不能跟普里莫在一起，但明明他還搞上了自己老婆的姊妹，他兄弟也搞上了自己的老婆啊。更糟的是，他們還是姻親，都是孩子們的舅舅。這個基因遺傳可驚人了。

他該管好自己就好，擔心他自己的女人就好。

在心靈更深處，糖糖始終沒有逃離施虐丈夫的掌控。她仍然跟隨著他的腳步：賣藥、忽視孩子，到處炫耀她的性戰利品。糖糖養了普里莫這個情夫，於是在挑戰波多黎各街頭文化中的性別禁忌時，普里莫成為她用來進行衝撞的載體。在當時，普里莫假裝自己是在實現內城男性的街頭幻想：靠著女人來白吃白喝（*cacheteando*）。不過事實上，在私下回顧這段過往的對話中，普里莫坦承自己似乎創造出了一個「科學怪人」：這位有五個孩子的前受虐母親，變得比她人生中的所有男人還要更大男人。

普里莫：那婊子瘋了。她失控了。自從那時候開始，兄弟，一切都變得很恐怖。真的很恐怖。（將頭埋進雙手中）

老天！那婊子還試圖幹掉我，她想毒打我身邊的所有女人，還有任何接近我的女生。我真是經歷了一大堆瘋狂鳥事。那女人根本就是diss（瞧不起）我。

普里莫無法接受性別角色的翻轉：糖糖到處吹噓自己的性戰利品，這行徑就跟菲立克斯遭槍擊前帶女朋友到遊戲間給大家看的意思差不多。

普里莫：糖糖真的是賺了他媽的很多錢。那婊子賺的錢比我知道的還多很多。

然後她開始到處……嗯……散布一些謠言，就是去說、就是到處去暗示……我在她家給她養。如果菲立克斯打電話給她，她會說她有男友了，例如「別擔心你之後就會知道了」之類的鬼我不知道該怎麼辦，老天，我就是……我不敢相信。我不想處理這種事。然後她還跑去跟家裡的人說話。

有時我只想忙自己的事，她會立刻暴怒。

每當有些事我不想找她一起——例如性生活——她總會說我「利用了」她。我就回，「利用妳！怎麼會是利用妳？要談性的話，我絕對不可能利用妳，因為當初是妳想要的。」

她會說，「我有買東西給你。」

但我會說，「我沒跟妳要過什麼。是妳喜歡做人情。妳只是想找藉口對別人發脾氣。」

過了大概六個月後，普里莫終於決定反叛糖糖逆轉父權主義的行徑。為了努力重建身為男人的尊嚴，他使用的是自己能夠立即且恣意使用的手段：肢體暴力。他們的分手場面非常經典，原因正是普里莫不願配合糖糖的性需求。多年之後，在遊戲間生意不怎麼好的一些夜晚，普里莫提供凱薩跟我相當多，關於他和糖糖命中注定要分手那一晚的細節。他彷彿是刻意讓我錄下這些過程來當作一種治療療程，並藉此處理他在愛上糖糖後打破了許多性別禁忌而產生的困惑。他也需要透過推崇自己戰勝一名不乖巧女性的能力，來跟我們進行男性情誼的連結，而在我保持中立或抱持批判立場的同時，凱薩理所當然地回應了普里莫的需求。

普里莫：就是，她會想要營造氣氛之類的，但我根本**不想**。

有一天她穿上她的某件睡袍，我就說，「別煩我。」她就是（大吼大叫），「不准拒絕！」我叫她別煩我，但她就是不肯放過我，所以我把她推開。情況變得很糟，因為她還抓起一把刀。（遠方響起槍聲）

凱薩：Yo！普老爹！真不知道你經歷了這些鳥事。她根本就像《致命的吸引力》裡面的女人。[11]

普里莫：閉嘴啦凱薩！你那時一天到晚嗑藥嗑到飛天，我根本不想認識你。（遞一夸脫瓶的麥芽酒給他）

她一直威脅我，像發瘋一樣。所以我告訴她，「動手啊，用那把他媽的刀來對付我啊，我會給妳好看。」

凱薩：（再次無法克制地興奮起來）**真的**很像《致命的吸引力》啊，老天。

普里莫：對啊！我盯著這婊子，觀察她離我多近，因為我打算踢她的臉。她到時候就慘了，因為我可以一腳踢碎她的下巴。

凱薩：（一邊歡呼一邊喝酒）太讚啦！

普里莫：（拿回啤酒瓶）我告訴她，「別亂來，因為我可以撂倒妳。妳打不贏我的，我會撂倒妳。我準備好了。」

她放下了，我說她把刀放下，但還是沒打算放過我，所以我把她**拖**到小孩的房間，讓他們看看她在搞什麼。我叫她的小孩過來，然後看著她的雙眼，叫她的小孩看看他們的母親在搞什麼。

但她開始在孩子面前假裝，還對我說（態度輕蔑），「你到底在搞什麼鬼？我不知道你在說什麼。」

她望著那些小鬼說（語調溫和），「不，沒事的，我只是……只是在跟他玩。」

但就在我們走出房間時，她轉向我悄聲說（低吼），「你這幹他媽的廢物。」她想再挑起我的性欲，我真的是（把頭埋入雙手間），「噢我的天。」

然後我暴怒了（動用全身做出誇張的扭打姿勢），我抓住她的脖子，把她丟到沙發上。（用拳頭打另一隻手的手掌）碰……然後我咻、砰（再打了自己一拳），我用盡全力揍了她的臉。

但那婊子笑了。我真的很用力揍她，天哪！很用力啊說真的！很用力！

凱薩：（跳上跳下）噢嗚，她笑了。也太讚！

普里莫：（不是很想接受凱薩的稱讚）最好是！她看起來整個很瘋，身上還穿著睡袍，整個狀態都不對勁。

所以我也抓狂了，我是說這婊子真的瘋了啊。所以我又打了她一次（再次用拳頭打手掌）。

那感覺就是，這樣做也沒關係，而且根本是她討打。

所以我又打了她一下（打手掌），然後碰，她就像是飛到了另一張沙發上，就像這樣（用手模擬身體正在飛翔的樣子），然後她笑了。

凱薩：沒錯！沒錯！她喜歡被打。她就是得被打。

（轉向我，或許是因為我臉上的不安表情而擔心起來）你可以想像菲立克斯那種人是怎麼對她的吧。普老爹對她真的不算很糟。

Yo，普老爹，你覺得她那樣做是因為愛你嗎？是這樣嗎？她想留下你？

（再次轉向我）想像一下，菲利佩，她尖叫著跑向你說（揮動他的雙臂），「你這個狗娘養的！」但外人看來根本不是這樣，老天。我以前也會看見普里莫和糖糖，他們看起來就是一對開心的情侶。

他們看起來完全不會做他剛剛說的那種事，就是揮刀還是什麼的。他們以前看起來就是一直嗑藥嗑得很爽，就是……很正常，就是一直很爽。

普里莫：是呀，你不可能知道的，凱薩。你總是忙著狂吸快克啊。

（轉向我然後垂下眼睛）上帝啊！我真的很討厭想到這件事，菲利佩，因為真的從頭到尾，她就是哭呀哭個不停。

然後房間內的小孩都緊張到不行。我猜他們都在哭。她完全失控了，我能怎麼辦？

小孩都在看。就連莉莉安也在。她還不滿一歲。

凱薩：讚啦！讚啦！他們一定想把你的眼珠子挖出來，因為你痛揍了她。

（把啤酒遞給普里莫）普老爹，她是想留下你嗎？還是她只是想被人上之類的？

普里莫：（喝酒）她想要我打她。之後她又逼我留下來。所以我就坐在剛剛我打她之後，她倒下來時躺的那張沙發上。

我心想，「她想開始跟我親熱了。」就是要搞恩愛那套，但我真的不想。但我就是坐在那裡（把啤酒瓶遞給我），就像你現在坐在這裡一樣，懂嗎？突然之間，她跳起來，來回走動，來來回回，腳上穿的**高跟鞋**（*tacos*）不停發出很大的聲音，喀啦喀啦喀啦。她嗑飛天了，你知道嗎？我覺得很煩。她走進她的房間，我不知道她在裡面做什麼。我就是感覺沒辦法信任她。

凱薩：你怕她嗎？

普里莫：當然怕！因為我知道她有槍，還藏了很多有的沒的武器在她房間。

凱薩：（嗅吸）你覺得她真的會幹掉你？普老爹？

普里莫：當然啊！但等等，先別說話，我得把故事說完。

（轉向我，把啤酒瓶拿回去）在這一刻，她要我做什麼我都會做。然後她就開始，大概就是，一直不說話，就這樣盯著我看。因為某種原因，她開始盯著我瞧，想藉此讓我開始找她麻煩。

我不記得她確切說了什麼，但我安靜下來。我在等待她的**大爆發**。就在這時候，她開始提起潔琪（普里莫的前女友）：「我知道你前天一定是跟她接吻了。」她開始說一堆有的沒的。

我就說，「沒有！拜託，妳很清楚……我沒親她，根本沒發生這種事，而且好幾個月都沒有了。」

但不管我說什麼，她都想栽贓我在外面亂搞。她就是死命堅持。

最後我終於說，「嘿，好吧，我……我……我之前有親她。」

她幾乎就是立刻翻臉。她說，「我就知道你是個幹他媽的爛貨！」

她真的試圖過來打我。碰！我一下子抓住她的手，然後跟她說，「冷靜！」

她尖叫，「你這個幹他媽的爛貨！」——搞得好像我是她老公一樣——「我就知道你在外面到處亂搞。」然後她開始哭。

我告訴她，「妳想聽我說這種話，我才說的。」

她就又開始來回走動，而且還穿著**高跟鞋**。整件事鬧得超級丟臉，老天。當時都已經是深夜了。

接下來你知道……她想換上外出服去潔琪家，而且是立刻去，就為了找她算帳。我當時就是（聳聳肩），「隨便妳吧！」

她穿上球鞋和外出服，一切打扮好。我心想，「幹！這簡直煩死人了。」

突然之間，她又改變了心意。那感覺就像她在想辦法讓我打她，她想要我找她麻煩。

但我告訴自己，「不！」我就站在那裡（立正站好），就真的很冷靜。

她走進房間，原本她的襯衫全都有塞好，但走出來時又拉出來了。她對我尖叫，「嘿你不爽嗎？你想回家嗎？」

她的襯衫亂七八糟地拉在褲頭外面。（手指著一個想像中的突起處，如果有人藏槍在腰際就會突起的那個地方）她在挑釁。她朝向門口站著，我就站在，不對，我面向窗戶坐著。

我**很怕**啊，老天！我望著她的雙眼，我說，「我不想走。」

她說，「為什麼不想？幹他媽的廢物！」她開始用很惡毒的話咒罵我。

凱薩：（對於普里莫坦承自己脆弱的一面感到煩燥）她想怎樣？她還想被上還是怎樣？

普里莫：（暴躁）不是，老兄！她想要我**打**她。

她朝向門口站著（用手劃出整個布局的輪廓），我就面向窗戶坐著，沙發在這裡，所以我就是在，那裡。

我在腦中說，「我知道妳這婊子要做什麼。該死，就是，我真的受夠了。她想要我犯傻。她想要我揍她，這樣她才能開槍。」

所以我開始對她說（用安撫的語調），「為什麼不來我旁邊坐下呢？把妳的槍放到一邊，然後如果有需要的話，想怎麼罵我都可以。首先，讓我看看妳的槍，把子彈從彈匣裡拿出來，然後讓我看見妳的雙手。」

她說，「我身上沒槍。」

所以我對她說，「讓我搜一下。」

她說，「不。」

所以我說，「算了（再次用安撫的口氣說），我很抱歉，如果我對妳做了任何不對的事，我很抱歉……叭啦叭啦叭啦……我們談談吧。我甚至不知道妳為什麼要這樣對我，妳不該這樣對我的。」

所以終於她說（嘆氣），「好吧！」然後她把槍掏出來。她明明帶在身上，從頭到尾都塞在襯衫底下。

她一把槍放下——我不記得她確切放在哪裡，但我有看到她把彈匣拿出來——我就說，「去他媽的婊子！」（揮舞雙拳）然後我開始痛揍她。

我氣瘋了天啊。我大吼，「來啊，婊子！沒在跟妳鬧著玩了啊！」

但那婊子實在太煩了，天啊，她還是不想讓我走。她的臉上有一種邪惡的表情。

幸運的是，就在那一刻，塔芭莎來了，我對她說，「妳媽天殺的在鬧我，她就是不讓我離開。」事情感覺鬧得很大，還拖了很久。我不知道確切持續了多久，但我想塔芭莎出門是去把路易斯找來，因為之後路易斯出現了。我告訴他，「糖糖不讓我走。」

就是，糖糖那時在整間屋子內追著我跑！老天！她一直丟東西，一直纏著我打架，一堆東西都破了，時鐘也掉下來。她就是氣瘋了，天啊。這情況，我想，大概持續到了隔天下午吧。終於到了這時候，我們全都在哭了。我覺得塔芭莎站在我這邊，也覺得她那天遲早會受傷。因為她開始跟她媽吵起來，兩人扭打成一團，塔芭莎還用力揮了糖糖一拳。

凱薩：（怒氣沖沖）塔芭莎什麼人都惹。我覺得那婊子的態度有夠差。[12]

普里莫：才不是！糖糖太超過了，塔芭莎是來幫忙的，不然本來也沒她的事。但她能怎樣呢？她試著要讓她媽冷靜下來，可是最後（一臉愁容），她狠狠揍了她媽一拳。

所以糖糖開始尖叫，她醜態畢露，「我女兒打我，啊啊啊啊啊啊！」然後所有人開始說各式各樣的蠢話，孩子們都在哭。

菲利普：為什麼你不直接離開算了？

普里莫：就是，她裝了一種門內鎖，我出不去。她在跟塔芭莎打架時，我正努力要把鎖撬開逃走。但她看見了，跑來逮住我。

終於塔芭莎和路易斯抓住她，把她往後拉，我用力踢了她的胸口。

凱薩：讚！

普里莫：但她還是不放過我，像這樣（抓住我的翻領）；她撕爛了我的襯衫，咬了我的手，搞得我根本抓不住她，也沒辦法把她從我身上拉開。

凱薩：簡直像被死神抓住，老天。

普里莫：沒錯。所以總之，我假裝暫時放棄，稍微不那麼積極攻擊，然後……呼咻、啪砰！

（做出空手道踢某人臉的動作）

凱薩：力氣夠大嗎？她有受傷嗎？

普里莫：沒到能讓她受傷的程度，但足以讓她**飛開**。路易斯和塔芭莎還在，但這時也沒在幫我了。他們有點像是被嚇到了，之類的吧……我也不知道。

他們已經回到前門旁的**客廳**（*sala*）。在我踢完糖糖之後，路易斯看著我，一副要來給我一拳的樣子。

他們全都看起來想給我一拳，老天，就連小孩也是。這樣說吧：小孩都知道是他們的媽媽不對，但我揍的畢竟是他們的媽媽，所以他們全想來找我算帳。

凱薩：（再次開始歡呼）讚啦！讚啦！他們全想把你的眼球挖出來。因為你痛毆了他們的老媽。

普里莫：看見他們的表情之後，我知道我也得小心他們。我已經準備好要擋住他們的拳頭了。但我決定轉向他們，對他們說，「她得讓我走，我想離開這裡。抓住她，不管怎麼做都好。幫我！我想離開這裡。」

他們照做，我就跑了。

但就連到了外面，她還是想辦法從窗口倒了一加侖烈酒到我頭上。

糖糖成為街頭藥頭，同時擁抱了全新的大男人身分認同，因此後來在公開場合撞見普里莫時，她沒有立刻陷入發神經，而是遵循男性腳本去對看不起自己的前任情人復仇。她會到處張揚自己和普里莫的性生活有多棒：「是我有過最棒的性生活！」於是難以避免地，當她無意間遇見普里莫時，這項作為升級為嚴重的攻擊及衝突，那次在普里莫身邊的是他的新女友潔希，他在跟糖糖分手後就回到了潔希身邊。

普里莫：潔希和我正經過糖糖住的那個公宅區，她下樓，看起來完全抓狂了。她一直辱罵我，

「你這幹他媽的廢物，竟敢帶這坨你正在幹的屎來我住的街區」——她說的屎是潔希——「為什麼不跟她說你跟我有一腿？為什麼不跟她說你跟我有一腿！」

太瘋了。所有人都在說，「妳在說啥鬼？」

而且她的孩子都在場。（把一玻璃紙包的古柯鹼遞給凱薩，好讓他壓成粉末）

她讓我很緊張，因為我發現她又用之前那種方式來找我們麻煩，走路的方式也變得跟之前一樣瘋狂。我想她可能有帶槍。我的內心開始發抖。

她說，「怎麼不跟她說實話？你死同性戀啊？你這樣還算男人嗎？」

我們就在公宅（維修）人員面前，很多其他人也都在，大家都能聽見她在大吼大叫。「你怎麼不跟她說……（瘋狂揮舞雙臂）他幹過我！我超愛！（往後退，但仍在揮動手臂）也跟她說我之前逼你幹過我多少次啊。」（雙手抓住他的胯下，扭轉他的骨盆）

我根本不敢相信啊，可以想像吧？所有屋裡的人都望向窗外。我不想聽這些屁話。（伸手去拿古柯鹼，喝了好幾大口啤酒，把剛剛從火柴盒紙板上嗅吸的粉末吞下去）

我對她說，「**下地獄去吧**。（*Vetepara el carajo*）**想嚐嚐這的滋味嗎？**（*Tu quieres de esto?*）（再次抓住自己的胯下）**但我不會再如妳的意了**。（*Pero no te voy a dar mas nada*）**去妳媽的屄裡拉屎吧**。（*Vete a cagar en la erica de tu madre*）。」

我對她揮拳，但她擋住了。她知道我會怎樣發火。如果是在她家，她就不會擋了。我會把她**打趴**在地上。（用力用拳頭揍自己的手掌）

我應該直接踢她的臉。這個天殺的老婊子又蠢又瘋，她需要天殺的精神治療。

凱薩：（本來正在吸古柯鹼，此時抬起頭）她的槍呢？

普里莫：（喝酒）我想過這件事，所以一見到她，我不管做什麼都儘量靠近她，因為我知道她得伸手去拿。只要我看到她伸手去拿，我就打算揍她的頭。就算她動作比我快也只能打中我一槍，然後我還是能制住她，把這婊子交給警察。

女性困境的矛盾脈絡

幾個月後，我去了波多黎各，並特地去造訪了糖糖父母移民去美國前住的小鎮依薩貝拉，那是個風景如畫的小漁村。當我坐在依薩貝拉的中心廣場上，看著青春期男女在千年老樹底下嬌羞調情，再回頭去想糖糖公開表現得像個陽剛的街頭藥頭，但同時又像精神分裂一樣想生十二個孩子的心理狀態，才開始覺得比較合理。波多黎各鄉村小鎮中的性別關係顯然也經歷了巨大的轉變。[13]要是糖糖的父親仍住在他祖父的棚屋中，繼續為了生存務農，同時還得兼做小型手工漁業以補貼家用，長大後的糖糖或許會在依薩貝拉周邊地區的成衣廠或製藥廠做著最低薪資的工作。每到日落時分，在外表塗了潔淨白漆的西班牙殖民建築之間，襯著遠方加勒比海的絕美景致，她應該也會無法避免地遭遇到類似的矛盾困境：原本遵循吉巴羅文化的社群有了改變，而她必須在充滿壓迫的牢籠內想辦法協商出新的女性權利。在這樣的小鎮父權脈絡中，對糖糖而言，我們沒有理由相信她公開或在家對抗男性宰制的過程會有多平順輕鬆。移民、快速的資本主義發展，以及製造業變成服務業的結構重整等現象顯然沒有創造出性別歧視，我們也不能用這些現象簡化地解釋家庭暴力的存在。儘管如此，當糖糖住在紐約市住房管理局公宅的十七樓公寓，甚至還在雷伊的社交俱樂部前面賣快克時，移民普遍必須經歷的外界敵意及地下經濟導致的暴力極端化，確實讓她的處境更加艱難。無論在哪一種環境，糖糖大概都會是那種在公共空間中為自己形塑出新空間的迷人角色。她決心要「分到一杯羹」。問題是她能追求行動、成就，以及經濟處境提升的競技場，都侷限在埃巴里歐的街頭世界。這些在她為新的公共權利奮鬥時侵犯而來的各種客觀力量，讓她在實踐她的公共自主性時感到難以忍受的痛苦。此外，正如前一小節的標題「反向操作父權體制」所強調，糖糖爭取自主性及權利的奮鬥過程是由父權體制的設定而獲得意義的。就在她終於擺脫了丈夫的虐待之後，讓她得以自豪的改變是成為能賺錢的街頭藥頭、養情夫、到處公開吹噓自己的性愛本領，還有要求愛人在她命令時立刻跟自己上床……諸如此類的作為。

埃巴里歐街頭女性開創出的究竟是什麼樣的自由、解放及自主性？在更廣泛的女性主義辯論中，這個思考進一步引發出複雜的提問，也就是誰來定義女性權利？在階級及種族壓迫的脈絡中，女性權利的意義又是為何？波多黎各女性在過去幾個世代，獲得了全新的公共自主性，而這份自主性的定義大多圍繞著自由派、中產階級的個人主義標準，而非來自群體團結、集體培力，或甚至是針對父權宰制的制衡。比如普里莫母親對自己在紐約市作為一名單親母親的成就並不滿意，就讓我更清楚了解了這種情況。你無法否認她作為埃巴里歐居民時所受到的結構性壓迫。她在經濟方面受到剝削，平常在家為成衣分包商做帳面下的裁縫工作，被隔離在內城公宅中的她也被社會邊緣化了。只要一離開居住的鄰里，她通常都得承受種族歧視的敵意，而且總是得辛苦應對她從來沒能學會的陌生語言。

在此同時，普里莫的母親在紐約成功確立了身為獨立女性的地位，這在她出生的社群中是不可能達成的任務。她在原本的社群中也受到了經濟剝削，但不需承擔針對她族裔尊嚴的文化－意識形態攻擊，像是（一）她在十七歲時獨自離家來到紐約市；（二）她選擇了自己的丈夫；（三）確定丈夫是個酒鬼又有虐待傾向後，她便與他分開；（四）她在得以自給自足的家庭中獨力養大三個女兒和一個兒子；（五）她在成年後挑選自己的愛人；（六）她這輩子大多做的都是全職工作；（七）她對自己的收入擁有徹底的掌控權；諸如此類。然而，對於將自己從老家連根拔起後來到紐約所「獲得」的自主性，普里莫的母親並不滿意。她不滿意的其中一個原因，跟幾乎全面瀰漫在美國都會經驗中的個體隔絕經驗有關，另外也源自被迫以個體為單位來定義權利和成就。她渴望擁有波多黎各家鄉那種存在於種植園村莊中的女性／家庭／社群團結精神。儘管仔細想想，她的回憶肯定有高度理想化的成分，但在她身為勞工階級的內城社會邊緣化處境中，這些回憶提供了一個有趣的批判觀點，此觀點認為盎格魯中產階級定義中的「培力」終究有其極限，而此極限會阻礙個體的自主性及向上流動。[14]

普里莫的母親：（用西班牙文說）在波多黎各那時候，一個女人生孩子，所有鄰居都會陪妳，產婆也會在。她們全都會來幫妳。
她們會整個星期帶湯來給妳，她們會帶雞湯還有其他東西來。但現在，什麼都沒有！不可能！不會有人帶雞湯來！
我在紐約生了四個孩子，從沒喝過誰帶給我的雞湯。出院那天，我還得自己煮飯。誰來幫我？沒人！我得把寶寶放下，自己去煮。
以前的日子才不是這樣。那時候有尊嚴多了。

面對國家：依靠社福存活的單親母職的形成

本書的論點之一，就是探討各種歷史性的政經過程是如何被脆弱的個體生命內化，而此章作為本論點的延伸，到目前為止都聚焦於更廣泛且長期的性別革命中，個體的情緒經驗。不過，檢視國家及公共政策的角色也很重要。糖糖生命中的暴虐情緒騷亂或許可被視為一種病態，但這也需要透過體制及國家強加在她身上的脈絡來理解，因為正是這些脈絡中介了內城窮人日常的存活狀態。在美國，本來應該協助或至少管控貧窮移民及其孩子的政府單位，事實上卻會對這些「案主」面臨的苦難公開表示敵意。這種敵意是雙向的。政策制定者和媒體大肆悲嘆地抱怨他們口中「窮人的依賴性」。正如歷史學家麥可．卡茲和許多其他人所指出，美國針對窮人的政策總是執著於分辨出「值得幫助」和「不值得幫助」的窮人，並把所有人的失敗歸咎於個人因素。更近期的例子則是，保守主義者責怪家長式的福利國家政策，說那根本是在鼓勵窮人變得被動且依賴。[15] 但根據我在底層的觀察——這裡指的是雷伊生意網絡中那些藥頭的家庭成員——這些人絲毫不被動，甚至也不是被剝奪行動的人（of demobilization）。相反地，大部分這些快克藥頭的妻子、母親、祖母和愛人都非常有幹勁地努力在系統中求生。

再一次地，糖糖的經驗成為一個很好的例子，足以說明母親為了確保孩子和自己不致餐風露宿或入獄，必須如何主動地操弄充滿敵意的政府單位。美國的福利部及刑罰系統一直是影響她家庭穩定最顯著的國家機構。她認為養育孩子是她的義務，而為了盡到這項義務，她被迫在販賣藥物、領取福利金，以及透過合法工作賺錢等行動間尋求危險平衡。她甚至還有第二組沒案底的「乾淨」社會安全碼，這組號碼是用來讓她在美國國家稅務局登記合法收入，同時又不會危及到她領取福利金及美國聯邦醫療補助的資格。[16]

在我和糖糖成為朋友的那些年間，她幾乎總是在跟紐約市福利局公開起衝突。大多數問題的根源來自福利局必須定期地「滾動檢視名單」，意思是每隔六個月，他們必須重新確認這些案主的資格是否符合，偶爾還會修改一下福利資格認定及領取過程的複雜官僚機制。當地福利局宣稱，這個效率低下的機制能夠降低詐騙率，為了配合聯邦政府配比基金各種不停變動的需求，這也是能夠精準記錄現況的必要措施。然而這麼做所造成的淨影響是，紐約市每年大約有百分之十到十五的福利金領取者，因為無法提出像是「居住地址證明」或社會安全卡等適當文件，而被例行性終止領取資格。[17]每當有個別案主被懷疑詐領福利金時，比如糖糖的案例，官僚體系便會特別積極地執行重新確認資格的程序。

在美國，由國家主持的社會服務系統創造出了極具敵意的體制泥淖，這現象跟窮人每日經歷的情緒危機彼此相連，而糖糖家裡的情況正是如此。舉例來說，在丈夫菲立克斯入獄後沒多久，糖糖還沒開始為雷伊賣藥也還沒愛上普里莫的那段時間，她每兩週固定會收到的福利支票上的金額卻沒有因為最近兩個女兒出生而增加，她針對這個問題去和福利局進行的協商也始終沒成功。

糖糖：我的社會安全碼出了一些問題，他們罰了我五個月。事情是這樣，我去現場——就是每三個月要進行的重新認證程序，大家都得去他們的辦公室，把孩子有在上學而且列名公宅住戶名單的證據帶上——你知道我的意思——我去證明自己符合公共補助的資格，但他們宣稱我沒把女兒跟寶寶的所有資訊交齊。

你敢相信嗎？他們要我寶寶的社會安全卡。我不懂福利機構為何要為一個兩歲女生的社會福利卡找我麻煩，兩歲的小女生根本沒辦法工作！我不懂這種時候要她的社會安全卡有什麼意義，反正小朋友根本不能工作啊。

你懂我的意思嗎？而且申請程序不需要帶著孩子去社會安全局說，「來吧，給他一張社會安全卡。」只要家長自己去就行。這樣他們怎麼會知道你真的有小孩？你隨便拿一個人的出生證明去就可以弄到一張假卡啊。

但你知道嗎？現在他們又改規定了。現在你到現場去進行重新認證程序時，已經不用帶孩子的社會安全碼囉。因為那個幹他媽的爛婊子，我把她告上法院，而且我贏了。他們在法庭上只有說（模仿官僚不停叨唸的語調），「噢，我們現在不需要提交社會安全碼了。」她得把我的錢全部還來，從去年五月到今年一月。

法院判決對糖糖有利，她可以重新拿到九個月的福利金，但已經太遲了。當時的她已經開始全職為雷伊販賣快克和古柯鹼，而且難以自拔地深陷在「成功」藥頭的生活風格之中，身邊還有普里莫這個愛人。之後她又錯過了一次重新認證程序，也因此失去了一部分的福利金資格，但卻沒注意到，因為她已經可以靠為雷伊工作獲取穩定收入。幾個月過去，糖糖在跟普里莫分手後才意識到，她因為藥物交易毀了自己，也毀了她的家庭。為了不再販毒，她重新申請福利資格，希望再次為孩子建立穩定的家庭生活，於是向福利局重新主張自己的權利。不過她的單親母親形象極具侵略性及街頭風格，因此對福利局辦公室的人而言，她這個人不夠有信用。這些事發生在糖糖和普里莫以及他的新女友在公宅區中庭起了難看衝突的那幾個月。在我錄下這段對話時，糖糖和普里莫已經重新建立起相互支持的柏拉圖式友誼關係：

糖糖：我告訴你福利制度是怎麼回事。上次重新申請時，我正在為雷伊工作，當時我想讓我家所有人回到福利補助名單上，卻遇到了困難。

> 他們告訴我，「你在沒領福利金的那幾個月是如何撐下來的？」那是因為我在賣藥啊。所以當時我並不真的需要福利金。
>
> 現在我沒在賣藥了。我沒賣是因為，我想為我和小孩的人生爭取更好的未來。
>
> 福利部處理我案子的員工非常可惡。我遇上了很多麻煩，很挫折。我不想再為雷伊工作了，我已經開始有點在發神經了，然後這個福利辦公室的婊子跟我說，「噢，嗯……（裝出很官腔的語氣）妳有打電話來說，要把妳和妳女兒從福利名單中刪除。」
>
> 我說，（不敢置信的語氣）「我打電話告訴**妳**！要妳把**我**刪除！說我不需要在福利名單上？如果我是小孩的母親，怎麼可能見鬼地打這種電話？」
>
> 所以我氣壞了（口氣冷靜），我拿起我的案件檔案夾用力摔爛。就在我摔爛案件檔案夾之後，她打電話去請主管，要我先留在那邊等。
>
> 她要我留在那邊等時，我揍了她。（突然微笑起來，還為了戲劇效果沉默了一下）
>
> 菲利普：別吊胃口啦。跟我們說後來怎麼了？
>
> 糖糖：（聳聳肩，臉上沒有表情）他們把我的案子結案了。

糖糖不帶感情地描述了福利官僚體系帶有敵意的運作邏輯，這種反差讓普里莫和我爆笑出聲。我們本來靠在遊戲間前的車引擎蓋上，當糖糖模仿高傲的福利辦公室員工關上檔案夾，用面無表情的口氣宣布「結案！下一位！」時，現場的歡樂氣氛更是加倍，我甚至笑到整個人滑下來。就在我們停下來喘口氣，啜飲起十六盎司罐裝的麥芽酒時，糖糖繼續用要死不活的聲音講述這個精采的官僚場故事：

然後他們重開了我的案子。（終於不再面無表情地說話，也開始跟我們一起笑）就是，他們宣稱呢……那個、呃、那個……他們怎麼說的？噢，對啦，他們宣稱我「攻擊負責案件的員工」。

我就老實跟你們說，就在感恩節那時候吧，我在感恩節前一天打給她，我說，「謝謝妳讓我有感恩節大餐可吃，希望妳也吃得**很滿～～～足**唷。」（挖苦地吃吃笑）

然後是聖誕節，（躁動不安）我又打去了。我說，「我希望妳聖誕節過得很糟。」

然後……然後我威脅她……我沒打算說謊啦。（逕自笑起來）我告訴她，「我打算帶把槍去，把妳的頭打爆。」（普里莫和我緊張地乾笑）

就是我有點……發神經……我就是再也受不了了。我沒有支持我的丈夫，我的孩子只能靠**我的**收入生活。菲立克斯當時在坐牢，我是說就算他沒在監獄裡，我也無法依靠他（眼神銳利地射向普里莫）。懂我的意思嗎？

所以就是，聖誕節要到了，而那會是我第一個糟糕透頂的聖誕節。所以我抓狂了，我打給負責我案子的員工，我說，「我打算去福利辦公室，我要用槍把妳的頭打爆，妳好好想想吧。」

所以她的主管打電話問我，「妳真的這樣說嗎？妳說妳要對她開槍？」

我說，「對啊，因為她讓我抓狂。」
菲利普：妳真的打算對她開槍嗎？
糖糖：我當時還沒有槍，但正在想辦法搞一把來。我當時確實做得出那種事來。我的狀態真的很糟。
我是說，一旦扯到孩子……我沒得吃，那沒關係，我接受，但我不會讓我的孩子挨餓，他們也沒挨餓，因為我努力養活自己，用我自己的錢。因為我當時有在俱樂部工作。我甚至沒靠福利金，但我們有得吃。[18]

六發烏茲衝鋒槍的槍聲從我們身後的公宅區中庭傳來。糖糖心知肚明地翻了個白眼，一臉不贊同地搖搖頭。「噢，卡洛斯又在抓狂了。我得跟他談談。」她指的是在她住的公宅區樓梯間賣快克的青年組織領袖。他們正和另一個青少年藥頭團體陷入長期的幫派惡鬥，對方是在同一個公宅區的另一個樓梯間賣藥。偶爾她會收點費用，讓卡洛斯在她的廚房「烹製」那些男孩在樓下一小瓶賣三美金的快克。[19]

體制性約束的內化

糖糖的下一場個人─體制危機讓她進了監獄，而事情的觸發點，是因為她的丈夫菲立克斯得以透過「工作外出計畫」在週末時離開監獄。具體來說，這代表普里莫和我必須出於「尊敬」——或者更應該說「害怕」——菲立克斯，停止在遊戲間前公開和糖糖一起打發時間。糖糖已經提出離婚申請，甚至還去法院取得了針對她丈夫的禁制令——但她就是無法確實執行。每到週五和週六的晚上，菲立克斯會為了回到監獄必須面對的定期尿檢，小心翼翼地避開任何古柯鹼、大麻或鴉片，但仍酩酊大醉地來到糖糖位於公宅區的公寓。他會突然痛哭流涕地表示自己有權見見自己的孩子，他會擁抱他們，然後就和一群孩子睡死在糖糖的加大雙人床上，那是全家人通常睡覺的地方。

糖糖無法主張自己作為單親母親的權利，衍生而來的情緒危機也讓這個家庭本來就脆弱的經濟處境變得更不穩定。為了避開菲立克斯每個週末跑回家所帶來的**騷亂**（*arrevolus*），他的養外公亞伯拉罕搬去了另一個養女家，本來他每月的社會保險支票可以用來補強糖糖隔週領取福利金的不足，現在也因為他的搬家而沒了。根據我在這段時期錄到的對話，可以看出糖糖有多消沉。她願意去工作，什麼工作都行，只要收入有高於最低薪資就好。

> 糖糖：你知道嗎？菲利佩，我感覺實在不太好……我覺得一個人只要運氣不好，就會翻不了身……每況愈下。但會好起來的，沒錯，我上週考普通教育發展證書（GED），差三分沒過。
> 我可以再考一次，但心裡實在有太多煩惱……我真的沒辦法整理好心情。
> 我得先找份工作……那是我最該做的事……找工作……什麼都好，什麼樣的工作都行，只要

高於最低薪資就行……時薪至少得有四、五美金吧。我這週該找份工作，但我不知道我到底是怎麼了，就是，我……我……我應該能買到一份工作……你知道就是可以花錢，直接從那種就業中心得到工作。但他們就是沒幫我找到工作。

不僅如此，糖糖再次面臨了福利部門官僚的「滾動檢視名單」，她的處境因此變得更為艱辛。

是這樣的，亞伯拉罕在解決我的財務問題上一直幫了大忙，但他們把他從我的配額中刪掉了。我拿到的福利金不太夠。我和寶寶拿不到福利金，因為他們把我的社會安全文件搞錯了。現在福利部每兩週只給我一百零六美金，就是**五**個人每週只能拿到五十三美金。是這樣，他們只有給我三個人的錢，但明明我們有五個人。他們給的不包括我個人和寶寶的錢。而且因為要照顧寶寶，我也不能找白天的工作。我就老實說了，對我來說，要找到工作實在**很難**。

菲利佩，我得老實跟你說，你真的知道一家五口靠著僅僅一百零六美金生活是怎麼一回事嗎？想想吧，那代表一週只有五十三美金。你知道一週五十三美金是什麼意思嗎？根本等於沒有。就說我兒子朱尼爾吧，他是最粗壯的，他光是一天吃飯就可以吃掉五十三美金！但我就靠那筆錢過活，只有我媽在幫忙，她自己也只能靠社會安全保險拿一些微薄的鳥錢。但她還是會幫我。她每天去撿罐子，靠著翻垃圾一天賺二十美金，然後她會來找我，「糖糖，來，給妳五塊或十塊。」

但我媽有氣喘，我不認為她還能活很久。但那位太太每天為了撿罐子早上六點出門，晚上十一點回家，就為了能幫幫我。

但真的很辛苦。我沒有愛人，沒有丈夫，沒有任何人給我錢。感覺只有我一個人孤孤單單的，而且還得養四個孩子，真的很辛苦。

社會安全局糟透了，他們一天到晚改規則，大家只能接受。沒人能對他們老實交待一切。老實是拿不到錢的。但我的孩子有他們的權利。

你得明白一件事，菲利佩，你得去看那些像我一樣的父親或母親，他們沒在吸毒，他們把孩子當成心肝寶貝，還讓孩子去上天主教學校，就希望他們什麼都能得到最好的——我們做的事，有時候，就是他們（伸出手指指向某個方向）逼我們去做的。

就在這段對話發生的幾天後，糖糖被抓了。她接受了一份日間工作，工作地點在一個管理不良的古柯鹼街角販賣點。

所以我就覺得，我好像快瘋了，所以我回去賣藥。但我其實不想，因為我不想為了任何人留下案底。

我去找雷伊，我跟他說：「雷伊，他們刪掉了亞伯拉罕的配額，我需要一份更好的工作，至少一週得做兩次。我不在乎你要我做什麼，但每週得上兩次工。我得為孩子搞點收入，大概一百五十美金。」

雷伊說，「我不介意讓妳回來工作，但得等我再開一個營業站，因為我們正打算重開遊戲間。等一切準備好之後，我就會讓妳在那裡工作個幾天（值日班）。但現在我沒工作能給妳。」

但我真的急著找工作。我真的走投無路了，所以只好為馬文賣二五（一小包二十五美金）古柯鹼。一天只工作五小時，他每週付我七十五美金——其實就是一天七十五美金。錢不多但也是**錢**啊，是吧？而且我要做的就只是站在那裡，因為我只是個把風的。

所以說一切都是福利部的錯，都是因為福利部處罰我。事實上，今天已經七月十九了，他們卻還在因為社會安全文件的事處罰我。

在一〇五街和萊辛頓大道的交叉口，糖糖加入了兩人一組的販賣古柯鹼小隊，但才沒過幾小時，糖糖就因為和一名紐約市戰術緝毒小隊的成員面對面交易而遭到逮捕。

糖糖：那天我們在一〇五街上工作，那是警察掃蕩的熱區。我實在太蠢才會被抓，因為馬文——他是那個快克點的老闆——已經叫我們不要賣了，那裡抓得太兇。但大樓前有三個客人，所以奇諾說，「好吧，幫我個忙，糖糖。去跟那最後三個客人收錢，我上樓拿貨，然後我們就收工。」

所以我照做了，而我最後收錢的那傢伙是個天殺的警察。那男人是黑人。我認識在他前面買的那兩名女士，但不認識他。我沒看出他是警察。他看起來就是個在街頭混的老鳥。我服務完那兩位女士後，那警察把我抓住。

他們制伏我的時候，我說，「去他媽的放開我！」（用手肘往後揮，彷彿在對付一個想像中的襲擊者）因為我以為是哪個男人犯傻想上我……就在此時那警察抓住我的頭髮。他說，「裝藥的捆包在哪？」然後又說，「讓我看妳的包包。」我把包包給他，他們連我私人的錢都拿走了。

我說，噢該死！因為他們也抓住了那傢伙（奇諾），他們拿走他的鑰匙，檢查了所有信箱，然後在信箱中找到貨款。因為那警察給我的錢上面有做記號——就是那二十五美金——他們在信箱裡找到了那些鈔票。他只買了一袋古柯鹼。

好，總之他們把我上銬，然後我上了一台廂型車，裡面還有一大堆男人。他們載著我們開到別的街區，又接了他們逮到的其他人。他們還抓了，一些好像是上癮的毒蟲吧。事實上，唯一跟我一起在廂型車中的另一名女性，她懷孕了，她也是個毒蟲。等廂型車裝滿後，他們就把我們載去一三七街的警察局。

彷彿是要透過詩意的象徵事件來強調糖糖有多倒霉，當那些緝毒組探員抓住她時，她正依循波多黎各傳統在祝福雷伊的其中一個寶寶。我們是從這名嬰兒的母親琪琪口中得知此事，她是雷伊的前女友。

琪琪：糖糖其實是在九十九街被抓的。沒錯，我是在第二（大道）上看見的。她去和小雷伊打招呼。我當時正用推車推著他走在街上。瞧，她當時就像這樣（彎腰去抱一個想像中的嬰兒），「**噢我這寶貴的男孩，多可愛啊！**（*Ay mi hijo, qué lindo!*）天主保佑他。」就在這時候，那些DT's（探員）抓住了她的手臂，給她上手銬，然後把她丟進廂型車。懂嗎？我就在現場。她就在那裡被拉上車（做出手勢）。我立刻他媽的閃了。

凱薩之前曾在遊戲間前被糖糖的女兒塔芭莎推倒在大馬路的中央，還在記仇的他幸災樂禍地表示，糖糖在把風時本來就不該冒險去「服務」客戶。他在遊戲間時是在普里莫手下當把風的，做的是跟糖糖一樣的工作，所以他是透過調侃她來展現自己對這份職業的自豪：

凱薩：她逃不掉了啦，一定會被定罪，那個蠢婊子。就算是愛用高速震動按摩棒玩到爽翻的蠢婊子也會知道，九十九街是警察掃蕩的大熱區。那裡太接近白人領土了。那裡的熱區啊，熱到你都可以在賣藥的人行道上煎蛋啦。

真是個蠢婊子。我真沒見過這麼笨的**蠢貨**（*bruta*）。

而且她又**愛現**（*presenta'o*），非得在交易中參一腳，也非得知道貨藏在哪裡。那個婊子根本不該去做面對面交易，她明明就該天殺的把風就好。但**沒這回事**！糖糖不可能照規矩來！她就非得跑去參一腳。

之後幾星期，糖糖在無間地獄的痛苦中等待法庭聆訊及律師協商的結果，在這期間我們恣意拿她的逮捕事件嚼舌根取樂，她卻用堅定且痛苦的發言成功讓我們閉嘴，「去你的！我是為了我的孩子。你們不能理解嗎？我要為了我的孩子背上B級重罪了。」確實，在糖糖被捕並在保釋前遭關押的這場噩夢期間，她最擔心的仍是孩子的福祉：

糖糖：他們給我上手銬，還把我跟那個明顯是毒蟲的懷孕女孩一起關在車上時，我超擔心的，因為我在想，「天主啊，我的孩子不能知道我入獄了。但要是其他人知道了怎麼辦？要是有人看見我入獄呢？要是他們想，『這是去糖糖家打劫的好機會』該怎麼辦？」說不定他們會想把我的孩子殺了、搶光屋子裡的財物……你懂我的意思嗎？可能還會侵犯我女兒。就是，你腦中閃過所有可能發生的瘋狂事——**你懂的**（*tú sabes*），菲利佩。

我什麼都不能說，因為我在想，要是警察發現我的孩子未成年，可能會想要把他們帶走。因為他們把我關在廂型車裡時有問我，他們問我，「你有孩子嗎？」我說，「有啊。」那人說，「年紀多大？」我很快想了一下後說，「最大的二十歲。」那人說，「那你的孩子可以照顧自己了。」

但事實上，我家最大的孩子是十五歲，最小的才兩歲。但感謝天主，我還有個嫂子。她一發現發生了這種狀況，你可以想像吧，她就立刻去把我的所有孩子帶去她家，送他們去學校，你懂我意思嗎？她真的把他們照顧得很好。

相較於嫂嫂堅定站在她這邊，糖糖的雇主卻完全沒有挺自己的員工：

糖糖：真是太慘了，因為當時跟我一起被逮的人，就是僱我去工作的人，他們沒把我保出去。我說真的！實在太可惡了。我是說，我人之所以在那裡，我是說在牢裡，就是因為他們。就連奇諾都沒有被保出去，他可是跟他們一起工作了兩年啊……我真不敢相信。我聽說奇諾是那個街區最頂尖的賣家了。我是說，奇諾為他們賺的錢可多了，真的很多。他的保釋金只有兩千美金，他們卻說沒辦法保他出去！他的老婆孩子怎麼辦？我是說，如果自己人願意挺我，我已經做好坐牢的準備。我是指如果他們把我保出去，為我請律師，法官也判刑的情況下，我準備好了。但如果他們把我丟在那裡不管！見鬼了！我不是愛告密的小人，但如果這樣，我就會開始供出他們的名字。我是說，如果他們不把我帶出去，那我們就一起進去坐牢吧，因為地方檢察官會給我機會。他說，「如果供出更上面的人，我們就願意談條件。」所以如果僱用我的人把我丟在那裡等死……就像現在對奇諾做的那樣……我向上帝發誓，我一定會打電話跟他們說，「情況是這樣，讓我好好告訴你，我明白你現在不把我當一回事，也不把我的孩子當一回事，那我就不用顧忌你了吧。」然後我第一個向地方檢察官供出的名字就會是馬文，然後一路往下，把所有人說出來。

然後我會對法官說，「好，現在判我一到三（年）吧，法官。」那次我沒有把他們供出來的唯一理由，是因為我才剛開始為他們工作，所以我根本他媽的不在乎。

雷伊付了糖糖的兩千美金保釋金。

糖糖：為了那傢伙（馬文）工作而被逮之後，我根本沒有要任何人去找雷伊來保我，因為我被逮跟他沒有任何狗屁關係。我不能要他幫我這個忙。我被抓的時候不是在替他工作。但後來，我在法庭上看見我弟弟，他告訴我，「雷伊要我每天來，因為不管金額多少，他都會出。」

雷伊完全是出於好心才這麼做的。

事後證明，糖糖所經歷的苦難，剛好讓她的家族親友有機會能對她表達內心的關愛與支持：[20]

糖糖：我出獄之後，他們在我家煮了豆子和豬排。但出獄時其實不會有食欲，我真的吃不下。我的朋友葛雷笛斯也來了，他們全都出門買了雞翅回來，因為就是，他們知道我以前很愛吃雞翅。但我就連雞翅也不想吃。又過了大概，兩、三天吧，我才真的有辦法重新正常進食。因為那段時間就是，我覺得肚子裡怪怪的。洗澡也沒用，就算我洗澡而且把所有東西都洗過一遍，我還是會覺得，就是，鼻子可以聞到一種味道，那味道好像就卡在那裡，就是牢房的味道。我就是好像，對，就是一直覺得，覺得我快要吐了。

監獄裡的母親們

糖糖的重罪身分後來終於被一名自由派的法官註銷，但在之前焦慮等待的那幾個月，普里莫和我有許多晚上都在聽她身陷獄中時的各種衝突故事。她描述這些臨時拘留所內女性的反抗及挑釁行為時，可說是透過個人層面的經歷喚起美國女性犯罪率飆升所反映出的各種結構性矛盾。刑罰系統內過於擁擠的危機是一種縮影，反映出女性在街頭文化中進行性別革命的陰暗面。具體來說，她們是美國重罪犯中最快速成長的一個族群，導致郡立監獄傳統上的男性空間受到了女性的「入侵」。[21]我可以在錄下這些相關描述時感受到這種張力，因為普里莫一直打斷糖糖講話，態度幾乎像個幼稚又粗魯無禮的青少年，彷彿他忌妒有女人可以在這個男性議題中被視為專家。

糖糖：監獄真不是女人該待的地方，那裡只適合廢物和垃圾。沒犯罪的女人都不該在那裡。我說真的，那是個沒人想去的地方。

他們對所有人一視同仁，就算是無辜的人，他們也會當你有罪，就算根本還沒證明你有罪也一樣。只有活該的女人才該在那裡。

我是說那些待在裡面的人，那些你必須應付的人，真的是很噁心。那裡有妓女，也有毒蟲，還有同性戀。

別想了！刷牙這種事根本別想了！也沒有可以洗全身的肥皂。我什麼都吃不下，因為心情真的太差了。

他們給我們吃燻腸和起司。味道真的太噁心了。

普里莫：我可不是啊！我把那些爛東西都吃光了——一丁點也不剩。我才不打算挨餓。

糖糖：還有男人在那裡吹口哨或搞一些有的沒的。他們要把我帶去我的牢房時，得先經過關男人那一區。他們幫我拍照時，其中一個傢伙跑來對我挑釁，「你老公對這一切怎麼想啊？」所以我也不甘示弱，「嘿，去你的！幹你老媽！」我就是完全不想聽他說什麼屁話……「去你的！」

所以他們重新把我們帶上樓，那些男人都在吹口哨，

普里莫：（雙手摀住嘴，呼應那些男人的嘲弄）妳老公這下會怎麼說了啊？婊子！

糖糖：（忽視普里莫）還有，在監獄裡，有個同性戀女生來找我——一個拉子——然後說（用很誇張的嘶啞聲音說），「要按摩嗎？」

（態度激烈）「我在這鬼地方不需要**任何人**幫忙！」她就回到她女人身邊了，她一直在她女人身上蹭個不停。

然後還有另一個黑人女孩，她說，「過去一點，我要睡了。」

我回罵，「妳想要我怎樣？**去他的**妳想要我怎樣？我先來的。」

然後還有這個女士，她就像頭豬。她的頭髮一團亂又噁心。我對她說，「別想坐在我旁邊。我可不想染到妳頭髮裡的蟲子。」

普里莫：（咧嘴笑）妳給惹火了啊，嗯？

糖糖：而且我們所有人就算吐了也只有一個垃圾桶能用。

還有妓女連褲子也沒在穿，雙腳抬高還張得好開。那些同性戀在那裡跟自己的女人又親又抱，根本當自己家，好像這裡沒人會看到一樣。她們根本不在乎。討厭死了。

普里莫：（用氣音同時說）好像有片水泥牆是用來尿尿的——也是用來吐的。

糖糖：那地方是……我跟你說吧，老實正直的人在那裡會想自殺，因為我就是這樣。跟你說，我穿的是有鋼圈的奶罩，對吧？所以我想，如果裡面有金屬，我可以用來切開靜脈，對吧？但我把奶罩扯開（做出扯的動作），結果發現裡面是塑膠，啊啊啊啊……

普里莫：妳被耍了，妳不能自殺。

糖糖：我想要是我流血之類的，他們就會把我帶出去，然後送到比較乾淨的醫院，就是那種比較像樣的地方，食物也會比較好，大概就是那種地方。

普里莫：在那種地方撐不住啦？嗯？

糖糖：然後到了最後一天，獄警還是沒叫到我的名字，我是說很多人都在進進出出了，我卻只能想，「那我呢？難道我要永遠待在這裡了嗎？」（槍聲響起）

菲利普：鞭炮？

糖糖：我聽起來是烏茲。

普里莫：不是啦，是九毫米。

糖糖：總之，我想他們應該是把我的檔案搞丟了，或者是類似的問題。我覺得我想抓住鐵欄杆開始尖叫，「讓我出去！」我覺得我要瘋了。

普里莫：我告訴你，菲利佩，人們在裡面常暴走。

糖糖：監獄太瘋狂了。拘留所太誇張了。我絕不會建議任何人去待那種地方。但你知道嗎菲利佩，那是個超適合你做採訪的地方。因為那裡有很多女生，而且她們真的會分享自己以前做的事。而且真的是百無禁忌。就像這個搞詐騙的女士……

就在糖糖開始描述這名詐騙犯的技巧時，普里莫開始用自己在監獄裡聽到的故事不停插嘴。

兩邊搶著在說不同的恐怖街頭犯罪故事，搞得我錄音內容整個糊在一起，根本聽不清楚。我很驚訝普里莫不願讓糖糖繼續把她的監獄經歷好好說完，為了讓他閉嘴，我只好試圖徹底轉移話題，開始問起糖糖寶寶的近況。她聽到我問，立刻拔腿朝自己住的公宅大樓狂奔，因為此時她才突然想起，自己兩歲半的孩子獨自待在她位於十七樓的公寓。

接下來幾個月，普里莫對糖糖的怨憤不滿變得更明顯，因為她的超凡魅力足以操弄被派來處理她案子的律師及法官，而她所施展的魅力也開始有了明確成果。她透過傳票拿到了她在大都會醫院的心理健康紀錄檔案，裡頭記錄了她二十年來受虐、自殺未遂，以及作為母親的所有歷程。主持的法官最後針對她的案子做出決議，不只撤銷所有重罪指控，甚至安排政府支付她報名職訓計畫的費用，好讓她能受訓成為護理師助理。

儘管糖糖在法庭上獲得勝利，其實一開始也遭遇了諸多不順。第一場聽證會時，法官差點就要因為她的衣著而判她藐視法庭。關於一名悔悟的母親在正式公開場合該如何打扮這個議題，雙方因為不同階級及文化產生了詮釋上的衝突。第一次出庭時，糖糖以為她是精準遵循律師的建議穿了「很好的新套裝」，而她實際穿到現場的是一件血紅色的緊身連身褲裝。事實上，她還是為了出庭才特地借錢去買的。法官是名保守的年邁白人女子，當時已經接近退休，她看著這名三十四歲的波多黎各女子頂著一頭染得很差的金髮，還打扮得像個十來歲少女一身亮紅色地出庭，認定對方就是想蓄意挑釁。更糟的是，這名顯然在街頭混的被告聲音沙啞，臉頰上還有一道疤，她希望能獲得寬大處分，並宣稱自己是長期受虐的受創母親，家裡還有五個亟需照顧的孩子。

糖糖當然以為自己是在透過「打扮時髦」表達對法官的尊敬，因此法官的反應讓她感到受傷。她立刻將對法官的不滿性化（sexualize），認定那是個年老又缺乏吸引力的女人忌妒的表現。

> 糖糖：我的第一個法官，她處理我的案件時根本沒在尊重我，就只因為我穿的衣服。
>
> 好啊，管她去死！我也因為她的打扮看不起她。要是她不喜歡我穿的，好呀，那她怎麼不給我錢去買衣服？
>
> 不管她要我穿什麼，我都能穿得很好看，而且一定比她好看。因為我穿什麼都好看。
>
> 我有五個孩子得考慮，沒時間去想要怎麼為了法官去買特別的衣服。
>
> 我告訴你，那個法官，她有毛病。她就是個暴躁的老太婆。她老公一定對那婊子很差。如果我的女人像她那樣，每天……哇嗚……（裝出鼻音很重的盎格魯口音）「我不喜歡你的內褲……你這樣不能跟我睡同一張床……我不喜歡你的睡衣……我不喜歡跟你上床。」
>
> 整個系統都很討厭。我跟你說件事，你之後不可能在法院看見我了。如果我殺了誰，我會跑路……直接消失。說真的！我會染髮。我跟你說，這絕對是最後一次。
>
> 我得替自己找個更好的律師。我得跟雷伊談談。他自己就找了個很棒的律師，那傢伙懂得窮追猛打。他會讓你的案子拖很多年。瞧瞧路易斯和雷伊，他們犯過的重罪多到發瘋，但還在外頭走跳。
>
> 普里莫：對啊，但要是妳犯了罪，妳就得準備好去坐牢。

聽著，糖糖，我之前認罪了。(指的是他前一年初次被逮捕的時候)妳想想……我天殺的有在**賣**(*venta*)。我搞砸了，對吧？結果就是重罪，緩刑五年。如果我又搞砸，因為同樣的原因被逮，我就會被判最高刑期。

糖糖：普里莫，你難道不明白嗎？我沒有被判重罪的本錢，如果是重罪的話，我不會認罪。我只願意被判輕罪。我不想要留下C級重罪的案底。我得幫自己找頂尖的A級律師，讓他們撤銷我的案子。

普里莫：我被逮的時候可沒有天殺的去打官司，我就是準備好去坐牢。

糖糖：如果我認了重罪，我就不能告這傢伙(指的是菲立克斯)騷擾我了。我所有文件都準備好了，只差找個人來幫我處理。

普里莫：我根本沒有天殺的律師，(態度很不爽)記得嗎？我當時在為你老公工作，但沒人拿錢來幫我請律師，我也沒去找誰談，根本也沒人有錢。而且我就是有罪，那件事我天殺的就是有幹。

糖糖：你們這些人真的很難相處。煩死我了。他媽的滾吧。

我們當時正護送糖糖走回她位於公宅區的公寓，一行三人站在十七樓的走廊上。她抓住普里莫的肩膀，把他推進打開的電梯。我立刻跟在他身後跳進去，但就在電梯門闔上時，糖糖一條腿卡進幾乎要闔上的電梯門。她抓住普里莫的腰，親暱抱住他，然後悄聲說：

普里莫，你是我唯一的真愛，但我每次說你都不信。抱我一下吧。如果你想要凌晨五點再來找我，也沒問題唷。

我努力想要禮貌別開視線，但眼前能讓我盯著看的，只有三個浮在一灘尿上的快克空瓶；幾乎跟紐約市住房管理局在埃巴里歐蓋的所有公宅一樣，只要到了週六夜的凌晨兩點，這些公宅的電梯角落幾乎無法避免出現這麼一灘尿。於是我決定抗拒現實地閉上雙眼，除了想像他們接吻的聲音其實來自吉巴羅的錯位時光，也同時想像這低沉而持續的遠方聲響，其實宣告了女性解放在未來的奮起。

7

受苦的家庭與孩童

Families and Children in Pain

你知道現在的女生有什麼問題嗎？她們只想到自己。她們只想要性生活愉快、想要活得開心又快樂。但她們沒先想到她們的孩子。

——糖糖

談到童年時期社會化和家庭暴力的議題時，發展心理學家和精神科醫生通常被視為「專家」。他們對「身處高風險的兒童」（children at risk）進行了大規模、跨世代、花費數百萬美金的流行病學調查，其中大部分的結論指出，成年人的性格在嬰幼兒時期就已經決定了。他們的統計研究顯示，大多數受虐孩童在六到八歲時，情勢可說已經無從挽回。此外，他們也向我們保證，孩童就算沒有成為肢體暴力的對象，也可能留下一輩子的情緒創傷。光是目睹暴力就可能引發長期創傷。[1]

換句話說，根據早期童年社會化的標準心理學理論，大多數住在埃巴里歐的人，當然也包括雷伊藥頭網絡以及我常去的快克站中的所有人，很可能都因為他們的早期童年社會化經驗，而被斥為擾亂社會的反社會者。當然，糖糖和普里莫之間又是揮槍又是舞刀，還彼此激烈扭打，目睹一切的孩子內心一定因此留下了情緒創傷，其中包括二十歲的塔芭莎、十四歲的朱尼爾、十歲的婕琦、四歲的米娜，還有一歲的莉莉安。但這種強調個體的心理學決定論，如同本書提過多次，忽略了更廣泛的政經及文化脈絡，也忽略了基於階級、族裔、或性與性別範疇（gender and sexual categories）造成的不平等權力關係，以及這樣的歷史過程所造成的效應。發展心理學者傾向僅僅聚焦於個體神經官能症的附帶現象。他們收集的資料及分析工具受限於調查方法中隱含的文化與階級偏見。而正是因為他們收集可靠數據的操作程序，導致白人中產階級家庭在這類流行病學樣本中占有過高的比例。

紐約市經濟結構重組和波多黎各移民史深刻地改變了東哈林區家庭的組織方式。對許多比較貧窮的家庭而言，這些改變是毀滅性的，而孩童正是家庭解體時最終的受害者。這個問題與我在第六章所討論的存在於性別權力關係中充滿矛盾的改變緊密相關。母職的角色仍然不變，但女性擁有的權利及傳統家庭結構卻已經歷了長期性的巨大轉變。母親仍必須獨力背負養育孩童的責任，尤其是單親家庭的母親，就算她們已經不再願意為了後代無條件犧牲她們的個體自由也是如此。因此，母親們走入街頭文化中，也導致了某種養育真空。過去一個世代中，兒童遭到疏忽、虐待以及胎兒中毒的數字出現戲劇化增長。[2] 在家長缺席的狀況下，街頭文化成為更重要的社會化力量，因為破碎的家庭迫使這些孩子到街頭尋求庇護。

美國的政治家、媒體，還有普羅大眾，將貧窮都會孩童所面對的顯著問題詮釋為「家庭價值出現危機」的證據。無論是長期貧窮與種族隔離等結構性問題，還是像性別權力關係改變等更複雜問題，都很少被公開討論。就連一般想來做了一定馬上有效的介入政策，比如為忙不過來或有毒癮的母親提供可負擔且有助孩童發展的日間托育服務，也根本沒出現在絕大部分的政策辯論之中。其他像是藥癮治療機構，以及具有實質效益的職業訓練及就業轉介服務中心，對生活在貧窮中的婦女仍是遙不可及的存在。

街頭文化中的孩童

東哈林區的孩童總是必須面臨艱困的生活。對於第一、二代的移民而言，這區一直是與主流社會隔絕的貧窮家園。正如記錄了埃巴里歐歷史的章節所描述，學術及社會服務機構針對年輕人「日益惡化」的困境及街頭逐漸加劇的暴力現象提出譴責，然而這些譴責在過去一個世紀匯聚成預示出這些人厄運將至的陳腔濫調。舉例來說，一九二〇年代晚期，在距離遊戲間兩個街區的天主教教堂，有位義大利神父對一名研究生說：「年輕人變得愈來愈魯莽，總是想要破壞，大家也愈來愈沒有產權的概念。這都是因為宗教精神的匱缺，以及缺乏對權威的尊敬。」[3]

同樣地，在一九五〇年代中期，一份社區服務協會的報告探討了遊戲間對面街區的處境，抱怨孩童「在動盪的社區中感到不安全」。作者最後做出結論：

家長、老師、強迫入學局和青年協會（Youth board）的員工都給出一樣的答覆：「這些孩子的人生實在沒什麼機會可言！」

……居住的環境中總是充滿各種混亂及破壞……引發出年輕人的各種侵略行為……在反社會行徑中找出自立謀生的方式。[4]

就個人層面而言，生活在埃巴里歐的街頭現場最讓人備感壓力的，就是目睹朋友和鄰居的小孩一個個步入毀滅。我在這一區居住的時間夠長，足以目睹數十個小女孩和男孩在過渡到青春期時，人生逐漸分崩離析的過程。我看過許多眼睛發亮又活力充沛的孩子遭到反覆折磨，最終成為美國人口的底層階級。我的小鄰居琦琦本來是個外向、可愛，又討人喜歡的八歲女孩，每年情人節時還會用美工紙做卡片送我，但就在短短的五年間，她成為一個無家可歸、懷有身孕，而且還吸食快克的十三歲「青少女」。在此同時，她的哥哥海克特也從一個害羞且愛吃吃笑的十二歲瘦小男孩，成為一個因「使用武器進行傷害」而遭定罪的少年犯。[5]

一開始搬到這街區時，無論白天或晚上，只要看見歡快的孩童在公寓的窗前奔跑、跳躍、吼叫及笑鬧，我都會覺得內心湧出一陣暖意。再一次地，一九二〇年代針對同樣這些街區的民族誌描述，幾乎可以一字不差地套用在一九九〇年代的場面：

街道交叉口……成為孩童的主要遊樂場。可以看見一群群孩子……在玩球、骰子和卡牌。他們是閃避車流的專家……一九二七年間，有十五個孩子死於交通意外，主要都是在第二和第三大道上。[6]

根據我的早期田野筆記顯示，剛搬進這個街區的頭幾個月，我就已經跟數十名前青春期的孩童建立起溫暖的友情：

（一九八五年五月）

每次回家，我都很喜歡看到孩子帶著興奮的笑容跑向我。無論是白天或晚上的任何時候，他們都會給我擁抱，還會帶著大量的故事和疑問前來。每次只要有母親帶著新生兒走過身邊，我都會彎腰柔聲給予祝福，「**上帝祝福你**（*Que Diós lo bendiga*）。」就算那位母親不認識我，這在大家眼中仍是正常的行為。我希望不用再過多久，我就能自在地抱起這些新生兒，就跟大多數人做的一樣。[7]

儘管我公開頌揚自己在街頭文化中與孩童建立起來的關係，這些關係背後卻也藏著無所不在的嬰兒哭聲，穿插在鄰居窗口湧出的騷莎及嘻哈樂中。

兩年之後，我有了自己的新生兒埃米里亞諾，懷抱他的我獲得了無數祝福，也常有人來對他輕柔低語，此時我仍然深信，埃巴里歐這個地方能為孩子付出特別的精力及關愛。我甚至開始能夠欣賞當地超市的老舊及缺乏效率，因為每次走過超市前的人行道時，四個在收銀機前工作的十來歲少女中至少會有三個丟下機器跑到櫥窗前，對著我開心吃吃笑的寶寶又是丟飛吻又是扮鬼臉。若是遵循下城社會工業化的科學管理邏輯，超市管理者早該解僱這些深情款款的準媽媽們。而當我帶埃米里亞諾到下城參加以盎格魯文化為主的派對時，我也會注意到他對那裡的大人感到失望，因為他期待獲得更多關愛的肢體碰觸。但我的白人親友甚至不太知道該怎麼自在地抱起我的寶寶，更沒有人會像我在上城街頭常遇見的熟人一樣，直接把他從我懷中抓走後親暱地抱著給予祝福。事實上，我的某些下城朋友在邀請我去他們家時，甚至還要求我把兒子跟保姆留在家裡就好。

對於街頭生活中那種橫跨世代的關愛以及不分你我的氛圍，我抱持著深刻情感，直到我兒子在十六個月時最開始會說的單字是「蓋子、蓋子、蓋子」時，那份情感才開始變質。我一直嘗試深入一個交易特別熱絡的新快克販賣站，為了盡可能不讓賣家懷疑我是臥底警察，我總會帶著兒子一起去。那個街角有四個彼此競爭的「販賣點」，賣的都是三美金的小瓶裝快克。當班的賣家會對可能購買的顧客大吼或悄聲宣傳他們的專屬品牌，而區分方式就是小瓶塑膠蓋的不同顏色：「灰蓋子、灰蓋子、灰蓋子！粉紅蓋子、粉紅蓋子、粉紅蓋子！黑蓋子。」總之就是用這類方式在兜售。幾週之後，我發現自己身處一群憤怒的人群中，他們正包圍住兩名白人警官。這兩位警官剛殺死了一位嗑天使塵嗑茫的非裔美國人。一直到群眾開始大喊，「幹掉黑人的打獵季開始啦！謀殺犯！謀殺犯！」我才注意到除了我之外，現場的白人只有那兩個驚慌地用對講機大吼求援的「警察殺人犯」。[8] 埃米里亞諾趴在我的肩膀上，他開心地隨著憤怒群眾大喊的口號拍手，緊張的群眾因為這樣爆笑出聲。

作為一名家長，我跟附近其他職業父母一樣，都得開始學習住在這個街區必須面對的課題。我不是得放棄公共空間，用兩道鎖將孩子關在我那擁擠的公寓裡，然後對街頭文化採取敵對態度，不然就是得接受孩子每天都會目睹藥物文化及暴力的事實。十歲的安哲爾和八歲的曼尼是我最喜歡的兩個街頭朋友，他們總是張著一雙閃閃發亮的眼睛，但在我發現他們的母親艾莉絲再次懷孕，而且吸快克吸到失控之後，我對住在附近孩童的未來更無法抱持樂觀態度。某天晚上，我和妻子發現這兩個孩子坐在一片黑暗中（因為沒繳電費），正在從一個空花生醬罐刮剩下的醬來吃，之後我們拜訪前一定都會跟他們事先約好。當時他們的母親躺在床上不醒人事，還沒從昨晚的「任務」（狂吸快克）中恢復過來。

我開始為他們規畫每兩週一次的出遊，要是剛好有誰來這個街區鬼混，我也會帶他們一起去。我們跨越了紐約隱形的種族藩籬，去逛博物館還有一些世界知名的布爾喬亞樂園，像是FAO施瓦茨玩具店還有川普大樓。他們喜歡現代美術館的安迪．沃荷展覽，安哲爾甚至信誓旦旦地對我說，弗里克博物館的荷蘭大師收藏真的「一點也不無聊」。相反地，他們對惠特尼博物館盛大且「另類」的多媒體嘻哈／霹靂舞／塗鴉／滑板展覽卻不怎麼有興趣。

在這幾次出遊期間，種族及階級邊界的效應火力全開，埃巴里歐的孩童因此處處受限的情況可說赤裸而顯眼。舉例來說，在博物館的時候，通常會有警衛跟在我們旁邊走，同時還會不停小聲講著對講機。大家也常會懷疑地望著我，彷彿我是某種正在展示獵物的戀童癖。在古根漢博物館看米羅的畫展時，安哲爾問一個本身也是波多黎各人的警衛為何要跟這麼緊，而答案讓他非常不開心，「確保你們不會亂撒尿啊。」

在看完那場米羅畫展後的回家路上，我帶安哲爾和他的朋友到我母親位於上東城絲襪區的公寓，那裡距離我們住的公寓樓不到二十個街區。[9] 安哲爾說了一個簡單但天真的願望，那些話讓我不禁嚴肅起來，「等我長大之後，要想辦法讓我媽搬進這種大樓裡住。我希望我媽能住在這裡。」當他又說「這裡的學校大概也比較好」時，我立刻抓住機會，想跟他討論教育系統中的結構性缺失。不過他的反應主要聚焦在受害者本身的破壞行為：

菲利普：怎麼了？老師很討厭嗎？

安哲爾：不是，我怕的是其他小朋友。他們會在走廊上搶劫。

那天晚上安哲爾向我抱怨，母親的男友打破了他的小豬撲滿，把他在我們街區超市打工送貨存下的二十美金小費拿走了。他認為是母親的錯，都是因為她邀請別的男人上了她的床，男友才會被氣到揍她，還搶走了公寓裡的值錢財物。「我一直跟我媽說，一次交一個男友就好，但她就是不聽我的話。」透過這些毫無心機的話語，我不得不意識到，我生活周遭的這些孩童是如此脆弱，因為殘暴的環境讓這些溫和的受害者內化了宰制他們的社會結構，甚至到了最後，他們是跟身邊的人共同負責執行這項自我毀滅的任務。天黑後，當我給孩子紙和蠟筆，讓他們在公寓樓前方的車引擎蓋上畫畫時，他們筆下那些令人難以忘懷的悲傷、暴力的圖像，也更強而有力地刻劃出這種極端處境。

隨著我這些年輕的朋友們逐漸長大，遊戲間或社交俱樂部這類地方慢慢成為他們生活中最重要的機構。他們也在社會化之後加入了藥物非法交易這種生活「常態」。在埃巴里歐，青春期的孩子若想找個冬天有暖氣、夏天有冷氣的活動空間，真的就只有快克站了。若是一個人資源有限，但又想湊湊熱鬧，也真的沒有其他健康的社交場景可去。就算不能說東哈林區幾乎所有公寓都很糟，但許多公寓都住了太多人，害蟲問題嚴重，冬天的暖氣系統也不健全，夏天更是熱到讓人窒息。街頭和快克站因此成為更舒適的另類客廳。

我第一個親眼目睹在結束學業後成為快克藥頭的男孩，就是糖糖的兒子朱尼爾。我在他十三歲時第一次問他長大後想做什麼，他說他想要「車子、女孩和金項鍊——但不想用藥；想要大捲（錢），手指還要戴很多戒指」。在某次這類的對話中，朱尼爾甚至直接說他夢想當個「警察」。當時是午夜時分，我們坐在雷伊的林肯大陸車引擎蓋上，車就停在遊戲間前面。

普里莫：（因為喝醉而口齒不清）不可能！你會跟我和凱薩一樣變成白癡。一個糟糕、一無是處、**作奸犯科又浪費生命的人**（*desperdicia'o envicia'o*）。

朱尼爾：（誠懇地說）才不！如果我想要的話，我可以當警察。

普里莫：對啦，最好是！一個性愛成癮的警察——而且還會強姦女人——因為警徽讓你擁有

權力。（背景傳來凱薩誇張的狂笑聲）

安傑羅：（朱尼爾的十一歲朋友，他正興致勃勃地在吃吃笑）沒錯，沒錯！

朱尼爾：（仍然很誠懇）不會，就只是想當警察。想抓人。

普里莫：（嚴肅起來）對啦，抓像我這樣的人。

朱尼爾：沒啦，只會抓像是，那種搶劫別人的人。有犯罪的那種傢伙。

菲利普：（轉向安傑羅）你長大後想做什麼？

普里莫：（插嘴）皮條客或藥頭，對吧？

安傑羅：不，想當嘻哈歌手。

隨著一年年過去，朱尼爾愈來愈常參與遊戲間的活動。他原本一直以為自己只是「跑跑腿」，但真的是在連他自己都沒有意識到的狀況下，他就成了實質上的送藥員。朱尼爾一直很希望能幫上別人的忙，所以普里莫會派他去街角取十美金的小包粉末古柯鹼，又或者幫忙去兩扇門外的雜貨酒鋪買幾罐啤酒。朱尼爾沒在用藥，他只是個很想融入大家的青少年，而且因為有機會跟成年人混在一起備感榮幸。十六歲生日前夕，朱尼爾開始偶爾代替凱薩做把風的工作，因為凱薩有時狂吸快克過頭，沒辦法準時上班。很快地，雷伊把他升為正式成員，讓他週末時固定在社交俱樂部負責把風，當時被他取代掉的是路易斯，因為他使用快克的情況實在太嚴重，行徑變得難以預測，已經不是個令人滿意的員工。雖然朱尼爾已經輟學，也因為短路打火啟動他人的汽車而留下青少年犯罪紀錄，但當時的他絕不碰酒，也是一名聽話的員工。不過他只能在晚上的時候跑腿或做把風工作，因為糖糖通常要他白天的時候幫忙在家照顧小妹。

我試著讓朱尼爾理解，他其實正被吸進藥物交易的世界，但對話的結果僅能顯示，即便對想要奉公守法的孩子而言，快克站的營運邏輯仍主宰了他們的日常生活：

菲利普：朱尼爾，如果你不想當藥頭，為什麼今晚還來這裡替普里莫工作？

朱尼爾：沒啦，我只是在把風，我沒碰那些貨。我老媽也知道，她說沒關係。而且，我知道藥很糟。藥只會讓你進醫院。

菲利普：（對普里莫微笑）朱尼爾，你之後會變成什麼樣子呢？你就打算跟普里莫一樣，成為另一個人渣藥頭嗎？（口氣嚴肅）然後就這樣繼續賣藥，最後被抓？

朱尼爾：不，不能再被逮了，因為如果再被逮，我的麻煩就大了。

普里莫：（插嘴）不會啦，被逮一次的話不會啦，朱尼爾。

朱尼爾：但我有可能被送去觀護所，因為還有之前車子那個案子。

普里莫：（看不起人的姿態）如果你現在因為賣藥被捕，也不會有事。第二次被捕才會完蛋。（態度安撫地轉向我）會有人照顧他的啦，會有人把他保出來——（咯咯笑）機率很高啦。

懲罰街頭上的女孩

等我離開紐約時，朱尼爾已經開始走入物質濫用的領域，主要是抽大麻。不過他一直沒有因為賣藥遭到逮捕。另一方面，他的十二歲妹妹婕琦卻在很小的年紀就更全面性地完成了加入街頭文化的通過儀式——那是只有女孩才必須面對的殘酷儀式。事情發在她父親菲立克斯週末可以出獄工作的那段艱困時期，當時他主張自己有回到糖糖家庭中的權利。婕琦於是再次搬演了母親的人生腳本：為了避開父親帶來的種種騷亂，她和男友逃家了。然而這位本來該成為白馬王子救星的傢伙，卻邀了兩名摯友一起到他車上輪姦她。她不見了整整七十二小時，儘管後來凱薩指責婕琦就是「跑出去招人幹」，普里莫也只是不屑地將她的強暴事件簡潔地形容為「她的小穴在癢，有人給她止癢啦」，但在婕琦遭人誘拐的那段時間，糖糖和菲立克斯身邊有很多人一起在找她，兩人當時也有幫忙。這件事後來還成為一個契機，讓菲立克斯以丈夫及父親的身分，長久性回到了原本由糖糖單獨主持的家庭中。

凱薩和普里莫對我描述了婕琦「跟人私奔」的第一晚，而且少見誠實地表達出了所有人的痛苦及無助。

普里莫：我們剛買了一些滑雪板（粉末古柯鹼），正打算來爽一下，然後我們去了糖糖家，就發現出事了。

菲立克斯在那裡哭。他已經吸了不少古柯，哭的時候還有古柯在他的鼻孔裡。「我只希望我的女兒可以回來，啊啊啊啊。」

（假裝把一枚放了古柯鹼的壓折火柴盒拿到鼻子邊，直接快速地嗅吸了幾次）吸一下、又吸一下，他就這樣忙這忙那的。

那時候大概，去他媽的凌晨四點吧。

凱薩：我腦中出現一些我妹以前出事的畫面。

普里莫：（打斷他）所以我們在那裡時，他們給了我一張照片，這樣我們才能去找婕琦。

我們下樓開始四處走，到處問問題，整個公宅區都問遍了。

警察都知道了，這整件鳥事。

我們回到樓上，想確認有沒有人打電話回來之類的。我們開始說個不停，然後這傢伙（指向凱薩），他開始流眼淚。因為他想起很多以前出過的事。

凱薩：（態度著急）對啊、對啊，我開始流眼淚。

普里莫：他回想起自己的妹妹曾經在公宅區被人拿刀捅的事。

凱薩：我整個人超～～～不對勁（翻白眼）。因為我腦中開始胡思亂想。

我告訴糖糖——因為我在那裡覺得很傷心——「該死，我覺得不舒服。」

所以她告訴我，「你該去醫院。」

那時候所有人才開始覺得，事情真的嚴重了。菲立克斯變得……（抬高眉毛，眼球不停前後轉動）真的！（甩動兩邊的手腕強調語氣）抓狂了！

我們所有人都在那裡。

普里莫：（溫和地對凱薩說）我本來不知道你在哭，後來是因為菲立克斯說，「別哭，凱薩，別哭。」我看著你，再看看四周，然後我說，「噢，該死。」

凱薩：對啊，因為我開始回想了，就是，他們怎麼在我妹妹失蹤時把她殺掉的。幹他媽的捅了她十七刀啊！有必要這樣嗎？

普里莫：（把手搭到凱薩肩膀上）塔芭莎（糖糖的大女兒）也來了，她開始號哭，整個人變得歇斯底里。

但之後所有人冷靜下來，就這樣，我們去了警局。

警察打了幾通電話，糖糖確認了當地天殺的所有矯正機構，就連皇后區和紐澤西的都問過了，就想知道她是不是進了監獄。

糖糖回家時的狀態超級糟。你從她的眼睛就能看出來。她一直在哭。她整晚沒睡。

那天是星期五，然後是星期六，婕琦還是沒消息。糖糖出去貼海報，她在附近這一區貼了兩、三張海報。

糖糖那時候在找你，菲利佩。她需要跟你說話，我是說她需要你幫她用正確的方式講電話，因為第二十三分局的人完全不把她當一回事。

就是，他們只會說，「哎呀，反正又只是一個逃家的波多黎各婊子。」

還有，糖糖想見你，她想用她的方式跟你說這個故事，為了讓你寫書。

糖糖因為女兒的遭遇痛苦不已，但也給予全力的支持，那是經歷過類似痛苦的母親才可能做到的程度。她明確要求我們公開接受婕琦遭到強暴的事實——儘管街頭文化總會用雙重標準否認這種暴力形式的存在。

糖糖：菲利佩，你都不知道，我當時真的是要瘋了。我吃不下、睡不著，就好像……我是說就好像，我不知道我的女兒在哪裡，也不知道她是不是正在遭人折磨——或被殺掉了。我只知道她需要我。

我的孩子正哭喊著要找我啊，我卻無法出手幫忙，因為根本不知道她在哪裡。

在她不見的那三個晚上，我甚至跑去睡她的床，看會不會因此突然有什麼靈感。

他們把她帶回來時，其中一個有參與的傢伙告訴我，他們搞了一點小手段。婕琦本來是要跟他們一起去參加派對，但其實根本沒什麼派對。

他們對她沒有很暴力，但她還是嚇壞了，而且她當時離家很遠——皇后區的牙買加區啊！你想想！

他們有三個男人，但只有她一個女孩。

她說她太害怕了，腦中一片混亂。她根本沒有仔細思考——就直接屈服了。畢竟她才十二歲。

> 我帶我的女兒去醫院。她必須接受諮商，但後來我沒帶她回診，因為他們替她做檢查的時候，真的讓她非常痛苦，所以她不想再去了。
>
> 我想讓她知道這不是她的錯，就算是她讓這件事發生的也一樣。她當時覺得自己的生命可能受到威脅，所以她配合了。
>
> 至少她沒懷孕，感謝上帝。

糖糖要求大家認定自己的女兒是遭到強暴，普里莫和凱薩卻拒絕這麼想。接下來幾週，他們針對這次事件的大多數對話都在為強暴犯脫罪，並對婕琦的行為大加撻伐。他們完全說服了自己：婕琦沒有被強暴。他們將這個十二歲孩子經歷的所有磨難明確怪罪到她自己身上。事實上，他們第一次告訴我這個故事時，凱薩就是在對街一邊吃吃笑一邊對我大喊，「Yo，菲利佩，有聽說嗎？婕琦現在是個拉客妓女了。」我跟他們爭論，表示婕琦就是被強暴了，普里莫的反駁方式就是把婕琦類比為「路易斯、雷伊，還有他們那幫人以前會在俱樂部樓上訓練的那些女孩一樣」。他不認為那是強暴，他的說法是「受人影響後一起亂搞」。凱薩相對來說稍微多了一點點同情心，願意意識到婕琦「是被騙去做不想做的事」。但儘管意識到她是被迫去跟兩個或更多男生發生非自願的性行為，他也仍堅持，「可是我不覺得那是強暴。我就是不覺得她是被抓走的……或說被強迫去幹的。」

為了譴責婕琦在性方面的放縱，普里莫談起「女性望向窗外男性」這個代表她們有罪的象徵性畫面——完全不在意那扇窗戶可能位於十七樓這麼高。

她感覺很清楚自己在做什麼，就我看來。她總是往窗外看，她根本是在希望街區的男人來找她。

婕琦想要有人找她出去瞎混，她想到街頭混。

強暴犯不用負起責任的最終關鍵在於婕琦缺乏懊悔的情緒，而且並沒有遵循傳統的解決方案，也就是跟誘拐並強暴她的男子建立核心家庭。

普里莫：（嗅吸古柯鹼）婕琦看起來沒怎樣呀。她沒有表現出受害人的樣子。而且，她還會跟那個男人說話。我問她是不是覺得他長得很好看。她說，「對。」（做出聳肩的姿勢）她不傷心。

凱薩：要是她被人搞了，但自己又很喜歡的話，你又能怎樣？

普里莫：對啊，她可能都有寶寶了，因為她就是超級欠幹。

菲利普：你這樣說真的很噁，普里莫！

凱薩：她就只是那一大堆人中的其中一個人，那些生出孩子的孩子。

普里莫：（喝了一口十六盎司罐裝麥芽酒，然後嗅吸小包裝中的古柯鹼）你不明白？菲利佩？

婕琦自己去的，因為她想要去，事情發生了，就是因為她想要。這結果是她自己搞出來的。而且，婕琦現在表現得那麼冷靜，根本沒有哪裡慘啊。

凱薩：（嗅吸古柯鹼）我不覺得這有什麼大不了。就是犯了個錯而已。我是說，如果她想交男友，或許她該繼續跟那個傢伙在一起，好好過日子。（再次嗅吸）我覺得這事過去就算了，如果她可以跟那個傢伙好好定下來的話。

他們最終還是責怪糖糖不遵守傳統的性別角色規範，而且還孕育出跟她一樣有缺陷的下一代女性。

凱薩：而且，如果她是意外有了性生活，就是……被強暴了，那她媽也完全沒必要告訴她：「嗯，現在妳必須學會避孕了。」因為這等於是告訴她，「妳可以繼續亂搞，只要別懷上孩子就行。」糖糖還真以為那女孩是聖人啊？

普里莫：（喝啤酒並嗅吸）她媽老是表現得像個 *bejaca*。就是個好色的婊子啦。

凱薩：你知道問題是什麼嗎？沒人做她的榜樣：她媽就很野，她姊姊也很野。

凱薩在這段討論的最後做出了結論，面對當前街頭上的性別角色改變，他將其中出現的危機轉化為「厭女」的基礎：

凱薩：這就是為什麼我真的不想生女兒。
我無法忍受別的男人碰我的女兒。就因為這種鳥事，我才對女人有偏見。

在這樣一個弱勢者彼此掠奪，而且內化了自身結構邊緣性的典型案例中，糖糖代表她十二歲女兒採取的唯一「正向」行動——或許除了提供避孕藥給她之外——她動員了她生命中所有的男人猛力抨擊那個和婕琦一起被強暴的女孩的母親：

普里莫：糖糖揍了那個老媽的嘴，因為她說，「妳女兒就是個妓女。」那女人就說，「什麼！我想不是我女兒吧？」然後糖糖打爛了她的嘴脣。
那個媽媽說，「我現在要把我女兒叫下樓，妳可以跟我和我的女兒打一架。」但就在這時候，糖糖的朋友卡洛斯和其他傢伙全帶槍出現，還有其他一些家庭成員也去了，另外還有塔芭莎丈夫那邊的一些表親。真的是一大幫人。

尋找意義：在埃巴里歐生孩子

街頭上的孩子在最脆弱的年歲遭到各種混亂吞噬，而在目睹了一切之後，任何人都會不禁好奇，這些母親為何還是生這麼多孩子來這個環境中受苦？在我住在這裡的五年間，我在埃巴里歐的所有朋友和熟人都至少生了一個孩子。普里莫的女友瑪麗亞也是如此，儘管普里莫已經因為第二次賣快克給臥底警官被捕，正在接受重罪審判，她仍拒絕墮胎。瑪麗亞和普里莫兩個月前才被趕出瑪麗亞姊姊的公宅公寓，這個姊姊因為丈夫的賣藥夥伴在他們車內遭到謀殺，一家人逃到了康乃狄克州的布里奇波特。於是在瑪麗亞懷孕時，她是跟她重度憂鬱、酗酒，而且體重兩百五十磅的母親住在一起。我在我的田野筆記中是這麼描述的：

（一九九〇年三月）

普里莫帶我去瑪麗亞家：到處都是垃圾，家具都壞了，還有很多一夸脫裝的百加德蘭姆酒空瓶。空氣中都是醉酒的嘔吐物氣味，到處爬滿蟑螂。瑪麗亞繼父沒吃完的餐點盤子在客廳丟得到處都是，盤中煮熟的高麗菜和肉都灑了出來。瑪麗亞只能睡在客廳壞掉的沙發上，她總是睡得腰痠背痛。

普里莫向我保證，她被打得傷痕累累的母親昨晚喝完一瓶百加德之後，不停嚎叫、哭號、大吼又啜泣，而跟當時的場面相比，現在這樣很不錯了。顯然她是跟丈夫打了一架，還指控他不忠。根據普里莫表示，有些晚上她真的會拿刀捅他，「但就只是稍微戳一下而已。」

今天她的臉腫了起來，因為昨晚她丈夫——同樣是酒鬼的一位公立學校工友——決心復仇，而且「痛毆了她的臉」。

瑪麗亞因為懷孕而高興到不行。我從沒見過她如此快樂，後來我又花了很長一段時間才明白，正是因為生活在如此悲慘的環境中，成為母親才會顯得如此吸引人。在客觀上如此困難的處境中，懷孕給了她一種得以逃離一切的浪漫想像，也更鞏固了她對普里莫的深刻愛情。而在當時，我們都覺得普里莫應該會被判處四到六年的刑期。因此，她正是藉由懷上普里莫的孩子，來表示會和服刑期間的普里莫堅定站在同一邊。瑪麗亞開始寫詩稱頌她和普里莫之間的關係，也稱頌他們即將擁有的後代。瑪麗亞曾給我看她的日記，你可以從這些日記內容中看出，她在人生的這段期間可說自尊心高漲。舉例來說，在下面這段日記節錄中，她對自己身體之美的讚歎可說同時內化又超越了種族及性別刻板印象：

> 我有淡棕色的眼睛、性感貓眼，還有很棒的大屁股和彈嫩的奶子……我有飽滿的泡泡脣，在我臉上的樣子剛剛好；而且我的頭髮很捲，想怎麼做造型都可以。

她對自己的*javao*，[10] 男友也充滿讚歎之情。

> 我十八歲，他二十六歲。他有淡棕色的眼睛，很大的眼睛。他的嘴脣也很美，牙齒很好，而且有個翹臀……捲髮也好看。[11]

相反地，普里莫卻對瑪麗亞抱持著焦躁又憤怒的情緒。他覺得快要扛不住庭審帶來的焦躁，而且因為一直無法找到合法工作，他的自我幻滅情緒可說達到了最高峰。他乞求瑪麗亞去墮胎，甚至在她拿自己寫的情詩給他看時毫不必要地辱罵她，說她是「天殺的瘋婊子，看起來就像黑鬼米其林人，又像黑人聖誕老公公……還像黑人吸血公爵」。

瑪麗亞之所以想生孩子，也是為了追求實質的物質利益。對她來說，若想獨力建立一個家庭，在紐約市可負擔的補助公宅戶極度稀缺的情況下，生孩子是她最實際可行的機會。我住在埃巴里歐的這些年，紐約市住房管理局登記的等待名單已經排到十八年後。[12]然而，為了緩解無家者緊急避難所及福利旅館的擁擠情況，一個特殊的社區推廣服務計畫應運而生，這個計畫讓無家可歸的懷孕青少女能優先取得公宅公寓的居住權。這就是瑪麗亞試圖建立獨立家庭的策略，而她認為其中「唯一」的缺點，就是她在「青年行動」（Youth Action）計畫為無家少女母親翻修的公寓樓中取得一戶之前，必須先在無家者庇護所撐過長長的三個月。事實上，普里莫二世在她還在庇護所時就出生了。

就在這段期間，瑪麗亞的姊姊卡門也懷了男友凱薩的孩子。凱薩的施虐傾向並沒有削弱她的喜悅及對孩子的愛。當時，凱薩已經要求卡門的大姊成為她六歲女兒珍珠的養母。他也很常毆打她的兩歲兒子帕波，總是說他沒規矩，還說他「智商有問題」。[13]就在卡門懷孕之前，凱薩才對她下了最後通牒，「有帕波就沒有我，妳選一個。」所以她也正在和她的大姊談判，希望她能領養帕波。

卡門這次的懷孕立刻解除了眼下所有危機。凱薩不只同意成為帕波的繼父，他的外婆還邀請卡門搬進他們的公寓，讓她住在凱薩的臥房中。凱薩的外婆甚至將她登記在住房管理局的租約上，讓她成為有正式身分的住戶。就連凱薩本人都從未合法登記為這間公寓的住戶，因為不想讓他的社會安全保險金被算進租金計算的公式中。

卡門和瑪麗亞都遵循了傳統模式。她們藉由浪漫地愛上理想化的男人，並且全心擁抱母職，來藉此逃離充滿問題的原生家庭。卡門給我看了她在懷孕後沒多久寫的日記內容。她對凱薩的迷戀甚至比瑪麗亞對普里莫的情感還濃烈，她將她和凱薩的關係描述為「島上的天堂」：

> 我之前幾年就很迷戀他。但真的在一起後，感覺卻像一見鍾情。直到今天我都還有一樣的感覺。我覺得你可以說我是愛上他了。每次只要見到他，我的心就會漏跳一拍，只要他靠近，我就覺得快要昏倒。
>
> 我真的會永遠愛他、永遠在意他，無論發生什麼事。至於我的兒子，班尼托二世（帕波），他愛凱薩，至少就我所知是如此。

瑪麗亞和卡門都很年輕，但他們熱烈擁抱母職的心態不該被斥為不成熟女性一時興起的浪漫奇想。對於街頭上的成年女性而言，其他人生腳本的缺乏不但正常化了在年紀很小時成為母親的選擇，更讓這個選擇顯得很吸引人。

比如，就糖糖的案例而言，在她和普里莫的戀情以暴力收場之後，是她對孩子的愛才讓她穩定下來，也讓她重新找到了生命的意義。藉由全心重拾傳統的「吉巴羅角色」，並在三十四歲成為一名自我犧牲奉獻的母親，糖糖在雷伊的藥頭場景中，將自己和家庭從已經窮途末路的自我毀滅進程中拯救了出來。

糖糖：我用了五個月份量的古柯來自殺。然後我清醒過來，告訴自己，「我太愛我的孩子了，我不能自殺。」因為只要愛孩子，任何人都不會做錯事。

我當時真的很瘦，也算是丟著我的孩子不管，就是沒把他們放在心上。我沒打他們，但也懶得理他們。我的態度就是（口氣暴躁），「你們全都別來煩我。」

他們以前會跟我說，「媽咪，妳怎麼了？媽咪，拜託！大家會以為妳在吸快克。」不過沒錯，天主與我同在，因為我做了一個夢。夢中的我快死了，我看見我的兒子朱尼爾，我唯一的男孩，他為了死掉的我在哭。我看見我的兩個女兒看起來變得完全不一樣。（突然沉默下來）我向天主禱告，乞求祂讓我之後不再想要吸毒，因為我反對吸毒。再這樣下去，我的孩子也要吸毒了。

但別搞錯了，我是個嚴格的母親，我相信要給小孩最好的教育。我相信自己要成為一名嚴厲、強大、優良又慈愛的家長。

就是，菲利佩，要怎麼說呢？小孩每天對你說「我愛你」的那種感覺啊！你也知道我經歷了多少苦——每天被打，一天還被打三次，從十三歲開始就是這樣。為什麼要讓小孩為我自己的錯誤付出代價呢？不可以這樣！

所以我愛我的孩子愛到發狂。我還是想要十二個小孩。因為寶寶對我來說就代表純真——就是純潔。寶寶沒辦法揍你，然後說，「媽咪，別虐待我。」但我們可以。我是反對虐待孩童的。我現在三十四歲，我還是希望可以再生五個小孩。因為我的孩子會來親我，然後說，「媽咪，愛妳愛妳。」

你現在很難看到孩子的那一面了。你看到的都是他們在街頭的狠勁，舉例來說，就跟我姊姊的小孩安傑羅一樣——他們沒有值得愛的父母。

但我盡力了。我的小孩從一年級開始就去上天主教學校。我負責他們的所有學費。

母親與快克的妖魔化

糖糖回頭繼續以孩子的需求定義她的人生。單親女性戶長家庭的諷刺之處就跟之前的鄉村夫妻家庭一樣，其體制存在的前提仍是屈服於父權主義。街頭文化仍理所當然地認為，父親在地下經濟中追求狂歡及意義時擁有拋棄孩子的權利。單親母親家庭的安排當中卻沒有任何「母權」（matriarchal）或「母主」（matrifocal）的勝利意味。這樣的女性只會被剝削得更厲害，她們有義務無條件為孩子奉獻，而她們的男人則拒絕共同負起責任。

當這些被男人拋棄的母親沒有為了孩子犧牲自己的需求，各種隨之而來的混亂就會拆毀他們本來就搖搖欲墜的家庭。沒有人繼續餵養、擁抱，並照看孩子。埃巴里歐的街頭孩童被困在歷史的煉獄中：老派的父權主義勢力創造出女性戶長家庭，但這些家庭正在崩解，而當這些母親追隨父親的腳步，同樣透過地下經濟或物質濫用來尋求獨立自主的生活時，卻沒有什麼能緩解這些家庭單位裂解帶來的衝擊。

在糖糖為雷伊賣古柯鹼，並把普里莫當情夫養的那幾個月，我明顯看出了街頭文化針對性別的雙重標準。雷伊藥頭網絡中的男人嚴厲批評她，認為他不是個成功的單親母親和一家之主。明明她被關進牢裡的丈夫菲立克斯同樣擁有養家的義務，他們卻對此視而不見，而且沒有人提議幫糖糖的孩子提供食物、住處和關愛。他們反覆提出的批評，就是糖糖需要一個強而有力的男性角色來好好教訓她。

普里莫：那婊子這樣不行。感覺孩子的生活中根本沒有媽媽。孩子只能自己照顧自己，因為他們的媽媽平常只有從俱樂部回家睡覺，每天來回，就像這樣（做出玩溜溜球的手勢）。莉莉安還不到一歲啊。見鬼了！是朱尼爾在當媽媽。他負責換尿布。
有時候我覺得他們這樣很可憐，所以我會去做。結果就是我在那裡換尿布，她根本不見人影！

凱薩：自從白癡菲立克斯被關起來之後，那位小姐就一塌糊塗了。

普里莫：還有亞伯拉罕（養外公），他以前有試過要換尿布，但後來說，「**我做不到**。」（*No lo aguanto.*）

凱薩：亂來！自從她的男人離開，她就丟著家不管了。

普里莫：我是說，她家的食物我真的吃不下去，因為要是你去她家，看見她家的廚房，知道她煮飯時多麼胡搞，你就不會想吃了。我說的可是一大堆蟑螂啊！

愈來愈多女性拒絕屈從於老派父權定義下的家庭角色，這個現象也能在雷伊的快克站中清楚看見，在這裡，女人和女孩都在開創出屬於自己的公共空間。但同時，街頭文化仍想奮力維繫女性的從屬角色，無論是作為一位母親，或者是作為經濟上依賴男人的女朋友。因此，我在一個炎熱夏日夜晚的田野筆記中是這麼寫的：

（一九九〇年七月）

一走進社交俱樂部的入口，我就看見三台簇新的寶寶推車整齊排在小精靈機器旁，也就是在通往撞球桌的路上。每台車內都有一個新生兒，熟睡的他們緊握著小小的拳頭。

他們的青少女母親正在爭奪小彼得的關注，他因為前女友懷孕剛跟她分手。

這些十五歲的媽媽身上穿著清涼的坦克背心，輕啄玩撞球的男人的脖子，她們身邊時不時有人在進行快克交易，而寶寶則安詳地睡在一旁。有個母親還隨著嘻哈樂跳起激情的騷莎舞。她們其中有多少人會在這個夏天對快克上癮？還會有多少人懷孕。

我問瑪麗亞，為什麼俱樂部裡有這麼多青少女母親和新生兒，她說，「因為這裡有冷氣。」我實在無法反駁這點。我們正遭遇一場可怕的熱浪侵襲，我確定這些女孩家裡一定沒有冷氣——甚至可能連跟寶寶一起住的私人房間都沒有。

正如我在此章一開頭所說，根據紐約市的官方數據顯示，孩童受到虐待及忽視的數字出現了爆炸性增長。自從快克—古柯鹼在一九八〇年代中期開始大規模流行之後，孩童被強制送入領養體系的數字也創了破紀錄的新高。[14]政治家、媒體和流行文化針對這個現象做出的反應，卻是將反毒品激情炒作成性的議題，而這個現象從一九八〇年代晚期及一九九〇年代初期就一直牢牢抓住美國人的注意力。在美國，對藥品的恐慌不是新鮮事，特別是在經濟及社會狀態較為緊繃的時期。任何正在流行的非法物質都難以避免地被描述為「史上最糟」的物質，並宣示了社會即將崩毀的未來。[15]無論是記者或甚至是醫生，在描述當今社會結構中特別脆弱的社會階層或族裔群體時，通常都會將一張特定的藥物標籤貼在他們身上，認定那是他們脆弱性的一部分。舉例來說，一八八〇年代晚期的加州有「中國鴉片恐慌」。同樣的狀況也可以解釋在一九〇〇年代初期，美國對非裔美國人使用古柯鹼所產生的歇斯底里反應，當時在美國深南方的警長基於「嗑古柯鹼的黑鬼真的很難殺死」這種理由，而合理化地「提高了槍枝的口徑」。西南方的墨西哥人在一九三〇年代的大麻恐慌中也沒有獲得多人道的對待。[16]

然而，快克在一九八〇年代晚期和一九九〇年代初期流行時，卻出現了非常獨特的現象，除了特定族裔群體或社會階級因為物質濫用的傾向遭到妖魔化之外，女性、家庭，還有母職本身也都遭受攻擊。吸快克的內城女性被指控失去了「母親養育孩子的天性」。原因其實也很簡單，因為這是美國歷史上第一次，我們看到街頭上癮者中有近半數是女性。而且同樣地，由於父權主義的性別分工認定女性戶長家庭必須負起特定責任，她們前往快克站時通常都會帶著自己的幼童及新生兒。

公共空間出現上癮女性的奇觀，因為街頭文化的厭女情結而進一步惡化。地下經濟受到男性主導，女性無法在更能獲利、自主性也更高的少數族裔小圈子自行創業，因為其中主要進行的生意是藥物交易、攔路搶劫還有入室偷竊。[17] 儘管情況已經有在改變，愈來愈多女性能夠滲透進街頭經濟中專屬於暴力男性的場域，女人卻仍不成比例地被迫靠賣淫來維繫自己的娛樂習慣，並養活僅剩的家人。大量女人湧入性交易市場後，妓女的工作環境隨之惡化，導致性病開始在內城的年輕女性和新生兒之間開始流行。[18] 快克上癮者也對公開受到性羞辱特別敏感，畢竟為了追求吸食藥物那一波持續六十到九十秒的極致狂歡，她們就已經忍受過各種極端的口頭及肢體虐待了。

媒體、學院、美國主流圈，就連內城居民本身，都喜歡揣測快克使用者女性化這個「謎團」出現的原因，因此也出現了各種解釋，比如針對家庭價值崩解的道德譴責，甚至有人認為女性會特別對皮下注射針頭抱持某種恐懼，因而藉此發展出各種武斷理論。最普遍的一種解釋是基於快

當地快克藥頭用塗鴉標記出自己的銷售點，塗鴉內容是1980年代的反毒口號。（攝影：Charo Chacón-Mendéz）

克—古柯鹼疑似擁有的「催情」力量，儘管所有證據都顯示大多數人在大量攝取古柯鹼之後都會出現性功能障礙。記者、社會科學家、藥頭還有上癮者於是開始有了一種幻想，認為女性狂吸快克背後的原因是難以滿足的性狂熱。這種性化的想像有效地隱藏了整個美國社會因性別角色和家庭組織引發的深層權力衝突。[19]

這些成功躋身快克站的母親觸犯了男性禁忌，她們被譴責為失去母性及慈愛本能的動物。因此，《紐約時報》刊出了一系列社論，其中出現了「成為怪物的母親們」之類的副標題，另外他們還刊登出一些文章，標題寫著諸如「家長本能也遭到快克摧毀」的文字。《華爾街日報》引用醫生和護士的話表示，「快克使用造成最驚人、也最醜惡的面向，似乎就是危害到了母性本能。」[20]

輿論擔憂快克藥性會顛覆母親養育孩子的本能，而在此擔憂最為高漲之際，我開始意識到，我在探索街頭文化時任由兒子接觸到的環境，也會讓我被譴責為糟糕的家長。我是在一場關於藥物使用的研討會中意識到了這件事，當時一名怒氣沖沖的民族誌工作者表示：「他們會拿自己的親生血肉犯險，他們會為了掩護自己的行為，直接把孩子帶去快克站。」現場聽眾都倒抽一口涼氣，還相當不認同地搖頭，這些行為再次幫助我確認，在內城還有中產階級世界之間存在著巨大鴻溝。主流社會就是無法理解，藥物販賣在內城的街頭已是如此「常態化」的概念。事實上，只要你在街頭上混，就不可能不帶孩子去快克站。舉例來說，就算我沒有熱切想跟藥頭建立友誼，只要我所住的街區有數十個願意社交又熱愛公共空間的鄰居，我也無法避免「不負責任地」將小兒子暴露在充滿暴力及藥物交易的日常環境中。在我住的街區，無論是看夕陽、散步、去當地雜貨熟食鋪買冰淇淋三明治，都一定會經過街上晃蕩的少數快克或海洛因販賣者。當我抱著兒子在街區中走動時，常會有藥頭小聲而禮貌地對新生兒說出波多黎各的傳統祝福語，或甚至大肆稱讚我的寶寶有多漂亮。當你放鬆在這樣的場景中漫步時，那些強烈反對物質濫用的母親和父親偶爾會發現，自己難免會帶著孩子在某個賣藥街角或快克站門口停步、晃蕩，接著才會繼續去完成當晚要辦的事。[21]

儘管我試圖解構主流社會針對危機家庭的道德譴責，但當你在快克站內看見那些母親拖著嬰孩，讓孩子跟她一起經歷絕望追求迷幻狂歡的痛苦過程時，你還是不免感到驚恐。在遊戲間內曾有幾次，我懇求那些渴求快克的懷孕婦女思考一下，她們追求藥效的衝動欲望可能帶來什麼後果。我不停和雷伊及普里莫爭論，指責他們既然平日賣快克給那些母親，就必須負起傷害她們新生兒的責任。

一開始，遊戲間的藥頭不知道我對這個議題採取道德正確的立場，所以在發現定期光顧快克站的懷孕客戶人數多到令人驚訝之後，他們會公開拿這件事來開玩笑。某次在公宅樓梯間，普里莫和他的把風夥伴班奇喝了啤酒又吸了海洛因，放鬆之後的他們對我描述了一位顧客：

> 班奇：（遞來一瓶四十盎司裝的老英國麥芽酒，然後打開一小袋古柯鹼）突然之間，蘿絲開始吼我的名字：「班奇，班奇，我要生了，快來幫我，來幫我！班奇！拜託！」

然後她說，「噢寶寶要出來了！要出來了！看啊！幫我！」

我看著她的小穴，看到了一顆頭。菲利佩，我真是嚇死了！一看到那顆血淋淋的小頭從她的屄跑出來後，我的腦袋裡就迴盪著「什～～～麼鬼。」我當時就是，「不行！我沒辦法！」因為我吸了快克，整個人**疑神疑鬼**，嚇到屁滾尿流。我看到那顆頭，還有血，那顆頭正從她的小穴跑出來——從她的陰道跑出來。我真是嚇傻了。

她還在拜託我，「班奇、班奇，幫我、幫我，班奇。寶寶要出來了，幫我把雙腿打開，幫我。」

所以我往外跑到走廊上，尖叫著找人叫救護車。（嗅吸古柯鹼）

菲利普：哎呀天哪。你是怎麼回事？班奇！為什麼不幫忙！為什麼你不去幫忙拉寶寶的頭？你到底是怎麼回事啊？老兄？

班奇：（咧嘴笑，把啤酒瓶抓回去）別煩我了，老兄！這種屁話你就省省吧，菲利佩！讓我告訴你吧，如果換作是你在場，她請你幫忙，而那是你第一次看到有顆寶寶的頭塞在她的陰道裡，還有你這輩子從沒見過的一大堆血，你也會嚇傻的。你也會不知所措。你還真以為自己知道那時候能怎麼做啊。我是說（模仿白人中上階級的語氣，頭還僵硬地前後搖動）「噢，沒錯，當然。我會幫你，我會幫你把寶寶的頭拉出來。」說教就先不用了吧，菲利佩。你要是在場，一定也他媽的不知道該怎麼辦。我是說那場面可誇張了，而我就是崩潰啦！

（停止說話，將房子鑰匙的尖端戳進普里莫遞向他的海洛因小包裡，沾了沾，狠狠嗅吸了一口，然後緩慢、嚴肅地開口）就某方面來說，我想幫她，但我看到寶寶的頭頂時——看起來就是頭骨之類的形狀——還有血跟著流出來，我就是抓～～～狂了啊！老兄！她的洞整個裂開啦。她很痛，一邊尖叫一邊求我幫忙。

（或許是注意到了我的表情）是很可憐，但就發生在我眼前欸。救護隊的人來了之後，開始討論需要熱水和其他東西。熱水是有，但其他沒有，就是，沒有毛巾和碎布，就是，沒有任何你要接生寶寶時需要的東西。

普里莫：（大笑，沾了點袋子裡的海洛因）你知道寶寶出生後可能最先吞下去的會是什麼嗎？膠囊，因為地板上到處都是這些天殺的膠囊。寶寶生出來時會像這樣（大口呼吸，眨動雙眼）。然後小小的快克空膠囊就會跑進他嘴裡。

班奇：（又猛烈吸了一口海洛因之後，繼續用嚴肅的語氣說）所以蘿絲就在那裡生了孩子，她用緊急醫療服務司機的名字替孩子命名，就是那個把寶寶從她身體裡拉出來的女士。她用了她的名字。

但你知道最讓我受不了的是什麼嗎？對她來說那好像沒什麼，她根本不像剛剛生過孩子，還一副隨時準備好去狂歡的模樣。

他們把她帶去醫院處理後續。但她隔天就出院了，我想，不然就是過了兩天吧——然後就開始狂吸快克。因為我那天在遊戲間賣藥，她跑來說，「班奇，」然後，「你是怎樣？當時為什麼不幫我？」

我對她說，「老天！聽我說，我當時嚇壞了。我在哭，整個人腦袋發熱，而且嗑藥嗑到飛天，我根本不知道該怎麼辦。」

不過蘿絲也沒怎樣，她甚至沒要求短價（打折買小瓶裝快克）。她不是那種會耍心機的人。她就是個好相處的快克毒蟲。

她懷孕期間都在用藥，也從來沒跟我們要短價。事實上，她一生完就現場繼續吸了起來。當時寶寶都還在醫院。

那是個快克寶寶，所以得待在醫院。

我非常清楚記得這段對話，因為沒多久之前，才有名醫生表示我十一個月大的兒子有腦性麻痺。當時才開始有第一個臨床研究顯示，母體接觸快克而生出的「快克寶寶」有時會出現腦性麻痺的症狀——也就是神經肌肉相關的問題。[22] 因此，光是想到有母親「自願地」讓下一代暴露在腦性麻痺的風險中，我就特別感到沮喪，我也在平常會去的快克站和所有人討論了這件事。普里莫和大部分藥頭最後停止賣快克給懷孕女性——至少在我面前是如此。然而另一方面，儘管我們對此有過多次激烈爭執，雷伊始終沒有正式禁止員工賣藥給懷孕女性。不知為何，保守天主教的虔誠信念讓他深信墮胎是一種「謀殺」，但卻沒有阻止他為了獲利而危及新生兒的福祉：

雷伊：我不在乎，菲利佩！我自己也想過了。我不同意你的那些屁話。而且就算她們不跟我買，只要繞過一個街角，她們就會去找其他人買了。[23]

另一個類似的情況是，我也譴責過糖糖在為雷伊的社交俱樂部工作的那幾個月賣藥給懷孕女性的行徑，而事實證明，糖糖的「正直」也是自相矛盾：

女人懷孕之後，身體就不屬於妳了，身體屬於寶寶。所以，如果媽媽自己都見鬼的不在乎，我為什麼要在乎？

我向一名非裔美籍的社會學同事埃洛伊斯．唐列普求助，希望她能協助我和懷孕的上癮者直接討論這些議題。因為性別及族裔身分，她更有辦法跟街頭上使用快克的女性建立關係。我們和街頭上這些準媽媽對話時，發現無論是對於即將到來的寶寶，或是她們作為母親的角色，這些懷孕的快克上癮者仍抱持著矛盾又曖昧不明的心態。有些人深信她們一邊吃零食一邊吸快克就是同時在「照顧自己」跟胎兒。有位女性還向我們保證，她只有在白天吸快克，這樣能讓胎兒在晚上好好睡覺。另一名女性宣稱快克對胎兒有益，因為她的胎兒總是「一直睡」，是透過吸食快克，她的「懶惰寶寶」才終於醒過來踢腿，也終於有了健康胎兒該有的樣子。有幾名女性譴責街頭文化的虛偽，說大家批評她們卻又想賺她們的錢。[24]然而，面對這個拒絕資助上癮治療中心，也不替她們提供支持性服務的社會，她們卻沒有任何一個人提出批評。事實上，在跟我們成為朋友的這些絕望女性之中，我們無法把任何一位轉介到上癮治療中心，因為當時（一九九〇年）位於紐約市的二十四個政府資助治療計畫中，只有兩個機構願意接受懷孕的快克使用者。[25]

一直到搬離埃巴里歐之後，我才意識到，吸食快克的母親可以被重新詮釋為極度渴望追求人生意義的女性。在內城把孩子健康養大是個不可能的任務，因此她們拒絕為此犧牲自己。懷孕的快克上癮者本來被當作殘酷又冷血的母親，但我們能將這樣一個野蠻的形象去本質化，並將她們重新建構為自我毀滅的反叛者。醫療人類學家南希．謝普-休斯在巴西棚戶區針對飢餓母親的民族誌研究中，批評工業化的布爾喬亞階級理想化的母嬰連結關係。根據她的研究，當母親在赤貧中艱困求生，又幾乎有超過一半的孩子死於三歲以前，她們在面對新生時期最虛弱、又病得最重的寶寶時，逐漸學會了「放手不管」。她們會壓抑自己的情感，偶爾還會透過脫水的手段加速嬰孩的死亡。母親要是跟這些無從避免的死亡奮戰，並對每一個虛弱嬰孩投注太多的苦痛情緒，她們很可能會崩潰。如果母親走不出病弱孩童一個一個死去的悲劇，最後可能會被哀痛及焦慮的情緒吞噬。她們將無法發揮出健全家長及敏感常人應有的功能。[26]

到了後工業化時期，埃巴里歐的嬰孩死因不再是缺乏熱量及適合的飲用水。相反地，真正的原因是物質濫用、種族主義、公部門體制的瓦解，還有導致工廠工作逐漸減少的經濟結構重整。在美國，內城孩童的死亡及毀滅主要發生在青春期，而非嬰幼兒時期。相關數據本身就說明了這種狀況：在一九九〇年代中期，哈林區十八歲到二十四歲年輕男性的慘死機率，比二次世界大戰中的現役士兵還要高。[27]或許我在快克站遇到的上癮母親只是放棄了，她們只是不想去打這場根據歷史結構來說幾乎必輸的戰役。面對宿命如此的下一代，無論是放棄她們的孩子，或是在狂亂追尋自我極樂狀態的過程中毒害胎兒，都是在藉此加速他們必然的毀滅。[28]藉由破壞所謂的母親養育本能，或在孩子最脆弱的年歲造成他們的傷殘，這些脆弱的母親得以逃避長期承受的痛苦，也就是必須眼睜睜看著孩子明明長成健康、有活力的青少年，但又終究淪為暴力及物質濫用的被害者及主角。

我們再一次看到，導致母親拋棄孩子或毒害胎兒的原因顯然不是「女性主義」或「女性賦權」。相反地，問題完全出在父權主義下的「家庭」定義之上，也在一個失能的公部門之上，因為他們把養育及支持孩童的責任完全推給個人——尤其是女人。因此說到底，繁衍下一代的重擔及責任不只必須由父親共同承擔，也該由建構出社會邊緣性的更廣大社會一同承擔。無論是性別的權利關係或是家庭結構，整個世界在這幾個世代以來都經歷了巨大轉變。正如在本章開頭所說，在所有歷史上的快速權力更迭中，也難以避免地隨之產生了各種矛盾的進程。在全球加速變遷的脈絡下，母親們奮力爭取自己在內城街頭上的權利，尤其是她們作為獨立個體的自我的權利，而短期內，兒童勢必還是要受苦。

8

脆弱的父親們

Vulnerable Fathers

想到兒子時，我好希望能陪著他。一想到就讓我很難受。我會希望——不，不用希望，因為不可能發生——但要是可以許願，我會希望沒有跟老婆分手，這樣我就能一直陪著他，像一家人一樣，就是那種老派家庭。家裡只有老婆、兒子和我。我有正式工作時就是那樣。什麼其他人都不想要，我只想要珊卓拉。那感覺就是，「我希望時間停在那時候，不要改變，就讓我跟小孩在一起。」

——普里莫

許多道德爭論都在譴責內城居民養育孩子的缺失，並哀嘆父親在家庭中的缺席。大家自動假定，家裡缺少父親，孩童的品格就會遭到破壞，但事實上，女性戶長家庭唯一得面對的最沉重問題是貧窮。[1] 為雷伊工作的許多人都是父親，根據我和他們的相處，試圖將貧窮男性哄騙回核心家庭的公共政策方向根本就錯了。問題剛好相反：核心家庭中有太多施虐父親在恐嚇孩子和母親。若真要說，女性生了孩子之後根本是花了太長時間才成為單親母親，導致她們必須在過程中吞忍過多的施虐暴行。[2]

父親之所以無法在穩定、慈愛的家庭中養育後代，其實有一個很清楚的物質基礎：高中輟學生再也無法在紐約市找到有保障的工作，他們因此無法維繫傳統父權體制中的單薪夫妻家庭。全國的趨勢也顯然是如此，一九七九到一九八二年間，勞工貧窮家庭的比例上升了百分之五十，從原本的百分之十二上升到百分之十八。[3] 然而這種經濟「邏輯」並不只是簡單反映了物質方面的處境艱難。性不平等（sexual inequalities）形塑出了家長疏忽及施虐的特定模式，但「性不平等」其實也受到了歷史文化的強大影響。移民及快速政經改變所帶來的歷史及當代經驗，在不同性別身上顯示出不同樣態。具體來說，無所不能的家父長（pater familias）是鄉村家庭的遺產，其價值是由身邊的妻子、大量孩子及鄰居對他的「尊敬」所定義，但這對第二代的新波多黎各男性而言是非常沉重的負擔，他們發現無家可歸的自己只是從一段性關係奔逃向下一段性關係，也沒有受到家庭或經濟上運作得宜的社群所保護。

正如第二章所描述，在世紀之交的波多黎各，鄉村中以親族為基礎的大家庭社群幾乎不受首都聖胡安的中央政府掌控。他們在崎嶇內陸高地各自獨立定居，完全沒把都會菁英當一回事。[4] 相反地，他們以性別、年齡和親屬分類為基礎建構出他們獨有的社會秩序及社會威望的定義，而這些定義仍然在東哈林區頑固延續，只是以衝突矛盾的方式進行。不過，理想化的吉巴羅認同仍一點一滴滲入（或至少呼應）拒絕被美國社會各種權力中心邊緣化的街頭文化。這種認同提供了以反抗為基礎的尊嚴感，以及被尊敬的感受。然而，因為長時間的殖民依附性、移民、都市化，以及貧民窟化的破壞性經驗，導致承接反抗精神、用來建構秩序，並圍繞著性別、年齡及親族而建立的父權分類體系一直在變化。此情況因為街頭文化中問題重重的物質基礎而更為惡化，因為初階勞動市場及地下經濟迫使參與者陷入貧窮、經濟不穩定，還得面對高度的體制暴力及私人暴力問題。

稱頌無力持家的父親

雷伊藥頭網絡中的所有男人幾乎都是父親，但沒有一個人穩定地提供給他們所有的後代金援及關愛。相反地，他們之中的許多人自始至終都對所愛之人暴力相向，彷彿在拿自己無法好好照顧的家人出氣。街頭文化和地下經濟提供了他們一個另類場域，讓他們得以透過濫交、引人注目的暴行，還有追求狂喜的物質濫用，重新定義自身的男子氣概尊嚴感。凱薩是最堅定以自己無力持家為傲的一個人。由於在壓抑的核心家庭及以親族為基礎的大家庭社群中，他無法達成祖父那代的各種抱負，於是將男性精力聚焦於陽剛氣質的比拚，還有性戰利品的數量。他非常努力地誇大自己性濫交及無情的程度：[5]

> 凱薩：我們就跟在大自然裡一樣。自己顧好自己，想辦法獨自生存。我們就像加拉巴哥群島的綠蠵龜。那些烏龜破殼而出，跑進海裡，沒有人知道自己的父母是誰。

牠們就這樣活了一輩子。牠們上別人或者被別人上。牠們生孩子，但從來不會見到這些孩子。我對那些被我拋棄的孩子沒有罪惡感，因為我沒有心啊，菲利佩。我誰都可以幹，什麼時候都行。更何況現在這些婊子可野了。

儘管同樣將男性權力「性化」，普里莫卻更著重功能，而他特別在意透過情感及經濟等不同手段掌控生命中的女人。他追隨街頭文化推崇「小白臉」形象的腳步，轉化了無能養家的羞恥感，反而推崇起自己身為經濟寄生蟲並靠女友**白吃白喝**（*cacheteando*）的街頭生存藝術。沒辦法像祖父那代一樣可靠地——但同時也高壓地——扶養孩子後，他反而變成一匹超級種馬，只是這也進一步弱化了他的老派男子氣概。某天時間很晚了，我們一群人閒著沒事，就在社交俱樂部的大廳待著，看著小彼得為他那些形容枯槁的快克顧客服務到早上六點。普里莫指著一起打撞球的三個女人——芙蘿拉、潔希和瑪麗亞，一邊吃吃笑一邊向她們揮手，還故意用老派的波多黎各鄉村口音講西班牙文，「**瞧瞧我的女人們彼此處得多好啊**。」（*Mira como mis mujeres se llevan bién.*）嘻哈樂放得太大聲，儘管我們之間只隔了六英尺，她們卻聽不見我們在說什麼。我知道普里莫同時跟瑪麗亞和潔希來往，但完全不知道他也有跟芙蘿拉「偷來暗去」。

菲利普：嘿，你該不會也跟芙蘿拉搞上了吧？

普里莫：（嚴肅地點點頭）上個月。她在關鍵食物（超市）負責包裝肉，所以只有週末很晚的時候能跟我出來。她之前有個星期五跟蘿希混在一起啊——你也認識蘿希，她以前在遊戲間工作，現在凱薩在跟她約會。6但我今晚會去找潔希。這小妞（用大拇指往瑪麗亞的方向指了指）今天去了我家。她打電話給我，我叫她不要來，因為我已經跟婊子潔希搞了一整個週末，但她還是想來。我沖了個澡，走出浴室時卻發現她已經來了，我說，「拜託！等一下有潔希，現在又是妳？」我沒跟她做，只說，「別吧，或許明天吧。」她明天一大早又會打電話來吵我，然後（抬高眉毛，咧嘴笑），我就又有得搞啦！

菲利普：明天你不是應該要打電話到就業辦公室嗎？還記得你的緩刑監督官怎麼說的嗎？

普里莫：噢，該死，菲利佩，你說的沒錯！但你知道嗎？她明天來的好處是，我一看到她的臉（突然扭頭面向瑪麗亞），就知道該起床了。

（聳聳肩）在這些跟我來往的婊子中，我要的是那個（指向瑪麗亞）。這種事以前也發生過。某天在遊戲間前面，我看見街角有群女生。那些女生應該是在聊天吧。我看過去時說，「天殺的！每個我都上過！」有我的前妻珊卓拉、糖糖、瑪麗亞、潔希，我想還有另一個女生，只是我現在想不起來。

菲利普：這情況讓你有什麼感覺——感覺很好？

普里莫：沒有，感覺很怪。（注意到凱薩仍在喧鬧的音樂中認真偷聽）沒有，一開始感覺很好，然後很怪。

我告訴你，菲利佩，我有根黃金屌。我的男性親戚都有（跟凱薩擊掌）。我們都有黃金屌。

在雷伊的藥頭網絡中，男性都是跟愈多人發生性關係愈好，於是我開始把對話導向性關係的倫理問題。至於路易斯，每當有快克上癮的女性打算提供口交服務，以換取用他的快克菸斗抽上幾口的機會時，他在社交俱樂部門口隔街對這些女性大吼的語調正好說明了他的立場，「Yo，大嘴（mouf，mouth的一種貶低性俗稱）！Yo，我的大嘴（mouf）！過來！」[7] 快客站現場的其他人，特別是比較年輕的那群人，則是能認知到女性也跟男人一樣擁有追求濫交的權利。舉例來說，十八歲的佩德羅就是這麼想的，他在西奈山醫院擔任護理師助理，之後因為試圖打劫某個賣天使塵的藥頭而「吃了十顆子彈」。凱薩有被佩德羅這種平等主義的觀點吸引，但最後還是躲回性暴力的保護傘之下，藉此重建他在更傳統的思維中所認定的合適性角色。

佩德羅：如果我是女的，我一定會很狂熱（色情狂），但我會讓那些黑鬼付出代價。我會是個婊子，但不會讓男人好過，一定要從他們身上搾出錢來，而不只是讓下流的黑鬼免費白幹。我要錢。我一定要錢。

凱薩：這個啊，我會讓自己好好爽到，而且要過得很好。我會試著跟我街區上的某些黑鬼混在一起，而且必須是真的有能耐的傢伙。如果他們看起來真有兩把刷子，那我就會讓他們……

直到被耍之後，我才會學到教訓。因為我最後一定會被某個傢伙上了，但又一毛錢也沒拿到。[8]

艾迪是凱薩的表親，他有一半的非裔美籍血統，只有他在融合了階級和種族壓迫的概念後，提出了針對性欲的分析——不過就算抱持這樣的觀點，他也沒有積極去做些什麼：

可能是甲狀腺的關係吧，又或者是為了維護自尊心，又或者是為了向朋友證明自己可以征服多少女生。但對我來說，那就是逃避現實，為了讓自己覺得沒有被綁住而已。他們假裝自己還沒有小孩，也不是太早就有了小孩。

我的意思是，我們沒有錢，所以就用女人來彌補。我是說如果你有十萬美金，人生就會成功，你的朋友都會忌妒你。而現在如果你什麼都沒有，但有五個女人，這樣至少能自我滿足。我們就是習慣這麼搞。

但如果你有錢，你就不用靠女人來定義自己。又或者，成為百萬富翁只會讓你在亂搞女人的時候比較小心。

而且，黑人和波多黎各的女人比男人多。大概三比一吧。尤其是現在，黑人男人被殺掉很多，就像這樣——（手指向當下正在和一名黑人顧客進行面對面交易的普里莫）——因為藥物的問題死掉。

遭遇歷史危機的男子氣概

除了糖糖和路易斯，雷伊年紀比他所有員工都大。他們這個世代跟鄉村——或者說吉巴羅——定義中的家庭及男子氣概觀念之間，可說維持著較為傳統的關係。在他們祖父母那一代的傳統鄉村經濟中，孩童能為經濟安全做出貢獻：只要到了六、七歲，他們就是家庭農場中的有用勞工，就長遠來看，他們也能保障家長擁有社會安全及退休津貼。由於鄉村經濟中沒有正規教育的開銷，再加上食物都是由家戶的小片土地中所生產，生養眾多孩子的好處遠勝於所需支出。男子氣概聲望的重點在於建立大家庭，並完全負起扶養他們的經濟責任。雷伊、路易斯，甚至連糖糖——這個深信自己是真的想要十二個孩子的女人——都超過三十五歲了，他們深陷在歷史文化的時空錯位中，這種錯位使他們想盡可能地多生孩子，儘管在經濟上他們根本無法支撐這麼龐大的家庭。

就雷伊和路易斯的案例來說，他們和不同女性的多重性關係正好能說明這種現象：他們會盡可能跟合適且各式各樣的母親多生孩子。他們想生卻養不起，於是用拒絕事實和偽善心態來遮掩這種矛盾，做法通常就是譴責那些被他們拋棄的孩子母親——是因為她們犯了錯，才沒有資格獲得他們的經濟支持。舉例來說，路易斯喜歡吹噓自己青少年時曾在九個月的時間內同時讓好幾個青少女懷孕。他稱這些女生為「到處可幹的洞」。二十多年後，三十五歲左右的他曾讓四個女人懷孕，總共生了十二個孩子，其中七個沒有提供他們情感及財務方面的支持，但他對此心安理得。

路易斯：管他去死！我又沒什麼可以給孩子，見他們做什麼？
一開始他們的媽媽會生氣，但就像我之前說的，大家得學會自己處理人生中的大小事。

另一方面，雷伊總是經濟很優渥的樣子，所以不能用破產或快克上癮來當作逃避責任的理由。菲立克斯入獄之後，在雷伊為了買下遊戲間而和糖糖談判的過程中，我針對「父親該怎麼當」的議題和他進行了一系列說教式談話。我始終沒有要求雷伊讓我錄下對話的自信，但我記得非常清楚，他堅信孩子「若能有個父親作為合適的人生楷模」，就有可能「健康長大」。他這麼說時才剛出獄，正在一間超市擔任警衛，那是份合法工作。他宣稱若要能「不愧對」他四散在紐約、賓州和波多黎各的半打孩子，唯一的方式就是轉行去全職賣快克。他想為這些分散各地的孩子成為一名負責任的父親，但光靠每週一百五十美金的警衛薪水是絕對不夠的。他宣稱他的夢想是賺到夠多的錢，好讓所有孩子一起住在埃巴里歐的房子裡。

四年之後，他又經歷了三任女友而且又生了三個寶寶，事實證明，雷伊對他的孩子就跟他僱用的那些總是破產的街頭藥頭一樣不負責任。然而，當他擁有成功的事業，他的孩子以及被他遺棄的孩子母親過著孤立無援的赤貧生活時，他那些藥頭網絡的成員卻無法看出其中存在多麼嚴重的矛盾。事實上，就跟他們喜歡計算雷伊擁有幾台車一樣，他們也讚嘆他能像種馬一樣搞出這麼多不同種族背景的寶寶。一個男人能像這樣到處擁有後代，還有經營事業的頭腦，在在都讓他獲得眾人尊敬。另一方面，為他生孩子的女人不但一貧如洗，還常遭到外人詆毀。

普里莫：他有賓士，還有前陣子買的那台綠色的林肯大陸車。他賣掉了雪佛蘭那台科邁羅，但留下了柯爾維特那台。他新買的廂型車只花了六百美金。我印象中他還買了其他新車，好像是四門的馬克四型林肯車。

菲利普：他照顧車子比照顧孩子還認真啊。他有幾個孩子？

普里莫：現在大概九個吧。我想他大概連孩子長什麼模樣都不知道。

我想，要是孩子的母親有要求，他應該會幫點忙，像是替他們買衣服之類的。他有時也會稍微幫點忙。

他只是不想被煩，所以乾脆直接把他們忘了，我猜——就算他們真的需要一些幫助。

我知道他沒在照顧娜塔莉的孩子。（從十美金的海洛因小袋裡頭嗅吸）

凱薩：一旦那些女人搞砸了，雷伊就會把她們從人生中徹底抹除。

普里莫：我是說，就說南希吧，她是個下賤的婊子。她把一切都搞砸了，所以他離開她。南希現在有新男人了。雷伊跟我說她參加了一個藥物治療計畫。其實她是我**教子的母親**（*comai*）。南希生下他的孩子之後，他的態度大概就是，「管妳去死！」

對了，娜塔莉之前是路易斯的女人之一。路易斯被關進監獄後她就成了雷伊的女人。

凱薩：他們以前很常偷東西。

普里莫：但後來會分手也是合情合理。雷伊以前會把她關在家，不准她出門，然後他會搞消失，其實就是跑去找街上某個下流的快克毒蟲一起爽。但娜塔莉也幹了一些糟糕事——下流的婊子。

他在布朗克斯跟某個女人生了女兒，但從沒見過她。對方說她懷孕了，但雷伊說，「去死！」

然後，在賓州，也有個古巴女人生了他的小孩。

不過其他小孩有繼承他的姓氏。但既然小孩的母親沒要求雷伊幫忙，他幹嘛要幫？雷伊的這些馬子都很不像樣。她們甚至不懂好好請他幫忙，有些還從他身上大削了一筆。雷伊或許會幫她們，但她們得先搞清楚狀況，要用對方法，但這些女生就是做不好，天殺的無腦。

有天晚上他告訴我，他跟很多女人生了各式各樣的寶寶。

只有一個女人走運，而且還算像樣，那就是葛羅莉亞，他現在那個女友；但他們很常吵架，因為她盯他盯得很緊，老是煩他。她根本就是一天到晚吃醋，老天！

但她還算像樣。他跟她住在一起，還有她的四歲兒子班尼。

菲利普：所以雷伊到底有多少個孩子？

普里莫：讓我想想……雷伊有兩個女兒，南希有個兒子，還有那個毒蟲也生了一個。如果連他入獄之前的也算進去，總共就有八個。

凱薩：還有另外那個婊子……她叫什麼？

普里莫：你說娜塔莉嗎？
凱薩：對啦，但你怎麼會算成八個？如果他先有了四個，後來五個，現在還有一個快出生的？
普里莫：噢對啦，我忘記葛羅莉亞懷孕了——那隻小松鼠有了新寶寶呢——這樣就是九個。她現在就是一天到晚死盯著他。他沒有像對待南希跟娜塔莉一樣把她關在家裡。他會聽她的話。

面對雷伊和路易斯這種到處播種的男子，年輕一代的男性確實抱持一定程度的尊敬或豔羨情緒，但他們已不再強烈仰賴生小孩來證明自己對男子氣概的認同。在定義男子氣概以及變動的性別—家庭組成之間的關係時，文化歷史帶來的影響力也可以在兩代之間看出明顯差異：雷伊、路易斯和糖糖這一代承擔了以繁衍後代為中心而必須履行的各種責任，但普里莫、凱薩和其他更年輕的快克藥頭，主要是在炫耀自己發生性關係的人數。舉例來說，普里莫總是在女友懷孕時要求她去墮胎。另一方面，雷伊深信墮胎是嚴重的罪行；普里莫則對雷伊關於兒童價值的老派態度感到不解。

普里莫：雷伊一直在跟我說，孩子能生多少就生多少，因為我會老。但這聽起來完全沒道理。我幹嘛要生孩子？是要組軍隊嗎？

像凱薩和普里莫這樣二十歲出頭的年輕人，跟鄉村祖父母的大家庭之間又多了一個世代的隔閡。我曾錄下他們閒聊家中親族組成的對話，可以總括看出他們正在活過一段具有家庭人口學意義上的歷史結構轉變。

凱薩：我的直系親屬很少。我外婆有八個小孩，但當時很多都是大家庭。
普里莫：我外婆也一樣。我外婆有十八個小孩，十個過世了。
凱薩：我沒辦法有八個小孩，我會瘋掉。
普里莫：真的是很多孩子。我的表親他們也生了一堆小孩。那時養小孩一定比現在容易很多吧。

男子氣概認同及家庭組成之間關係的轉變，也跟失去之前在鄉村以親族、年齡分級，並且以性別階層化為基礎而運作的社群環境有關。這類社群幾乎扮演了大家庭的角色，不只負責女性及孩童的社會化，也對他們進行管控。在這樣一個理想的穩定大家庭中，男子氣概的傳統定義牽涉到許多支撐起父權主義的文化體制及價值觀。然而，在十九世紀到二十世紀中期，儘管是在波多黎各鄉村及種植園這種經濟極度貧困的環境，家中的男性戶長仍有義務要為他們的家人提供經濟上的支持。這點在普里莫母親將童年理想化的回憶中有被仔細記錄下來。

在波多黎各的那些歲月，我們很窮，但大家都會說，那時的生活比較好。生活比較健康，而且我們還能信任別人，現在卻誰都不能信任。現在就算你手裡有錢，也不能信任對你好的人。我最喜歡波多黎各生活的一點，就是我們有自己的傳統。在我的村莊，所有人不是叔舅就是姨嬸。只要走過比你年紀大的人身邊，你就得求取他們的祝福。這是對他們的尊敬。

那時候的孩子們也比較懂得尊敬別人。那時候大家都懂得尊敬別人。我的父親非常嚴格。只要有訪客來，我父親就會對我們使眼色，因為孩子不該待在那裡。他就只會看著我們。

訪客進門時，我父親只需要看著我們，他一看我們，就代表我們必須消失。我們得回自己房間。我們不該跟長輩待在同一個空間裡。

他光是用眼神跟我們說話，我們就會消失。在訪客離開之前，我們都不能出去。有時我們會嘗試用掃把祈禱那個人趕快離開，就是，那是聖得利亞教（Santería）的一種巫術，你可以試著藉此跟那個人產生連結，然後把他們掃地出門。

我有試著把我父親教給我的事教給我的孩子。

有些人來這裡之後過得比較好，但很多人過得不好。甚至是一些跟我來自同樣社區（barrio）的人，他們想來這裡尋找比較好的環境（*buén ambiente*）。有些是情侶，也有結婚的夫妻，他們想來這裡尋找比較好的環境，但結果找到的是災難。有些老公最後就跟別的女人跑了。

埃巴里歐的男人不再有辦法「用眼神」跟他的孩子「說話」，還指望孩子能立刻服從他的指令。[9]在當今夫妻家戶或親族為主的大家庭社群中，原本男性受尊敬的模式已經行不通了。好幾代的男人就這樣困在家庭形式及性別階層的根本性文化轉變的不同階段，並且被徹底擊垮。普里莫讓我注意到了這件事。他在擔心親族網絡中的男性命運時可以讓人察覺到，在離散的波多黎各人中，所謂的社會邊緣化經驗也有性別特定的形式：

我告訴你，我得去給自己做個檢查。就跟我和我媽說的一樣，在我的家族中，情況是這樣：所有人的腦子都有問題。

我媽的大哥腦子就有問題。他會站在窗邊自言自語。

我媽的大哥——我的另一個舅舅——他會像殭屍一樣在路上走，眼睛不會看任何人。我是他的外甥，也是他的教子。他會寫一些有的沒的，看起來像某種速記，但絕不是什麼天殺的速記。他用筆記本寫，裡面就是一堆亂七八糟的塗塗寫寫。但那傢伙有工作，而且一直都在做。他沒做什麼失控的事，但腦子完全不正常。

如果你看見他在路上走，他看起來就像個流浪漢。他就是直直走，眼睛看著地上。他腦子有問題。

我還記得他腦子正常的時候。他和我媽一起去過波多黎各，那時他的腦子還正常。

就是，我跟我媽說，我有一種感覺，就是我們家的所有人，我是指所有男人，都會在未來某天突然腦袋斷線，瘋掉。我想過自己未來會怎樣，我想我的腦子也會出問題。她說，「你的腦子沒問題，你爸也只是生病而已。」但不知為何，因為某種不知名的理由，我外公的腦子沒出問題。我外公過世了，他沒瘋，單純就是死了。我問我媽，「我能指望之後有什麼樣的生活？因為我跟我爸一樣，都是高血壓和糖尿病的高風險族群。」她說，「你只要不酗酒嗑藥，一切都會很美好。」你看，菲利佩，我就是愛緊張，我總是神經兮兮。我很容易就覺得難受。只要工作不順利，我就會想把手頭處理的事搞砸。我真的很不想瘋掉。

普里莫的父親在我快搬離埃巴里歐時過世，在那段期間，我進一步得知了他在男子氣概陷入危機時的個人經歷，因此理解他從鄉村跨國移民到城市失敗後所承擔的創傷有多重。在普里莫的父親臨終時，普里莫的其中一個姊姊前往波多黎各西部的小鎮探望臨終的父親，他們的父親在跑去東哈林區尋找功成名就的機會之前，就是在這座小鎮中長大。

我姊姊說，我父親的家鄉卡沃羅霍是個窮地方，住在那裡的人很少……而且，很可怕，就是……一團糟。

她說她看見了他出生的房子。他小時候就是在那裡被養大的。那是一間很老舊的房子，而且……嗯……就很可怕。就是很窮，很破爛。她不喜歡。

她跟我說，那些人看起來……就是那裡的人，感覺就是被丟在那裡不管，就是在等……

她說這些人看起來大概就是，一早醒來，走出他們的小棚屋或屋子，然後只會在大概兩個街區的範圍內活動。

我問她：「拿卡沃羅霍和阿羅約比——我們媽媽那邊的家人就是來自阿羅約，我一直在那裡住到十四歲——哪邊比較糟？」她說，「噢當然，阿羅約好多了。生活有意思多了。」

這樣的比較讓我豎起了耳朵，因為我前一年才去了阿羅約，為的是去探訪普里莫的外婆，看看他母親那邊的家族。他的外婆、表親，以及還活著的舅舅和阿姨現在或曾經住的那座村莊就是一小片狹長土地，上面滿是蓋著錫屋頂的低矮水泥建築，這些公宅外牆都被漆上死氣沉沉的灰色，而周遭簡直像要讓人產生幽閉恐懼症一樣，圍滿了如海浪一般起伏的大片甘蔗。我很難想像世界上還有比普里莫外婆在阿羅約住的那個街角更令人沮喪的社區。儘管如此，在看見卡沃羅霍的棚屋和破爛現狀的同時，普里莫的姊姊也在這個波多黎各鄉村的邊緣角落，窺見了專屬於大家庭的無盡團結。

她告訴我，卡沃羅霍有些長得跟我一模一樣的人。她說，「普里莫，這些人想見你。他們很期待能看見你。普里莫，他們長得**真的**跟你一樣。」

他們都是我的堂親戚，我猜。他們留跟我一樣的小鬍子或鬍鬚，臉也跟我一樣。唯一不同的是，我爸的頭髮直得要死，所以他們都有留長，我喜歡那種直髮，不像我的又密又捲。

我姊姊幫我的一個堂親戚綁辮子，好讓他們可以看起來像我。他們讓她想起了我和我的大姊。她還在那裡拿我亂開玩笑，說如果我的頭髮跟他們一樣直，我看起來會像耶穌。

她說他們就算喝醉，表現得還是很得體。他們真的是好人，真的很好。他們跟我很像，一樣喜歡到處跟人鬧著玩，還喜歡懶散混日子，都是一樣的死樣子。

但卡沃羅霍那邊沒有太多工作可做。生活在那裡實在有點辛苦。

據說當時普里莫的父親已經快不行了。在他父親死前的幾個月，普里莫談起了有關他的回憶。遊戲間關門之後，他會買十五美金一小瓶的粉末古柯鹼，還有十美金一袋的海洛因，去曼哈頓科學與數學中心後方的樓梯吸「速球」，那間大受歡迎的高中位於一一五街和東河大道的交叉口。[10]他在那個時刻好像試圖要跟那些痛苦的回憶和解，因為回憶中父親觸犯了波多黎各的傳統禁忌而成為一位不值得尊敬的父親。聊起這些事的那幾個晚上，我們身邊都有小彼得，因為社交俱樂部缺少後方的緊急逃生門，當時暫時遭到紐約市消防官查封。小彼得父親自我毀滅的故事比普里莫父親的更令人難過。就跟普里莫一樣，他從未有機會對父親感到尊敬。當時的普里莫和小彼得都單身，跟自己的母親住在一起，兩人也沒在付孩子的扶養費。

普里莫：我爸現在就是個病人。他有糖尿病。他一直有酗酒，也抽雲斯頓菸。有一次我夢見他死了。

我是說，他就是個**骯髒的老酒鬼**（*borrachón sucio*）。他只要喝醉就會變得很暴力。既然他天殺的那麼不好，為什麼要跟他待在一起？所以我媽才得對他說，「滾吧！」（突然咧嘴笑，舉起大拇指從肩膀上往後指，就像棒球主審說打擊手出局那樣）

然後自從他們分開之後——他們沒有正式離婚——每次我見到父親，大概每兩週會見到一次吧，他的狀態都不對勁。他總是拿著啤酒，而且老是醉醺醺地在哭。

他以前不會打我們，但會一天到晚咒罵我們。我們以前都是自己過自己的，他只會去找老朋友一起喝酒、一起瞎扯。

我們當時只是小鬼頭。我們心想，「去死吧你，我才不在乎。」

他以前會買糖果給我們。我們會找地方坐著吃糖。後來他會來找我，問一些跟我媽有關的問題。我一直不想把我媽的生活告訴他，因為只要回答他的問題，他就會哭。

我不笨。原本他問我問題時，我都會直接告訴他。

就像他會說，「你媽有跟誰在一起嗎？」我不記得我怎麼回答了，但大概是說「有」之類的。

他就是醉醺醺的，整個人傻乎乎的。

或許他對自己做過的事感到後悔。或許他覺得自己本來可以做得更好。我也沒認真記那些細節。反正他就崩潰了，渾身發抖。我以前很討厭看到他那樣。

聽兒子說自己早已疏遠的妻子有了男友，普里莫的父親因而忌妒到崩潰發抖的這個細節，描述的可能是波多黎各人典型的身心失調病症「發神經」（*ataque de nervios*），糖糖對菲立克斯開槍時經歷的也是同樣的狀況。值得一提的是，這種基於忌妒、受虐，或無法獲得愛而導致的發作（*ataques*），幾乎只會發生在女性身上。普里莫的父親之所以會用這種女性化的方式在孩子和親密友人面前表達內心的絕望和無助，說明了他在美國成為一名失敗的移民後，勢必在心底深處覺得自己是個無能的男性。然後，彷彿是為了精準實踐失敗大男人的風格，他會透過毆打身邊最弱勢的女性——而且是他不再能博得對方尊敬的女性——將自己修復回來。

普里莫：然後他會開始跟我姊吵架，我的大姊。之後她會再來打我。

小彼得：（插嘴）我總是很怕我爸，因為他在用海兒翁（原文為hair-ron，指的是海洛因）。他總是嗑藥嗑得很嗨，當時我只是個小鬼頭，你知道。他們會跟我說他的一些壞話，把他形容得很可怕，我真是嚇壞了。但在內心深處，我爸他其實，真的是個好人，你知道。每次看到他，他都嗑藥嗑到飛天了。我長大之後，我們會在街上看見他，我會對他說「嗨」，還會說，「爸，好好照顧自己，別再這樣亂搞了，別再搞了。」他真是好人，老天。他也曾是個寶寶，他曾經是個好人。我還小的時候，我爸在商船隊工作。

> 我出生之後，他就一直在船上。他似乎就是在船上開始嗑那些有的沒的。所以我六個月之後就是被另一個男人養大的。
>
> 等我長大之後，他們開始告訴我，「這是你父親。」他當時整個人已經差不多毀了。無論如何，我意識到，那就是我的爸爸。真的很令人傷心。
>
> 我爸後來服藥過量。沒錯，他死於毒品，就是海洛因。
>
> 普里莫：（盯著東河大道看）突然之間，我爸就不再出現了，我也搞不清楚為什麼。我想他應該是病得太重了。他覺得讓我們看到他那樣很丟臉。

親密暴力兩極化的物質基礎

前面探討了糖糖的生命史，以及普里莫和凱薩的青春期經驗，而正如那幾個章節所描述，父權主義在當代面臨的危機不只展現在個體的自我摧毀，也展現在家庭暴力及性虐待的極化現象。這種令人感到痛苦，而且看似個人病態的現象，其實也需要放在歷史及政治經濟的脈絡中來理解。就個人的心靈層次而言，這看起來或許只是家庭暴力模式世代傳遞的結果。然而，在理解這類的病態及失敗時，針對個人心理層面的簡化論述無法真正解釋背後的原因，也無法藉此提供打破這種家內「循環」的實際路徑。普里莫對「**骯髒的老酒鬼**（*borrachón sucio*）父親」擁有的最初記憶，就是他會毆打自己的母親。更糟的是，無論他母親之後來往的男人是誰，作為普里莫的榜樣，他們展現出的都是差不多殘暴的大男子氣概。

普里莫：我小時候不喜歡任何人跟我媽交往。她的男人我一個也不喜歡，因為我不喜歡他們吵架，然後男人就會打她。對方常會抓狂然後猛揍她。

我以前會低頭不去看，心裡卻想殺掉他們。我們這些孩子當中，以前唯一會跳出來阻止的只有我大姊。我從來沒介入過。我是個很容易緊張的人，我沒辦法……

她的男友要揍她時，我從來不會插手。我以前會想：廚房！刀！我要幹掉你！

我的態度就是完全放棄。那種場面我還記得幾次。（若有所思地放慢說話速度）因為有時他們打得太超過了，就是還會，見血。

菲利普：什麼！

普里莫：（態度安撫）但沒有殺來殺去之類的事發生啦。

只是可能偶爾會把她眼睛打到瘀青，大概就是那樣。我不喜歡。

（再繼續之前的話題）我以前會做的，就是把頭死埋在枕頭底下之類的，然後大叫「啊啊啊啊啊，我恨我媽。」

但我的姊妹們，他們會撲到那些男人身上，「幹你去死！」就像這樣（揮動他的雙臂）。然後那人會冷靜下來。我在想，要是他真敢對我的姊妹動手，這段關係就結束了。因為通常都是先對我媽動手，再來是我的姊妹，然後這段關係就結束了。換作是我，心路歷程大概也會是這樣。

（抬眼驚訝地望向我）其實——現在講下去就是很私人的事了，菲利佩，你媽一直都是跟同一個男人在一起，對吧？

菲利普：不完全是，你也聽過我媽的故事了。（暫時陷入沉默）你不想再談也沒關係。

普里莫：但跟你講這些，我不覺得困擾。

另外有個傢伙跟我媽交往，當時是七〇年代，我的年紀還很小，他叫盧易思。他會傷害她，而且純粹只是因為他想這麼幹。

她就是想跟他在一起，就連我外婆都說，「**離開那個一無是處的無恥傢伙吧**。」（*Deja ese sinvergüenza.*）

我過了好幾年才發現，有人偷偷告訴我，他以前就有在嗑藥。事實上，他是個嗑得很兇的毒蟲。

我還是會在街上看見他，因為他在第三大道工作，就是那種賣兒童玩具跟一堆廢物的「阿拉伯佬」（Ay-Rab）雜貨店。但我總是假裝不認識他。

有一次他對我媽抓狂。那個狗娘養的先是跟我媽吵架，然後一發不可收拾。

我媽想打電話叫警察來把他趕出去，但他不想走。我本來在睡覺，然後被吵醒。

那是我唯一一次插手，也是唯一一次為了我媽站出來。我媽打電話給警察，那個幹他媽的廢物抓了一把刀。我的心臟感覺停住了，但他對我媽揮了幾下之後，我跑去擋在他們兩人中間。

他手上有把大刀，我以為他會幹掉我、我媽，還有其他所有人。他看起來打算要這麼做。但之後，他好像思考了一下，然後直接走進另一個房間。我們所有人都在尖聲狂叫，然後他離開了。

普里莫在糖糖的孩子面前揍她時，也是複製了同樣的殘暴場景。正如我之前提過許多次，只透過心理或個人層面去理解親密暴力是不夠的。舉例來說，許多快克藥頭不只承認自己嚮往生活在理想的核心家庭中，也確實在這類家庭中度過了很長的時光。這通常發生在他們偶爾擁有穩定合法工作的期間。普里莫在父親過世前心煩意亂了好幾個月，在那段期間，我和普里莫還有小彼得會在校園內聊起有關父職的話題，那時的他們通常一邊嗅吸「速球」一邊喝啤酒，而在這些對話中，我們常會提起失業、個人病態、家庭不穩定、勞動市場的結構脆弱性等議題之間的複雜關係。

普里莫：我生第一個小孩時十九歲。他是在八三年出生，五月二十幾日吧。我們當時是兩個打算穩定下來的青少年——我和珊卓拉。我找了份工作，跟她正在穩定交往。我們找了個小窩一起住，我當時薪水很不錯。

我那時真是個好黑鬼，天啊。我賺的每一分錢都用在我的嗜好上，我玩民用波段無線電台。她懷孕了。我們不是真的很想生，但後來我告訴她，「我跟妳都有份，如果妳想留下孩子，我會負責。」所以她留下來了，太可惜了，但也沒關係。我們沒結婚。她爸媽想要我們結婚。但我知道我們太年輕，而且還有未來要考慮：我對人生還有更多追求——無論是學業或工作。這話我只跟你說，那時我的心裡真的很掙扎，感覺就是，來吧，我們一起受苦，說不定十年之後一切都會好起來。但其實我只是在悠哉地胡說八道。現在她當然也清楚了。

我以前唯一會抱怨的就是工作、錢，還有一些有的沒的。還有我不想之後一輩子都住在布朗克斯區。那間公寓實在太小了。

我是個完美主義者。我想要一切都很完美。我以前會告訴她，「我希望妳也去工作，或許在我工作時，妳還能想辦法搞到一些福利津貼。我們找個保姆吧，這樣我們才能一起存錢，想辦法離開這個鬼地方。」

我那時沒在賣藥，也沒在幹什麼不正經的事。我是個超棒的好傢伙，最好的。我銀行裡有錢，家裡也有錢。珊卓拉從沒受過苦。她本來就是個大塊頭，後來因為懷孕變得更肥。

帕皮多出生時，我在美國印刷公司工作，我真是個好黑鬼。我的工作時間很不錯，是從下午四點做到晚上十二點。

我已經沒在嗑藥了。就是，可能偶爾還是會喝點啤酒，但不會像現在這樣。我工作很認真，也很願意加班。他們叫我做什麼我都做。我想多賺點錢回家。

我注意到兒子慢慢在長大。這就是為什麼我不再嗑藥：有一天，我兒子想跟我玩。我當時坐在搖椅裡，不想跟他玩，大概就是說了「別煩我」之類的鬼話吧。後來我一直想，意識到是嗑藥的問題。我還有一次嗑藥嗑到流血。

有一天，我甚至下樓買了一角錢的藥，然後又丟進馬桶。我說，「不行，不能這樣。」我不是這種人，跟我的孩子相處時，我總是很討人喜歡的，我會唱歌，我會唱那些小時候在學校學到的歌……

我以前會坐在搖椅裡唸ABC和數字給他聽，單純就是想讓他一直動腦。你一定要在孩子小時候唸書給他聽，就算他們只有幾個月大也一樣，這樣他們腦子才會一直在思考。

小彼得：（從古柯鹼堆裡嗅吸）對啊，我以前也會唸ABC給兒子聽，他當時都還沒滿一歲呢。對啊，我以前對家人也很好。我也曾是個好黑鬼。而且以前我會說，「家人優先！」我根本不會在外面鬼混或亂搞什麼的。我對孩子很好。你記得吧普里莫，我以前都怎麼幫孩子打扮的？

普里莫：然後他們把我的工作時間改到凌晨兩點到早上十點。我說，「這種工作時間我沒辦法，我有家庭啊。」

我開始會在工作時睡著，因為我還有兒子。然後珊卓拉這個小妞，我兒子的媽，也開始打一些黑工。她要離開家時，我才剛回家，所以我的兒子就纏住我，想要玩。他已經睡過了，搞得我根本沒辦法睡。

我就是從那時候開始亂搞。我就是那時候開始吸「烏拉斯」（woolas，一種混了一點快克的大麻菸），而且也有在喝一點酒。我整個白天都醒著，然後就變得不想去工作。我會嗑藥嗑到飛天，然後等冷靜下來再去上班。想像一下，我從凌晨兩點工作到早上十點啊。他們真是惡搞我，這些美國印刷公司的傢伙。如果他們可以讓我值原本的班，從下午四點到半夜，我到現在還會在那裡工作。我做得很好。他們根本毀了我的社交生活，老天，凌晨兩點到早上十點啊！

天哪！那感覺怎麼說呢！老天！我以前下班回家，都不知道該先去睡覺，還是先去閒晃一下再睡。還有我兒子，在家的他可清醒了，他才兩歲，他想跟我玩。

所以他們把我開除了，因為我老是在工作時睡著。他們說，「我們必須讓你走路，因為你有家庭，我知道你想跟家人好好相處，但你無法配合現在的工作時間，我們又無法把你換到日班。我們需要有人做你現在這個班，但你好像不適合。」

他們其實幾乎開除了所有人，只是在找各種理由。好像是因為生意不好吧。

之後我就不工作了，開始吸快克。

你知道嗎？菲利佩？現在我兒子六歲了。想到這件事我就傷心……就是，我沒陪在他身邊。就像我爸從來沒陪在我身邊一樣。

我兒子很喜歡跟我待在一起。有時我在公寓裡修東西，而這個小鬼，他會抓住我的工具，跟著開始敲敲打打，就好像是觀察我之後，想要模仿我的動作。我看了真是愛死了。

這就是為什麼我剛離開我兒子時常常哭。那就是在美國印刷公司開除我之後不到兩、三個月吧。

我以前會在廁所哭得像個婊子。因為我知道我快要離開了，我沒辦法再跟這個孩子相處了。我老婆跟我說，我可以留下來當她的室友。但見鬼的當然不要！我們都分開睡了，我們之間根本沒有愛。

我想我們太早建立家庭了。我們對彼此厭倦了。她以前是個婊子，大概對我的老二也膩了吧。我自己猜的啦。

我告訴她，「不，我不想留在這裡。」最後她哭了。我必須跟她講清楚，「我們會把對方搞瘋的，所以我得離開。」對我來說也不容易啊，你知道嗎？但我拿了我的**行李箱**（*maleta*），走了。

我搬回去跟我媽住。我媽張開雙臂迎接我，她就是，「無論如何你都是我的兒子。」

我兒子帕皮多當時還小，但他注意到了。有好幾個月，我得一直叫她別再打給我，也不要跟我聯絡，因為我處理不了。「因為如果妳打給我，我會跟妳一樣難過。我處理不了。等我打給妳吧。」

終於，又過了兩、三個月後，我打去了。她當時換了新的電話號碼，因為我把登記在我名下的電話號碼停用了，她申請了新的。我不想要任何其他人——比如其他男人——替登記在我名下的電話繳費。

小彼得：我們生小孩時，我才二十歲。你知道我為什麼會跟對方分手嗎？因為她一直想逼我結婚。我努力想搞定一切，好搬到我們那座小鎮外去住，但她就是，著急到不行。

讓我驚訝的是，小彼得對上一段困難重重的關係發牢騷時，普里莫打斷了他，然後針對這種家族病態進行了很經典的分析。

普里莫：基本上來說，當一個窮女人獻身給一樣窮的男人時，最後一定會出問題。只要你窮，一切都行不通。如果其中還牽涉到孩子，那更是會徹底搞砸。但如果你窮，你也沒有其他選擇。你會試著努力，但最後還是會搞砸。只要你窮，不管做什麼都不會成功。

根據街頭文化的標準，普里莫的所有姊姊——他沒有兄弟——相對來說都算成功人士。她們有些做的是穩定的全職初階工作（例如在麥當勞當店長、在衣飾店當店長，不然就是擔任護理師助理），又或者是在婚後維持長期穩定的關係，而且還生了年幼的孩子。普里莫對她們的成功感到驕傲，這種驕傲情緒不只顯示女性角色的定義非常僵固，也再次顯示出，女性儘管同樣擁有在埃巴里歐成長的貧窮經驗，受到的影響卻是如此不同。

你知道我媽很棒！她養大了三個美好的女兒，三個女兒都沒有搞砸。或許她們是早婚，但完全沒碰街頭上的藥。她們懂得明辨是非。我的姊姊都不暴力。她們也不在街頭混——真的完全沒扯上關係。

唯一在青少女時期懷孕的只有我的二姊，但她也過得很好。我媽把懷孕的她趕出家門，她只好去男友家待到孩子出生。

等到寶寶出生後，我媽根本就是「喔耶！」（舉起雙手做出慶祝的姿態）那是她的第一個孫子，她把孩子接回來，也讓我的姊姊回來住。

她後來離開了那傢伙，因為那人就是個天殺的渾蛋。從那時一直到今天，我媽和她都還像這樣（把兩隻食指糾纏在一起），她們就像是好姊妹。

她過得很好。她和另一個孩子的爸結婚了。我的另一個姊姊，她想成為護理師。

我告訴你菲利佩，我的家庭生活很棒。我媽把我養得很好。她根本沒受過教育，但真是個好母親。

渴望成為父親

曾有好幾次，我們的對話都圍繞著一個特定主題：在那樣的時空環境下，普里莫經濟艱困的客觀環境是如何傷害了他的兒子。這個主題讓小彼得和普里莫心中湧起了作為家長的情緒騷亂。

菲利普：想想你的父親，現在你對你兒子有什麼感覺？

小彼得：你問我們對兒子有什麼感覺？這是個很難的問題啊，菲利佩。

普里莫：只要想到我兒子，我都希望還跟他住在一起。因為現在，他和我都面對同樣的困境，因為我本身就來自一個破碎家庭。

就好像，我沒在一旁支持他，這很令人傷心。我很不希望兒子經歷這些。我想陪兒子一起長大。我希望他身邊能有我和我們一家人。

我還在工作時就是那樣。我之前跟你說過。那時的我是個超棒的好傢伙。我基本上都待在家。我那時還沒有在街頭鬼混。

小彼得：你竟然問了這個問題，菲利佩，我真的很不想回答。我跟我的老婆一起住了五年，我兒子現在都大了。如果我醉到神智不清（停下來從其中一個封包裡嗅吸海洛因），你又問我這個問題，我大概要開始流淚了。這問題讓我傷心。

我是說你看嘛，我有個孩子，但又一無所有！我無法對他的未來有任何貢獻。就好像連我自己都還在長大。我還在想辦法成功，但又想讓他擁有更好的生活，可是我自己又沒有混得很好，你知道嗎？我的生活很辛苦。

我的腦子很清楚，心腸也好，但是，就像我說的，我開始沉迷藥物。在這個環境中，你很難保持清醒。很難，真的很難。你知道嗎？我知道你很清楚。你已經跟我們混一陣子了。

普里莫：（沾了點古柯鹼）我兒子愛我。他真是愛我愛瘋了。

小彼得：（也嗅吸古柯鹼）他想跟我一起住，但他的年紀還不能選擇跟誰住。不過只要他夠大了，我就會上法庭爭取他的扶養權。

普里莫：（改吸海洛因）不，我不會上法庭爭取，因為我跟老婆已經有共識。我可以去探視。她丈夫花了一陣子才懂我和她想這麼做的心情。

我請他坐下來跟我談。我好好跟他解釋。我告訴他：「聽著，我不想要你的女人。我不會diss（看不起）你，也不會不尊敬你。我不會做任何不聰明的事。我只是為了我的兒子而來。」

但他還是有那種情緒，「去你的，普里莫，你別老是出現。」

我的前妻珊卓拉告訴我，我去那裡的時候，他只是假裝沒事，等我離開之後，他們就會吵架。

（因為古柯鹼湧上的藥效而活力充沛）但你知道嗎？老兄！我相信……我相信你跟某人在一起，然後又有了孩子之後，就該想盡辦法讓自己鹹魚翻身，無論混得到底好不好，你都得在心態上承諾自己去做好。

每次我說這種話的時候，感覺都像在鬼扯，因為我根本沒在養我的小孩，但那是因為，我……此時此刻，我是沒有在養我的小孩，但是……

（隨著海洛因的藥效退去而緩和下來）事實上，你知道上週末，我們有談起最近一次哭是什麼時候，當時就是我最近一次哭，就是上週末。我想起了我的小黑鬼。我那個週末應該要負責照顧他，但我太晚打電話去。我搞砸了。真是一塌糊塗。

（再次亢奮起來）其實，我記得我爸有一次對我媽說，他以前想念我時會哭，因為我是他唯一的兒子。

但我想要帕皮多來跟我住，這樣他才能真正知道我是什麼樣的人。但我覺得對他來說，最好的做法是……

（迷惘地喃喃自語）我不知道，老兄。我不知道……

小彼得：（悶著頭經歷海洛因帶來的和緩階段）我有兩張信用卡，萬事達卡和金融卡都有，其中一張是花旗卡。我正在申請梅西百貨的信用卡，但我不是成功人士。沒錯，我成功活下來了，但不成功。我是說，我被公司裁掉了。

但你不懂嗎？反正我沒跟我的女人在一起了，也沒跟孩子在一起了。我不再像之前一樣過著安穩的家庭生活了。

（嗅吸古柯鹼）還跟我的女人和小孩在一起時，我沒時間想藥的事，也沒心思出去鬼混。你懂的，我只是想跟我在意的人在一起。

（活力充沛起來）大家都說女人會成就一個男人，而男人也會成就一個女人。我老婆幫我了很多忙。她對我很好。我們還在一起時，她對我非常好。然後我們分手，我很多事都不順利，你懂嗎？我也變懶了。

普里莫：（還在緩和期）我爸是個酒鬼，每次喝醉就狂毆我媽。所以後來他們就分開了，你懂吧？

（活力充沛起來）但其實那樣也沒什麼，沒對我的成長造成什麼影響。

（再次冷靜下來）我唯一能說的是，家庭可能受到的影響，就是孩子無法完整擁有兩個家長，只剩一個家長就一定缺少了些什麼。我真的這麼想。

我是說，我們總是會想，老爸為什麼不在？我也覺得對兒子不好意思。

菲利普：那你現在對待帕皮多的方式又是怎樣？你覺得你有把你和父親之間的關係，複製到你跟兒子身上嗎？

普里莫：不，沒有，我甚至不記得有跟我爸相處過。

菲利普：你兒子不是會想你嗎？

普里莫：（從百加德蘭姆酒瓶中狂飲喝了一口）當然！我兒子很想多跟我相處。

我上週日就有跟他聊天，我告訴他，我說，「聽著，我要給你一組電話號碼，拿紙跟筆寫下來。我要你星期五下課後打給我，這樣我們就能一起出去玩。」

他說，「等等，爹地。」但我才跟他說完，他就立刻跟媽媽說了。他說，「等等、等等。」然後他打電話（用手蓋住一個想像的話筒接收器，裝出孩子說話的聲音），「媽，我的爹地說，星期五，我下課之後，我要打電話給他，他會來接我，這樣我就能跟他一起去曼哈頓。」

他開心死了！真的！現在他一定一直在想這件事，因為我沒在家接他的電話，我沒去接他。

我不想讓他失望，但現在也不能打給他，因為我沒有交通費，他媽媽也不會把孩子送來給我。

她一定會說，「你自己來接。」而他一定會，「噢唷，爹地，你之前自己說……嗚嗚嗚嗚嗚（裝出哭哭啼啼的聲音）。」

我想到也哭了，我想起之前還跟孩子住在一起的時光。現在我覺得很難受，因為再沒幾天就是帕皮多的生日，我卻不能送他什麼。我沒有錢。

菲利普：你剛剛花了二十美金在買海洛因和**古柯鹼**（*perico*），你難道不會想拿這筆錢去買兒子的生日禮物嗎？

普里莫：嗯，如果我有錢，錢就在我手上，我會去買。可是一旦我到了街上，那就是，感覺……我有多少錢……我就會花掉。我就是會搞砸。

小彼得：（插嘴）像是現在，我沒在工作，但之前我有工作時，我每個月都會寄匯票給我老婆。我老婆有把我的社會安全碼交給法庭，但他們不需要從我的薪資支票扣。我以前會主動把錢寄過去。

普里莫：我對管錢真的不在行。我這個週末不能見他了，因為我破產了。如果我要的話，每個週末都能跟他相處，但我不想那樣。因為一旦我這週見到他，下週我也會想見他。不行，我一定會搞出個禮物給他。我愛那小黑鬼。

普里莫始終沒為帕皮多的七歲生日買禮物。事實上，他那週甚至沒去探視他。巧合的是，就在那段期間，在我住的公寓樓前方階梯上，我那前青少年期的鄰居曼尼和安哲爾提供了一個機會，讓我得以窺見父子世代鴻溝的另一個面向。眼神發光的安哲爾驕傲地告訴我，「我這週要去看爸爸。」他的小弟曼尼立刻雙眼黯淡地接著說，「我見不到爸爸了。」簡直就像事先寫好的劇本一樣，才沒過多久，就在我們所在階梯的前方人行道上，我們看見了另一個暱稱帕皮多的小男孩開心尖叫起來。這孩子是我鄰居的三歲兒子。一旁有個二十歲的男子大搖大擺走了過來，他感覺有點難為情，但還是抱起了這個小男孩，並深情地喃喃自語，「噢我的兒子」(*Ay mi hijo*)，而一旁的母親則面無表情地看著這一切。這位帕皮多的父親剛獲得允許，可以出獄一個下午進行工作—藥物復健活動。大概一個多小時後，小帕皮多再次發出刺耳的尖叫，不過這次是痛苦的叫聲。他的父親必須在傍晚前回監獄報到，所以急匆匆離開了。我們公寓樓的門房後來向我解釋，兩年半前，這位帕皮多的父親闖入帕皮多母親的公寓行竊，當時帕皮多才六個月大。帕皮多的父親知道公寓裡不會有人，因為他當時本來跟兒子帕皮多約好要在公園見面。而當他在兒子住的公寓裡偷錄影機和電視機時，他的新女友還幫他把風。

回到原本的對話現場，午夜過後幾小時，在眺望東河大道的階梯上，小彼得因為混用了快克和古柯鹼，情緒先是因為古柯鹼高昂起來，接著又在「速球」帶來的亢奮中，感受到雲霄飛車般狂亂又矛盾的情緒起伏。他在那個狀態下雀躍推崇的吉巴羅精神，在當時的我看來，是他父母理想化那段過往所留下的歷史遺跡：

> 小彼得：如果我現在六十歲，你知道真正讓我想活下去的是什麼嗎？我想為了我的孩子活下去。
>
> 你知道真正讓我繼續堅持不放棄的是什麼嗎？我的**孩子**。我想成為孩子的支柱。我想好好愛我的孩子。我想好好教導我的孩子。那是唯一的原因，真的，我向神發誓。而且我是真心的。

那是唯一能讓我活下去、而且還能打起**精神**（*ánimo*）的理由；我能繼續撐在這裡、我還能活下來，都是因為我的孩子。

普里莫的父親過世之後，凱薩和我再次把他帶到當地高中後方，陪伴著他度過哀悼的情緒。

他把火柴盒蓋子折出一道凹陷，用此將好幾匙古柯鹼舀進鼻孔裡，然後用清醒、遲疑的語調說：

普里莫：我看起來沒怎樣，但其實很傷心。你知道嗎？我開始想，我爸沒見過他任何一個孫子或孫女。我就是覺得……覺得有一部分的自己消失了。

但我媽沒受到什麼打擊，因為我爸對我媽並不好，他之前就是個幹他媽的糟糕廢物，很常打她，也常喝醉，還瘋狂diss（羞辱）她。

凱薩：對啊，我外公死掉時，我外婆也不在乎。她說，「他死了就讓他去死！反正這傢伙也不怎麼好。」

普里莫：我姊姊打電話來告知他的死訊時，瑪麗亞也在場。

瑪麗亞是這樣告訴我的，「你和你媽都一副無所謂的樣子。」

我告訴她，「不然妳想要我怎樣？就算現在開始哭，他也不會回來了。可以讓他繼續活下去的唯一方法，就是一直想著他，在我心中想著他，你懂嗎？就是這樣。我已經好久沒見過他了。」

如果他這些年來有參與我的生活，我當時一定會表現得歇斯底里，但已經太久了，你懂吧。

我確實覺得傷心，但是沒有……

凱薩：對啊，要是我爸死了，對我來說也沒差，「嘿，就把他埋了吧。」我是說，我跟他一直沒有很熟，一點也不熟，所以不會有什麼感覺。我不氣我爸。他就是個很難搞的老爸，但也是很久以前的事了，就這樣。

現在要是我的繼父過世了，我會比較難受，因為他才是我真正的老爸。是他陪著我一起長大，他一直陪在我身邊。

我現在不像以前那麼常跟他見面了，但是……在我小時候，他有參與我的生活，所以我對他比較有感情。因為對我來說，他永遠會是我的爸比。

就算是現在，我年紀這麼大了，都還是會叫他「爸比」。我總是會說，「Yo，那是我的爸比。」那就是我的老爸，我愛那傢伙。[11]

但他這傢伙也很跩。當然他沒對我不好過啦。我真的從來不記得他有常打我。只是在我長大之後，他開始變得對我很小氣。

普里莫：對啊，我爸也是個幹他媽的小氣鬼，但我對他沒什麼不滿。

凱薩：對啊，現在我老爸老是說「拜託，去找份工作吧」或是之類的屁話。

普里莫：（再次憂傷起來）我要我姊替我們的爸爸拍照，就是躺在棺材裡的照片，但她說她不想，因為這樣做太悲傷了。我跟她說我會負責去把底片洗出來。

凱薩：一定是因為某種迷信。我們家也這樣。

普里莫：對啦，她為此對我大發飆。一定是我姑姑灌輸她那些「**聖得利亞信仰**」（*espiritismo*），因為曾外婆過世時，她明明之前也拍過我媽媽那邊的家人；還有我外公過世時；另外她還拍過我表哥……

我是說她不必拍醫院裡的照片，就是我爸還插著管子之類的照片，但可以拍棺材裡的照片啊，這樣我至少能在他們埋葬他時看見他，就像我人在現場一樣。

我本來沉浸在普里莫的哀傷情緒中，但發現有五、六個年輕人跨越東河大道向我們走來時，我立刻嚇得回神過來，也感受到一波恐慌的情緒襲來。我意識到此時至少已經凌晨三點，而且對方的人數比我們多。一年之前，就在同樣這片東河大道旁的空地上，有個無家可歸的三十五歲男人遭到球棒、刀還有切肉刀攻擊而死，而在那次事件的幾個月後，有具來自哥倫比亞十三歲新移民的屍體在同個地方被發現，此人生前遭到強暴、勒頸，最後還被亂刀砍死。[12] 我看著普里莫在黑暗中淚眼盈眶，穿著連帽運動衫的凱薩則是駝著背，帽子底下的表情陰鬱，我在心裡盤算著自己應該不會有危險。在深夜這個時間，在這個沒有外人會插手的場景，若有任何人想搶我們，我身邊這兩個夥伴同樣也能讓他們心生恐懼。儘管如此，我還是忍不住緊張地小聲開口，「Yo，注意（用下巴指向那些走過來的年輕人）。你們覺得這裡危險嗎？」普里莫只是和緩且冷靜地回答，「不會。」靠著他們自己就像個流氓的神態舉止，他和凱薩完全不需要擔心有危險。

適應父權主義

大多數雷伊員工的妻子和女友最後都會結束受虐的情感關係，並將她們的男人趕出家裡。不過，她們通常還是會再次愛上一個新的男人，而且這個男人對她們孩子的態度就跟前任一樣不負責任，也不會出養育孩子的費用。這種不停建立新家庭的過程產生出一種街頭文化邏輯，就是免除了父親扶養後代的部分義務。當我因為糖糖以前的男人沒有好好扶養小孩而diss（咒罵）他們時，糖糖會跟我爭執。

糖糖：你不明白，菲利佩。有些男人就是這樣。這不代表他們真的是很糟的父親。或許他們沒工作，所以現在沒養他們的孩子，但說不定之後某天會想辦法養。而且要是媽媽有了別的男人。我是說，如果我是男人，難道得給一個女人錢，好讓她去養別的黑鬼嗎？那也太慘了吧？就只因為她想追求——原諒我這樣說——性愉悅？又或者只因為她想跟另一個男人在一起？

因為我就告訴你吧，如果你的女人有了孩子，你一旦想要這個女人，就得連她的孩子一起接受，那是一整個套裝好的。

（她對普里莫微笑，因為套裝〔package〕這個字也是「陰道」的俚俗說法）媽媽和孩子就是套裝商品。不管誰想要我，就得整套買下來。我們五個一起。我和我的四個孩子。

我的男人最好別來跟我說，「我不會給你的小女兒二十美金買鞋……那又不是我的孩子。」不、不、不，你既然想要這個套裝（雙手抓住她的胯下，我們全部哄堂大笑），你就得付一整套的錢（手指著她的兩個孩子：朱尼爾和嬰兒推車裡的莉莉安，他們待在遊戲間前的階梯旁）。

我是說，我最近沒在跟其他男人交往，因為現在大家只想要好處，不想付出。我可不玩這套。肉太貴啦。（抓普里莫的手臂去敲他的胯下）有聽見嗎？肉太貴啦。（吃吃笑）

我很常聽見這種將「反覆建立新家庭」合理化的說法，無論男人或女人都會這樣說。舉例來說，路易斯孩子的母親每次只要有所求，他都會義正詞嚴地訓斥她。

我告訴她們，「不管妳現在跟誰交往，對方最好都要照顧我的孩子。因為他們可不能免費用妳的小穴。」

因為就是，任何男人只要跟女人交往，這就是常識：如果她有孩子，你就得照顧他們。你不可以只因為他們不是你的孩子就 dish（這裡將 diss 說成 dish，代表不看在眼裡）他們。

我之前跟一〇四街的那位小姐交往了三年，她有五個孩子，沒一個是我的，但我還是會照顧他們啊，老天。他們要上學的時候，我還會幫他們買第一天上學穿的衣服，還有其他一堆有的沒的。你該看看當時的我，我可是多認真在偷汽車音響啊，真是瘋了似的偷。我想辦法撬開一台台汽車——一個晚上就偷來三、四或五台音響——只為了能幫他們買球鞋。
現在有些女人會說，「管他的，他愛我就好，不需要愛我的孩子。」不可能，老天。換作是我就會說，「天哪……你不愛我的孩子就是不愛我。去死！」
另外還有些男人會打交往對象的小孩，那些人甚至都不是小孩的爸！

雖然很多藥頭常公開宣稱自己不過是利用女友資源的寄生蟲——*catcheteando*——事實上，當對方陷入危機或有了值得慶祝的時刻，他們仍常付出可觀的資源。確實，糖糖之所以選擇去適應男子氣概文化，除了有其物質基礎，也有情感及文化上的原因。有鑑於她人生中可接觸到的男人類型就是這樣，她若不去適應，作為一名帶著孩子的單親母親，她唯一的選擇就是獨自死撐。面對這樣的處境，她的詮釋甚至更為激進，可說是以女性本質主義出發去宣揚母愛的偉大。而說到底，她的詮釋為她的性生活及家戶資源帶來了更高的自主性。

糖糖：你不明白，菲利佩。那些可是我們的孩子啊，那些孩子都曾在我們肚子裡啊。當然，孩子的父親還跟老婆在一起時，我可以理解父親有責任養孩子。但他離開之後，母親就得扶養孩子，因為孩子跟我們的連結更緊密，我們是母親啊。是我們會為了孩子痛。那感受從肚子裡就開始了。
而男人負責的——原諒我這樣說——就是提供精子，如此而已。但我們才是真的可能為了小孩**送命**的人，因為生個小孩可不容易，好嗎？真的很痛，而且很辛苦，那是攸關生死的大事。所以你覺得我會在經歷了這一切之後，直接把責任丟到父親身上嗎？不！那就是**我的**小孩！是我從這裡頭生出來的（指著她自己的肚子）。孩子就像我身體的一部分。那就像是，妳把身體的一部分扯出來，才讓孩子出現在這個世界。

糖糖對母職的推崇也是在推崇父親的父權權利，而且就算他不扶養或不愛孩子也沒關係。

糖糖：如果父親都已經丟下孩子了，你也知道，對孩子來說，不受父親關愛已經夠糟了，所以為什麼還要讓他們去恨父親呢？孩子承受的夠多了。他們都已經少了一個家長，少了一個父親了，對吧？我才不會說，「你爸是個渾蛋，他不好。」你知道這樣做的結果是什麼嗎？他們只會討厭母親。這樣做只會讓他們恨我，因為我讓他們意識到爸爸有多糟糕。這種事讓他們自己去發現吧。

或許糖糖只是用很務實的態度面對日常生活中根深蒂固的男性特權。就一名無權力者的角度看來，挑戰父權只會造成孩子心理的混亂，因為他們早已在文化上被制約，選擇無條件尊敬男性權威。不過，儘管糖糖為了孩子去適應男性特權，並藉此將男人納入她的生活，這份努力卻沒有獲得相應回報。舉例來說，菲立克斯入獄之後，凱薩就會認為她家沒有男人，正是證明了她做母親的能力有缺陷。根據老派的父權邏輯，這是一個戰勝了老派父權邏輯卻又進退維谷的處境。

凱薩：糖糖才天殺的不是什麼好榜樣。她才不是那種《小英雄》*影集裡的老媽咧。她對養孩子根本什麼屁都不懂。她是生了五個孩子沒錯，但不代表她真的知道該怎麼養。如果糖糖真是一個這麼好的家長，她就會有老公，對吧？因為如果你真的是個好家長，你們家就該有兩個家長。

那為什麼她沒有老公呢？

* 譯註：《小英雄》（*Leave it to Beaver*）是一部美國廣受歡迎的情劇喜劇，由一九五七年播映到一九六三年，後來還在一九九七年時改編成電影《天才小麻煩》（*Leave it to Beaver*）。

9

結論
Conclusion

噢，菲利佩！你把我們寫得像是一群多愁善感的快克藥頭了啦。

——凱薩（看過初稿後做出的評語）

面對書中主角的苦難及自我毀滅，世間沒有足以解決一切的萬靈丹。公共政策在處理內城的貧窮及物質濫用時提出的解方往往過於天真，不然就是理想化到無可救藥。考慮到美國結構性壓迫的規模，若是期待單一的政策作為或甚至是短期的政治改革，在短期或中期改善美國都會中心窮人的處境，那只能說是毫無理論基礎的想法。美國的種族主義和階級隔離是透過過於錯綜複雜的政治經濟結構力量、歷史遺產、文化規則，還有個體的行動形塑而成，無法靠任何簡單的方法來解決。

利用政治處理這些問題的可行性也不可免地會有限制。因為一些複雜的歷史及意識形態原因，美國就是缺乏能各方一同解決貧窮問題的政治意志。無論如何，我希望透過呈現雷伊手下的快克藥頭及其家人追求尊嚴及掙扎存活的過程，也就是埃巴里歐的社會邊緣經驗，可以在具體實踐的層面上，呼籲人們關注美國城市中持續存在的貧窮及種族隔離悲劇。這是地球上最富裕的工業化國家，也是歷史上最有力的世界強權，其中卻有如此多的公民被困在貧窮及監獄中，面對這種既恐怖又諷刺的現象，我不想輕言放棄。因此，在本書的最後段落，我決定針對部分短期公共政策所引起的爭議進行探討，就算最後證明這些政策無用，但在處理長期的結構性問題時，這類探討也能起到一定程度的附加作用。[1]

直接挑戰種族及階級的不平等——而非藥物

在內城的貧窮問題中，最容易透過短期政策介入而造成改變的大概是物質濫用問題。就某種程度來說，這是因為本書討論的問題根源並非藥物，藥物只是一種附帶現象，反映的是底下更深層的結構性困境。自毀性的上癮行為只是絕望的人用來內化挫折、反抗和無力感的媒介。換句話說，我們完全可以忽視每隔一陣子就橫掃全美的藥物歇斯底里。相反地，在紐約驚人的富裕中，我們應該將倫理關懷與政治能量聚焦於內城持續性貧窮所帶來的各種矛盾。同樣地，我們必須辨識出美國日常光景中基於階級及族裔隨處可見的隔離現象，並想辦法將其瓦解。

然而，相較於肆虐前幾代的毒品和酒精，從一九八〇年代晚期到一九九〇年代中期的快克—古柯鹼—海洛因大流行帶來了更嚴重的質性影響。當代美國人口集中地區物質濫用情況的加劇，其實和任何特定藥物的藥理特性沒什麼關係。確實，歷史已經幫助我們明白，藥物使用帶來的影響（或至少說其意義），大多是文化建構出來的結果。最重要的是，在美國，這些現象關乎階級不平等的問題，也關乎種族—意識形態的階層。我要重申：跟最近的過去相比，美國的物質濫用問題在一九九〇年代更為嚴重，因為結構性根源的極化造就出各種自我毀滅的行為及犯罪活動。整個國家的傳統勞工階級經濟基礎已遭到侵蝕。人口中遭到社會邊緣化的比例愈來愈高。跨國公司、金融資本，以及數位電子科技所造成的世界經濟結構重組，以及代表窮人介入公部門的各種社會民主模式的欲振乏力，都使圍繞著階級、族裔和性別的不平等情況更為嚴重。[2]

一九九〇年的美國人口普查數據指出，社會兩端的社經地位出現嚴重的兩極化。這與一九六八到一九九二年的長期趨勢有關，美國貧窮人口在這段期間增加了三分之一。更精確地說，在這些年間，最貧窮的人口部門經歷了最嚴重的貧窮程度增幅，而在此同時，有錢人的相對人數增加了百分之四十。孩童是受苦最嚴重的族群，在一九六八到一九九二年間，生活在官方貧窮線下的孩童人數成長幅度是百分之百。[3]極化現象發生在所有層面，不只跨越階級，也出現在族裔群體之內。舉例來說，許多族裔群體的整體社經數據都在一九八〇年代有所改善，其中也包括波多黎各人，但這項數據卻掩蓋了族裔內部逐漸惡化的階級、性別，還有區域性的不平等及社會苦難現象。非裔美國人的階級分層現象已有了相當詳細的紀錄。同樣的現象也逐漸出現在生活於美國的波多黎各人當中。[4]不同區域當然有各自的區域動態，相較於美國本土大多數地區的波多黎各人，住在紐約市的波多黎各人更為貧窮得多。[5]就算是住在紐約市內的波多黎各人當中，社會不平等現象還是會以階級、性別及世代為界，往兩端產生愈來愈嚴重的極化現象。舉例來說，在一九八〇年代，也就是紐約市波多黎各人的家戶收入增加了百分之二十八點五的那段期間，波多黎各人當中有小孩的女性戶長家庭，收入少了百分之六點一，老人家戶的收入則是減少了百分之七點六。相對來說，紐約市內已婚波多黎各人的收入大幅增加了百分之四十點六，幾乎比整體波多黎各家庭的平均收入高了百分之七十。或許最值得一提的是，紐約市的波多黎各孩童中，仍有超過半數過著低於官方貧窮線的生活，在此同時，也有百分之三十八的紐約市波多黎各人依舊活在貧窮線以下。[6]

這些美國貧窮極化的長期趨勢，還有世界經濟結構的長期轉型，都需要回頭搭配圍繞著公共政策的辯論來進行探討，也就是我在本章開頭承諾觸及的議題——具體來說就是物質濫用。任何想要務實探討「藥物問題」的嘗試，都必須改變人們在合法經濟及地下經濟獲取報償時的經濟失衡現象。談到毒品的零售——這是男性在街頭經濟中最有機會獲得均等僱用機會的產業——需要兵分兩路下手：一、降低藥物經濟的活力；二、改變底層合法勞動市場的脆弱性及充滿敵意的環境。

至於在具體的短期公共政策方面，要消滅街頭文化中最暴力、最多犯罪的那一面的物質基礎，最便宜、最簡單的方式就是透過藥物合法化來摧毀走私毒品的獲利能力。根據專家評估，生產一盎司純粉末古柯鹼需要花費大約八到十美金，[7]而這樣的一盎司一旦在東哈林區參雜了其他成分，再分裝成每瓶要價十美金的四分之一克小瓶後，總價值就超過了兩千美金。高達一千九百九十美金的驚人利潤成為經濟誘因，導致許多人參與這個地下經濟中最暴力、最具摧毀性的層面。因此，諷刺的是，毒品合法化反而將使得內城街頭上的年輕人不會那麼容易接觸到毒品，因為對藥頭來說，將毒品分裝成小份量到街角兜售已不是值得進行的商業模式。基於新古典經濟法則，街頭藥頭會因此被迫停業。如果違禁藥物能夠合法化，東哈林區的年輕人每天走去學校的路上，就不再會有一堆人瘋狂向他推銷精神性興奮劑，因為藥物零售的獲利不再驚人，政府也不需要浪費數十億美金來起訴、監禁這些藥物使用者，還把他們關在毫無效率又開銷高昂到荒唐的監獄中。一旦上癮者不需要為了每日所需劑量付出過度高昂的金錢，無論是暴力犯罪、財產盜竊，或是醫療開銷都能夠大幅減低。藥頭也不用再為了如此高的獲利彼此對抗競爭。當然還有另外一個做法，就是把所有人關起來，但監禁不只是個過度昂貴的選擇，也無法在不侵害人權的情況下完成。一九九〇年代的美國已承擔了全球人均監禁率最高的恥辱。從一九八〇年到一九九四年，美國監獄人口更是增加了三倍之多。[8]

但如果只是單純地將藥物合法化，只要美國高中和大學輟學生仍舊很難透過合法途徑賺取足以維生的收入，就還是無法顯著降低內城的暴力及自毀現象。過去幾個世代以來，私部門和自由市場已經證明它們無法創造出滿足基本物質及情感需求的底層工作。為了提升邊緣勞工階級的經濟機會，我們必須採取激進的政治干預手段。另一個比較簡單的短期解方，就是瓦解對窮人充滿敵意，而且窮人如果從事合法工作反而會被懲罰的這種官僚迷宮。因此，當一個赤貧家戶上報了補充性的合法收入，原本為了滿足人類最顯而易見的基本需求——像是健康、住房、教育和營養，這些幾乎在世上其他所有工業化國家都被視為理所當然的需求——而給付的轉移支付（transfer payments），就不該因為僵化系統的罰則而遭到扣除。為了在重新調整後讓合法工作擁有比非法工作更強大的誘因，我還想到了數十個可以採取的政策措施——讓失業勞工能在領取失業津貼的同時申請教育訓練計畫，另外就是在個人或家戶離開公共補助系統進入勞動市場後，仍持續施予食物券支付及收入補助，並確保他們擁有美國聯邦醫療補助的資格。其實內城中有群活力充沛又勇於創業的年輕人，但因為選擇將希望寄託於藥物而非最低薪資的工作，導致內城人才嚴重流失，他們身而為人的潛力也遭到摧毀，而長遠來看，這些干預性政策措施能改善情況，進而使主流社會也同樣受益。我們必須重新發明所謂向上流動的「美國夢」，也就是藉由提升合法經濟的可信賴程度，讓其成為從事犯罪之外的更好選擇。就理論層面而言，可以很清楚地看到，沒有一個社會的前進是單純仰賴「價值觀」的驅策。從務實的觀點來看，在美國文化高度物質化的脈絡中，若要否認犯罪產業中簡單明瞭的經濟邏輯，完全是不切實際的想法。如果說要做出什麼改變來活化貧窮青年的向上動力，就是要提供其他具有物質基礎的具體選擇。

無論在滿足物質需求或政治能量上，美國的勞動窮人都顯得愈來愈無力，這樣的現象應該成為我們的核心關注。像東哈林區這種內城的飛地，貧窮、物質濫用和犯罪密集發生的狀況，是政府政策和自由市場力量的結果，而之前討論的社會不平等程度也正是透過這些力量逐漸高漲。更微妙的是，城市衰敗的現象在北美街頭文化中逐漸極化，引發了某些觀察家所說的「美國種族關係危機」。在面對內城中不同族裔且以城市為據點的失業貧窮勞工時，中產階級社會和其中的菁英已經愈來愈能跟他們劃清界線。預算削減和財政撙節加速了貧窮城市地區的公部門瓦解，然

埃巴里歐公部門瓦解的情況。（攝影：Philippe Bourgois）

而在盎格魯文化主宰的富裕郊區社區，人們獲得的服務卻有了改善，或至少維持原樣。

在美國，心理化約論和文化本質論對社會邊緣化的分析已經被當成一種常識，這使得政府在短期干預種族主義及貧窮問題時都只聚焦於個人的「不良態度」。舉例來說，大部分企圖改善貧窮的政策所預設的最大社會單位往往只停留在核心家庭。就業訓練計畫重視的則是參與者的態度跟個人培力。無論在公部門還是私部門機構，設計用來推廣多元文化敏感度的研討會也非常流行。儘管這些措施沒有害處，甚至能在表面上幫助到邊緣人，但如果希望造成深遠的改變，政府政策和私部門的慈善事業真正要處理的問題，其實是種族主義的體制化——包括美國種族隔離制度的實質存在，以及內城公部門破敗潰散等現象。

換句話說，借用運動場上的經典比喻，美國需要「把競賽場地鋪平」，也就是要讓大家能公平競爭。具體來說，這代表有人必須撿起當地的垃圾、學校必須好好教書，法律也要能確實執行，無論在拉丁裔美國人、非裔美國人、亞洲人，還是美國原住民社群中，一切都要像在郊區的白人中產社區內一樣有效執行。目前在不同階級及族裔之間，公共基金及服務仍有分配不均的問題，而彌補的方式並不需要特別複雜或幽微。我立刻就能想到數百種可用的短期政策和法律改革措施：從稅務改革——也就是從中上階級的房貸課稅，同時讓窮人在接受聯邦及州政府補助款項上免稅——到簡化申請社會福利津貼的手續，以及教育機構的民主化，也就是提供普羅大眾可負擔的健保覆蓋項目、免費日托服務、確保各個社群都能平均獲得針對學校及大學投入的人均資助等等。

嘻哈吉巴羅：尋求一種相互尊重的政治

這些快克藥頭清楚向我傳遞了一個訊息，那就是他們的選擇不只是基於經濟上的窘迫。就跟地球上的大多數人一樣，除了需要足以生存下去的物質基礎，他們也在尋求尊嚴及成就感。在波多黎各的脈絡中，這點還納入了他們對*respeto*的文化定義，當每個人的身分基於親族關係、年齡及性別的社會階層而不停變動時，這項定義便圍繞著個人對於自主性、自我肯定及社群的切身關注而逐漸形成。如果美國的社會邊緣人要能要求並贏得他人的尊重，主流社會也必須要能為了自己的好處與他們共享這份尊重，改善貧窮的政策就必須要處理到遠遠超越基本生存之道和物質需求的那些複雜的文化和社會面向。更精確地說，這代表要去評估在更廣泛的社會中，公共政策倡議和比較客觀抽象的政治經濟力量，是如何與文化中快速變化的性別及家庭定義產生互動。美國大多數的貧窮人口是女性、孩童和老人，因此，公共政策的介入應該優先考量女人及孩童的需求，而不是將他們邊緣化。最重要的是，貧窮女性不該為了有住屋、有飯吃、有衣服穿，並且想要保持健康，被迫走投無路去與男人結盟。現行的福利政策擺明就是鼓勵母親去找擁有非法收入且不需繳稅的男人。在這種情況之下，由於美國缺乏安全且她們負擔得起的孩童托育設施，等於矛盾地鼓勵母親待在家生更多孩子，而非進入合法經濟尋求事業發展，因為不管她們賺了多少錢，最後還是得付給私人保姆。

我所建議的這些政策當中，無論就短期或中期目標而言，目前幾乎沒有任何一項能在美國實行。我只是想提出這些建議供大家討論，並希望在之後的幾年間，當面對處理貧窮、族裔歧視和性別不平等的新政治手段時，即便主流民意表現出的支持程度起伏跌宕、甚至各方意見毫無交集之際，只要這些想法中能有一部分被納入公共辯論的主流意見，並在之後的數十年間一點一滴的以各種形式獲得體制化，那就已經足夠了。我要再次強調，美國人普遍打從心底認定被害者失敗就是活該，面對結構上的矛盾也只願意提供奠基於個人心理狀態的解方，而這種「常識」必須受到挑戰及改變。我們必須打破自由派政治家及保守分子之間陷入死胡同的政治辯論窠臼，畢竟自由派只想把內城塞滿精神醫療社工或家庭治療師，而保守派只想蓋更大的監獄、削減社會福利開支，並為大公司及有錢人減稅。「啟蒙計畫」竟然會被普遍認為是最成功的干預貧窮計畫，只顯示了美國的政策辯論內容是如此陳腐。本質上來說，啟蒙計畫的對象是內城的學齡前幼童，這些孩子住在外牆塗了含鉛油漆、屋內又鼠患猖獗的公寓樓裡，生活中沒有穩定供應的暖氣或熱水，而這個計畫卻希望將他們變身為眼神明亮的中上階級，獲得比他們原本預期更高的成就。這個計畫清楚說明了公共政策措施長期以來的不足之處，因為這些措施聚焦於社會苦難顯現在個人身上的癥狀，像是低自尊、暴力人格，又或者是學習技能不足，而不是去處理導致孩童在經濟脆弱的家庭中受到忽視、虐待，甚至挨餓的種種物質及政治力量。美國自從一九六〇年代晚期以來相對貧窮率上升，族裔及階級隔離情勢不斷升級，如果不做些什麼去反轉這項趨勢，那麼內城因為種族隔離而產生的各種痛苦癥狀，就會繼續讓物質濫用者、暴力罪犯，以及擁有情緒障礙且總是怒氣沖沖的青少年人數創下新高。

無論在聯邦政府層面進行政策改革，還是在美國內城進行政治動員，基本上都是前景淒涼，有鑑於此，我在這本書中最立即想要達成的目標，是在不進行修飾及美化的前提下，呈現出這些美國「公敵」的人性面向。在記錄這些持續貧窮及制度性種族主義經驗而勢必存在的個人痛苦的深度時，我希望能有助於我們理解美國國內壓迫力量的基本過程及動態。更細緻地說，我也想恢復藥頭及街頭犯罪者在美國主流社會中本該擁有的正當地位。他們不是在非理性的下流社會運作的「異國情調他者」。相反地，他們是「美國製造」的產物。正是因為相信作家霍瑞修・愛爾傑筆下那個版本的美國夢，這些積極進取又野心勃勃的內城年輕人，才會受到一九八〇到一九九〇年代間快速擴張且規模高達數十億的藥物經濟所吸引。[9]

就跟大多數的美國人一樣，藥頭和街頭罪犯希望儘快搶到屬於他們的一杯羹。事實上，在他們追求成功的過程中，即便是最微小的細節，其實都是追隨美國北方佬向上流動的典型模式。他們積極地透過私人創業來追求自己的事業，而且願意承擔風險、努力工作，並祈禱運氣能站在他們這邊。他們是吃苦耐勞的終極個人主義者，他們在難以預測的前線冒險犯難，而在此同時，財富、名利和毀滅也同時在觸手可及之處，所有的敵人也會遭到他們無情地追捕及獵殺。在波多黎各獨有的脈絡中，他們無論是對抗主流社會的宰制，還是因為街頭文化認同而產生的傲氣，都跟吉巴羅的叛逆精神彼此呼應，這樣的精神拒絕屈服於西班牙及美國殖民主義之下菁英社會對他們的詆毀，甚至脫胎換骨出了改造過的全新視野。在超級城市化（hyper-urban）的環境中，這種透過重新建構鄉村吉巴羅精神而出現的嘻哈版本，代表了在波多黎各人的離散處境中，即便是最邊緣化的成員，也因為新建構的波多黎各文化主張獲得了勝利。然而其中的悲劇在於，他們執著追尋文化尊重的過程中，所能擁有的物質基礎仍侷限於街頭經濟。

但同時，關於本書主角的勝利及失敗，其實沒有任何專屬於波多黎各文化的特異之處。相反地，「主流美國」應該要能在本書呈現的角色中看見自己的樣貌，並辨認出兩者之間的各種連結。內城代表的是美國內政的最大失敗，就像帶有警示意味的達摩克利斯之劍（Damocles sword）懸吊在整體社會上方。諷刺的是，目前阻止這把劍落下的唯一力量，就是仰賴藥頭、上癮者和街頭罪犯內化自己的怒氣及絕望。他們的暴虐於是施行在自己及周遭的社群身上，而不是去對抗結構性的壓迫者。從歷史脈絡中的比較性觀點來看，普里莫、凱薩、糖糖和他們的孩子所承受的痛苦及漫長自毀過程，其實都是殘酷且不必要的。然而，現實中沒有技術專家政治的解方可用，所有走出泥淖的長遠路徑都必須從結構及政治經濟的根源開始處理，另外也必須從社會邊緣化的意識形態及文化根源來處理。不過，要走出僵局的第一步，仍是需要針對基礎性的社會經濟模式及人的價值，從根本上進行倫理及政治上的重新評估。

有時到了晚上，我會站在我兒子面前，就只是看著他，然後哭。我會想：「我不配擁有這麼好的小黑鬼。」而且菲利佩，他之後會怎麼樣呢？我已經二十六歲了。我是說，我不知道我這輩子到底在幹嘛。我一點方向也沒有。你一定得幫幫我，菲利佩——拜託！

——凱薩

後記
Epilogue

一九九四年的春天、部分夏天以及秋天，我回到了紐約市，為的是對書稿進行最後的修改，並準備書寫後記。書籍進入出版階段，埃巴里歐這些人的近況如下：

普里莫已經超過三年沒有賣藥，也斷了和雷伊的聯繫。他不再嗅吸古柯鹼，甚至連酒都不喝了。事實上，某次有個遊戲間的熟人堅持要請他喝啤酒，他還直接把酒倒進排水溝。

普里莫已經連續第三個夏天找到臨時性質的工作，他在上東城的一棟豪華公寓大廈擔任夜間雜務工，這份工作的稅前薪資是每週五百美金。原本的夜間雜務工是有加入工會的正職人員，普里莫是在他夏天放長假時去代他的班。普里莫之前在清理公寓大廈的維修間時，因為廢棄物和灰塵起了過敏反應，還出現氣喘的症狀，住院一週的他因此有幾天無法去工作。普里莫說服他的醫生不要「留下他有氣喘的紀錄」，因為他怕管理階層會因為他的醫療問題而不願全職僱用他。

普里莫唯一未解決的法律問題，就是之前那個沒發給他結業證書的維修技工訓練機構在破產後害他欠下了學費，導致目前仍有討債公司在向他追討。原本兩千四百美金的貸款加上利息，他現在已背負了超過四千美金的債務。討債公司扣押了他一九九四年的所得稅退稅，總金額為一千七百美金。

瑪麗亞要求普里莫從她家搬出去，因為他跟別的女人有了性關係。普里莫現在和他大姊一起住在他母親的公宅大樓公寓。儘管已經跟瑪麗亞分手，普里莫仍會定期去探望她，而且和他年紀最小的三歲兒子普里莫二世建立了緊密的關係，他也常帶他出門散步。

普里莫五十九歲的母親得了愛滋病，目前還罹患了失智症。他懷疑她的腦子之所以出問題，可能是因為多年前有個男友用紐約市警察的門閘把她打昏，「你知道那種長長的金屬條嗎？一邊接在地板上，另一邊靠在門中央，用來避免外面有人破門而入的那種東西？他就是用那個打她。」她因此出現了嚴重的腦震盪，當時醫生就警告她可能會出現長期的神經性併發症。

紐約市住房管理局的督察利用了普里莫母親脆弱的心理狀態，私下與她安排了一次訪談，目的是要記錄她兒子的收入金額，還有他住在她公寓的所有日期。他們威脅要啟動討債程序，將將數千美金重新計算為拖欠的租金，以反映普里莫沒有申報的合法收入。

普里莫也擔心他十一歲兒子帕皮多的安全及生活福祉。帕皮多和母親還有三個同母異父的弟妹住在南布朗克斯，他並沒有成功讀完當地教區學校的五年級。曾經有四個月的時間，帕皮多的母親珊卓拉禁止普里莫跟他見面，因為她最新的男友，也就是第四個孩子的父親揍了帕皮多，帕皮多躲到普里莫的母親家，然後普里莫的母親就向兒童福利局舉報了珊卓拉。不過帕皮多那年夏天仍在普里莫母親的公寓住了六星期，原本緊繃的關係也在那段期間緩和下來。

瑪麗亞失去了租金補助公寓，被迫帶著年幼的孩子搬回母親的公宅大樓公寓。她堅持要找一個能夠自己住的地方，但目前還沒有存夠錢，付不出私人公寓樓租房需要的保證金。在試了幾次快餐店的工作之後——包括普里莫大姊擔任店長的麥當勞——瑪麗亞繼續領取福利金和食物券。普里莫有合法工作後曾主動表示要支付孩子的扶養費，但她的經濟狀況卻沒有因此出現顯著改善，因為普里莫的所有現金支出都會受到紐約市家事法庭的監控，因此瑪麗亞從他那裡收到的錢，都會再從她的食物券及撫養未成年兒童家庭援助計畫的補助金中扣除。瑪麗亞其實還是希望能和普里莫重新結為夫妻，但在他能夠保證長期的性忠誠之前，她拒絕讓他回來一起住。

凱薩不再賣藥了。他持續領取每個月的社會安全保險支票，跟卡門一起住在他外婆之前位於遊戲間對面的公宅公寓，同住的還有他們的三歲半兒子凱薩二世、卡門的七歲兒子帕波，還有她的九歲女兒露比。凱薩的外婆現在已經是阿茲海默症晚期，於是離開了如同軟禁她的陳舊老家，搬到附近她妹妹的私人公寓樓。

凱薩每個月還是會把社會安全保險支票中的大半金額用來狂吸一次快克。另外他也保持吸海洛因的習慣。卡門必須靠賣雅芳的美妝品來補足她的福利支票無法應付的生活開銷。他們家最近有位來自兒童福利局的督察員造訪，因為他們收到某間公立學校老師舉報，表示卡門的大女兒露比有心理及身體受虐的跡象。看來露比一直深陷抑鬱當中，在班上從不講話。為了逃離凱薩的拳打腳踢，卡門每隔一段時間就會帶著孩子躲到妹妹瑪麗亞家。

我和妻子去拜訪凱薩及卡門時，他們最小的孩子凱薩二世也跟我們一起待在客廳，他表現出了一個健康、快樂的三歲孩子應有的活力。不過他的哥哥和姊姊卻「去爸爸在佛羅里達的奶奶家玩了」。當時是六月初，學校還在上課，所以他們很可能是因為遭受繼父虐待，決定到生父的親人家定居。

凱薩有來參加瑪麗亞在公宅公寓舉辦的父親節派對。他和卡門還有兩人的孩子一起出席，凱薩二世的右臉顴骨上有片剛被打出來的瘀青，凱薩和卡門說那是他從床上掉下來時摔的。凱薩怒氣沖沖地提早離開了派對，因為普里莫拒絕借他錢買海洛因。五月時，卡門幫凱薩申請加入由鳳凰屋基金會（Phoenix House）主持的藥物治療計畫的等待名單。凱薩同意將自己關在那個機構中進行治療，但到了八月，還沒等機構騰出空位，他就被卡門趕出了家門，因為他把他們家的電視組給賣了。他的阿姨替他付了火車錢，讓他去佛羅里達州的奧卡拉市找另一位阿姨，希望能藉此幫助他遠離快克。

糖糖不再賣藥，也不再工作。她結束了法院指定的護理師助理訓練課程，在下城一間足部診所找到了工作，但最後證明那裡只是「一群滿口謊言、暗算他人的狡猾騙徒」，她因此備感失望。

這些傢伙專門診斷出一些虛構出來的疾病，替病人的腳開一些毫無必要的刀，再將灌水的帳單寄給美國聯邦醫療補助和其他私人保險公司請款。糖糖在那裡工作了將近一年，但後來實在做不下去，因為她老闆的非法行徑讓她作噁。不過她始終沒少拿福利金的補助，因為她是用假的社會安全碼在那間診所工作。

糖糖還是跟丈夫菲立克斯，還有他們五個孩子裡的四個一起住在原本的公宅大樓公寓。糖糖和菲立克斯會在週末一起吸古柯鹼，但據說菲立克斯沒再打過糖糖。照普里莫的說法，「不可能！菲立克斯不會打糖糖。那個黑鬼已經學到教訓啦，老天。」糖糖也成了路易斯和汪妲兩個孩子的養母。他們總共有四個孩子，但路易斯在三年前入獄，汪妲除了滿足吸食快克的癮頭外什麼都不做，所以兒童福利局帶走了其中兩個孩子，後來糖糖也才因此成為他們的養母。

菲立克斯繼續在接拆除及翻修窗戶的工作，不過每週兩百美金的薪水屬於黑工收入，不會影響到他家人的福利金，或者使用美國聯邦醫療補助的資格。他最近翻修了電視明星瓊・瑞佛斯家的窗戶，並宣稱她給了他一個鍍金別針，還請了整個工班吃午餐。

菲立克斯和糖糖的二十歲兒子朱尼爾已經是兩個孩子的爸，不過孩子的母親是兩位不同的年輕女孩。照普里莫的說法，「朱尼爾就是個白癡。」他母親在足部診所找到工作時，他十五歲，從高中輟學，正好能在白天待在家照顧小妹莉莉安。糖糖向當局保證會讓他在滿十六歲時加入「保育團」*，藉此避開了紐約市勸學官員的糾纏。但他才加入兩個月，就因為「那些黑鬼太狂暴」

* 譯註：Conservation Corps，此為美國提供年輕失業男性的以工代賑計畫。

而退出了，之後的幾年，他每天都在抽大麻。曾有段時間，他為了錢把身邊每個人都搶過了一輪，最後終於因為再次犯下重罪遭到逮捕，因為他賣快克給一個臥底警官。他在獄中待了一年半，巧合的是，他在里克斯島監獄服刑的時候遇上了他叔叔路易斯。普里莫告訴我，路易斯試圖要給朱尼爾一個武器，「你知道的，就是鉛筆啊，或是那種尖銳物品，可以用來刺人眼睛的。你懂吧？就是自衛用的，免得有人來惹你。」朱尼爾拒絕了叔叔的武器，據普里莫說，「他反而還哭了。」朱尼爾因此受到了「保護性監管（protective custody, P.C.），他們就是把軟弱的黑鬼關起來，單獨關一間」。

出獄之後，朱尼爾短暫地做過有線電視安裝員的工作。根據普里莫所說，他現在「偶爾還是會賣藥——但他實在太怕進監獄了，老天！」他繼續跟母親、父親還有妹妹們一起住在公宅公寓。我曾在凌晨一點，在通往他母親那棟大樓的公宅入口撞見朱尼爾。如果不是他出聲喊我，我根本認不出他。他留了髒亂的鬍鬚，頭上綁了幫派的那種藍色頭巾，原本的嬰兒肥已經沒了。事實上，他幾乎可說是消瘦憔悴。我邀請他參加一場受洗派對，那是東尼替他六個月的寶寶辦的派對，但他難為情地拒絕了。我禮貌地離開現場時，有名快克上癮者正朝他走去，此時我才突然意識到，他不想向我承認自己在為卡洛斯值夜班賣藥。卡洛斯就是之前書中提過偶爾會付錢給糖糖，好借用她的廚房來製備商品的快克藥頭。

朱尼爾還跟他的表弟安傑羅保持聯繫，他跟朱尼爾一樣輟學，後來成為一個成天吸大麻的癮君子。安傑羅跟他外婆一起住，而他的爸媽也都是藥物的重度使用者，兩人總是「不停地進出監獄」。

糖糖的大女兒塔芭莎還住在自己位於布魯克林的公宅公寓，剛生了第二個孩子。她跟孩子的父親分手了，但根據普里莫所說，她過得很好。她的新男友領養了剛出生的寶寶，而且視如己出。她有合法工作，但是在布魯克林的服飾店打黑工。婕琦現在十七歲了，她成功在下城的另類公立學校完成了十年級的課業。最近她的男友被關進了聯邦監獄。

糖糖的兄弟得了典型愛滋病，現在也在領取福利津貼。我曾在過了午夜好一陣子後，見到他在街上快速走過，朝一個有在營運的快克販賣點走去。

直到一九九四年六月之前，班奇都在下城的健康俱樂部負責食物準備的工作。他這份工作做了超過五年，每週賺取稅前三百二十美金的薪資。我和普里莫曾去大都會醫院看他，當時他才剛從踵骨（腳跟）移除了七根螺絲和一枚金屬片，會搞成這樣是之前某個午夜，他和凱薩及普里歐在埃巴里歐喝醉出了車禍，腳跟因為這場意外碎成了五塊。他四年前就跟女友住在布魯克林的私人公寓樓，現在也還住在那裡。她在埃巴里歐的一間計程車行擔任無線電派車員。班奇因為打贏車禍官司拿到一千五百美金，出院後就把錢用來「投資」了兩個朋友新開在遊戲間北邊三個街區外的大麻銷售站。

威利和一名非裔美籍女性結婚，他們住在維吉尼亞州，他的哥哥在那裡替他找了「一份在軍中處理文件的工作」。他上次造訪埃巴里歐時又狂吸了一頓快克，但錢用完後，他還是想辦法回到了維吉尼亞州的工作崗位及家庭生活。

東尼在東哈林區管理一個海洛因的街角販賣點。他在此之前就已經不再為雷伊管理位於他母親公宅大樓內的快克銷售點了。他還是跟三歲女兒住在一起，他的二十一歲妻子克拉拉最近又生了一個寶寶。他在當地公宅區的社區中心替新生兒辦了受洗派對，跟遊戲間和社交俱樂部還在營運時，雷伊所贊助過的任何一場派對相比，東尼的這場派對可說毫不遜色。

現在偶爾還能在埃巴里歐見到雷伊的身影，他「開著神劍汽車到處晃——身邊總是載著不同女人」。根據凱薩表示，「在我看來，他就像個退休的毒品角頭。」但普里莫說，「他正在布朗克斯努力建立某種事業。」雷伊現在跟他的妻子葛羅莉亞及兩個孩子就住在布朗克斯，他透過警方拍賣會在那裡買了一棟房子。普里莫曾經問雷伊為何不回來走走，雷伊態度火爆地回答，他在布朗克斯有自己的朋友，沒時間也沒必要再回來埃巴里歐了。

小彼得因為販賣快克給臥底警官的重罪正在監獄中服刑。入獄的六個月之前，他試圖和一名非裔美籍夥伴合開一個新的獨立快克販賣點，因為這樣在布朗克斯區的一座電話亭被人開了六槍。當時他跟母親一起住，而他母親那位海洛因上癮的丈夫（小彼得的繼父）才剛死於愛滋病。

奈斯特因為在試圖搶劫一名墨西哥移民時向他開槍，正在獄中服延長後的刑期。儘管需要面對各種暴力威脅，新的墨西哥移民仍持續搬入埃巴里歐。一九九〇年代中期，這個學區中出生在外國的孩童有一半來自墨西哥。跟一九八〇年代相比，他們在官方普查的人口成長比例高達百分之三百三十二點九——紐約市其他地方的成長率是百分之一百五十九點八，代表埃巴里歐的成長比例比其他地方高出兩倍。[1] 當地的緊張情勢可說顯而易見。普里莫一邊跟我解釋，一邊指著正在我們前方過馬路的一個墨西哥年輕人。「我一看到他們就超不爽，因為我知道他們願意接受比我更低的工資。」

路易斯因為賣快克被判入獄兩年半。他在獄中申請加入一個藥物治療計畫，還被拔擢為同儕輔導員。他進行的藥物治療具有緩刑性質，因此多出四個月的假，得以提前出獄。他和姊妹住在之前的公宅區，目前在尋找長住型的治療機構，但還沒找到，不過有以門診病人的身分在下城的醫院接受針灸治療。他承認只要「口袋裡有錢」，就會感覺到想吸快克的強烈渴望，不過他有信心，在這段緩刑期正式結束且無須再每週進行藥檢之前，他再也不會碰任何藥物。目前的狀況是，如果他「給出了不乾淨的尿」，他就得回到監獄服完剩下的刑期。

根據普里莫的描述，「路易斯甚至說他願意去工作。」路易斯的妻子汪妲之前在上公園大道成了「以性服務換取快克」的妓女，現在她走出了那段經歷，跟愛人住在原本的公宅區公寓。她已經遞交離婚文件，而且針對路易斯申請了保護令。路易斯宣稱她在街上經過他身邊時，會故意愛嬌地抱住新愛人，並享受藉此嘲弄他的樂趣。路易斯把所有心思都放在汪妲的新男友身上，還發誓只要一完成緩刑及假釋的需求，就要把他們兩人痛揍一頓。路易斯和汪妲的四個孩子被分送到三個不同的養父母家。他們最大的兒子十三歲，但已經輟學。他們的大女兒在大都會醫院接受輸血治療時，因為輸入被汙染血液而成為人類免疫缺乏病毒的陽性反應者，目前由糖糖擔任她的養母。她在一九九五年二月過世，那一年她十二歲。普里莫要求路易斯去把他所有的孩子找出來，「那些他跟外面女人生的小孩。」然後「帶他們出來散散步」，表達他的關愛。

普里莫的前女友潔希還在喝酒及吸古柯鹼。她帶著十二歲的兒子不停地搬來搬去，一邊是她母親位於埃巴里歐的公宅公寓，另一邊是哥倫比亞籍新男友位於西城的家，對方也在賣藥，而且很常打她。

安哲爾和曼尼還是跟母親艾莉絲住在原本的私人公寓樓，她的新男友還是會用那間公寓當作快克的儲藏基地，也會在樓下的門前階梯上賣這些快克。他們的母親仍在一間下班時間俱樂部當調酒師，曼尼則會幫她男友的快克生意跑腿。安哲爾以前會幫他們家公寓樓對面公宅區的其中一夥人賣快克：「我替一個非裔美國人（*moreno*）的團隊工作，不過以前我都是跟波多黎各人（*boricuas*）混——這就是我得面對的問題。」他和把風者每賣掉一捆包（其中有五十小瓶，每瓶賣三美金），兩人就能各賺十美金。如果是生意好的晚上，他宣稱兩人大概四十五分鐘就能賣掉五十小瓶，並表示在固定的八小時輪班期間可賺到約一百美金。不過他最近放棄賣藥了，因為他對「危害他人安全」提出重罪認罪協議後，有名法官判了他五年緩刑。安哲爾有一次笨手笨腳地持槍搶劫，過程中開槍打了一位計程車司機，因而遭到警方逮捕。他成功說服警方自己只是因為喝醉才對著空氣胡亂開槍。事實上，根據他對我的解釋，「我當時整個人都瘋了，直接用槍指著計程車尾，但司機就直接開走了。」他最好的朋友雷斯特以前也會跟我們一起去博物館，或者一起來我家用蠟筆畫畫，現在則因為槍擊了公宅區樓梯間內敵對年輕幫派的一名成員，正在監獄內服十年刑期。安哲爾目前在下城的餐廳做清潔工作，不過那是黑工，他的小弟曼尼偶爾會去幫他。他的女友在一九九四年四月生下了他們的兒子，之後就搬去跟他一起住。她有在領社會安全保險金。

凱薩的表哥艾迪（小時候曾和凱薩一起待過矯正學校）仍在紐約市運輸局擔任巴士司機，而且跟不同女人又生了好幾個孩子。

普里莫的養外公亞伯拉罕在一九九四年因年邁及酗酒而過世。他當時住在專門提供給老人的公宅，同住的還有糖糖的一個姊妹及她的三個女兒。亞伯拉罕死後，糖糖的妹妹一家遭到住房管理局驅逐。最後大家終於在距離遊戲間幾個街區的公宅區，幫糖糖的妹妹一家找到一間公寓。不過在這段期間，糖糖的妹妹精神崩潰，必須住院治療憂鬱問題。她的男友在這段過渡期獲准擁有她三個女兒的監護權，所以這三個青春期的女兒沒有被送進寄養系統。不過，其中兩個女兒仍在這幾個月的過渡期間懷上了孩子。

普里莫的大姊沒在下城的麥當勞擔任店長了。她將工時減半，好空出時間來找更好的工作。她是在「藥房」那個街角買《紐約時報》週日版的一百二十人中的一個。普里莫說，「她買報紙是為了看徵人啟事，而且她每週會寄出好幾百份履歷。」我幫她重寫了一份制式的求職信，也因此才知道儘管她已經快三十歲了，卻沒有麥當勞以外的工作經驗。我建議她「誇大」自己的工作經歷，她拒絕了，但仍希望能透過徵人廣告找到一份「辦公室工作」。她最近靠分期付款買了台新的吉普切諾基，而且就把車停在他們公宅區前面，但從未遭人破壞或入車行竊。根據普里莫的解釋，因為「大家都認識她，也尊敬她吧，我猜」。

普里莫的二姊最近離開埃巴里歐的公宅公寓，搬進位於紐澤西的私人公寓社區大樓。她已經因為丈夫的「言語虐待」而和他分居。他仍在華爾街的一棟辦公大樓做雜務工，也有付孩子的扶養費。普里莫的二姊目前在為三個年幼孩子尋找自己負擔得起的日托人員或機構，好讓她能夠回到曼哈頓下城的貝斯以色列醫療中心繼續擔任護理師助理的工作。

普里莫的三姊剛從南布朗克斯搬到波啟浦夕市，她丈夫符合「退伍軍人貸款」身分，因此兩人在那裡買了一棟十七萬美金的房子。她的丈夫繼續在優比速開貨車，但她必須放棄在埃巴里歐一間小百貨公司的工作。她已經懷了兩人的第二個孩子。

我所住的街區沒有顯著的改變，唯一的例外是遊戲間在一九九二年歇業。原本遊戲間的營運地點經過翻修，現在進駐了合法的電影錄影帶租借行。街區上多了兩個新的快克販賣點：一個位於原本合法營業的美髮沙龍，另一個在安哲爾和曼尼住的公寓樓前方階梯。原本在公宅區樓梯間有兩個青少年主導的快克販賣點，它們位於不同樓梯間，商品都是折扣後的廉價快克，現在也都還在營運。在這個街區販賣粉末古柯鹼的那種**草藥**店也還在營運。一間顯然營運順利的全新合法雜貨酒鋪也在此街區開張。公宅區對面有棟廢棄公寓樓，在利用公家資金翻修之後，現在用來收容之前無處可去的家庭。不過曼尼和安哲爾住的私人公寓樓卻在年邁的義大利房東過世之後，因為年久失修而狀況極差，幾乎到了無法住人的程度。

「藥房」那個街角沒有什麼顯著的改變，唯一的例外就是雷伊的社交俱樂部永久停業了。社交俱樂部關門後，原址曾有巴勒斯坦人開了間雜貨店，但後來也在一場大火後停業，那場大火也損害到樓上已經廢棄的建築。另一間角落雜貨店由巴勒斯坦人和葉門人一起經營，每個週日都會賣出一百二十份《紐約時報》，甚至連週間都會每天進個六十五份來賣。形容枯槁的上癮者和藥頭仍每天二十四小時聚在「藥房」街角，這裡總有人在兜售各種違禁藥物。

我遇見了一位之前懷孕且常來遊戲間的女性，她現在會在新的美髮沙龍快克站前的人行道消磨時間，而且又懷孕了。凱薩宣稱她自從開始吸快克後，已經生了四個小孩，沒有任何一個跟她住在一起。一九九四年的春天及初夏回到埃巴里歐的那段期間，我親眼目睹了她的處境，以及其他許多家長虐待孩童的事件，我於是意識到，自己已經失去了街頭上將個人苦難及暴力「正常化」的防衛機制。舉例來說，回到埃巴里歐的第二天晚上，我和普里莫為了躲避雷陣雨跑進一棟私人公寓樓的樓梯間，當時是凌晨兩點，有位母親正在跟古柯鹼藥頭吵架，而我直到現在還無法忘記她五歲兒子望著她時，那種驚恐又無助的眼神。我試圖跟普里莫討論那孩子的困境，而他只是聳聳肩，「是啦，菲利佩，我知道，我也很討厭看到這種事。真是爛透了。」

二〇〇三年版後記

Epilogue 2003

此書的第一版出版之後，我就一直跟普里莫維持著彼此關心的真誠友誼。我至少一年去找他一次，通常都是在夏天去拜訪幾星期。他會告訴我之前雷伊快克網絡成員的現況，我們也盡可能去拜訪還住在這個街區的老友和熟人。我在二〇〇二年夏天最後一次前去造訪的情況如下：

普里莫的母親過世了，普里莫則因為遭控持有海洛因（沒有販賣！）這種屬於「一次犯規就完蛋」的犯行，被趕出了她的公宅區公寓。他在糖糖的嫂嫂艾斯貝蘭查的公宅公寓住了五年，並和她的女兒潔思敏穩定交往。潔思敏本來在折扣商店當了三年的收銀員，後來在南布朗克斯的地區銀行找到了一份出納員的工作。普里莫還在克制自己不去賣藥，也不攝取酒精或古柯鹼。一名在街頭攤位販賣盜版錄影帶的塞內加爾無證移工讓普里莫成為了一名穆斯林，於是他從此不再吃豬肉了。普里莫正在服用一種類實驗性的海洛因治療藥物，那是美沙酮的長效版本的衍生物，名稱為左醋美沙酮（levo-alpha-accetyl-methadol, LAAM），但他仍會偶爾吸點海洛因，也宣稱很享受那樣的亢奮感受。他有幾年夏天在豪華大廈當夜間雜務工時對海洛因嚴重上癮（Bourgois, 2000）。普里莫目前在一個沒有正式證照的小型承包商那打黑工，這個承包商專門替同性戀客戶翻修廚房和浴室。他的老闆整天都在抽大麻，辦事毫無條理：他擁有的工具很少，手頭資金常常用完，也會忘記及時叫料及買設備。所以普里莫正打算脫離他自立門戶。上一次我見到普里莫時，他正在用新手機針對一個分包工程討價還價，那是個整修公有公寓樓的案子，他要接的是重鋪十三間浴室的磁磚。

幾天之後，他打來加州給我，口氣非常失望。他拿到了那個分包案，卻接不下來，因為他找不到經驗夠又值得信任的工人幫忙。普里莫的十五歲兒子帕波讀九年級時從高中輟學，目前已逃離他母親位於佛羅里達的家，他這次也特別失望，因為普里莫本來答應要讓他搬回紐約，然後僱用他幫忙處理這個翻修案。帕波的母親正要跟著新男友搬回紐約，而且她已經跟普里莫說了，她完全不會想辦法把他的兒子帕波帶回自己身邊：「他一無是處，只會一天到晚在街頭鬧事。」普里莫私下向我承認，因為無法幫助在佛羅里達「過著錯誤人生」的兒子，他覺得非常羞愧。

二〇〇一年一月，我邀請普里莫參加我祖母的葬禮。她去過遊戲間，大部分藥頭也都跟這位老奶奶有過平等互敬的對話，並因此感到自豪。在對我表達了哀悼之意後，普里莫突然驕傲又期待地要我猜他有什麼好消息。我一次就猜對了：「潔思敏懷孕了？」

「對啊！終於！這不是很棒嗎？而且，就是啊，感覺她的身體是在等她找到銀行那份好工作，而且還是健康福利和所有福利都有的好工作。太棒了！她也很滿意。」

普里莫最小的兒子普里莫二世現在七歲，目前跟他的母親瑪麗亞還有最近剛出獄的繼父住在康乃狄克州。他們因為他繼父的重罪紀錄被趕出了紐約市住房管理局的公寓。她的姊姊卡門之前被趕出去也是因為同樣的法律：凱薩因為揍了卡門的十二歲女兒鑽石被捕，而卡門卻允許他在出獄後可以繼續留在家中。卡門當時沒有對凱薩提起控訴，但因為那女孩大聲尖叫，鄰居叫來警察，而新的家暴強制執行法讓他必須進監獄服刑三個月。出獄後，凱薩去佛羅里達州跟親戚一起住，嘗試進行戒藥的復健治療。卡門也帶著孩子一起去，希望能藉此修復兩人的關係。現在他們全住在瑪麗亞康乃狄克那間公寓的客廳。凱薩上一次狂吸快克時賣掉了普里莫二世的遊戲機和腳踏車，那是普里莫送給他的生日禮物。普里莫因此發誓，除非瑪麗亞把凱薩趕出去，不然他不會再為了普里莫二世給她一毛錢。

糖糖現在正在當老人的居家看護員，不過在某次抬起病患時椎間盤滑脫，現在因為慢性疼痛只能待在家中。她「就連拿個電話簿」都沒辦法，而且身體已經開始對止痛藥上癮了。普里莫說她現在對世界只有滿滿的沮喪和憤怒。她的丈夫菲立克斯仍在合法從事拆除及窗戶翻修工作，現在的他只有在週五會吸點古柯鹼，因為週六不用工作。他會在週日的時候確保自己身心都排除了所有藥物的影響，準備好週一早晨上工。所有人都堅稱，自從糖糖**發神經**（*ataqué de nervios*）對菲立克斯開了一槍後，他就再也沒打過糖糖。他們的兒子朱尼爾因為賣快克又回到了監獄。曾有好幾年，糖糖家藉由收容一些寄養兒童來增加收入。有謠傳寄養在糖糖家兩個年紀較大的男孩子（其實他們是路易斯的兒子，他們的母親在路易斯入獄期間染上快克藥癮，因此法院將孩子託付給糖糖寄養）會猥褻兒童福利局寄養在這個家庭裡的雙胞胎女童。公家寄養體系調查了這起案件，之後也沒有再把孩子安置到糖糖家。

令所有人意外的是，路易斯出獄後始終沒再陷入藥癮，而且和一名非裔美籍的女友建立了穩定的生活。他沒有拿回五個孩子的監護權（這些孩子分散在三個不同寄養家庭），而他和新伴侶又生了兩個小寶寶。他們兩人都能靠社會安全保險的殘疾支票過活，但他還是有幫普里莫的包商打黑工，以貼補家用。事實上，還是路易斯要普里莫更積極地嘗試自立門戶，這樣他們才能一起穩定地賺到更多錢。他也「開始對電腦產生興趣。他總是在把電腦拆開，幫電腦升級，你知道的，就是多加一些記憶體晶片之類的」。

東尼不賣藥了。他現在是一名有加入工會的正職門房，在經歷了和女友克拉拉的慘痛分手之後，他搬回去跟母親一起住，克拉拉則從社區大學畢業。她把東尼趕出家門，因為她不想為了他賣海洛因給臥底警官那個即將宣判的重罪案，而失去她的租金補助公寓。他到現在還沒原諒她，也拒絕支付孩子的扶養費。

小彼得和他的兄弟奈斯特還在監獄裡。

安哲爾和曼尼跟著母親搬去了西城一個新公宅區的公寓，根據他人的說法，「沒在幹什麼好事，但還是很好相處。」

普里莫的所有姊妹都搬到了紐約市郊區，而且都有了正職工作，大姊是貿易報紙公司的祕書，二姊和三姊都在醫院工作，其中一個還為了成為有正式資格的護理師到夜校上課。

班奇還是下城那間健康俱樂部的廚師助手，也還跟女友住在布魯克林。他的女友工作穩定，跟之前一樣是計程車派車員。

雷伊不再踏足東哈林區。普里莫猜他已經從賣藥產業徹底退休，之前他用賣藥得來的利潤翻修了一些半廢棄建築，現在靠收租來維持自己和家人的生活。那些建築都是從藥頭手中查封來的，他透過警方的拍賣會，沒花什麼錢就買了下來。

每次重回埃巴里歐，我都得被迫面對孩童遭受的日常暴力，這些暴力已成為美國內城社會苦難的常見結構。因此，我的倒數第二份田野筆記是這樣寫的：

（二〇〇〇年七月）

艾斯貝蘭查的孫子布萊恩席托現在五歲大，學習障礙的情況變得更為明顯。艾斯貝蘭查告訴我，他一直到三歲才開口說話，而且很容易突然暴怒。上個月，他用椅子打了他的特教老師。她擔心他跟他爸一樣有憤怒的情緒問題。他的父親老布萊恩（艾斯貝蘭查唯一的兒子）目前在聯邦監獄，這間公寓的牆上掛滿了他的照片。他因為好幾起藥物及幫派相關的謀殺案遭判終生監禁，不得假釋。在那些照片中，他穿著跟本人氣質不搭的白色網球服，看起來就像個無害又胖嘟嘟的宅男。照片中只有背景那片堅固的灰色水泥牆暗示了一絲不尋常的氣氛。艾斯貝蘭查一直迴避這個話題，但顯然他用自動武器幹掉不少欠了他藥債的受害者。艾斯貝蘭查擁有布萊恩席托的法律監護權，她非常溺愛他。她說這話時淚眼盈眶，「我得感謝上帝恩典——他們奪走了我的寶貝（老布萊恩），但又給了我一個新寶貝（抱住布萊恩席托）。」艾斯貝蘭查也擔心另外三個跟她住在一起的孫輩。她說她已經對這些孩子的媽媽沒辦法了——也就是她最小的兩個女兒。當我問艾斯貝蘭查對這本書有什麼看法時，她突然轉移話題，談起她的鄰居對孩子都很壞。她的樓下住了一位母親，她有一個十四歲的兒子、一個五歲的兒子，還有一個九歲的女兒，而她會在大庭廣眾下打自己的孩子。每次在等電梯時，那位母親對女兒吼叫的內容總是特別惡毒，她會說她頭很大、長得醜，又很笨等等。普里莫此時插嘴，「噢，老天，但是那女孩真的很可愛啊。」他緩慢地左右搖頭：「我認識那個小女孩。那樣做不對，真的不對。」然後他用拳頭捶打另一隻手的手掌。艾斯貝蘭查又說，在等電梯時，那個小女孩總是因為覺得丟臉而低頭盯著地板，偶爾才會抬頭偷看有沒有人聽到她媽在咒罵她。那一家的五歲男孩腦子裡長了腫瘤，去年開刀，而那位母親的十四歲兒子在大樓裡到處說，就是因為他媽太常打那個五歲孩子的頭，而且都打同一個位置，他的弟弟才會長腫瘤，他母親知道後氣壞了。艾斯貝蘭查表示，就算開刀之後，那位母親還是打孩子頭部的同一個位置。後來終於有人打電話給兒童福利局，但社工來了之後沒帶走任何孩子，因為「沒有受虐的跡象」。艾斯貝蘭查高舉雙臂揮舞：「你又能怎樣？」她說那個母親現在到處吹噓自己一點也不怕「BCW」(兒童福利局)，因為就算他們把孩子帶走，她也不在乎。然後幾乎可說是前言不對後語，艾斯貝蘭查嘆了口氣表示，母親只能在孩子睡覺時吸古柯鹼，或者是當「她們腦筋清楚的時候，你懂嗎？可以正常思考的時候……不然，她們就該直接墮胎。你贊成墮胎嗎？菲利佩？」

艾斯貝蘭查也抱怨隔壁公寓的鄰居總在施暴。最近他們的十歲女兒總在遭到毒打時慘叫著求助，艾斯貝蘭查因此打電話給兒童福利局。她說，「我不喜歡舉報這些家長，但她喊的『救命』直接穿牆傳來，之後如果真的因為這樣死掉了，我會很難受。我告訴你，真的很大聲。」她譴責這些「兒虐行為」——用的就是這種專業術語——還說她在照顧孫子布萊恩席托時，有在試圖打破這種暴力循環。不過每次只要他做錯事，她就無法克制自己大吼，「住手！你想要我揍你嗎？」此時我得克制自己不要明顯表現出驚嚇的樣子，因為艾斯貝蘭查的吼叫真的**很大聲**。

艾斯貝蘭查對於自己必須把二十一歲的女兒趕出公寓其實很傷心，但是她有「一次犯規就完蛋」的重罪紀錄，包括加重攻擊和藥物持有，而住房管理局已經開始調查艾斯貝蘭查的公寓了，他們想確認她女兒到底有沒有繼續住在這裡。這位被趕出去的女兒有個十八個月大的小女孩，目前仍跟艾斯貝蘭查同住，而且似乎是家裡所有人的最愛。這個小女娃獲得了很多的愛與關心，而且可以對任何人頤指氣使——包括我——只有自信夠高的幼童能這麼做。

一名滿臉怒容、身高大約一百九十五公分的男子走了進來，他是來帶話給艾斯貝蘭查十九歲的二女兒珊朵拉的。珊朵拉目前沒有工作，還跟六歲的女兒一起住在艾斯貝蘭查家。我很擔心那孩子，我從沒看過她笑，她甚至不跟任何人互動，而且在這個家中，她是唯一體重極度過重的人。珊朵拉的新男友在郵局上晚班，負責分類信件，他會拿錢讓珊朵拉出去到處參加派對。

那個滿臉怒容的年輕男子正打算去樓下跟某人討債。他的胸口掛了一大堆金項鍊，練得很厲害的二頭肌上滿是刺青，其中一個刺青是裝飾上波多黎各旗幟的蠍子。他左手像捏著牙籤一樣拿著一根棒球棍，張開雙腿站在那裡，姿態比我這輩子可能擺出的所有姿態都更強悍。他讓我覺得自己是個沒用的老古板……更別提我有多麼心存感激，自己是在艾斯貝蘭查家這樣一個安全環境與他碰面，而不是在三更半夜的街上。普里莫問那傢伙打算跟誰打棒球。他咯咯笑出聲，「打算拿個黑鬼的頭來打。」然後假裝對布萊恩席托的頭揮了一下球棒，幾乎成天待在電視前的布萊恩席托也對他吃吃笑。這一次我又沒能壓抑住驚恐的反應，因此對所有人來說，這個假裝用球棒打五歲布萊恩席托的行徑，就變得更好笑了。那個大塊頭此刻看來沒那麼生氣了，他開始吹噓自己最近受的拳擊訓練有多扎實，而且在教練的指示下，他現在不再抽大麻，也不喝任何含糖的再製飲料。普里莫跟他討論了一些拳擊的技術性細節，我聽不懂，但我們都看著他把普里莫當作想像的對手，展示出一些剛學到的姿勢和揮拳技巧。他調皮地眨眨眼，叫我們別跟他的教練講，但他正打算努力提升揮拳力道，好能夠一次精準打斷別人的脖子。他用慢動作揮拳的方式向我們示範，如果要把普里莫的脖子打斷，哪裡是能夠有效達成目標的神奇部位。

普里莫終於開始跟我介紹大麻販賣的事業，此時想成為拳擊手的那人已經不再怒氣沖沖，而且後來我才發現他是路易斯的大兒子，原來他已經十九歲了。我告訴他，我有張褪色的寶麗萊拍立得相片，那是張家族合照，裡面有十歲的他，當時他穿著藍色防風外套，照片中還有他的爸爸和三個弟弟妹妹，他們那年一起參加了辦在普里莫媽媽家的新年派對。照片中的所有小孩都緊抓著父親，不想讓他離開去「幹他的任務（吸快克）」。我沒跟他說在我的上一份田野報告中，曾描述了六年前某天凌晨兩點遇見他的經過，他當時站在巴士站的頂棚上：「一九九四年六月。他之後會怎樣呢？他父親路易斯剛入獄，母親正在公園大道的高架鐵軌下面靠著性服務來換取快克。」他現在已經有了三個年幼的孩子。普里莫向我保證他是個「好孩子……他的錢都會給孩子的媽——至少會給一部分」。路易斯的兒子禮貌地小聲說他記得我，然後瞬間變回我記憶中那個有點笨拙的孩子，他和我握了握手，姿態正式得令我動容。

我在午夜前踏上歸途。艾斯貝蘭查的公寓位於十八樓，我在下樓時跟一名看來心思煩亂的母親一起搭電梯，推著嬰兒推車的她帶了三個小孩，最大的看起來不到三歲，他在電梯內不小心把外套垂到地上，還拖過了角落的一灘尿。他母親立刻抓狂，哽咽到說話只能用氣音，彷彿已經情緒失控，還舉起手臂不停揍他。那個小孩畏縮閃躲，但他母親直到最後一刻都還在對他揮拳。我突然意識到她只是在假裝發怒，目的是要讓兒子表現出應有的畏縮姿態。然而現實是，當她對他大吼時，她的語調把孩子的靈魂切成了碎片。他低垂下頭，盯著電梯地板上的那灘尿液。

在回家的路上，我搭的地鐵在一一六街暫時拋錨。我因此有了機會仔細檢視跟我一起搭車的乘客。地鐵上似乎沒人覺得這麼多體重過輕的孩子到了午夜還在外晃蕩有什麼不尋常。這些孩子緊跟著心思渙散又瘦弱的母親，而這些母親當時顯然都有狂吸快克的習慣。有幾個最瘦弱的母親還推著嬰兒推車。兩名衣著時髦的女性坐在我身旁，她們顯然沒在用藥，由於正要去下城的新俱樂部跳舞，此刻的她們正心情放鬆地閒聊起各自的男友，其中一個男友「剛剛出獄」。

我最近的一系列田野筆記包含了從二〇〇一年到二〇〇二年的造訪紀錄及電話對談，焦點大多放在這種新式「環形監獄」造就的體制暴力，在埃巴里歐街頭針對「破壞生活品質罪」進行執法的狀況。在這些筆記的開頭，我描述了自己在離開祖母的追悼會後，出發前往以前住的街區造訪。我在埃巴里歐晃了一圈，沒特別遇到什麼事，就是和老朋友及熟人打個招呼。我發現我之前的房東最近過世了，隔壁公寓樓的管理員則向我說明，之前我帶去博物館的那些孩子後來的發展。我在筆記的描述中感到欣慰，因為發現曾住過的街區出現更多勞工階級，而且環境顯得更為活力充沛。不過在接近傍晚時，我自己也犯下了「破壞生活品質罪」，因為我花十五美分買了一瓶十六盎司罐裝的「柯基牌」（El Coqui）麥芽酒——這個名字是取自一種只存在於波多黎各且瀕臨絕種的青蛙。那段筆記結束得非常突兀，因為有個臥底警官看見我在公共空間飲酒，於是開了張行為不檢的輕罪罰單給我，並警告我必須立刻離開此地。這又是一個美國種族隔離制度被執行的日常微觀實踐（micropractices）的例子：

見鬼的你以為你在跟誰胡說八道啊！我們知道你想來這裡幹什麼。我們一直在跟蹤你，觀察你的一舉一動。我們看見你到處晃，跟大家聊天，還揮手。所以你在找誰啊？啊？誰？說啊！

好啊好啊，你繼續裝傻嘛。什麼都別告訴我們。但別以為你可以靠著這些屁話脫身。你只是走運，我們不是菜鳥了，不然一定會更嚴格地搜身——而不只是開張罰單給你。我們根本沒差！因為再走半個街區，就會有其他臥底警察在等你，他們會從任何一個街角出現——這地區現在是警方關注的熱區了啊，夥伴。

而且別以為你來自加州，就可以逃過開庭。他們會發出法官逮捕令，下次你只要被警察攔下，無論是什麼原因，他們一上電腦查，賓果！他們拖也會把你拖過去——我才不管你到時候人是在加州還是夏威夷（大笑）。

我把警察的警告謹記在心，兩個月後，我又回到紐約出庭：

我的罰金只有十美金，但總共花了四小時才走完行為不檢的出庭流程，整體來說比我預期的還要缺乏組織。法庭的運作似乎全由現場的警衛及警官來掌控，他們負責將害怕、迷惘或偶爾顯得憤怒的破壞生活品質罪犯，從法庭的一個入口趕到另一個入口。他們會對路過的書記和同事大喊——有時為了讓他們注意到自己，甚至會對著走廊另一頭大吹口哨——「Yo！幫我個忙好嗎？把這傢伙加入你的等待名單。」又或者「你那邊還有多少個傢伙要處理？可以再加一位嗎？」

我們大多時候都在走廊等待，而警衛則是努力想搞清楚究竟哪個法庭現在人沒那麼多，好把我們塞進去。一名友善的非裔美籍警官在其中一個法庭外等待，他很大聲地對我提出建議，好讓在我身旁的女性也能聽見他說的話：「否認就是了。直接否認。開罰單給你的警察不會在場，法官會放過你。」我謝謝他，他於是開始跟我旁邊的女子聊起她的處境。

我終於成功進入了其中一間法庭，但之所以能夠成功，是因為我對其中一名書記表示我「會直接認罪——我保證」之後，對方才特別幫了我的忙，趕在午餐時間之前把我塞入他的待審列表上。他對我眨眨眼，揮手要我走向法官，同時悄聲對我說，「好……但記得，直接認罪就是了。」我點了好幾次頭，態度非常懇切，雖然有些諷刺，但我當下確實心懷感激，接著站上我該站的位置。在我之前的五個案子都是持有大麻，而且每個案子都在沒有任何討論的情況下直接遭到撤銷。在紐約市，大麻已經在實質上除罪化，這是朱利安尼市長宣誓對抗破壞生活品質罪時意外導致的結果之一。這個情況是法庭後方的無聊警衛告訴我的，他的工作是避免我們在等待時看報紙或睡著。他注意到每次有大麻的案件迅速遭到撤銷時，我都會露出驚訝的表情，所以他低聲對我說，「法官必須撤銷所有大麻的案子。檢測他們有沒有吸大麻太花錢了。所以被告只需要說他沒有吸大麻，就可以直接脫身。」

相反地，在我之前被叫上去的是名非裔美籍的年輕人，他因為吐口水而遭罰款三十五美金。在外面的走廊時，他對我解釋，警察在週日晚間逮到他手上拿著一個空紙杯：「他們想開罰單給我，但我已經喝完軒尼詩，而且我知道我的權利。他們不能因為我的空杯對我怎麼樣。所以我咒罵那個騷擾我的傢伙，還往地面吐了一口口水。他說有條法律禁止人民往街上吐口水，所以我又吐了一次，但這次是吐在他的車上。我告訴你。我要搬去佛羅里達。你在紐約就連只是橫著走都會被逮捕。」

等我終於被叫到法官面前時，他們要我簽下一份字跡勉強可辨的影印文件，那是一份棄權聲明書，表示我能理解由於行為不檢罪犯的逮捕數量增加，為了緩解法庭的擁擠現況，我願意接受一位退休法官的聆訊。總共兩分鐘的互動就在我「有解釋認罪」、法官判了我十美金的罰款，還有他對我祖母的死亡表達追悼之意中結束了。

之後我又在法庭外的走廊等了四十五分鐘後，一名警官才終於把我們帶去出納部門，讓我們排隊準備繳交罰款。我和排在我前面的波多黎各年輕男子成了朋友，他跟我一樣因為在公共空間喝酒而遭罰款。我們對於警察執法變得如此嚴厲而感到遺憾。輪到他繳費時，他必須懇求出納員給他某種特殊的暫時性收據，好讓他可以離開法院：「我破產了。我告訴你我真的破產了。我沒有錢。我天殺的破產了。」他既難為情又沮喪。就在他第二次強調自己破產時，我感覺應該要主動提議幫他付掉這十美金，但我不敢，因為他可能會誤以為我需要一些性方面的好處作為回報。

離開法院之後，我去了上城，看見艾斯貝蘭查和其他五、六個母親在公宅區中庭等待，特教學校的巴士即將把她們的孩子送回來。艾斯貝蘭查的女兒珊朵拉肚子很大了，她也在那裡等著接她的六歲女兒。她告訴我，「你會很長命，菲利佩，因為我剛剛才在說，我今天做了一個跟你有關的夢。」

艾斯貝蘭查感覺好多了。她的兒子老布萊恩終於被轉到了賓州監獄，那裡距離比較近，她去看他也比較方便。孩子們從巴士湧出，這個下午陽光普照，終於離開學校的他們渾身散發出專屬於孩童的豐沛精力。公宅區的水泥走道之間有幾片圍上籬笆的草坪，有幾個孩子想爬進去，幾個母親因此威脅要使出暴力手段。孩子們卻沒怎麼把母親的威脅放在心上，仍是踩上了那一塊塊理應禁止踐踏的綠色草皮。

二〇〇一年九月十一日，紐約市發生了世貿中心的災難，在那之後沒多久，我就打電話給普里莫表示打算去拜訪：

普里莫建議我不要搭飛機，還跟我說他因為害怕恐怖主義，再也不敢搭地鐵去下城，因此也就無法繼續接受美沙酮的維持療法。他試圖說服護理師去問醫生能否讓他把所需劑量帶回家使用，這樣他就不用承擔搭乘大眾運輸的可能風險。我從電話中聽見他的寶寶普里莫二世發出很多聲音，然後普里莫告訴我，他得先放下電話，去處理一下奶瓶的問題：「現在是我負責照顧他，因為潔思敏回去工作了。」她本來想請產假，但銀行說如果她繼續工作，就會升她為主管。她照做了，但現在已經過了五個月，她仍未獲得升遷。普里莫的大兒子帕皮多狀況比較好了。他搬離郊區，跟普里莫的其中一個姊妹住在一起，目前在Subway潛艇堡餐廳工作。

普里莫的包商嘗試說服他回去工作，但沒有人可以照顧剛出生的寶寶：「至少那個去他媽的渾蛋把之前欠我的大多款項結清了，而且還說要提高我的抽成。他現在比較尊敬我了，但我還是要讓他再等一下。我可能會破產，但我可不是奴隸。而且我想陪在孩子身邊。他現在四個月大，他需要我。」最讓普里莫感到興奮的是，現在他每天只需要攝取三十毫克的左醋美沙酮（LAAM）。顯然他們發現LAAM會造成「嚴重的心律不整問題」，所以正在逐步讓他們停藥。他希望自己能夠很快不用再碰任何藥物。當他偶爾吸一點海洛因時，總會確定有準備好一小瓶乾淨尿液——可能是潔思敏或兒子帕皮多的尿液——以免遇上隨機抽查的尿檢。他已經超過一年持續通過尿檢了。

幾個月之後，普里莫在我的答錄機上留下了訊息，語氣聽起來很著急。艾斯貝蘭查把我的一本書寄給獄中的布萊恩，監獄官員「沒收了你的書，還跟她說要去調查這名作者，搞清楚裡面說的誰是誰」。他們認為可以透過這本書搞清楚其他和布萊恩一起犯下多起謀殺案的共犯。他們威脅布萊恩，表示他應該現在供出那些人的名字，因為反正他們已經有了這本書，所以遲早會知道真相的。我立刻打給艾斯貝蘭查，向她保證書裡沒寫到布萊恩，也沒有寫到跟他一起犯案的同夥。我做田野時，他還不到六歲。我也提醒她，就法律上而言，聯邦保密證書（Federal Certificate of Confidentiality）禁止任何人將我的研究資料用在法庭上。但為了確保沒有意外，我把這篇後記的複本寄給一位律師朋友，她主要負責的是聯邦層級的藥物及謀殺案件。她確認後表示，後記中沒有任何足以將人入罪的內容，但仍建議我把提到公宅區有藥物交易的部分刪掉：「聯邦探員現在真是瘋了。他們成天都想的都是毒品的事。」

我上一次到紐約拜訪艾斯貝蘭查時，她看起來心情很好：

艾斯貝蘭查的兒子布萊恩之前提起法律訴訟，宣稱他們沒收我的書並對他進行審訊都算是騷擾行為。他們則威脅如果他不撤訴，就要把他轉回德州監獄。他撤訴之後，他們把他轉到離艾斯貝蘭查更近的哈德森河監獄。潔思敏升遷為銀行的資深出納員：「她在那裡的表現頂尖啊！」他們甚至還打算繼續幫她升職，但她拒絕了，因為不想管理下屬。郡立醫院派了一名新的精神科醫生來治療艾斯貝蘭查，對方告訴她，她過去數十年接受的精神治療根本就是胡鬧：「她會用更好的藥來治療我，也會進行更密集的療程。」艾斯貝蘭查心懷希望。她說她母親三個月前過世，但自己更有能力去面對了：

我們都在場。包括她的所有孩子，就連我的女兒也都去了。所有人都在，除了我的弟弟菲立克斯之外。那天是星期五，也就是菲立克斯爽的日子——你也知道，他週五都會吸一點古柯。我已經打電話給我在監獄裡的兒子布萊恩，給他留了訊息，希望他能試著去申請出獄到醫院看外婆。但他們只讓他多打一通電話。他有打電話來，但她的眼睛已經閉上，沒辦法講話了，只剩下很緩慢的呼吸。

電話線不夠長，沒辦法拉到她旁邊，所以他在電話上要我去請外婆保佑他。就在我朝著房間另一頭大喊，「媽媽，布萊恩**要求祝福**（*pide bendición*）。」感覺她一直在等這一刻，於是張開雙眼，發出了微弱的聲音，死了。

我們回到糖糖家，菲立克斯也在。他可以感覺到有什麼不對勁，但我們不想告訴他，因為他當時吸得很茫了。他整晚都在問我們的母親怎麼了。他可以意識到有什麼不對勁，但我們就是一直敷衍他，然後煮了一點食物。

隔天我跟他說了，他感謝我當時沒告訴他，因為他整個茫了，一定沒辦法應付這個消息。菲立克斯之前每天都會去探望我們的母親。但現在他改成來探望我——每天。

我向艾斯貝蘭查問起隔壁那個會在爸媽毆打時求救的小女孩。她沒了微笑。「我不知道，菲利佩，紐約市政府最後還是來把她帶走了。」我向她保證，我會把這個小女孩寫進後記。

二〇〇二年四月，寫於舊金山

譯後記

粉筆畫的天空

葉佳怡

《尋找尊嚴》講的是紐約東哈林區的故事，從一九八〇年代末到一九九〇年代初，作者菲利普・布古瓦於此區斷斷續續住了幾年，和幾名波多黎各裔的快克（或海洛因）藥頭及其親友建立了交情。關於人類學的資料整理及分析，我無法說得比作者更詳盡，但身為有一點寫作背景的譯者，我想從窗戶聊起。

一扇扇失去功能的窗戶

在翻譯這部作品時，我無法克制地注意到，東哈林區的房屋窗戶及車窗幾乎都是被封閉住的。有些用厚重的窗簾遮蔽、有些用油氈布貼住、有些裝上外板或金屬柵欄，有些則是封上黑色卡紙，為的是掩藏屋內的非法交易、防止打劫、減少學生或老人看到窗外的各種暴力場面或槍戰，又或者是男人想控制女人不往外「亂跑」時，先沒收她往窗外觀看的自由。

故事的主角之一名叫普里莫，他跟母親及姊姊住在暱稱為「埃巴里歐」（西班牙文的El barrio，直譯的話是「鄰里」之意）的東哈林區，而他的父親就跟一九三〇、一九四〇年代來此追求功成名就的許多波多黎各工人一樣，在失敗之後酗酒、濫用藥物又毆打老婆，最後終於被趕出家門。這樣的男人有些留在當地茫然無措，想辦法找別的女人寄生或淪為流浪漢，有些則跟普里莫的父親一樣回到波多黎各，最後一身病痛地死去。

他最後死在一間破爛的小棚屋，據說小棚屋周遭只有兩個街區的生活範圍。關於這段描述，其中完全沒提到窗戶。倒不是那裡沒有窗戶，而是那裡的窗戶沒有真正隔絕什麼，也沒有為住戶帶來什麼。

東哈林區的窗戶作為一種隱喻，反映的則是普里莫及他父親這兩代人在紐約的尷尬處境。他們從農村生活被連根拔起，來到需要廉價生產業工人的大城市，卻又在大環境的經濟體系升級為服務業之後，成為完全無法融入中產階級生活的異鄉人，就算花大錢買了好衣服去上班，以為自己看起來體面，卻發現大家覺得自己穿得「像個流氓」。這些人大多住在大型公宅社區，層層疊疊的狹仄居住空間將他們堆在一起，卻又讓他們更為隔絕及孤寂。在這裡，窗戶無法成為他們與社會連結的管道，反而可能暴露出他們的弱點，畢竟他們不是被搶就是得剝削他人才有辦法活下去。

普里莫第一次打破窗戶搶劫公寓是十一歲，他的搶劫之路始終是由表哥及鄰居大哥哥帶領。十六歲有次打劫電器行時運氣不好，手臂被窗玻璃劃破，翻開了一整塊皮，肌腱瞬間鎖死，手掌無法動彈。

若說封閉窗戶是為了逃避無法適應環境，打破就是為了重拾自主權。普里莫是移民第二代，他進入學校之後就逐漸發現，幾乎只講西班牙語的母親是被主流社會嘲笑的族群，而他若想擺脫波多黎各裔的邊緣人生，就只能試圖融入主流制度。他於是學會用學校教的英語捉弄、羞辱自己的母親，藉此與過去斷裂，然而當他發現即便如此也難以受到整個體系接納之後，靠著非法藥物或偷竊等地下經濟的相關行動，他打破了這個拒絕他的世界，嘗試重拾尊嚴。

但若要更進一步談窗戶的隱喻，我們得先暫時把普里莫放到一邊，來談談一九八〇年代的「破窗理論」。這個理論假定一棟大樓的窗戶被打破，卻一直沒有修復，之後那棟大樓其他住屋遭破門搶劫或縱火的各種犯罪率也會提升。於是到了一九九〇年代，紐約市長推出了「破窗法案」，強調「輕罪零容忍」的概念，意思是這些犯罪率太高的區域，警方必須由小見大，從糾舉「破壞生活品質罪」（qualiry-of-life crimes）做起，也就是要「大動作逮捕乞丐、洗車窗賺錢的人、地鐵上的逃票者，還有在街上遊蕩、穿著嘻哈風的黑人或拉丁裔年輕人」。這種生活糾察隊的行為，若就隱喻來說就是：窗戶哪裡裂了一點小縫，我就立刻補起來，想像能藉此恢復窗明几淨的居住環境想像。然而整棟屋子內外的黑暗，實在不是幾扇窗戶可以解決的。

更諷刺的是，即便政府針對穩定租金及預防弱勢家庭遭驅逐設置了嚴格法律，許多房東仍會鑽法律漏洞，以符合「基礎設備優化」的翻修窗戶作為名目來合法提高租金，藉此逼走他們不喜歡的房客。而這種翻修窗戶的工作是誰在進行呢？是這些無法融入主流就業市場的當地人在打黑工。因為這些工人比較便宜，發包商也能抽到更多油水。於是當地窮人賺錢的方法，最後會讓自己更住不起當地的房子，而許多破敗老舊的房子則閃著一扇扇過度明亮的眼睛。

在許多文學作品中，窗展示的是內在及外在世界的出入口，然而在這裡，窗是各種透光的死胡同。即便是一次次追求自我的打破，最終傷到的仍是自己。

槍與檔案

翻譯這本書的時候，我常常明確地意識到，槍是武器，檔案也是武器。

《尋找尊嚴》的作者是男性，因此跟男性建立了較為深刻的友情。來自波多黎各農村的這些人物稱自己為「吉巴羅」（*jíbaro*，西班牙文的鄉巴佬），基於「吉巴羅」文化當中男女有別的習慣，他能詳細訪問到的女性友人也有限。然而糖糖是其中一個血肉飽滿的角色。她幾乎是忠實搬演了這個文化中所有女性的命運，但又想辦法靠著「成為一個男人」獲得尊重。為了壯大自己，她不惜重演父權腳本中認為女人才會「發神經」（*ataque de nervios*）的行為，向背叛自己的老公肚子開了一槍，成功利用男性的厭女心態獲得了男性的尊重。果然不論在什麼文化中，女性利用父權體制反抗父權體制總是一條難以避開的道路。

在吉巴羅的脈絡中，為愛私奔是合理的文化機制，能讓反抗父親宰制的十來歲少女表達她們追求個體權利的需求。只要逃家女孩重新受到愛人的掌控，並在懷孕之後就跟對方共同建立家庭，她和被她拋下的父母就不用承擔文化上的汙名。

正如普里莫是在十一歲時第一次打破玻璃，糖糖實踐這份腳本的年紀也差不多，十三歲。如果男人的身體是尋求尊嚴的最後依歸，女人的身體則可以是續命的籌碼。她們靠身體換到男人和住處，靠生孩子感受到幸福並申請各項福利補助，有些還用身體換取藥物。當男人為了複製過往的吉巴羅榮光，不停透過強暴或愛讓女人懷孕卻又丟下她們的同時，她們選擇用自己的方式跟生命作戰，而其中的糖糖尤其兇悍。

她開槍，她也花很多時間研究各種福利措施，利用各種漏洞盡可能申請到最多的錢。她有時嘶吼著跟官僚體制對戰，有時想辦法軟性地博得法律系統的同情。她善用女性的受虐身分獲取好處，不因此感到一絲愧疚。男人尊敬她，但又害怕她的僭越。他們說她變得比男人還大男人，簡直變成一個「科學怪人」。（但他們若是進一步想，或許就會想起《科學怪人》的作者是女性。）

但儘管是科學怪人，跟這些男人一個關鍵的不同是，她要拿自己獲得的權力去劃清「私奔」跟「強暴」的界線。畢竟厭女的一個面向就是將男性的「性」視為權力和享樂的象徵，女性的「性」本質上就代表了屈從及痛苦。而將「強暴」指認出來的關鍵，就是要肯認女性的性有痛苦和美好之分，而且必須要由她自己決定。

糖糖的女兒婕琦也經歷了男人口中的「私奔」，糖糖的發生在十三歲，婕琦是十二歲。普里莫說：「她感覺很清楚自己在做什麼，就我看來。她總是往窗外看，她根本是在希望街區的男人來找她。」

糖糖不接受這個說法。在女兒出事之後，糖糖花了極大的心神與精力要身邊的男性承認，就算自己的女兒逃家、事後沒有表現出極大痛苦，也沒依循傳統腳本跟騙她發生性關係的男人「私奔」，仍不代表有誰可以判定「她想要被幹」。當然糖糖是做過許多大事的女人了，除了開槍之外，為了養家活口的她還曾因賣藥被抓進監獄，可是看到她面對身邊這個共同扶持又共同憤恨的集團，要求他們去扭轉這麼一個性別觀念中根深蒂固的死結，我心中搖起了地震。這樣的她不只是試圖在官僚檔案構築的主流世界遊走，也不只是殘暴地調度自己的身體，而是鑽入自我及周遭之人內心的創傷，以無力者之姿打出一場微小卻精準的社會運動。那不是一場生命的武裝行動，而是一次次靈魂的針灸。

蔓延牆面的塗鴉

此書也有提到奧斯卡·路易斯著名的貧窮文化理論，這個理論在一九六〇年代開始獲得關注，路易斯針對墨西哥貧民窟書寫的作品也曾成為全美暢銷書。然而作者強調，「路易斯的研究手法奠基於一九五〇年代主導人類學的佛洛伊德『文化及人格』典範，卻沒有注意到歷史、文化和政治經濟結構是如何限制了個體的生命發展。」

因此這是一本結構之書，是探討一個人在社會上試圖活成一個有「尊嚴」的人之時，整個環境如何可能以各種形式阻礙他達成目標。當然，「尊嚴」在不同文化中擁有不同定義。吉巴羅生活的環境讓他們社群關係緊密、為了農作人力生養大量孩子，而且家父長角色掌握絕對的權威。當這些關係在強調個人主義及小核心家庭的社會中分崩離析之際，掌握不了訣竅的他們就彷彿進入了異世界。

因為始終不懂如何應付官僚體系及主流社會，普里莫和他的親友選擇一次次回到熟悉的世界賺黑錢。他們想掙脫一種無力感，卻只是陷入另一種無法肯定自我價值的迴圈。普里莫的朋友凱薩是這樣說的：

我在遊戲間賺的錢是為了讓自己瘋，是為了滿足藥癮，也是為了毀滅我自己。這是我唯一可以控制的事。沒人能管我要怎麼做。

（突然開始激情演說）所以我可以從體內傷害自己，我可以每天早上醒來時肚子痛得要死又嘔吐又反胃。我沒辦法吃，我沒辦法呼吸，我一直拉肚子。我的糞水拉得到處都是。我一團糟。我的一隻眼睛是粉紅色，一隻是白色，我的頭髮臭得要命，我很髒，我不洗澡。我一團糟，我臭得要死，我恨我的女人，我在早上時恨所有人。

其實我們都可以想像的。一旦無法肯定自我價值的環境無從改變，人們只能用扭曲的方式尋求愛及掌控感，而這些情緒最後甚至會逐漸跟恨疊合在一起。畢竟有些時候，恨感覺讓人更有力量。糖糖的兒子叫朱尼爾。朱尼爾身邊的所有親友都在賣藥產業中，為了幫忙分擔家計及幫助親友，他逐漸開始幫忙跑腿和販售，但他也曾經是有夢想的：他想當警察。不過面對一個孩子懷抱的夢想，普里莫是這樣說的，「不可能！你會跟我和凱薩一樣變成白癡。一個糟糕、一無是處、作奸犯科又浪費生命的人（*desperdicia'o envicia'o*）。」因為你是我們的其中一員，我們不要失去你。

所謂「尊嚴」的定義若已往陰暗之處傾斜，愛與親密也會跟著將人吞噬進去，變成某種共同憤恨的集團。普里莫曾想跟母親劃清界線，結果卻還是始終仰賴著母親的愛及金錢支援；朱尼爾曾想過上跟身邊其他人不同的生活，但後來依舊跟著大家結夥走入這個地下世界。

當然，還是有些方法可以讓他們保護自己的尊嚴。作者在書寫時儘量完整呈現他們受訪時使用的西班牙語彙、說話風格及節奏，也是為了尊重他們維護自我尊嚴的方式。就算他們的口音或說話習慣常讓他們受外人排擠，卻也正好是反映他們自我認同且不可退讓的媒介。不過為了編輯上的需要，作者在儘量呈現原文風格下做了不少取捨，而我翻譯時也儘量在不對作者版本進行大量更動下做了小幅度調整，比如為了強調他們語氣中的強烈節奏感及誇張表演性，我會將句子重新分段或縮減，又或是多加上一些語助詞或贅字。不過無論怎麼修改，最高原則仍是確保讀者閱讀時不會遇到太大困難。

作者曾在註解表示他們的語言中帶有某種詩意，我在翻譯時深有所感，然而更進一步說，我感覺到這種詩意帶有一種相對性。我的意思是，若從這些主角的立場來看，主流世界的英語或許也帶有一種朦朧「詩意」。普里莫和糖糖他們說的話混雜了英語、紐約拉丁裔英語（New York Latino English）、西班牙語，還有這些語言各自或融合後出現的俗稱及簡稱。這一切反映出他們的出身背景和生活形態，因此對於學習主流英語的譯者來說，我可以跟作者一樣感受到那種詩意。也正因為如此，儘量保留西班牙文並做出大量解釋及標記，並忠實或強化提示出他們的肢體語言，藉此確保讀者感受到這種閱讀上的輕微隔閡與困難，也就帶有維護他們尊嚴及主體性的重要性。然而這項工作不可能百分之百做到完備，我只能在有限範圍內儘量嘗試，希望讓讀者在可接受範圍內偶爾讀得不是百分之百順暢，卻又能因此更加認識彼此之間的不同。

然而，除去語言的部分，當存活的意義無法在結構中開枝散葉，這些人開始縱情地使用自己的肉體尋求意義。物質濫用跟暴力行動如是，生小孩如是，這種不停向身體內部累積意義的作為最終會堆積成死亡。於是我們看見了無止盡紀念死者的塗鴉名人堂，在這區的牆面上豔麗地著展示著肉身最後的爆炸。

塗鴉作為「破窗法案」想要消滅的「破壞生活品質罪」的目標之一，彷彿更是象徵性地濃縮了他們的反抗之心。這些塗鴉可以用來紀念死去的朋友，也可以用來劃定地盤。普里莫小時候感覺被老師及學校放棄時，他也就學會了自我放棄，上課時不停在桌面塗鴉亂畫。他所就讀的中學牆面上也布滿塗鴉，幾乎找不到一絲蒼白的空隙。

一條郊區通勤火車的路線就從此處經過，穿越了埃巴里歐中心的公園大道，彷彿要彰顯出在美國都會區存在這樣的種族隔絕措施有多諷刺，你還能在遊樂場的水泥牆邊看見火車經過時投下的影子。每個上課日，透過這條特定的通勤路線，數千位紐約薪資最高的財金、房地產及保險部門主管呼嘯而過，回到他們位於康乃狄克及紐約「上州」的家。這條鐵路服務了美國最富有的幾個人口普查區。如果這些通勤者望向窗外，可能會瞥見覆蓋校園水泥牆上的顏料從噴漆罐噴出後在空中飛旋的瞬間。

不過儘管紐約的藝廊也會展示的各種嘻哈或塗鴉風格的藝術品，卻不歡迎東哈林區的孩子去看，就怕他們亂尿尿。若真有出身此地的藝術家，就算有人引介，卻也仍像是那些飛旋的顏料，凝結成張揚的靜定樣貌，終究無法穿越那道種族及階級隔離的高牆。

黑色卡紙上的天空

為了不讓孩子身邊圍繞著太多暴力和用藥場景，東哈林區有老師在教室窗戶貼上黑色卡紙，然後讓孩子用白色粉筆在卡紙畫上天空。

《尋找尊嚴》出版近二十年了，現在回頭去看，一切彷彿都是很遙遠的事。可是作者一九九〇年住在東哈林區時，曾在住處窗外看見一間公寓樓熊熊燃燒起來，他知道這類公寓很可能在棄置之後被無家者占領，之後又因為不當使用而失火，而那個失火場面就跟他在此區文獻中讀到的場面一樣：「我們開始意識到火中錯落著一扇扇彼此隔離的孤絕窗口——其中一扇窗裡有盒裝花或是窗簾布，另一扇窗裡有張孩子的臉。」

這類世代重複的故事總在不停發生。早從一八〇〇年代末期開始，東哈林區就陸續來了德國人、愛爾蘭天主教徒、中東歐的猶太人、非裔美國人、北歐人定居，而紐約「大規模的基礎建設計畫在一八八〇及一八九〇年代開啟了第一波移民雇工潮，東哈林區因此成為美國歷史上最貧窮且文化最多元的區域之一」。為了確保有廉價好用的勞工，紐約在愛爾蘭人罷工之後又引入了義大利勞工，等義大利勞工罷工之後又引入了波多黎各勞工，歷史不停自我重複，不同種族都得面對類似的階級及歧視問題，偶爾又為了爭奪主流以外的資源彼此傾軋。

在波多黎各勞工之後，更「好用」的是墨西哥勞工，書中的普里莫也有跟他們起過衝突。然而隨著基礎建設的工程需求減少，本書作者最後提到多方勢力都想將本區「仕紳化」，直到今天，這項試圖將此地重塑為紐約新興居住熱點的計畫也仍持續在進行。另外再加上更多亞洲人移居此區，東哈林區的面貌逐漸有了改變，不過為數最多的仍是波多黎各裔居民。跟當時相比，現在此區的貧窮率確實有所下降，跟紐約整體相比的差距也大幅度縮小。

然而問題消失了嗎？那個時代的東哈林區作為一個縮影，會不會也是其他類似地區的預演？二〇一九年，東哈林區從公園大道到歡樂大道之間的一一一街到一二〇街的街區，被國家歷史地點註冊局列為「東哈林歷史區」。這塊地方就是普里莫、朱尼爾、糖糖、婕琦，以及他們所有親友當時生活的地區。「歷史區」聽起來是很遙遠的事了，但若普里莫還活著，現在也才五十五歲，他的大兒子也就跟我差不多大而已。若是再認真探究，作者住進東哈林區進行研究工作的一九八九年，也正是台灣因為經濟起飛面臨嚴重缺工困境，政府為了推動重大建設通過相關法律，就此拉開移工來台序幕的年份。歷史的河道總是這般交錯又岔開，沖刷出各種不同面貌的流離。

不過可以確定的是，就算窗戶在某些情境下令人害怕，也沒有人不樂意擁抱天空帶來的無限想像。閱讀《尋找尊嚴》這類作品，或許也是讓我們看見人在無盡的結構限制之下，依然如何試圖去撞見天空，即便只是粉筆畫的也一樣。又或者正如本書後記結尾，作者寫了一個在東哈林區常常被家長毆打，求救聲不停穿牆而來的小女孩。作者沒見過她的樣子，也不清楚她的名字，沒人知道她會不會成為糖糖或其他模樣，但至少我們能做的，就是不要迴避去聽到這些吶喊。■